셰익스피어
카운슬링
Shakespeare Counseling

셰익스피어   카운슬링

인생의 불안을 해소하는
10번의 사적인 대화

체사레 카타 지음

김지우 옮김

다산
초당

고대로부터 내려오는 점성술 중에 '서적점'이라는 것이 있습니다. 서적점이란 신이 내린 영감이나 예언의 힘으로 집필된 성스러운 책에서 고민의 해답을 찾는 점占의 일종인데요. 고대 그리스에서는 호머의 『오디세이아』, 헤시오도스의 『신통기』, 헤라클레이토스의 저서가 서적점에 쓰였습니다. 로마 시대에 와서는 베르길리우스의 작품도 서적점에 사용됐으며, 기독교 시대가 도래한 이후로는 『성서』가 서적점의 대명사가 되었습니다. 사실 『성서』를 서적점의 수단으로 사용하는 것은 기독교 교리에 어긋나기 때문에(점성술에서 유래했다는 점에서) 처음엔 강하게 금지됐습니다. 하지만 고민을 없애고 싶은 간절한 마음과 신실한 믿음이 사람들로 하여금 계속 『성서』를 펼쳐 들게 했고, 현재에 와선 오히려 이러한 방법으로 『성서』 읽는 걸 장려하도록 바뀌었죠.

이 '서적점'은 서양에서만 보이는 문화가 아닙니다. 세계의 변화에 관한 원리를 기술한 책이라 하여 이른바 '변화의 책'이라고도 불리는 『주역』은 중국의 가장 오래된 고전이자 인간의 가장 깊은 고민에 책이 어떤 방식으로 해답을 제시하는지 보여주는 대표적인 예입니다. 『주역』 역시 서양의 『성서』처럼 수많은 사람의 고민을 해결해 주었습니다(물론 내용이 워낙 깊고 어려워 책이 보내는 메시지를 읽는 이가 해석할 수 있어야 한다는 전제 조건이 있지만 말이죠).

그렇다면 서적점은 어떻게 하는 걸까요? 아주 간단합니다. 책이 나 자신보다 나를 더 잘 안다고 생각하고, 책이 내게 전하는 바를 그대로 믿으면 됩니다. 크게 심호흡을 하고 성스러운 책을 손이나 무릎에 올려놓은 뒤 두 눈을 감고 내면의 질문에 집중해 보세요. 그런 다음 마음 가는 대로 페이지를 펼치세요. 책을 펼치는 순간 눈에 들어온 문구, 문단, 시와 시구절이나 육효(『주역』의 64괘를 구성하는 6개의 획을 가리키는 역학 용어-옮긴이)가 신탁을 전하는 사제의 목소리로 변해 우리의 고민에 대한 답을 내어주고 내면의 번뇌를 풀어줄 것입니다.

셰익스피어의 희곡도 서적점에 사용하기에 매우 유용합니다. 그것은 그의 작품 속에 인간사의 집단 기억이라 할 만큼 다양한 인간 군상이 존재하기 때문입니다. 또한 그의 극작품은 놀라운 방식으로 인간 본질을 묘사하는데, 복잡하게 얽히고설킨 그의 희곡은 그 자체로 인간의 본성, 감정, 삶의 축약본입니다. 셰익스피어는 분명 형이상학적인 안테나 같은 것이 있었던 것 같습니다. 그는 그 안테나로 무한한 우주에서 들려오는 목소리들을 낚아채고 펜촉을 통해 이를 다양한 인간의 원형을 지닌 등장인물로 녹였죠. 그리고 이를 독자가 읽고 관찰하고 귀 기울이고 해석하여 자신의 정체성을 표현, 묘사, 탐구할 수 있게 했습니다. 바로 이러한 점 때문에 셰익스피어의 작품은 '자신의 정체성을 찾고자 하는 이들을 위한 해답을 담은 보물 상자'라고 불리는 것입니다.

여기까지 도달했으면 이제 한 가지 염려가 생겼을지 모르겠습니다. 바로 '셰익스피어의 작품을 잘 몰라도 괜찮은가' 하는 염려 말이죠. 아마도 여러분 중에는 셰익스피어의 작품을 수박 겉 핥기 식으로 아는 사람도 있을 테고, 읽는 것을 넘어 직접 연기를 해본 사람도 있을 것입니다. 다행히 이 책을 읽는 데 셰익스피어의 작품을 얼마나 알고 있는지는 그리 중요하지 않습니다. 우리의 삶 자체가 바로 셰익스피어의 작품이니까요. 사랑에 미쳐 있다면 당신은 로미오나 줄리엣이고, 예기치 않은 곳에서 사랑을 찾았다면 당신은 베아트리체 혹은 베네디크입니다. 삶이 너무나 불안하다면 당신은 오셀로이고, 진실을 찾아 헤매다 이성을 잃은 당신은 햄릿이며, 내면의 어두움에 이끌려 폭력과 공포의 세계에서 헤어 나오지 못한 당신은 맥베스입니다. 셰익스피어의 작품은 우리와 동떨어져 있지 않습니다. 인생이란 초연을 펼치고 있는 이라면 누구나 셰익스피어 작품의 주인공이기 때문입니다. 그러니 걱정하지 마세요. 여러분은 이 책만으로도 원하는 보물을 얻을 수 있을 것입니다.

셰익스피어가 누구인지에 관해, 그의 정체성은 언제나 논란거리였고 이와 관련된 가설 또한 무성합니다. 그중에는 셰익스피어가 스트랫퍼드어폰에이번 출신의 장갑 장수 아들이 아닌 학식 높은 여성이라거나, 한 명이 아니라 여러 명이라는 기발한 가설도 있습니다. 이런 추측이 난무하는 까닭은 그다지 특별한 교육을 받지도 않고, 많은 경험을 해보지도 못한 그가 얼마 되지 않는 기간 동안 그토록 다채롭고 해박한 작품 세계의 틀을 형성했다는 사실을 믿기 힘들기 때문입니다. 셰익스피어와 관련된 미스터리는 정체만이 아닙니다. 그가 25년에 걸쳐 완성한 31,534개 단어로 구성된 37편의 작품이 어떻게 인간의 모든 심리를 그토록 완벽하게 표현하고 있는지야말로 셰익스피어에 얽힌 진정한 미스터리로 꼽힙니다. 저는 이 책을 통해서 그 미스터리 속으로 독자 여러분을 기꺼이 초대할 것입니다. 셰익스피어의 작품을 방황하는 인간 영혼을 위한 지도로 삼아 두려움, 기쁨, 절망, 희열을 마주하고 궁극적으로는 여러분의 정체성을 만나게 할 것입니다.

『셰익스피어 카운슬링』은 셰익스피어의 작품을 매개로 독자를 서적점의 세계로 이끄는 일종의 안내서입니다. 물론 여기서 성스러운 책의 역할은 셰익스피어의 작품이 맡습니다. 여러분은 과거, 현재, 미래를 막론하고 우리에게 큰 고민을 주는 열 개의 보편·전형적인 문제와 그 해결책을 셰익스피어 작품을 통해 만나게 됩니다. 그런데 그렇다고 해서 이 책이 건강하고, 평온하고, 효율적인 삶으로 우리를 이끌어주는 자기계발서라고 생각하면 안 됩니다. 이 책이 그런 분야에 속하지 않는 가장 근본적인 이유는 셰익스피어가 우리를 직접적으로 도와주거나 구원하지 않기 때문입니다. 셰익스피어의 작품은 도덕적 규율을 강요하지 않습니다. 가야 할 길을 제시하지도, 반드시 희망의 메시지를 주려고도 하지 않습니다. 하지만(여기서 '하지만'에 밑줄을 쫙쫙 긋고 싶습니다) 인생에서 크고 작은 골치 아픈 문제를 마주할 때 셰익스피어는 마치 우리에게 직접 말을 거는 것처럼 다가와 지금 마주한 문제가 인간이라면 누구나 겪는 것임을, 그래서 혼자라는 장벽을 부수고 아무리 사소한 문제라도 작품을 통해 삶을 채워주는 법을 깨달아 마음의 위안을 얻도록 돕습니다.

왜 셰익스피어인가도 중요합니다. 수많은 명성 깊은 작품들도 각기 숭고한 교훈이나 위로의 힘이 있지만, 그럼에도 우리가 꼭 셰익스피어의 작품에 귀를 기울여야 하는 이유는 그의 작품만이 가진 고유성 때문입니다. 셰익스피어가 창조한 인물들은 사랑 혹은 권력 다툼으로 인해 운명적으로 자기 영혼의 무한한 (동시에 위험하기 짝이 없는) 가능성을 자각하는데, 이는 그리스 희곡과는 전혀 다른 양상입니다. 셰익스피어의 작품 속 히어로와 히로인은 우연히 외적 요인과 충돌하지 않습니다. 그의 작품에서 비극의 원인은 (희극일 경우 문제 해결의 요인은) 주인공 자신에게 있습니다. 이들의 정체성 문제는 결국 우리가 겪는 정체성 문제와 같기에, 셰익스피어의 작품은 인간의 가장 내밀한 본성을, 그 무한하고 경이롭고 눈부신 우주를 자극합니다.

또한 셰익스피어가 들려주는 거의 모든 이야기는 전통적인 서사를 재탄생시킨 것입니다. 셰익스피어의 작품을 읽으면서 스포일러 걱정을 할 필요는 없습니다. 막이 다 오르기도 전에 관객은 이야기가 어떻게 끝날지 너무나 잘 알고 있으니까요. 그것은 셰익스피어 당대 청중도 마찬가지였습니다. 중요한 것은 결말이 아니라 어떻게 이야기가 전개되는지입니다. 생각해 보면 존재의 결말은 정해져 있습니다. 인간은 죽기 위해 태어나며, 그 과정에서 아무런 이유 없이 사랑하는 이들과 이별합니다. 선형적으로 보면 이게 끝이죠. 하지만 아무도 이것이 결정적인 스포일러라고 생각하지 않습니다. 서사와 마찬가지로 인간의 삶에서도 중요한 것은 누구나 아는 예정된 결말이 아니라, 서사의 방식(과정)에 있습니다. 셰익스피어의 작품을 성스러운 서적처럼 참고하는 것이 의미 있는 것도 바로 이러한 이유 때문입니다. 인간의 소소하고 시시한 불만, 치유할 수 없는 고통과 바보 같은 행복이 셰익스피어의 서사를 통해 무한한 의미를 가지게 되기 때문입니다. 마법이 깃든 것처럼 등장인물이 모두의 원형이 되고, 뻔하고 비참한 인간의 삶의 구조가 놀라운 우화로 거듭나는 것 모두 그의 고유한 스토리텔링 덕분입니다.

이 책은 열 개의 장으로 구성되어 있습니다. 각 장마다 살아가면서 누구나 겪을 수 있는 전형적인 문제와 그러한 문제의 본질을 건드리는 셰익스피어의 작품을 연결하고 있으니, 순서를 중요하게 생각하지 말고 지금 이 순간 가장 다급하거나 가깝게 느껴지거나 의미 있게 느껴지는 문제를 다루는 부분부터 읽어보세요. 셰익스피어의 작품 열 편을 미리 읽을 필요도 없습니다. 앞서 얘기했듯이 독자가 작품을 몰라도 작품은 이미 독자를 알고 있으니까요. 끝에는 참고문헌 목록이 있습니다. 아무리 많은 참고문헌을 넣어도 셰익스피어의 작품을 전부 설명하기에는 충분하지 않기에 책에서 언급된 서적과 인용문을 발췌한 도서만을 명시했습니다. 번역자를 따로 표기하지 않은 셰익스피어 원문 번역은 제가 직접 했습니다.

영국의 시인인 존 키츠는 사랑하는 여인을 볼 수 없는 머나먼 타국에서 아무것도 이루지 못하고 스물여섯이란 꽃다운 나이에 죽을 거라는 사실을 알게 되자 비통함과 절망감에 빠집니다. 하지만 그것도 잠시, 그는 예기치 않은 희열에 사로잡히는데 그것은 셰익스피어의 작품을 읽고 이 세계가 얼마나 아름다운지 이해할 정도의 삶을 영위했다는 걸 깨달았기 때문입니다. 이 책을 집필하는 동안 저는 키츠가 느꼈던 그 기쁨을 부적처럼 지니고 다녔습니다. 그리고 이제 저는 이 책을 읽는 독자들에게도 끔찍하고 보편적인 삶의 고통을 대면하려면 월 선생님(셰익스피어의 지인들이 그를 부르던 애칭)에게 조언을 구하라는 충고와 함께 그 부적을 전해주고 싶습니다. 열정과 진심을 가지고 월 선생님에게 조언을 구하면, 분명 가슴에 와닿을 조언을 해줄 것입니다.

봄부터 가을까지

포르토 산 조르죠, 아바디아 디 피아스트라(우르비사글리아),

몬테벨로(그로타촐리나)에서

– 체사레 카타

· 차례

하는 일마다 족족 꼬인다면

A Midsummer Night's Dream

한여름 밤의 꿈

진정한 사랑은 결코 순탄하게 이루어지지 않죠.

– 라이샌더

장면 #1

한여름 밤, 빛이 떠났음에도 파릇파릇한 생기로 소란스러운 숲속에서는 우리의 이해가 닿을 수 없는 요정의 장난이 펼쳐진다. 신비한 마법이 펼쳐지는 이 특별한 시간에 때마침 네 명의 젊은이가 숲에 들어서는데, 이들은 과연 숲속에서 어떤 일을 겪게 될까?

~~~~~~~~~~

동물은 태어나자마자 자신이 할 수 있는 일과 해야 할 일을 본능적으로 알고 있습니다. 바로 일어서 걸음마를 시작하고 가르쳐주지 않아도 어미의 주머니로 이동하며 소리나 냄새로 몸을 숨길지를 판단하죠. 인간이 한 명의 몫을 할 수 있기까지 얼마나 많은 것을 배워야 하는지를 떠올려 보면 우리도 동물처럼 처음부터 삶에 필요한 걸 다 알고 태어났으면 얼마나 좋았을까 하는 생각이 절로 듭니다. 그런데 다들 잘 인식 못하지만 사실 우리도 동물처럼 배우지 않아도 일정 나이가 되면 스스로 깨치는 게 있습니다. 그건 바로 이야기를 하는 것입니다. 이게 뭐가 그렇게 특별하냐고 생각할지 모르지만 사실 바로 여기에 우리가 생존할 수 있었던 중요한 이유가 숨어 있습니다. 우리는 이야기를 통해 몰랐던 것을 배우면서 자아를 세우고 주변을 인식해 갑니다. 그래서 모르는 것 천지인 세상을 조금씩 이해하고 받아들이게 되죠. 세상을 이해한다는 건 그 어떤 동물이 가진 장기보다도 큰 능력입니다. 우리는 이 이해를 통해서 한계를 극복하고 상상만 하던 것을 이루게 되었으니까요. 그래서 우리는 본능적으로 이야기에 빠져듭니다. 셰에라자드가 이야기를 통해 목숨을 구한 것처럼, 이야기에는 우리의 생존에 필요한 모든 게 다 들어 있거든요.

심지어 이 이야기는 종교의 탄생에도 큰 관여를 했습니다. 초기 인류는 갑자기 들이닥치는 자연재해나 질병들을 이해할 수 없었습니다. 왜 하늘에서 갑자기 벼락이 떨어지는지, 다치지도 않았는데 어째서 몸에 열이 나고 머리가 아픈 건지 그들은 벌어진 결과만 볼 뿐 이 모든 일의 원인을 알 수 없었으니까요. 하지만 인류는 이를 모르는 상태로만 두지 않았죠. 이 현상을 이해하기 위해서 그들 나름대로 가장 합리적인 이유를 가진 이야기를 짓기 시작했습니다. 세상에는 보이지 않지만 특별한 힘을 가진 존재가 있어서 이 모든 일을 벌이는 것이라고요. 그들이 화가 나면 번개가 치거나 불이 나는 것이고, 만족스러우면 온화한 날씨가 이어지거나 쉽게 식량을 구하는 거라고 여겼습니다. 인류를 이끄는 큰 힘 중 하나인

종교는 바로 이렇게 탄생했습니다.

　오직 인간만이 가진, 살아가며 마주치는 수많은 '왜'에 답하는 능력은 그 어떤 날카로운 이빨이나 강한 힘을 내는 근육보다도 생존에 유리합니다. 인류는 이야기를 통해서 지금의 문명을 이룰 수 있었죠. 그런데 여기서 한 가지 안타까운 점이 있습니다. 분명 지금까지 수많은 세상의 '왜'를 밝혔을 텐데 우리는 아직도 이유를 알 수 없는 일들을 겪는다는 것입니다. '왜 이런 일이', '왜 하필 나한테만'처럼 삶을 혼란스럽게 만드는 일은 이 순간에도 우리를 찾아오고 있습니다. 우리가 조금이라도 여유가 있을 때 이 문제들을 마주한다면 답을 찾는 이야기 본능은 적절한 해답을 찾아서 해결할 수 있을 테지만 물러날 곳 없이 몰린 상황 속에 처했을 때라면 얘기가 달라집니다. 현실을 버티는 것만으로도 버거워서 이 '왜'를 제대로 처리하기 어렵기 때문이죠. 그러면 이야기 본능은 최대한 빨리 '왜'를 해결하기 위해서 본질과는 동떨어진 답을 내리게 합니다. 이런 일이 생기는 이유가 세상이 나를 괴롭히려는 거라고 이해하게 만드는 것입니다. 우리가 살면서 세상을 미워하게 되는 이유가 바로 여기에 있습니다. 세상이 나만 괴롭힌다는 게 타인은 이해할 수 없겠지만 당사자에게만큼은 굉장히 합리적이고 타당한 것처럼 보이거든요. 우리의 이야기 본능이 그렇게 만듭니다. 하지만 우리는 알아야 합니다. 벼락의 원인이 신의 분노가 아니었던 것처럼 우리의 이야기 본능은 '왜'에 대한 그럴듯한 답변을 주지만 그게 맞는 답이 아닐 수도 있다는 것을요. 지금 '왜'의 시기를 겪으며 모든 것이 자기를 방해한다고 느껴진다면 저와 함께 「한여름 밤의 꿈」을 보는 건 어떤가요? 셰익스피어의 이야기는 분명 이야기 본능보다 더 짜임새 있고 만족스러운 답을 줄 것입니다.

결혼을 앞둔 아테네의 영주 테세우스와 아마존의 여왕 히폴리타 앞에 귀족 이지우스가 찾아온다. 그는 테세우스에게 고민을 토로하며 도움을 청한다. 그 고민이란 자신의 딸 허미아를 드미트리우스와 결혼시키려 하는데 라이샌더라는 청년과 사랑에 빠져서 말을 듣지 않는다는 것이었다. 테세우스는 허미아에게 아버지의 명령을 따를 것인지 아니면 사형 혹은 평생 독신으로 사는 것, 둘 중의 하나를 고르라고 말한다. 이에 허미아와 라이샌더는 도망치기로 결심하고 야심한 저녁에 아테네 근처 숲에서 만나기로 하고 헤어진다. 이 얘기를 들은 허미아의 친구 헬레나는 짝사랑하는 드미트리우스의 환심을 사기 위해 둘이 도망친다는 소식을 전하는데, 드미트리우스는 화를 내며 숲으로 향하고 헬레나도 그를 따라나선다. 한편 아테네 근처 숲에는 오베론이란 요정의 왕과 티타니아라는 여왕이 살고 있었다. 그 둘은 티타니아가 인도 소년에 빠진 일로 다투고 있었는데, 이에 오베론은 자신의 시종인 요정 퍽을 시켜 즙을 눈에 바르면 처음 본 상대를 사랑하게 되는 마법의 꽃을 꺾어오라고 시킨다. 이후 오베론은 자신의 숲에 들어온 드미트리우스와 헬레나를 보게 되고 둘의 사이를 안타깝게 생각해 퍽에게 드미트리우스의 눈에 꽃 즙을 바르라고 명령한다. 그런데 퍽은 먼저 도착해서 잠시 잠든 라이샌더의 눈에 즙을 바르게 되고 라이샌더는 허미아가 아닌 헬레나를 보고 사랑에 빠진다. 한편 오베론은 잠들어 있는 티타니아의 눈에 즙을 바른 다음 테세우스의 결혼식을 위해 숲속에서 연극을 준비하고 있던 바텀을 만나게 한다. 바텀은 퍽의 장난으로 당나귀 머리를 한 괴물의 모습을 하고 있었는데, 꽃의 효과로 티타니아는 바텀을 사랑하게 된다. 티타니아를 골탕 먹인 오베론은 인도 소년을 데려오고 티타니아에게 건 사랑의 마법을 풀어준다. 그리고 퍽에게 시킨 대로 드미트리우스에게 즙을 발랐는지 묻는데 이때 퍽이 실수를 저지른 것을 알게 되고 직접 드미트리우스의 눈에 즙을 발라 헬레나를 사랑하게 만든다. 그리고 퍽을 시켜 다시 라이샌더의 눈에 즙을 발라 허미아에 대한 마음을 원래대로 돌린다. 동이 트고 도망친 커플을 쫓아온 테세우스와 이지우스는 네 명의 젊은이를 발견하지만 서로의 짝을 찾은 모습을 보고 이들을 인정하기로 한다. 그리하여 테세우스의 결혼식에 이 두 쌍의 연인도 함께 식을 올린다.

이해할 수 없는 일을 이해하려고 할 때
벌어지는 요정의 장난

단어의 어원에서 알 수 있듯 'problem', 즉 문제는 앞을 가로막아 행로를 방해하는 것을 의미합니다(problem의 어원은 proballein으로, 그리스어로 pro는 '앞'을, ballein은 '놓다', '던지다', '제시하다'를 뜻합니다). 길을 가는데 나무 한 그루가 쓰러져 있다고 상상해 보세요. 계속해서 나아가려면 어떤 방식으로든 장애물을 넘어야 합니다. 가장 쉽게는 나무 그루터기를 타고 넘어갈 수도 있고, 아예 다른 길을 찾는 것도 방법일 수 있습니다. 기발하고 창의적인 사람이라면 나무를 자르거나, 치워버리거나, 불태울 수도 있습니다. 그런가 하면 나아가기를 포기하고, 여정 자체를 중단하는 이들도 있을 것입니다. 하지만 대부분은 장애물을 극복할 방법을 찾기도 전에 신에게 도움을 구하거나, 마법 같은 일이 벌어지기를 바랍니다. 물론 욕설에서부터 체념하며 신의 뜻에 몸을 맡기는 것까지 신을 소환하는 방식은 여러 형태를 띠겠지만, 그 뿌리는 같다고 할 수 있습니다.

「오디세이아」에서 율리시스는 폭풍이 휘몰아칠 때마다 신을 찾고, 바다의 신 포세이돈을 원망합니다. 그럴싸한 표현으로 포장했지만, 이때 호머의 영웅이 포세이돈에게 향해 쏟아붓는 말은 요즘 사람들이 술을 마시다 옷에 쏟았을 때 무심코 내뱉는 욕설과 별반 다르지 않습니다. 『성서』도 마찬가지입니다. 『성서』에서 가장 매력적인 서사인 「욥기」 안에 담긴 수많은 메시지 중 하나는 기도와 신성모독이 본질적으로 맞닿아 있다는 사상입니다. 흥미로운 것은 포세이돈을 향한 율리시스의 탄원도, 술을 쏟은 주정뱅이의 욕설도 나무를 움직이지는 못한다는 것입니다. 아무리 신에게 애걸복걸하고 욕설을 퍼부어도 문제는 해결되지 않습니다. 율리시스의 탄원에도 불구하고 폭풍은 멈추지 않았고, 주정뱅이의 욕설에도 한번 쏟아진 술을 다시 잔에 담을 수는 없는 법이니까요. 사실 율리시스도 주정뱅이도 이성적으로는 그런 사실을 알고 있을 것입니다.

그러면 결과가 바뀌지 않을 걸 뻔히 알면서도 장애물을 극복하기 위한 노력을 하지 않고 반사적으로 신을 원망하거나 기도하게 되는 이유는 무엇일까요? 그건 우리가 장애물이 크면 클수록 뜻대로 일이 진행되지 않는 이유를 초인적인 존재에게 부여하고 그 존재(운명)가 우리 편이 아니어서 그렇다는 생각에 사로잡히기 때문입니다. 이는 이해할 수 없는 일을 이해하려고 하는 인간의 본능에서 비롯된 것입니다. 그런데 지금으로부터 약 450년 전, 이 현상을 흥미롭게 쳐다보는 독특한 이가 있었습니다. 그는 장애물을 맞닥뜨린 수많은 인생의 순례자 옆에서 그들의 영혼을 관찰했습니다. 그리고 이를 토대로 한 작품을 썼죠. 문제에 직면할 때마다 찾는 신(비현실적인 힘)을 숲의 요정이란 모습으로 형상화한 희곡, 바로 셰익스피어의 「한여름 밤의 꿈」입니다.

「한여름 밤의 꿈」의 주 배경은 도시와 그 도시를 둘러싼 숲입니다. 다른 셰익스피어의 작품과 마찬가지로 그는 결코 별생각 없이 이러한 배경을 설정하지 않았습니다. 셰익스피어의 작품에서 배경은 작품의 본질을 담고 있습니다. 「한여름 밤의 꿈」이 시작되는 장소는 인간의 지성, 철학, 사상, 이성을 상징하는 도시 아테네입니다. 그리고 그러한 아테네를 둘러싼 어두운 숲은 질서와 아름다움이 지배하고 현실이 전복된 미스터리한 존재들이 살아 숨 쉬는 공간입니다. 여기에서 숲은 길이 가로막혔을 때 인간이 기도하거나 욕설을 퍼부으며 찾는 전능한 능력을 가진 신이 있는 성지이자, 비이성이 지배하는 장소입니다. 숲을 의미하는 포레스트forest의 어원이 '도시 밖에 존재하는 것'이라는 점도 우연이 아닙니다.

셰익스피어는 이 신비롭고 멋진 장소를 고대 그리스의 폴리스

였던 아테네와는 전혀 다른 기묘한 불사의 존재로 가득 채웁니다. 고대 그리스인은 신들이 사는 비정치적인 꿈의 공간을 오나르onar 라고 불렀습니다. 유럽 전래 동화는 이러한 공간에 속하는 존재를 '중간 존재', '작은 사람', '정령'이라고 했죠. 셰익스피어 문학에 영향을 미친 게일, 켈트 신화에서는 이들을 '시드Sidhe'라 불렀습니다. 이 공간과 존재들은 공통적으로 이성과 현실에 반대됩니다. 그래서 현실에서는 볼 수 없는 마법의 힘을 지녔지만 이를 가지고 경제활동이나 정복 전쟁 같은 이해타산을 행하지 않죠. 이들의 행동에는 이유가 없습니다. 누구를 도와주는 것도 괴롭히는 것도 그저 '그냥'입니다. 우리의 삶에 이유 없이 갑자기 행운이나 불운이 생기는 것처럼 말입니다. 그래서 옛사람들은 이들의 행동을 장난이라고 불렀습니다. 이유 없이 마음 내키는 대로 움직이니까요. 바다에서 길을 잃거나 옷에 술을 쏟는 것처럼 원인을 알 수 없이 난처한 상황에 놓이게 된 것도, 잘 진행되던 일이 갑자기 꼬이는 것도 모두 요정이 장난을 친 탓입니다.

잘못된 상대와 사랑에 빠질 거라는 우려는
반드시 현실이 된다

「한여름 밤의 꿈」은 복잡한 관계로 얽혀 있습니다. 이야기는 아테네의 영주 테세우스와 아마존의 여왕 히폴리타가 결혼을 앞두고 있는 것으로 시작합니다. 그런데 이들의 행복을 가로막는 일이 생깁니다. 바로 네 청년의 어긋난 사랑 문제죠. 허미아는 라이샌더를 사랑하지만 드미트리우스와 결혼해야 하고, 드미트리우스는 자신만을 바라보는 헬레나를 쳐다보지 않고 다른 사람의 연인인 허미아를 원합니다. 헬레나는 허미아를 마음에 품은 드미트리우스 곁을 떠나지 못하며, 라이샌더는 허미아와 서로 사랑하지만 집안의 반대로 결혼을 하지 못합니다. 이 복잡하게 꼬인 문제가 해결되지 않으면 히폴리타와 테세우스도 결혼할 수 없다는 것이 극의 설정입니다. 사실 드미트리우스가 헬레나를 사랑하면 모든 문제가 해결됩니다. 그렇게 되면 두 커플, 아니 왕과 여왕까지 합해 세 커플이 합동결혼식을 치르고 오래오래 행복하게 잘 살 수 있을 테니까요. 하지만 상황은 그렇게 간단하지 않습니다. 셰익스피어에게 사랑은 우연의 결과입니다. 그의 작품 세계에서 사랑은 해독 불가능한 논리와 이해할 수 없는 일련의 접점으로 인해 야기되는 감정입니다. 「한여름 밤의 꿈」의 주요 서사와 철학을 구성하는 것은 그러한 사랑의 예측 불가능하고 무질서적인 속성을 드러냅니다. 인간이 세운 계획과 결정을 어긋나게 만드는 사랑이야말로 한 치 앞도 알 수 없는 현실과 인간사를 어긋나게 만드는 초현실적인 힘의 꼭대기에 있다는 것이죠.

라이샌더는 「한여름 밤의 꿈」 1막 1장에서 "진정한 사랑은 결코 순탄하게 이루어지지 않죠"라고 말합니다. 이 대사야말로 셰익스피어의 모든 작품을 아우르는 본질적인 모티프이자, 토포스 topos(일반적으로 모티프가 자주 반복되면서 이루어내는 고정형이나 진부한 문구를 지칭하는 말. 여기서는 진부한 문구보다는 상징적인 문구의 의미로 사용됨-옮긴이)입니다. 셰익스피어의 작품에서 나타나는 모티프는 기사 소설이나 로맨스 소설 속 전형적인 '금지된 사랑'과는 다릅니다. 셰익스피어는 인간의 내면에서 분출되는 헤아릴 수 없고 다루기 힘든 감정의 끔찍한 속성과 이러한 감정들이 어떻게 인간을 구원 혹은 파멸을 초래하는지 보여줍니다.

「로미오와 줄리엣」에서 로미오는 베로나의 많고 많은 규수 중에 하필 원수 가문의 딸인 줄리엣과 사랑에 빠집니다. 「헛소동」에서는 결혼을 경멸하고 독신을 주창하던 베아트리체와 베네디크가 서로 으르렁거리다 결국 사랑에 빠지게 되죠. 셰익스피어는 마치 인간이란 하늘이 두 쪽 나도 결코 만나지 않을 것이라 생각하던 상대와 사랑에 빠지게 될 거라고 말하는 듯합니다. 머피의 법칙으로 유명한 미국 작가 아서 블로크의 말처럼 안 될 일은 끝까지 안 되는 법인데 말이죠.

　사랑에 대한 마음이 너무나 견고해 절대 깨지지 않을 거라 생각한 두 쌍의 아테네 청년에게도 초현실적인 힘이 작용하게 됩니다. 이들은 이미 충분히 복잡한 상황에서 숲으로 들어가는데, 여기에서 상황이 나빠질 경우의 수는 단 하나입니다. 그것은 라이샌더가 허미아를 버리고 헬레나를 사랑하게 되는 것이죠. 만약 이러한 관계가 성립된다면, 말 그대로 대혼란이 일어날 것입니다. 그리고 이야기는 정확히 그렇게 전개됩니다. 숲에서 잠들었던 라이샌더는 갑자기 아무런 이유 없이 허미아를 향한 감정을 잊고 헬레나에게 반합니다. 물론 정말로 이유가 없었던 것은 아닙니다. 셰익스피어는 그 모든 것이 말썽꾸러기 요정 때문이라고 합니다. 인간의 것이 아닌 힘이 인간의 운명에 개입한 것입니다. 포세이돈이 율리시스의 운명에 개입했듯, 허미아를 비롯한 다른 등장인물의 인생에 퍽이 개입한 것입니다.

　그렇다면 이러한 힘은 무엇이고, 왜 인간의 운명에 개입하는 걸까요? 「한여름 밤의 꿈」이 주목하는 것은 바로 이 부분입니다. 사실 이 주제는 '악은 어디에서 오는가?'라는 악의 기원을 묻는 본질적인 질문과 맞닿아 있습니다. 성 아우구스티누스를 비롯한 수많은 기독교 철학자들이 이 질문을 붙잡고 고민했지만, 끝내 만족스러운 신학적 해답을 찾지 못했습니다. 하지만 셰익스피어는 찾았죠. 그리고 그 숲에 어떻게 운명이 갑자기 방향을 선회해서 모든 일의 아귀가 어긋나게 되었는지를 담았습니다. 그는 이에 대한 해답을 찾으려면 두 쌍의 연인과 함께 아테네를 둘러싼 숲으로 들어가라고 합니다. 그리고 비밀스러운 왕국에서 오베론 왕의 시종인 퍽과 만나라 합니다. 앞서 말했듯 이 모든 건 요정의 잘못이니까요.

퍽의 비밀

「한여름 밤의 꿈」 2막에서 독자들은 아테네에서 테세우스와 히폴리타의 결혼이 연기되는 동안, 숲에서는 요정의 왕 오베론과 여왕 티타니아 간에 격렬한 싸움이 벌어졌다는 사실을 알게 됩니다. 이는 전형적인 달콤 쌉싸름한 사랑싸움의 '요정 버전'으로 셰익스피어는 '시기'라는 감정을 요정계로 가지고 들어옵니다. 오베론과 티타니아가 다투는 이유는 티타니아가 인도의 군주에게서 납치해 온 소년 때문이었습니다. 그녀는 오베론이 싫어하는 것을 뻔히 알면서 소년을 지나치게 아끼고 집착하는 모습을 보입니다. 이 모습에 격분한 오베론은 납치한 소년을 달라고 하지만 티타니아는 매몰차게 그의 요구를 거부합니다. 오베론은 자신을 따르지 않는 티타니아에게 복수하기 위해서, 시종인 퍽을 불러 마법의 꽃을 찾아오라고 명합니다. 큐피드의 화살을 맞고 마법의 힘을 얻은 그 꽃엔 신비한 힘이 깃들어 있었는데, 그 힘이란 꽃을 으깨어 즙을 낸 다음 잠든 사람의 눈에 바르면 잠에서 깨는 순간 맨 처음 보는 이에게 반하는 것이었습니다. 오베론은 이 힘을 이용해 여왕을 골탕 먹이려 합니다. 그런데 그 와중에 마침 숲으로 들어온 네 청춘 남녀가 오베론의 눈에 띄고, 그는 이들을 몰래 지켜보다 돕고 싶은 마음을 느끼게 됩니다. 그리고 퍽에게 드미트리우스의 눈에 사랑의 묘약을 발라 헬레나에게 반하게 만들라고 명합니다.

하지만 일은 계획대로 진행되지 않고 꼬이고 맙니다. 퍽이라는 녀석이 서툴고 장난기 많고 미덥지 않은 시종이기 때문이죠. 오베론이 잠든 티타니아의 눈에 꽃 즙을 떨어뜨리는 동안, 퍽은 실수로 드미트리우스 대신 라이샌더의 눈에 꽃 즙을 발라버립니다. 이후 잠에서 깬 라이샌더의 눈에 헬레나가 제일 먼저 들어오는 바람에 라이샌더는 그녀에게 반하게 되죠. 퍽의 '실수'와 부주의는 이 극의 핵심이자 숨겨진 진짜 메시지입니다. 인간사, 특히 연애사가 왜 그리도 꼬이는 것인지 그 원인을 설명하기 위해 셰익스피어가 사용하는 상징인 것입니다.

퍽의 모델은 고대 그리스 신화에 나오는 큐피드입니다. 이 말썽꾸러기 요정이 2막이 시작할 때 등장해서 하는 독백은 셰익스피어 작품을 통틀어 가장 아름답고 인상적인 대목입니다.

> **퍽** _____ 네 말이 맞아. 내가 바로 그 유쾌한 밤의 방랑자란다. 난 어릿광대짓으로 오베론님을 웃게 하지. 콩을 먹고 통통해진 말처럼 변장하고, 암망아지 목소리로 '히힝' 하고 울면서. 난 때로 불에 구운 능금과 같은 형태로 수다쟁이 노파의 사발 속에 몰래 숨어 있다가, 그녀가 마시려는 순간 입술을 '탁' 쳐서 주름 잡힌 늙은 목에 술을 쏟게 만들지. 또 어떨 땐 똑똑한 노파가 슬픈 이야기를 할 때 나를 삼발이 의자로 잘못 알면, 나는 잽싸게 몸을 빼내 그녀를 넘어지게 만들지. 그녀가 욕지거리를 내뱉으며 숨이 막힐 정도로 기침을 하면, 모든 청중은 배꼽을 잡고 웃으며 침을 뱉고 기침하면서 이보다 더 유쾌한 시간은 없었다고들 하지. 하지만 이제 비켜라, 요정아! 오베론님께서 납신다.

> (2막 1장)

실제로 「한여름 밤의 꿈」에서 셰익스피어는 오비디우스의 「변신」을 포함해 그리스 신화에 관한 지식과 켈트 설화에서 물려받은 유산을 시성^{詩聖}다운 경이로운 필력으로 뒤섞습니다.

오베론과 티타니아는 전형적인 설화 속 요정 나라의 왕과 여왕입니다. 1548년 번즈경이 영어로 번역한 13세기 프랑스 기사 소설 『보르도의 후온』에서도 비슷한 커플이 등장한 바 있는데 셰익스피어는 여기에 그리스 신화 속 제우스와 헤라의 사랑과 질투를 그대로 접목했습니다. 퍽도 마찬가지입니다. 퍽은 켈트 설화에 등장하는 전형적인 요정이지만, 다른 한편으로 큐피드를 생생하게 재해석한 인물이기도 합니다. 그래서 퍽은 큐피드처럼 규칙이 없는 혼란과 무질서를 보입니다. 전설에 의하면 큐피드는 미의 여신 아프로디테와 전쟁의 신 아레스의 부정한 관계로 인해서 태어났습니다. 큐피드가 논리와 규칙에 얽매이지 않는 자유로운 캐릭터인 것은 그러한 태생적인 원인에서 이유를 찾을 수 있을 것입니다. 큐피드는 (특별한 이유 없이) 사랑에 빠지게 만드는 금 화살과 갑자기 열정을 식히는 납 화살을 쏩니다. 흔히 쓰이는 '눈먼 사랑'이라는 표현은 고대 그리스 신화에 기원을 둔 것입니다. 그리고 이 표현을 널리 알린 사람이 다름 아닌 셰익스피어죠. 그는 초서의 작품에서 이 표현을 취해 대략 세 편의 작품에 인용합니다.

통제하기 힘들고 변덕스러운 사랑의 신 큐피드와 「한여름 밤의 꿈」의 퍽은 길들일 수 없고 치명적이며 장난스럽고 신비로운 매력을 그대로 담아낸 캐릭터입니다. 『퍽의 캐릭터 분석』의 저자

캐서린 브릭스는 퍽이야말로 '요정을 가장 훌륭하게 묘사한 캐릭터'라고 정의 내립니다. 그렇다면 '요정'이란 과연 무엇이고, 퍽은 어떤 요정일까요? 영국 청교도들은 수 세기 동안 민담으로 내려오는 숲과 시골 마을에 사는 (대부분 보이지 않는) 작은 생명체를 경멸조로 '홉고블린'이라고 불렀습니다. 그리고 좋고 나쁨에 상관없이 논리적인 이유 없이 일어나는 모든 현상의 원인을 모두 요정이 행한 일이라고 생각했죠. 따라서 이들의 행동으로 인해 좋은 일이 일어나거나 때로는 (그보다 훨씬 자주) 크고 작은 사고가 일어나기도 합니다. 예컨대 분명히 탁자 위에 놓아둔 집 열쇠가 사라졌다던가, 애인 앞에서 전 남자친구 이름이 튀어나온다던가, 무대 위에서 넘어지는 사고 따위 말입니다. 물론 옷에 술을 쏟는 것도 이 경우에 해당됩니다. 설화 속 요정은 곤경에 처한 인간들을 보며 웃고 즐기는 것이 취미인 영적인 존재입니다. 하지만 그렇다고 사악한 존재인 것은 아닙니다. 이들은 대부분 인간에게 호의적이고 눈치채지 못할 정도로 소소하게 인간을 도와주곤 하거든요. 하지만 요정의 도움을 받으려면 상냥한 마음의 소유자여야 합니다. 요정들은 상냥한 인간을 구별할 줄 알거든요.

요정들과 상냥한 영혼의 소유자는 감정적인 교감을 하게 됩니다. 퍽이 허미아에게 연민을 느끼는 이유는, 그것이 그의 본성이기 때문입니다. 동화에서 이들은 요정 나라 민족, 작은 민족 혹은 선한 민족이라 불립니다. 퍽이라는 이름의 정확한 어원은 알 수 없지만 켈트어로 선한 요정을 가리키는 '푸카pwaca'와 관련이 있다는 점은 확실합니다. 하지만 푸카 역시 평소에는 착하지만, 화가 나면 매우 위험해집니다. 켈트 민담에는 이런 이야기도 있습니다. 애버기든(영국 웨일스 중부에 있는 마을) 근처 트린팜에 한 여자가 농사를 지으며 살았습니다. 그녀는 평생 우유를 마실 때마다 푸카를 위해 우유 한 방울을 컵에 남겨두었죠. 그러던 어느 날 바보 같은 짓이라는 친구의 핀잔을 듣고 우유를 남겨두지 않았더니, 밤새 복통에 시달리게 됩니다. 그 후 그녀는 요정 몫의 우유를 챙기는 것을 절대 잊지 않았다고 합니다. 일이 잘 안 풀리는 것은 요정들이 자신의 권리를 인정해 달라고 요구하고 있기 때문입니다. 쉽게 말하면, 퍽이 자기 몫의 우유를 요구하는 것입니다.

이런 이야기를 들으면 마법계, 불가해한 꿈의 세계(「한여름 밤의 꿈」의 숲), 즉 비이성적인 영역에 속하는 세계가 인간의 삶에서 자신의 위치를 보장해 달라고 요구하는 것 같습니다. 여담이지만 퍽의 또 다른 이름은 로빈 후드를 연상시키는 '로빈 굿펠로우'입니다. 실제로 로빈 후드는 퍽처럼 반시민적이고 숲에서 살았죠. 「한여름 밤의 꿈」에 등장하는 숲은 루이스 캐럴의 『이상한 나라의 앨리스』에 나오는 나라와 유사합니다. 여기에서 주인공 앨리스는 평범한 세계 이면에 존재하는, 현실의 모든 가치가 전복된 또 다른 현실을 발견합니다. 그리고 일명 '요정의 목사'라 불렸던 신비롭고 학식 높은 1700년대 스코틀랜드 장로교 사제 로버트 커크는 자신의 저서에서 마법의 존재들에게 속하는 세계를 '비밀의 왕국'이라 불렀습니다. 그는 눈에 보이는 인간세계와 눈에 보이지 않는 요정 나라가 구조적으로 연결되어 있다는 가설을 세웠습니다.

「한여름 밤의 꿈」의 숲은 커크의 사상, 캐럴의 소설에 나오는 내용의 원천일 뿐만 아니라 근대에 들어 심리분석가들이 '무의식'이라고 정의 내린 개념의 전신입니다. 여기서 숲은 도시에 비해 낯선 공간이지만 도시의 역학에 은밀한 영향을 미치고 있는데, 이는 자아와 무의식의 관계와 유사합니다.

제목에서도 알 수 있듯이 「한여름 밤의 꿈」의 시간적 배경은 여름입니다. 여름은 황홀, 충만, 광기, 기묘함, 생명의 계절입니다. 특히 '한여름'이라 불리는 기간, 즉 6월 21일부터 24일까지 나흘 동안은 이러한 에너지가 충만합니다. 한여름 밤에는 정상의 범주에서 어긋나는 것까지 포함해 모든 일이 일어날 수 있습니다. 실제로 영어에서 극단의 광기를 의미하며 수많은 노래와 영화의 모티프가 된 '한여름의 광기midsummer madness'라는 표현이 여기에서 기원하고 있습니다. 라틴어 속담 'licet est insanire', 즉 '미친 짓을 하는 것이 허용되는' 시기도 바로 이때죠.

하지는 마법의 기운이 강하게 흐르는 시기여서 인간계와 요정계 간 통로가 열리는데, 「한여름 밤의 꿈」에서도 이와 같은 일이 일어납니다. 하지가 되자 도시와 숲이 연결되고, 자아는 무의식을 느낍니다. 숲은 꿈과 마찬가지로 인간의 논리 구조를 형성하는 아리스토텔레스의 모순율(논리학의 법칙 중 하나로 아리스토텔레스에 따르면 '어느 사물에 대하여 긍정하면서 동시에 부정하는 것은 불가능하다'는 것을 말함-옮긴이)이 적용되지 않는 영역이기에, 그곳에서 주체적 정체성은 그 토대를 잃습니다. (셰익스피어가 사랑 이야기를 다룰 때 즐겨 사용하는) 자아 상실과 같이 극 중 숲에서 일어나는 말도 안 되는 일들은 모두 프로이트가 묘사한 전형적인 꿈의 영역에서 일어나는 일입니다. 꿈의 영역인 숲에서 이성을 기반으로 한 현실은 다른 논리에 의해 전복됩니다. 그러한 의미에서 숲은 극의 제목에 등장하는 '꿈'을 형상화한 장소이자 혼란과 광기의 장소입니다. 셰익스피어와 동시대에 활동했던 르네상스 시대 철학자들이 이마기나티오imaginatio라 불렀던 시적 상상의 영역에 속하는 곳입니다. 「한여름 밤의 꿈」에서 테세우스는 (이성적인 시민의 논리로) '광인과 연인과 시인은 오로지 상상으로 꽉 차 있는 자들'이라고 말합니다. 이러한 존재들은 도시에 사는 시민들과 접촉하지 않는 편이 낫습니다. 하지만 하지 기간, '한여름 밤의 광기' 속에서는 두 세계 간 위험한 접촉이 일어나게 되죠.

셰익스피어의 숲은 영국 동화 속 이상향입니다. 워릭셔 숲처럼 앵초와 백리향, 제비꽃, 야생 장미가 흐드러지게 피고 호랑가시나무가 울창하며 이슬 같은 안개와 옅은 구름으로 그늘진 숲은 그곳에서 길을 잃은 관중에게 인간의 가장 깊은 내면을 보여줍니다. 무의식이라는 개념을 적용하면, 숲이란 공간은 프로이트의 낯익은 두려움Unheimlich(친밀한 대상으로부터 낯설고 두려운 감정을 느끼는 심리적 공포를 말함. 자신의 영혼을 보거나 데자뷰를 느끼는 것-옮긴이)으로 정의 내릴 수 있습니다. 이질적이고 불편하면서도 거부할 수 없이 매혹적인, 친숙하지만 통제하기 힘들고 불안한 그런 이질적인 공간 말입니다. 그리고 여기서 꿈은 이러한 감정의 기록입니다.

셰익스피어의 비밀스러운 숲의 왕국에서는 이성적인 세계의 법칙이 재정립되는데, 이는 프로이트의 '꿈의 해석'에 나오는 무의식의 영역에서 일어나는 현상과 동일합니다. 해럴드 블룸은 프로이트의 모든 저서는 결국 셰익스피어의 작품에 대한 평에 지나지 않는다고까지 표현했습니다. 셰익스피어는 프로이트가 분석적으로 묘사한 것을 서정적인 글로 먼저 남겼죠. 예를 들면 요정들의 짓궂은 장난에 대한 프로이트적 표현이 바로 랍수스lapsus(하려다 못한 행동, 갑자기 떠오른 단어, 고유명사 까먹기, 어떤 대상을 왜곡하는 것 등 자신의 무의식을 보여주는 정신병리학적 현상을 일컫는 단어-옮긴이)입니다. 요정들은 숲에서만 장난을 치는데, 그것은 숲이란 공간이 무의식이 발현하는 장소이기 때문입니다. 무의식의 영역에서 모순율이 효력을 잃는 것처럼 숲은 아테네의 법률이 적용되지 않는 치외법권입니다.

프로이트는 하나의 주체 안에 서로 다르다고 인식하는 두 개 이상의 현실이 공존하는 상태를 압축Verdichtung(여러 무의식적 사고와 표상이 하나의 단순한 이미지나 표상을 통해 드러나는 것으로 잠재적 사고가 혼합되고 축약되어 외견상 단순한 형태로 나타나는 것-옮긴이)이라 정의했습니다. 「한여름 밤의 꿈」 중에서 가장 재미있는 장면이자 클라이맥스가 바로 이러한 현상을 기반으로 합니다. 사랑의 어긋남과 시기, 질투로 얽힌 복잡한 사건이 마법의 꽃 즙이란 한 점으로 모이고 해소되는 것이죠. 오베론이 티타니아의 눈에 마법의 꽃 즙을 뿌린 후, 그녀는 여느 때처럼 자신의 시중을 드는 완두꽃, 거미줄, 티끌, 겨자씨에 둘러싸여 잠에서 깹니다. 잠에서 깬 티타니아의 눈에 제일 먼저 들어온 것은 나사 풀린 극단장 닉 바텀입니다. 바텀은 본업을 가진 일반 시민들로 이루어진, 요즘 말로 표현하자면 아마추어 극단의 단원들과 함께 히폴리타와 테세우스의 결혼을 기념하기 위한 연극을 연습하려고 숲에 들어왔습니다(여기서 연극이 마법 의식처럼 비밀의 숲에서 행해진다는 사실도 흥미롭습니다). 그런데 말썽꾸러기 퍽이 주문을 걸어 바텀의 머리를 당나귀 머리로 바꾸어놓고 꼬리까지 자라게 했죠. 이 같은 설정은 루키우스 아풀레이우스의 황금 당나귀에서 인간이 당나귀로 변하는 우스꽝스러우면서도 그로테스크한 장면을 연상시키기도 합니다. 아무튼 잠에서 깬 티타니아는 (퍽이 가져온) 꽃의 마법 때문에 끔찍한 모습의 반인반수와 사랑에 빠지게 됩니다. 참고로 바텀이라는 이름은 '엉덩이'를 연상시키기도 하죠. 닉 바텀은 매우 희극적인 캐릭터로, 실제로 무대에 섰을 때 빛이 나는 발랄한 배우들이 이 역을 맡습니다. 이렇게 해서 오베론은 완벽하게 복수를 마치지만 아내가 그토록 천한 존재에게 홀딱 빠진 모습을 보고 자신의 행동이 지나쳤다는 생각에 그녀에게 걸었던 마법을 풀어줍니다. 원래 상태로 돌아온 티타니아는 품에 안겨 있는 바텀을 보고 적잖게 당황하지만 이를 계기로 결국 오베론과 화해합니다. 퍽 역시 두 쌍의 연인들이 다투다 지쳐 다시 잠이 들자 라이샌더를 마법에서 풀어주는데, 다행히 이번에는 꽃 즙을 제대로 바릅니다. 그리하여 같은 날 네 젊은이는 구원의 아침을 맞이해 각자의 짝, 그러니까 허미아는 다시 라이샌더와, 드미트리우스는 헬레나와 사랑에 빠집니다. 그리고 닉 바텀도 인간의 모습을 되찾습니다. 그렇게 모든 문제가 해결되고, 주인공들은 숲을 빠져나갑니다. 서로 짝을 찾은 청년들을 보며 히폴리타와 테세우스는 두 쌍의 연인과 합동결혼식을 올리겠노라 선포합니다.

세 쌍의 결혼식을 축하하기 위해 바텀이 이끄는 극단은 숲에서 연습하던 '피라무스와 디스비'를 무대에 올립니다. 즐거운 분위기가 무르익는 가운데 테세우스는 축제가 끝났음을 알리고 극은 막을 내립니다. 하지만 「한여름 밤의 꿈」의 진짜 결말을 알리는 것은 숲의 선한 민족, 시드왕의 시종들입니다. 이들은 모두 함께 관객 앞으로 행진해서는 그 유명한 퍽의 대사로 작별을 고합니다.

> **퍽** ____ 저희 그림자와 같은 존재들이 여러분들을 언짢게 했다면 이러한 광경들을 보면서 그저 한낱 꿈이었다고 생각해 주십시오. 그렇게 생각하면 여러분이 허비한 시간을 보상받을 테니까요. (…) 신사 숙녀 여러분, 저는 정직하기 때문에 노력 없이 얻게 된 행운에 대해서는 머지않아 개선하겠습니다. 그래야 여러분의 입에서 나오는 야유를 피할 수 있을 테니까요. 그러니 우리 서로 악수를 하고 친구로 남죠. 그리해 주시면 이 로빈이 여러분께 합당한 보상을 해드리겠습니다.
>
> (5막 1장)

퍽은 연극의 결말에 모든 것이 한낱 꿈에 불과하니 지금까지 본 것을 너무 심각하게 생각하지 말라고 합니다. 이 말은 「템페스트」에 나오는 "우리는 꿈과 같은 존재이므로"라는 프로스페로의 대사와도 맞닿아 있습니다. 이는 연극과 현실, 삶과 꿈이 중첩되는 순간이자 셰익스피어 작품 전체를 관통하는 주제이기도 합니다. 퍽의 에필로그가 중요한 것은 바로 이러한 이유 때문입니다. 여기서 퍽의 대사는 셰익스피어 세계관의 중심축을 이루는 사상입니다. 연극과 삶이 결국 똑같다는 관점으로 세상을 바라보면, 근본적으로는 비현실 같은 현실을 비롯해, 우리가 살면서 겪는 모든 일이 덜 심각하게 느껴집니다. 물론 어떻게 생각하면 이조차 끔찍한 일일 수도 있지만, 다른 한편으로는 삶의 부담감이 한결 가벼워질 것입니다.

극이 내포한 고귀한 진실

이런 면에서 「한여름 밤의 꿈」의 주제는 거의 불교적이라고 할 수 있습니다. 무상을 의미하는 산스크리트어 아니트야anitya, 팔리어 아니카anicca는 영어로 '비영구적인, 덧없음'이라고 번역합니다. 불교에서 무상이란 모든 존재가 결국 환상에 지나지 않음을 의미합니다. 살면서 겪는 모든 경험이 일시적이라는 것이죠. 불교에서 실제는 아무것도 없습니다. 모든 것은 [불교에서 무아(아나타)라 부르는] 인간의 자아와 관련된 원초적인 환영이 낳은 결과일 뿐입니다. 이러한 사상을 바탕으로 불교는 과도기적인 삶에서 고통을 초래하는 모든 것에 거리를 둬야 한다고 가르칩니다. 현실이 마야(끊임없이 변하는 무상한 허깨비 같은 현상을 깨닫지 못하고 그것을 실체로 착각하는 무지-옮긴이), 즉 환상에 불과하다는 사실을 인식해야만 삶의 태생적인 고통에서 벗어날 수 있습니다. 나 자신, 나의 고통을 포함한 세상 그 무엇도 실제가 아니라는 사실을 깨닫는 순간 모든 걱정, 근심이 사라질 것입니다. 태울 나무가 없어서 사그라지는 불꽃처럼 말이죠. 불어서 끈다는 의미를 가진 열반(너바나)의 어원도 바로 여기에서 나옵니다.

표현법이 전혀 다르긴 하지만, 퍽 역시 「한여름 밤의 꿈」의 결말에서 꿈과 현실, 인생과 극을 병치함으로써 이와 비슷한 메시지를 전합니다. 에필로그에서 퍽은 만일 연극이 마음에 들지 않았다면 이것이 꿈과 다를 바 없는, 그저 연출된 무대일 뿐이라는 사실을 기억하라고 합니다. 이 은유는 일이 잘 안 풀리는 상황에 적용해 보면 불교 경전에서 강조하는 해탈이 우리 삶에서도 매우 유용하다는 사실을 알 수 있을 것입니다. 게다가 요정들이 사랑하는 상냥함 역시 불교가 환상에서 빠져나온 이들에게 부여하는 미덕과 유사합니다. 불교에서는 깨우친 자의 숭고한 상냥함을 자비(멧따-까루나metta-karuna)라 부릅니다.

셰익스피어 연구의 권위자 프랑코 리코르디가 강조했듯 이러한 관점에서 보면 「한여름 밤의 꿈」은 명확하게 인도 문화를 인용하고 있습니다. 물론 역사적으로 셰익스피어가 실제로 불교의 영향을 받았다는 사실을 증명할 수는 없습니다. 하지만 셰익스피어의 작품에서 어딘가 동양적인 사상이 느껴지는 것은 분명한 사실입니다. 실제로 팀 샘플 감독은 2006년 로열 셰익스피어 컴퍼니(영국 스트랫퍼드어폰에이번을 거점으로 하는 극단-옮긴이)에서 「한여름 밤의 꿈」 배경을 인도로 설정해서 큰 호응을 얻었습니다. 그는 배우들에게 영어와 인도어를 섞어서 대사를 말하게 했습니다.

"살다 보면 대체 왜 일이 항상 꼬이는 걸까요?"

이 질문을 셰익스피어에게 던진다면, 그는 픽처럼 대답할 것입니다. 살다 보면 모든 것이 하찮다는 것을 깨닫게 된다고, 일이 어긋나는 것은 다 우리가 마음대로 삶의 방향을 설정해 놓았기 때문이라고요. 삶에서 예상치 못하게 일어나는 불운이나 안 좋은 일들은 어떤 이유가 있는 게 아니라 그저 인간을 향한 요정의 짓궂은 장난일 뿐이라서 상냥하게 마음을 가진다면 금세 지나갈 거라고 얘기할 것입니다. 요정의 장난에 욕설을 퍼붓고 난리를 피우면 요정들은 배꼽을 잡고 웃으며 더 장난치지만 화내지 않고 그대로 수용하는 사람들에게는 요정이 기대했던 반응이 나오지 않아서 더는 장난을 치지 않습니다. 재미가 없으니까요.

숲을 통과한다는 것

그렇다면 「한여름 밤의 꿈」이 주는 교훈은 무엇일까요? 상냥할수록 일이 꼬일 리 없다는 것? 언뜻 보면 고속도로 휴게소 가판대에 꽂힌 자기 수양서 제목 같지만, 사실입니다. 하지만 여기에서 '상냥함'이란 교양이나 (요정들은 귀족이 아니어서 예의 따위는 관심이 없으니까) 보상받기 위해 법을 잘 지키는 행위가 (요정은 산타클로스식의 상선벌악과는 거리가 머니까) 아닙니다. 여기서 상냥함이란 세상일과 거리를 두면서 나오는 삶에 대한 긍정적인 태도입니다. 살면서 맞닥뜨리는 소소한 골칫거리는 우리의 반응과 삶을 대하는 태도에 따라 달라집니다. 물론 비극이라 부를 정도로 심각한 문제는 여기에 포함되지 않습니다. 요정들이 그런 비극을 초래하지는 않으니까요.

요정은 상냥한 이들에게 장난을 치지 않는다는 말의 의미는 상냥한 사람들은 자기의 의지에 반하는 일이 일어나도 비교적 덜 속상해한다는 의미입니다. 그것은 이들이 일종의 갑옷을 입고 있기 때문입니다. 상냥한 사람들이 덜 속상해하는 것은 현실이 결국 꿈이라는 사실, 삶의 본질이 연극이라는 사실을 알고 있어서입니다. 그 누구도 우주의 변치 않는 중심이 될 수 없다는 사실을 알기 때문이죠.

상냥한 이는 어려움을 창의적으로 해결하려는 긍정적인 태도를 보이는 이입니다. 상냥한 이는 나무가 쓰러져 길을 가로막을 때 피해 갈 방법을 찾아냅니다. 상냥한 이는 매사에 미소를 지을 줄 압니다. 자코모 레오파르디가 『잡기장』에 썼듯 매사에 미소를 지을 줄 아는 이는 죽음을 두려워하지 않는 이만큼이나 자유롭습니다. 이 문장은 마치 퍽이 레오파르디의 귀에 대고 속삭여 준 것 같습니다. 숲의 비밀스러운 힘을 두려워하지 않게 되면 요정들은 더는 나쁜 짓을 할 수 없게 됩니다.

삶의 자세를 얘기했으니 다음은 「한여름 밤의 꿈」이 삶에 대해 말하는 것을 봅시다. 자기 의지에 반하는 일, 즉 내가 사랑하게 될 사람이 요정에 의해 정해지고 내 삶의 평온이 요정의 왕과 여왕이 납치한 소년을 두고 벌인 다툼으로 인해 깨어진다는 것은 인간의 삶이 초인적인 힘에 의해 좌우된다는 것, 즉 삶을 스스로 통제할 수 없음을 의미합니다. 셰익스피어는 인간의 삶을 관통하는 보이지 않는 초인적인 힘을 굳게 믿었습니다. 이러한 힘은 언제든 아무 이유 없이 인간이라는 연약한 존재를 파괴할 수 있습니다. 인간이라면 이 힘에서 도망칠 수 없는데, 그것은 그 힘이 인간 내면에 존재하기 때문입니다. 작중의 배경은 우리 정신의 축소판입니다. 무의식을 상징하는 숲이 이성을 뜻하는 아테네를 둘러싸고 있는 것처럼 우리 내면에도 이성과 무의식이 존재하기 때문입니다. 숲의 정령들이 인간 정신의 원형적인 이미지를 상징하는 것이라면, 오베론과 티타니아의 다툼이 일어나는 곳은 우리의 내면입니다. 퍽이 말썽을 부리는 것도 우리 내면에서 일어나는 일입니다. 그러므로 우리는 자아와 타협점에 이르러야 합니다. 내면에 존재하는 이질적인 힘과 타협을 보아야 합니다. 정체성, 열망과 두려움, 고통과 기쁨을 담은 우리라는 존재 자체가 가면에 불과하며, 현실은 오직 우리가 부여하는 형태만을 취할 수 있다는 사실을 깨달아야 합니다.

'일이 꼬인다'는 표현 자체가 관점에 관한 문제라고 할 수 있습니다. 재수 없는 날, 힘든 시기, 부당한 일련의 사고를 겪으면서 우리는 스스로 '불행한 존재'라고 생각합니다. 하지만 모든 것은 생각하기 나름입니다. 우리가 불행한 존재라고 느끼는 것은 자기중심적인 관점과 우리의 신념 때문입니다. 셰익스피어는 이 세상의 중심에 인간이 있다고 생각하지 않았습니다. 우리는 그저 각자가 맡은 역할을 소화하고 있을 뿐입니다. 이런 식으로 생각을 전환하면 일이 꼬이는 것 같다는 생각도 없어집니다. 아니, 일이 잘 안 풀리면 안 풀릴수록 다른 관점으로 상황을 바라보게 됩니다. 우리가 어떤 존재여야 하고 무엇을 이루어야 한다는 고정 관념을 없애면, '일이 꼬인다'는 느낌을 받을 기준조차 없어지기 때문입니다.

「한여름 밤의 꿈」은 크게 세 부분으로 구성되는데, 여기에도 의미가 있습니다. 극은 도시인 아테네에서 시작해서 숲에서 전개되었다가 마지막에 다시 도시에서 마칩니다. 이러한 서사 구조는 네 청춘 남녀가 떠나는 여행이 물리적인 여행을 넘어 내면의 여행임을, 자기 성찰의 여행임을 의미합니다. 크리스토퍼 보글러는 조지프 존 캠벨의 대표작 『천의 얼굴을 가진 영웅』의 영향을 받아 이러한 여정을 '영웅의 여정'이라 규정지었습니다. '영웅의 여정'은 시대를 막론하고 모든 서사에 나타납니다. 실제로 율리시스, 아이네이스, 롤랑, 스칼렛 오하라, 프로도, 루크 스카이워커에서 메레디스 그레이까지 시대를 막론한 모든 영웅의 여정은 세 단계로 전개되었습니다.

　이들은 임무를 수행하기 위해 보금자리를 떠나 미지의 세계로 향하고 위험으로 가득한 세계를 거친 덕분에 영적으로 성숙하고 새로운 사람이 되어 돌아옵니다. 거의 모든 서사시에 등장하는 이 구조는 「한여름 밤의 꿈」에서도 뚜렷하게 드러납니다. 기상천외한 숲의 여정을 마치고 돌아온 네 젊은이는 이미 그 전의 그들이 아닙니다. 그들은 성장하고 변화했습니다. 문제도 해결되었으며 더는 꼬일 일이 없어 보입니다. 하지만 사실 변한 것은 그들입니다. 그리고 이러한 변화와 내적 성장은 숲의 요정들과의 만남을 통해 인해 이루어진 것입니다. 다시 말하자면 이들은 각자의 무의식을 마주하고 여기에서 생존해 나온 것입니다. 이야기가 해피엔딩인 것도 바로 이런 이유 때문입니다. 그렇기에 「한여름 밤의 꿈」이 희극인 것입니다.

모든 셰익스피어의 작품이 「한여름 밤의 꿈」과 같지는 않습니다. 예를 들면 로미오와 줄리엣은 출구를 찾기 위한 해결책을 생각해 내지 못하고 숲에서 길을 잃고 끝내 빠져나오지 못합니다. 사실 「로미오와 줄리엣」을 읽은 사람이라면 '정말로 이들에게 구원의 길이 없었을까?'라고 반문할 수 있을 것입니다. 적어도 본인들은 그렇게 생각한 것 같습니다. 로미오가 만토바에서 베로나로 추방되었을 때 두 연인은 절망에 빠지고 그 후 이야기는 처절한 비극으로 치닫습니다. 하지만 그때 정말 아무런 희망이 없었던 걸까요? 줄리엣이 로미오에게 갈 수 있지 않았을까요? 베로나는 만토바에서 엎어지면 코 닿을 거리에 있습니다. 그토록 단순하고도 실현 가능한 방법을 아무도 생각해 내지 못하다니. 사실 셰익스피어는 로미오와 줄리엣을 불행한 연인이라기보다 미성숙한 연인으로 설정했습니다. 그들은 사랑할 준비가 되지 않았고 결국 초인적인 힘에 휩쓸려 버립니다. 로미오와 줄리엣은 무의식의 힘을 모르고, 이를 통제할 줄도 모릅니다. 그래서 허미아, 라이샌더, 드미트리우스, 헬레나와는 달리 숲을 통과하지 못합니다. 로미오와 줄리엣의 일이 꼬이는 것은 예측 불가능한 현실을 소화할 수 있는 능력을 갖추기 위한 내면의 여정을 마치지 못했기 때문입니다. 「한여름 밤의 꿈」 결말 부분에서 닉 바텀이 테세우스와 히폴리타의 결혼식을 축하하기 위해 「로미오와 줄리엣」의 패러디 같은 '피라무스와 디스비'의 이야기를 무대에 올리는 것도 바로 그러한 이유 때문일 것입니다.

이러한 관점으로 「한여름 밤의 꿈」을 보면 내적 성장 과정을 서술하는 '교양소설Bildungsroma' 혹은 '성장소설'처럼 읽히는데, 이 경우 아테네라는 배경이 더욱 의미심장합니다. 고대 그리스 아테네에서는 에페보스라는 중요한 의례가 있었습니다. 이 의례를 거치기 위해 아테네의 청년들은 18세가 되면 아글라우로스 신전 앞에서 충성 서약을 하고 20세가 될 때까지 엄격한 육체적·정신적 훈련을 받아야 했죠.

이 에페보스 과정을 마쳐야 진정한 성인이자 시민으로서 모든 권리를 인정받고 혼인할 수 있었습니다. 「한여름 밤의 꿈」의 네 청년 역시 이와 유사한 (마법적이고 상징적인) 훈련 기간을 거칩니다. 이들은 마법적인 에페보스를 마쳤기에 성인이 되어 혼인할 수 있게 된 것입니다.

셰익스피어는 여기에서 무엇보다 심리적인 성장에 중점을 둡니다. 그림형제의 동화처럼 숲을 통과하는 것은 인간 내면의 끔찍한 힘과 대면하는 것을 의미합니다. 일이 잘 안 풀릴 때면 언제나 나타나는 바로 그 힘 말입니다. 상냥함의 힘을 빌려 창의적이고 긍정적인 해결 방안을 찾는 것은 곧 숲에서 나와 도시로, 집으로 돌아가는 것을 의미합니다. 그 과정이 아무리 힘들고 고통스러워도 일단 숲을 통과하면 전보다 성숙하고 새로운 모습으로 성장하게 됩니다.

물론 모든 것이 그리 간단하지만은 않습니다. 다시는 도시에 돌아오지 못하는 사람들도 있으니까요. 하지만 인간의 힘으로는 도저히 넘을 수 없는 나무 그루터기는 요정의 영역에 속하지 않습니다. 답답하고 이해되지 않고 억울하겠지만 삶이 주는 문제는 사실 「한여름 밤의 꿈」에서처럼 크고 작은 골칫거리일 뿐입니다. 왜 이리 일이 잘 안 풀리는지 모르겠다는 푸념을 할 정도의 문제 말이죠. 일이 꼬일 때면 가능한 한 자신을 바꾸려 해야 합니다.

「한여름 밤의 꿈」은 1595년 옥스퍼드 백작의 딸 엘리자베스 베르와 더비 백작의 결혼을 축하하기 위해서 쓰였다고 합니다. 이 가설이 사실인지는 모르겠지만 이 희곡에서 결혼이 중요한 의식이라는 점은 분명합니다. 셰익스피어의 작품에서 결혼은 종종 신비롭고 상징적인, 거의 구원에 가까운 의미를 가집니다. 이 작품에서도 에페보스 수련생인 허미아, 헬레나, 라이샌더, 드미트리우스가 숲이라는 야생의 세계에서 헤매다 돌아와 결혼함으로써 도시에 자리를 잡습니다. 하지만 이렇게 문명사회에서 성인으로 인정받기 위해서는 사랑이라는 위험한 경험을 해야 합니다. 그것도 제대로 해야만 합니다. 셰익스피어식으로 표현하자면, 퍽의 성격을 알고 그의 환심을 살 수 있어야 하는 겁니다. 머피의 법칙과도 같은 악의적인 삶에 맞서기 위해서는 (그러한 악의는 인간을 지치게 만듭니다) 창의적이고 자유롭고 긍정적인 자세를 취해야 합니다. 지나치게 남용되어 지겹기는 하지만, 최근 유행하는 표현인 '회복력Resilience'을 강화해야 합니다. 그래야만 숲을 빠져나와 성인이 될 수 있고 더욱 '단단한' 사람이 될 수 있습니다.

심리학자 보리스 시릴닉은 오랫동안 회복력이라는 현상을 연구했습니다. 이 과정에서 그는 극도로 일이 잘 풀리지 않을 때 인간이 심리적으로 어떻게 반응하는지 관찰했습니다. 그 결과 창의적이고 유머 감각이 뛰어난 사람일수록 불행을 잘 이겨낸다는 사실을 발견했습니다. 창의성과 유머 감각은 앞서 '상냥함'이라는 단어로 함축해 말했던 특성입니다. 퍽과 같은 요정들이 사랑하는 능력이죠. 이 능력은 인생과 꿈이 다르지 않음을 인식했을 때 개발할 수 있습니다.

트라우마를 겪은 뒤에 이성을 잃거나 스스로 목숨을 끊는 사람도 있지만 이를 악물고 끈질기게 살아남는 사람도 있습니다. 시릴닉은 동일한 트라우마를 겪었을 때 각기 전혀 다른 방식으로 반응했다고 해서 받아들이는 고통의 농도나 감정의 정도에 차이가 있지는 않다고 했습니다. 이들의 차이가 나타나는 지점은 고통을 표현하는 방식입니다. 창의적으로 노력하고, 문제를 가볍게 받아들여 자신을 재정비하는 이는 회복력이 뛰어납니다. 이런 사람들이야말로 퍽의 비밀을 아는 이들이라고 할 수 있습니다.

일이 도무지 풀리지 않으면 상냥해져야 합니다. 일이 잘 안 풀릴수록 더 그래야 합니다. 그러기 위해서는 삶은 곧 꿈이라는 속성을 깨달아야 하죠. 그래야 삶에서 마주하는 모든 문제에 대담해질 것입니다. 저 역시도 그러려고 노력합니다. 더 발전하고 더 강해지기 위해서. 숲의 힘에 두려워하지 않고 결과적으로는 더 자유롭게 되기 위해서는 그런 연습이 꼭 필요합니다. 아직은 한참 부족하지만 저는 조금씩 나아지고 있습니다. 적어도 이제는 술을 쏟아도 퍽을 생각하며 미소를 지을 수 있으니까요. 물론 항상 그런 것은 아니지만요.

자신을 불행한 존재라고 생각하는 '나'에게
중심이 바뀌면 삶은 다양한 매력으로 채워진다

앞에서 얘기한 것처럼 우리는 이야기 본능이 있기 때문에 도무지 알 수 없는 일을 마주했을 때 자기 나름의 방식으로 이해하려고 합니다. 그런데 문제는 그 '나름의 방식'이 대부분 자기중심적이라서 불운하고 안 좋은 일을 겪었을 때 그 원인을 세상이 나를 괴롭히고 있다거나 자신이 재수 없는 존재라서 생긴 거라고 여긴다는 점입니다. 이런 생각은 살면서 너무나 쉽고 흔하게 하므로 조심해야 합니다. 주의를 기울이지 않으면 어느새 점점 분노에 빠지거나 곧 깨질 유리처럼 자신을 약하게 만들 수도 있기 때문입니다.

우리는 모두 세상이라는 무대 속에서 삶을 초연하는 배우입니다. 누구나 다 처음을 겪고 있기에 실수나 실패 하나하나 크게 다가올 수 있죠. 귀뿌리까지 뜨겁게 달아오를 정도로 부끄럽기도 하고 베개에 주먹질할 정도로 화가 날 때도 있습니다. 그런데 이 모든 일은 어떤 거대한 목적으로 인해 생긴 게 아니라 기운 빠지게도 그저 '그냥' 일어나는 것입니다. 나를 괴롭히려는 목적으로 나무나 돌이 있는 게 아닌 것처럼 불운한 일도 그냥 있는 것이죠. 우린 자신을 판단의 중심에 두고 세상을 보기에 이것을 잘 눈치채지 못합니다. 자기중심적인 시선에서는 세상 만물이 마치 나를 위해 필연적으로 움직이는 것 같거든요. 하지만 세상은 단 한 명만의 독무대가 아닙니다. 존재하는 사람 수만큼 다양한 매력을 가진 곳이죠. 그러니 이제 판단의 중심을 '나' 밖으로 옮겨보세요. 흑백 필름 같던 세상이 총천연색을 가지게 될 것입니다. 암울해 보이는 삶이 사실 엄청난 매력을 가지고 있다는 것도 깨닫게 될 거예요. 상처와 우울함만을 생산하는 곳에서 벗어나 화수분처럼 끝도 없는 보물이 가득한 세상으로 이제 떠나봅시다.

문득 타인이 괴물처럼 느껴진다면

Macbeth

맥베스

선한 것이 악한 것, 악한 것이 선한 것.

– 세 마녀

장면 #2

아무리 뛰어나고 용맹한 기사라고 해도 마음속에 어둠이 있기 마련이다. 단 한 번 그 티끌처럼 보였던 죄악을 허락한 기사는 탐욕에 빠진 왕이 되어 끊임없는 허기에 시달리듯 계속해서 갈구하고 또 갈구하게 된다. 결국엔 주변의 모두를 잡아먹고 자신을 갉아먹기에 이르게 되니 이것은 내면에 자리한 괴물을 만나는 이야기다.

～～～～～～

렌티큘러 카드를 아시나요? 렌티큘러 카드는 보는 각도에 따라서 다른 이미지가 보이도록 만들어진 카드를 말합니다. 이름만 들어서는 생소하게 느껴질 수 있지만 만화 캐릭터를 담은 딱지에 많이 쓰이기도 하고 요즘엔 유명 연예인이나 영화 굿즈(상품)로 볼 수 있어서 아마도 한 번은 본 적이 있을 겁니다. 이 렌티큘러 카드를 보면 저는 어딘가 섬뜩합니다. 각도에 따라 달라지는 모습이 꼭 우리의 내면을 그대로 드러내는 것 같아서입니다. 우리는 겉으로는 서로 친절하려고 노력하며 예의를 지키려고 합니다. 하지만 속으로는 바로 앞에 둔 사람을 헐뜯고 욕하거나 잘못되기를 바라기도 하죠. 차마 입 밖으로 못 낼 것들까지 종종 생각할 때도 있습니다. 하나의 '나' 안에 이렇게 정반대의 모습이 존재한다니, 아마도 야누스(로마 신화에 나오는 두 얼굴의 신으로 선과 악처럼 두 가지 성향을 상징함-옮긴이)는 바로 이러한 인간의 특성을 보여주려고 탄생한 것이 아닐까 싶습니다.

내면의 '나'가 가끔 브레이크 없이 굴 때면 진저리칠 정도로 끝까지 내달려 가곤 합니다. 그래서 우리는 살아가면서 필수적으로 자신을 통제하라고 교육받죠. 도덕이나 예의, 규율, 법 등이 바로 그것입니다. 모두가 함께 더불어 살아가기 위해서 꼭 필요한 것이라 우리는 이러한 제한을 당연하게 받아들이고 실천하며 지냅니다. 그런데 간혹 이러한 통제를 무시하고 제멋대로 행동하는 이를 볼 수 있습니다. 몸집이 커다란 아기처럼 자기가 원하는 대로 되지 않으면 온갖 성질을 부리거나 타인을 마치 종처럼 부리려는 모습 등, 이들을 볼 때 우리는 아연실색하게 됩니다. 모두가 지키는 규칙을 숨 쉬듯 어기며 주변에 피해를 주는 걸 보자면 그들이 우리와 같은 사람이라고 여겨지지 않습니다. 외계인처럼 다른 개념의 존재, 즉 괴물처럼 느껴집니다. 이들은 어째서 인간이 아니라 괴물이 된 걸까요? 그리고 우리는 저 괴물을 보면서 무엇을 대비해야 할까요? 오늘 준비한 것은 욕망을 통제하지 못해 끔찍한 괴물이 된 한 인물의 이야기입니다. 지금 주변에 나를 힘들게 하는 괴물이 있다면, 그리고 어쩔 수 없이 그와 계속 마주쳐야 하므로 조금이라도 이해하고 싶다면 오늘 이야기가 도움이 될 것입니다.

스코틀랜드의 용맹한 장군 맥베스는 반군과의 싸움에서 대승을 거두고 돌아오던 중 세 마녀를 만난다. 광야의 세 마녀는 맥베스에게 장차 왕이 될 것이라는 예언을 하고 같이 있던 뱅쿠오 장군에게도 그의 자손이 왕이 될 거라 말한다. 집으로 돌아온 맥베스는 아내에게 이 사실을 말하는데, 야심이 깊었던 맥베스 부인은 덩컨왕을 살해하자고 맥베스를 회유하게 된다. 맥베스는 처음엔 거절하지만 결국 아내의 말에 이끌려 덩컨왕을 죽이게 되고 이를 술취한 경비병에 뒤집어씌운다. 덩컨왕의 후계자인 맬컴 왕자는 맥베스에게 대항할 힘이 없어 왕좌를 버리고 피신하고 맥베스는 이 빈자리에 올라 왕이 된다. 맥베스는 왕이 되었지만 권력을 누리기는커녕 죄책감과 미래에 대한 불안감에 시달리게 되는데 특히 자손이 왕이 될 거라고 한 뱅쿠오의 예언 때문에 불안해 한다. 그래서 맥베스는 자객을 보내 후환을 없애려 하지만 뱅쿠오만 죽이고 그의 아들 플리언스는 놓치고 만다. 반드시 죽어야 할 플리언스가 살아 있다는 생각에 맥베스의 불안은 병적으로 커지게 되고 죽은 뱅쿠오를 보는 등 상태가 심각해지자 맥베스는 세 마녀에게 가서 새로운 예언을 듣는데 마녀는 파이프의 영주인 맥더프를 조심할 것, 여인이 낳은 자는 맥베스를 해칠 수 없으며, 버넘 숲이 던시네인 언덕에 오지 않는 한 계속 왕좌에 앉아 있을 거라고 예언한다. 맥베스는 첫 번째 예언을 대비하기 위해 뱅쿠오처럼 맥더프 일가를 처형하는데 이로 인해 맥더프는 복수를 결심하고 덩컨왕의 아들 맬컴 왕자와 동맹을 맺게 된다. 이후 맥베스는 자신을 위해서 많은 이를 학살했음에도 불안에서 벗어나지 못해서 광기에 빠지고 덩컨왕을 죽인 후부터 몽유병에 시달리던 맥베스 부인은 미쳐서 죽게 된다. 맬컴 왕자는 잉글랜드의 지원을 받아 왕위를 되찾기 위해 돌아오고 폭정을 휘두르는 맥베스에 반발한 스코틀랜드의 귀족이 여기에 합세해 대규모의 반란이 일어나게 된다. 이들은 버넘 숲에 있는 나뭇가지들을 꺾어 몸을 위장해 던시네인성에 침입하는데 이를 본 맥베스군 병사들이 숲이 던시네인으로 오고 있다고 얘기한다. 예언이 이루어지고 있는 걸 보자 맥베스는 혼란스러워하고 이윽고 자신 앞에 맥더프가 나타나자 싸움을 피하려 한다. 맥더프는 자리를 피하는 맥베스를 모욕하는데 이때 말싸움을 벌이다 자신이 어머니의 배를 가르고 태어났다고 얘기한다. 마침내 모든 예언이 맞아떨어지자 맥베스는 절망에 빠지고 결국 맥더프의 손에 죽게 된다. 이후 맬컴은 왕위를 되찾는다.

인간 내면의 지옥 같은 황무지로

살다 보면 믿기지 않는 타인의 행동 앞에 할 말을 잃는 경우가 있습니다. 사회의 일원으로서 준수해야 할 규범이 폭력, 잔혹함과 충돌할 때 일어날 수 있는 일이죠. 지금도 신문 사회면에는 평범한 사람들이 저지른 끔찍한 살인 사건 기사가 끊이지 않습니다. 심지어는 지인이나 가족을 살해하는 인간도 있습니다. 비단 현대 사회만의 문제는 아닙니다. 인류의 역사는 제노사이드, 전쟁 등 인간이 자행한 끔찍한 만행으로 가득합니다. 차마 입에 담을 수조차 없는 폭력과 잔혹함은 안타깝게도 인간사를 돌아가게 만든 거대한 톱니바퀴의 윤활유였습니다.

잔혹한 현실 앞에서 우리는 '어떻게 사람을 그런 식으로 죽일 수 있는지' 되묻습니다. 인간은 정말로 아무런 거리낌 없이 타인을 죽음과 불행으로 내모는 존재인 걸까요? 이러한 질문은 범죄나 사건·사고뿐 아니라 일상에서도 떠오를 수 있습니다. 친구가 신뢰를 저버리고 약속을 지키지 않거나, 연인에게 배신당했을 때, 평소 존경하던 사람이 알고 보니 이기적인 데다 무례하기까지 하다는 사실을 깨닫는 순간, '어떻게 저럴 수 있지'라는 질문이 마음속에 떠오릅니다.

무슨 일이든 저지를 수 있는 괴물은 모든 인간의 내면에 잠재된 것일지도 모르겠습니다. 만약 그렇다면, 무엇이 인간을 괴물로 변하게 만드는 촉매제 역할을 하는 걸까요? 인간의 행동을 통제하는 윤리 의식이 그리도 연약한 것이었던 건가요. 그게 아니라면 폭력과 악의는 겉으로는 평범해 보여도 언젠가는 범죄자가 될 수밖에 없는 특정한 사람들만 가진 속성인 걸까요. 「맥베스」는 두려움에 가득 찬 혼란과 동요로부터 분출되는 이러한 질문에 대한 셰익스피어의 답변입니다.

「맥베스」는 셰익스피어의 희곡 중에 가장 짧지만 가장 유혈이 낭자한 작품으로, 인간이 상상조차 할 수 없는 끔찍한 범죄를 저지르는 이유와 그 과정을 다룹니다. 일반적으로 사람들은 이 작품에 대해 아내의 부추김에 넘어간 맥베스가 권력에 눈이 멀어 그녀와 짜고 끔찍한 만행을 저지르는 이야기라고 합니다. 하지만 이러한 해석은 위대한 「맥베스」 비극의 의미를 축소하고, 지나치게 진부하게 읽은 것입니다. 「맥베스」의 중심에는 권력을 향한 갈망 외에도 모든 인간의 내면에는 극악무도한 욕망이 숨겨져 있다는 메시지가 있기 때문입니다. 이 작품을 온전히 이해하려면 독자인 우리도, 그 지옥으로 들어가야만 합니다.

제1막에서도 얘기했지만 셰익스피어의 작품에서 배경 설정은 매우 중요하고, 「맥베스」의 경우는 특히나 더 그렇습니다. 먼저 「맥베스」의 배경이 스코틀랜드인 것은 필연적인 선택이었습니다. 셰익스피어는 시대극을 집필할 때 역사가 라파엘 홀린셰드의 『잉글랜드, 스코틀랜드와 아일랜드 연대기』를 참고하곤 했는데, 그중 엘리자베스 1세 시대에 이미 악명이 높았던 10세기 스코틀랜드 왕의 이야기를 차용했기 때문입니다. 그리고 스코틀랜드는 유령과 기묘한 존재들로 가득한, 민담과 신화의 나라입니다. 스코틀랜드 전원을 배경으로 대대로 전해져 내려오는 정령과 악령이 등장하는 민담은 무수히 많습니다. 셰익스피어는 이 스코틀랜드 문화의 신화적인 부분을 차용해 인간을 악마로 만드는 일종의 심리 드라마로 재구성했습니다. 또한 스코틀랜드는 제임스 1세의 고향이기도 합니다. 셰익스피어가 「맥베스」를 집필한 시기는 제임스 1세가 엘리자베스 1세의 뒤를 이어 잉글랜드 왕위에 오른 시기와 겹치는데, 어쩌면 제임스 1세가 직접 셰익스피어에게 「맥베스」를 의뢰한 것일 수도 있습니다. 실제 「맥베스」에서 마지막에 스코틀랜드 왕위에 오르는 맬컴은 제임스 1세의 선조인 것으로 추정되기 때문입니다.

민담과 전설의 땅 스코틀랜드와 왕의 혈통. 이 두 이유가 서로 연결되는 부분도 있습니다. 셰익스피어가 이끄는 왕실 극단을 후원하던 제임스 1세는 (셰익스피어가 맥베스 초반에 '땅의 물거품'이라고 표현한) 무시무시한 악령의 세계에 관심이 많았습니다. 심지어 1597년 제임스 1세는 이 사악한 정령들의 속성과 이들이 인간세계에 미치는 영향을 다루는 『귀신론 악령학』이라는 학술서를 손수 집필하기까지 했습니다. 이 책은 후대의 문학에 영향을 끼쳤는데 셰익스피어의 몇몇 작품을 비롯해 「맥베스」, 그리고 비슷한 시기에 출간된 크리스토퍼 말로의 『파우스트』에서 그 영향을 확인할 수 있습니다. 제임스 1세는 1590년부터 1592년 사이에 베릭 북부 지역에서 진행된 마녀재판의 재판관이기도 했는데, 당시 이 악명 높은 마녀사냥으로 인해 70여 명이 무고한 목숨을 잃었습니다.

「맥베스」의 시작은 '히스(영어로 heath는 맥베스의 beth와 운율과 맞음-옮긴이)', 즉 어둡고 황량한 곳으로 꽃 한 송이 피지 않는 바람이 휘몰아치는 황무지입니다. 망령이 득실대는 『폭풍의 언덕』의 '황무지moorland'와도 느낌이 비슷한데, 실제 『폭풍의 언덕』의 배경 요크셔는 「맥베스」의 도입부에 나오는 배경과 멀지 않습니다. 그 끔찍한 황야에서 마치 자신들이 소설의 주인공인 것처럼 제일 먼저 모습을 드러내는 인물들이 바로 세 마녀입니다. 이들은 지상과 저승을 다스리는 여신 헤카테를 섬기는 여사제들로, 등장하자마자 맥베스를 찾으며 그 유명한 대사 "선한 것이 악한 것, 악한 것이 선한 것"이란 말을 내뱉습니다.

세 마녀의 불길한 말을 시작으로 「맥베스」의 지배적인 정서인 음산함은 더욱 짙어집니다. 극의 거의 모든 장면은 으슥한 그늘에서 전개되는데 이것은 인간의 불안과 두려움이 숨어 있는 마음속 가장 은밀한 곳을 나타내기 위해서입니다. 실제로 당시 셰익스피어 글로브 극장에서 「맥베스」를 무대에 올릴 때면 극이 진행되는 내내 어둠을 밝히려는 듯 배우들이 횃불을 손에 든 채 연기를 했다고 합니다. 상영 시간이 오후 2시여도 말이죠.

또한 2막 도입부에 나오는 "아들아, 밤이 얼마나 깊었느냐"라는 뱅코우의 대사는 불안한 메아리처럼 극이 전개되는 내내 울려 퍼집니다. 이는 영원히 끝나지 않는 고통스러움을 전하는데요. 뱅코우의 이 대사는 「헨리 4세」에 나오는 활력 넘치는 인물인 팔스타프가 하는 대사, "아들아, 낮이 얼마나 밝았느냐"와 데칼코마니처럼 느껴집니다. 팔스타프가 삶의 기쁨을 상징하는 인물이라면, 맥베스는 온 세상을 암흑으로 물들이는 죽음의 그늘과도 같은 인물입니다.

희곡의 배경인 암울한 황야는 인간의 가장 끔찍한 악몽이 잉태되는, 내면의 가장 황폐한 부분을 적나라하게 보여주는 객관적 상관물(글쓴이가 자신의 감정을 표현하기 위해서 감정을 직접적으로 서술하는 것이 아니라 어떤 사물의 특징이나 모양, 행동 등에 의미를 부여해서 자신의 감정을 간접적으로 담아내는 표현 방식-옮긴이)입니다. 「맥베스」는 주인공이 인간의 내면이라는 가파른 협곡으로 들어가는 치명적인 과정을 그립니다. 미래를 예언하는 운명의 세 자매, 헤카테의 세 마녀와 만남으로써 그는 협곡에 첫발을 내디딥니다. 그리고 그 순간 관객과 독자들도 악의 왕국으로 향하는 편도 열차에 몸을 신게 됩니다.

마녀들만 아는 것

셰익스피어의 작품에서 초자연적인 존재는 단순한 은유가 아닌데, 그것은 「맥베스」도 마찬가지입니다. 맥베스의 마녀들은 관객의 흥미를 유발하기 위해 삽입된 캐릭터가 아닙니다. 물론 그녀들의 등장 장면은 인상적이고 어느 때나 봐도, 관객의 시선을 사로잡긴 하지만, 세 마녀의 역할은 보이는 것을 넘어 초현실적으로 신비로운 세상을 나타내는 기호이자 상징입니다.

「한여름 밤의 꿈」의 퍽, 「햄릿」 속 선왕의 유령, 「템페스트」의 프로스페로 섬처럼 셰익스피어의 작품에서 마법과 환상은 인물 심리의 본질을 나타냅니다. 그리고 여기에서 정령은 인간의 심리를 구성하는 핵심 요소를 구현합니다. 이러한 맥락에서 맥베스는 마녀와의 만남을 통해 그 누구에게도 차마 고백하지 못한 내면의 욕망을 마주하고, 자신의 운명을 받아들이게 됩니다. 그리고 그로 인해 그의 악마화가, 영웅의 걷잡을 수 없는 추락이 시작되게 됩니다.

이탈리아 문화 평론가 나디아 푸시니는 맥베스의 도입부를 평하면서 프로이트의 「끝낼 수 있는 분석과 끝낼 수 없는 분석」에서 나오는 "마녀를 소환해야 한다"라는 문장을 인용했습니다. 마녀들은 자아라는 울타리를 무너뜨리며 분출하는 무의식의 힘을 뜻하기 때문에 '마녀를 소환하다'라는 문장에는 사악하고 폭력적인 행위와 생각을 이해하려는 노력이 담겨 있습니다. 폭력성과 악의는 숨겨진 내면의 무의식적인 동력으로 인한 낯선 감정들입니다. 최근 연구에 의하면 이러한 행위와 생각은 자아와는 별개의 것으로 간주해야 한다고 합니다.

사실 맥베스는 용감하고 충직한 군인이지만, 그의 내면에는 아이까지 서슴지 않고 살해하는 살인마, 배신자라는 또 다른 자아가 숨어 있었습니다. 그리고 이것은 부정하고 싶지만 모든 인간이 가진 어두운 면이기도 하죠. 인간에게는 표면적으로 나타나는 자아가 있고, 깊은 심연 속에 숨어 있는 자아가 있습니다. 다시 말해 지킬과 하이드가 있는 것입니다. 따라서 내면의 '하이드 박사'가 특정한 상황에서 왜, 그리고 어떻게 나타나 비극적인 결과를 초래하는지가 「맥베스」 전체를 관통하는 가장 중요한 주제라고 할 수 있습니다.

온몸이 피범벅이 된 사내가 등장해 맥베스의 영웅적인 무훈을 전하고 병사의 말을 들은 덩컨왕이 맥베스의 전공을 치하하는 장면 다음에 끔찍한 황야에서 승자로 귀환하는 맥베스가 등장합니다. 그런 맥베스의 곁은 지키는 사람은 그의 전우이자 친형제와 같은 친구 뱅쿠오입니다. 맥베스의 첫 대사는 다음과 같습니다.

맥베스 _____ 이렇게 더럽고 고운 날은 본 적이 없군.

그날은 행운의 여신이 그들을 향해 미소를 보낸 승리의 날이지만, 한 길 앞을 볼 수 없을 정도로 짙은 안개가 드리운 날이기도 합니다. 「맥베스」의 모순어법은 1막 1장에서 마녀들이 사라지면서 내뱉은 대사를 저절로 떠오르게 만들면서, 마치 마법의 주문처럼 그녀들을 재소환합니다. 세 마녀는 맥베스와 뱅쿠오 앞에 나타나 이들의 운명을 예언합니다. 그녀들은 맥베스를 '글래미스의 영주', '코도의 영주' 그리고 마지막으로 '왕이 되실 분'이라 칭하며 인사합니다. 이때 원문에서 사용한 'than'은 스코틀랜드에서 영주, 씨족의 수장을 가리킬 때 사용하는 단어입니다. 이 순간 맥베스는 모르지만, 관객은 맥베스가 등장하기 전 장면으로 덩컨왕이 맥베스를 코도 영주로 임명했다는 것을 이미 알고 있는 상태입니다. 셰익스피어는 의도적으로 세 마녀의 예언이 사실임을 주인공보다 관객이 먼저 알도록 했습니다. 그리고 세 마녀는 뱅쿠오에게도 인사를 합니다. 그녀들은 뱅쿠오를 '왕을 낳을 분'이라 부르며 '맥베스보다는 작지만 더 큰 분', '맥베스보다는 덜 행복하지만 더 행복한 분'이라 합니다. 갑작스레 들은 예언에 맥베스와 뱅쿠오는 당황합니다. 특히 맥베스는 그 광경이 환영인지, 아니면 말도 안 되는 현실인지 혼란스러워하죠. 그러나 덩컨왕이 실제로 맥베스에게 코도 영주 작위를 하사했다는 말을 듣는 순간, 이들의 혼란은 놀라움으로 변합니다. 이후 극은 마녀들의 예언에 대한 맥베스의 반응을 기반으로 전개됩니다.

극의 초반을 장악한 세 마녀의 모습은 복합적이고 다층적입니다. 셰익스피어는 스코틀랜드 민담에 나오는 늙고 끔찍한 세 마녀의 이미지를 차용하면서, 언제나 그렇듯 여기에 전혀 다른 요소들을 가미해 뒤섞었습니다. 먼저 마녀의 뜻부터 알아보죠. 「한여름 밤의 꿈」의 퍽이 요정의 대명사이듯, 맥베스의 마녀 또한 당시 유럽의 전형적인 마녀의 이미지에 부합합니다. 마녀는 본래 위험하고 부정적인 존재가 아니었습니다. 마녀에게 악마의 이미지가 씌워진 것은 15세기 이후의 일입니다. 원래 유럽에서 마녀는 단순히 민담과 동화가 아니라 신학에 바탕을 둔 캐릭터입니다. 13세기 철학자

로저 베이컨의 저서에 등장하는 치유의 마녀들만 봐도 그러한 사실을 알 수 있죠. 그리고 셰익스피어는 여기에 신화적인 요소를 가미합니다. 스코틀랜드 민화에 등장하는 세 마녀에 그리스의 헤카테 여신을 받드는 시녀의 옷을 입힌 것이죠. 헤카테는 마법의 주문과 산 자와 죽은 자 사이의 소통(하이드에게 납치될 때 페르세포네의 절망적인 외침을 들은 것도 헤카테입니다), 달의 주기와 십자로(헤카테는 동시에 세 방향을 보는 능력이 있다고 하죠)를 관장하는 여신입니다. 십자로는 서양에서 신비로운 장소로 여겨지며, 마법 의식에 중요한 요소입니다. 뱅쿠오와 맥베스가 처음 마녀들과 조우한 곳도 바로 십자로를 지나던 중이었죠.

마지막으로 가장 결정적인 요소가 있습니다. 이 늙고 끔찍한 마녀들은 인간의 운명을 알고 이를 구현합니다. 이들이 그 운명을 바꿀 수도 있는지는 확실치 않지만. 신화에는 이들과 비슷한 존재가 많습니다. 그리스 신화에서는 무시무시한 그라이아이가 있습니다. 그라이아이는 태어날 때부터 노파인 세 자매로 눈과 이가 하나뿐이라서 셋이서 번갈아 사용한다고 합니다. 후에 영웅 페르세우스가 눈을 훔쳐 메두사가 사는 곳을 털어놓게 만들죠. 그리스 신화에는 그라이아이 말고도 모이라라는 운명의 여신들도 나옵니다. 모이라는 그리스어로 인간의 예정된 죽음을 내포하는 운명을 의미합니다. 이들은 클로토, 라케시스, 아트로포스라는 흉측한 외모의 노파의 모습을 하고 있으며 모든 인간과 신의 운명의 결정짓는 실을 잣습니다. 조금만 북쪽으로 올라가면 북유럽 신화집『에다』에서도 이와 비슷한 노르디르라는 세 여인이 있습니다. 이들은 목판에 룬문자로 신과 인간의 운명을 새깁니다.

이런 식의 예는 수없이 많습니다. 이러한 현상을 인류학에서는 신화소(어떤 이야기가 신화가 되게 만드는 요소, 즉 신화를 구성하는 뼈대와 같은 것-옮긴이)라 합니다. 신화소란 다양한 문화의 신화에서 반복적으로 나타나는 서사의 형태를 가집니다. 셰익스피어는 인간의 운명을 예언하는 끔찍한 모습의 세 노파의 신화소로 스코틀랜드 설화의 여자 마법사와 중세에 유행했던 악마인 베툴라와 뒤섞습니다. 어찌 보면 셰익스피어의 문학 작품 자체가 마법의 묘약인 것 같기도 합니다. 환상과 상상력이 보글보글 끓는 냄비에서 맥베스의 미래를 (심지어는 영혼까지도) 읽어내는 세 명의 기묘한 인물을 건져 올린 것 같은 느낌이 듭니다.

이 작품의 핵심은 바로 여기입니다. 마녀들이 읽은 것은 과연 맥베스가 마주할 미래인 걸까요, 아니면 그의 영혼(은밀한 욕망)일까요? 이 질문에 대한 대답이 무엇이냐에 따라 많은 것이 바뀌게 됩니다. 물론 이 질문에 대한 정답은 없습니다. 맥베스가 자신의 의지와는 상관없이 원래부터 파멸을 맞이할 운명이었는지 아니면 자유의지에 따라 왕위에 올라야겠다는 생각을 접고 다르게 행동할 수 있었는지 우리는 알 수 없습니다.

하지만 확실한 것은 마녀들이 나타났을 때, 맥베스는 자신의 가장 은밀한 욕망을 마주했고 이때 가장 끔찍한 악몽을 선사할 지옥으로 첫발을 디뎠다는 사실입니다. 그는 몰랐어야 할 자신의 어떠한 면을 알고, 그로 인해 저주를 받았습니다. 차라리 마녀들만 알고 맥베스는 영영 몰랐다면 나았을 텐데, 그러한 의미에서 맥베스에게는 오디세우스와 같은 지혜가 없었습니다. 「오디세이」13장에서 오디세우스는 사이렌의 목소리를 듣지 않기 위해 배 기둥에 자신을 밧줄로 묶으라고 명합니다. 그리고 그 방책 덕분에 사이렌의 목소리는 그에게 아무런 영향을 끼치지 못하죠. 하지만 맥베스는 밧줄이 풀린 오디세우스입니다. 그는 마녀들의 목소리를 듣고, 격렬히 반응합니다.

세 마녀 _____ 맥베스를 환영하라! 왕이 되실 분이다!

하지만 마녀의 말을 듣는 것만으로 그가 모든 것이 끝날 저주를 받은 것은 아닙니다. 그가 완전히 파멸하려면, 이 극의 진정한 주인공이 등장해야 하기 때문이죠. 바로 그의 아내이자 어둠의 여왕 레이디 맥베스 말입니다. 평론가들은 그녀를 이 극에서 가장 끔찍한 네 번째 마녀라 부릅니다.

네 번째 마녀의 주술

'덩컨왕을 죽이자' 세 마녀와의 만남을 담은 남편의 편지를 읽고 맥베스 부인이 내린 결론입니다. 스코틀랜드의 왕이 되는 것이 남편의 운명이라면, 그 어떤 짓을 해서라도 실현해야 한다는 것이 바로 맥베스 부인을 움직인 끔찍한 동력입니다. 1막에서 맥베스와 맥베스 부인이 주고받는 대사는 정말 굉장합니다. 이 대목을 읽다 보면 왕좌로 이끌 끔찍한 짓을 저지르게 만들기 위해 맥베스 부인이 원래 맥베스의 내면에 존재하지 않았던 기운을 불어넣는 것처럼 보입니다. 그렇습니다. 사실 맥베스는 처음부터 윤리적으로 타락한 인간이 아니었습니다(이것은 매우 중요한 부분입니다). 오히려 악행을 해야 한다는 생각을 거부하고 괴로워합니다. 아내가 왕을 죽이라고 부추기자, 불안감에 사로잡혀 두려움에 떨죠. 맥베스는 본디 용맹하고 이타적인 인물이었습니다. 덩컨왕에게 호감이 있고, 그에 대한 충성심이 있습니다. 그래서 마녀들의 예언을 듣고 기겁한 것입니다.

리처드 3세와는 달리 맥베스는 범죄를 저지를 정도로 권력욕에 눈이 먼 인물이 아니었습니다. 맥베스는 셰익스피어가 창조한 모든 등장인물 중에서 극의 전개와 함께 본성이 가장 크게 변하는 인물일 것입니다. 이토록 훌륭하고 존경할 만한 영주가 왕위를 향한 집착과 증오에 눈이 먼 살인마로 전락하기까지 마녀들이 영웅의 무의식 속에 숨어있던 가장 위험한 욕망을 일깨웠다면 사악한 맥베스 부인은 이를 현실에 구현시켰습니다. 맥베스는 마녀의 언어를 몰랐지만, 그의 아내는 달랐습니다. 셰익스피어가 맥베스 서사의 뼈대를 취한 홀린셰드의 『잉글랜드, 스코틀랜드와 아일랜드 연대기』에서도 맥베스 부인이 남편을 잘못된 길로 이끌었다는 이야기가 나옵니다. 셰익스피어의 작품에서는 여기에서 멈추지 않고 그녀를 어둠의 창조물로 묘사합니다. 그녀만 없었다면 맥베스는 마녀들이 던진 메시지의 참뜻을 이해하지 못했을 것입니다. 그리고 내면의 금지된 구역까지 나아가지 않았을 것입니다. 극의 전개를 위해 셰익스피어에게는 본질적으로 사악한 인물이 필요했습니다. 그래야 모든 인간은 사악해질 가능성을 가지고 있다는 사실을 보여줄 수 있을 테니까요.

여기에서 맥베스의 주요한 의제들을 살펴봅시다. '맥베스 부인은 어떻게 남편을 설득할 것인가', '그리고 무엇보다 그녀가 그렇게 행동하는 이유는 무엇인가', '그녀 안에 뿌리를 내리고 그녀를 지배하는 권력욕의 정체는 무엇인가' 상상조차 할 수 없는 끔찍한 짓, 입에 담을 수 없는 악행, 잔혹한 행위를 저지르는 사람 앞에서 느껴지는 당혹감을 이해하려면 맥베스가 던지는 이 철학적 질문에 대한 답을 찾아야 합니다. 1막 7장에서 맥베스는 부인의 세 치

혀로 인해 살인마로 변모합니다.

> **맥베스 부인** ＿＿＿ 당신이 걸쳤던 그 희망은 술에 취했나
> 요? 그 후로 잠이 들었나요? 이제야 깨어나 자진해서 했
> 던 일을 얼굴이 하얗게 질린 채 바라보고 있나요? 지금
> 부터 당신의 사랑 또한 그런 줄 알겠어요. 욕망만큼 행
> 동력과 용맹심을 가진 사람이 되는 것이 두려운가요?
> 당신이 원하는 것은 무엇인가요? 최고의 장식물이라고
> 생각하는 그것을 가지고 싶나요? 그러면서 발에 물이
> 묻을까 봐 눈앞의 생선도 먹지 못하는 속담 속 고양이처
> 럼 '하고 싶어'라고 해놓고 '차마 못 하겠어'라고 대꾸하
> 는 그런 비겁자로 살 건가요?

(1막 7장)

부인의 압박으로 인해 맥베스의 인간성은 무너져 내립니다. 명
예, 고상함, 신실함, 용맹함, 남성성까지. 마녀의 예언을 이루기 위
해 행동에 나서지 않으면, 그는 모든 것을 잃을 것입니다. 맥베스
부인은 남편의 영혼을 갉아먹을 끔찍한 좀벌레를 그의 내면에 풀
어 놓습니다. 맥베스는 왕관 자체를 원한 것이 아니라 왕위를 차지
함으로 인해 자기 자신을 증명하려 했습니다. 이러한 전개를 가능

하게 만드는 전제 조건은 영웅의 태생적인 심약함입니다. 이러한 꾀임에 넘어가는 것은 심지가 굳지 못하기 때문이죠. 맥베스는 자신이 어떤 인간인지 정확하게 모릅니다. 실제 자아와 자신이 이상적으로 생각하는 자아의 이미지 사이에 괴리가 존재한 것입니다. 그렇지 않았으면, 부인의 말이 그의 내면에 뿌리내리지 못했을 것입니다. 갑자기 자신의 친족을 살해하거나 아무런 이유 없이 무차별 살인을 저지르는 범죄가 일어나면, 뉴스에서 범인의 이웃이나 지인의 인터뷰를 방영하곤 합니다. 이들에게서 가장 자주 나오는 말은 '평소에 좋은 사람처럼 보였다'는 말이죠. 아마 맥베스도 그런 사람이었을 것입니다.

1971년 심리학자 필립 짐바르도는 악명 높은 '스탠퍼드 교도소 실험'을 진행합니다. 이 실험에서 짐바르도는 24명의 대학생을 선발해 임의로 간수와 죄수의 역할을 부여한 뒤 감옥에 수감시킵니다. 그리고 불과 36시간 후 양질의 교육을 받은 중상층 학생들은 비인간적인 간수로 변했고, 죄수 역할을 맡은 학생들은 공황 상태에 빠져 극심한 두려움이나 극도의 폭력성을 나타나는 결과를 맞이하죠. 결국, 짐바르도는 실험을 끝까지 마치지 못하고 중단하지만, 이로부터 '아무리 끔찍한 행위라 할지라도 상황적인 압박을 받으면 누구나 그러한 행위를 행할 수 있다'라는 결론을 얻게 됩니다. 후에 짐바르도는 이러한 현상을 '루시퍼 이펙트'라 정의 내

럽니다. 이 이론에 따르면 '선하고', '평범한' 사람들, 혹은 이러한 범주에 들어가는 사람들도 얼마든지 끔찍하고 폭력적이고 잔혹한 행위를 자행하는 끔찍한 인간들로 변할 수 있다고 합니다. 맞습니다. 맥베스 부인은 남편의 내면에서 루시퍼 이펙트를 일으킨 것입니다.

1막 5장의 맥베스 부인 독백에서, 우리는 셰익스피어가 그녀를 루시퍼처럼 악마적인 인물로 묘사하고 있다는 사실을 알 수 있습니다. 음모를 꾸미는 그녀의 대사는 소름이 끼칠 정도죠. 그녀는 자신을 평범한 여인과는 다르게 만들어 달라면서 강령술사처럼 온갖 악령들을 소환합니다. 여기서 그녀가 내뱉는 대사의 톤과 리듬은 악마 의식의 그것과 동일합니다. 이 순간 맥베스 부인은 자신의 인간성을 버리고 다른 존재로 변하려는 것 같습니다.

> **맥베스 부인** _____ 살의에 가득 찬 악령들아, 오너라. 내 여성성을 가져가고 머리부터 발끝까지 잔인한 마음으로 가득 채워다오. 내 피를 탁하게 만들어 동정심의 접근과 통로를 막아다오. 양심의 가책으로 잔인한 내 목표가 흔들리거나 이루어지기 전에 마음이 편하지 못하도록! 내게 와 내 젖가슴을 젖 대신 쓸개즙으로 채워라, 이 살귀들아. 너희들은 그 보이지 않는 형태로 자연의 악행을

거들지 않느냐. 오너라, 짙은 밤아. 지옥의 칠흑 같은 지
옥의 연기로 네 몸을 감싸 내 칼이 내는 상처가 보이지
않게 하라. 어둠의 장막 사이로 엿보던 하늘이 내게 '멈
춰라! 멈춰라!'라고 외치지 않도록.

(1막 5장)

남편에게 비인간적인 만행을 저지르게 하려면, 그녀 역시도 여
성성을 버려야 했습니다. 그녀는 악령에게 대놓고 자신의 '여성성
을 가져가'라고 합니다(원어로 unsex라는 표현을 사용했습니다). 그리
고 친절함, 애정 등 아이를 가지고자 하는 모성애의 갈망과 관련된
모든 본능을 없애려 하는 모습에서 우리는 세네카의 「메데이아」를
떠올리게 됩니다. 「메데이아」 도입부에서 그녀가 이아손을 향한
복수심에 불타 자기 친자식을 살해할 준비를 하는 장면은 맥베스
부인이 덩컨왕을 시해할 준비를 하는 장면의 원형처럼 보입니다.
두 여인은 전혀 다른 인물이지만, 비인간적이고 악마적인 힘을 얻
기 위해 자신들의 여성성을 초월하고자 지옥의 힘을 소환한 점에
서 공통점을 보입니다. 그리고 이때 메데이아가 소환하는 신이 바
로 맥베스의 마녀들이 섬기는 헤카테입니다.

악령의 소환이 끝나면, 본격적인 드라마가 시작되고 운명의 바
퀴는 정신없이 굴러갑니다. 비유가 아니라 실제로 맥베스는 이야

기 전개가 매우 빠릅니다. 로미오와 줄리엣처럼 맥베스는 호흡이 빠른 희곡입니다. 사건들이 일어난다기보다 극 자체가 나락으로 치닫는 느낌입니다. 그 속도가 어찌나 빠른지 관객들은 눈앞에서 펼쳐지는 일이 얼마나 끔찍한지 깨달을 시간조차 없을 정도죠. 맥베스를 연출할 때 이 간결성brevitas이 매우 중요시됩니다. 셰익스피어는 맥베스를 2,500줄 이내로 압축했고, 이러한 의도를 살리려 현재 연극 상영시간도 90분을 넘지 않게 하고 있습니다. 물론 흔히 평단에서 말하듯 1623년에 인쇄된 셰익스피어의 『퍼스트 폴리오』Folio(셰익스피어의 극장용 희곡전집으로 종이 한 장 한 장에 인쇄된 형태여서 종이를 뜻하는 폴리오로 부르게 됨. 우리나라에서는 대형전집의 의미로 통용되기도 함-옮긴이)가 어느 정도 편집된 버전일 수도 있지만, 그럼에도 전개가 빠른 걸 부정하긴 어려울 것입니다. 빠른 진행 속도는 맥베스가 자신의 악몽을 따라잡지 못하고 있다는 느낌을 주고, 이는 실현될까 봐 상상하면서 두려워하는 모든 일이 그의 두려움 때문에 일어난다는 인상을 줍니다. 맥베스에서는 악몽이 현실이 되고 끔찍한 환상이 구현하며 운명은 계속해서 주인공보다 앞서 나갑니다.

맥베스의 심리 상태를 잘 아는 그의 부인은 남편의 심약함이 왕좌로 향한 길에 방해가 될까 봐 걱정합니다. 그녀는 그의 도덕성을 무너뜨려 자신들의 성을 찾은 덩컨왕을 죽이라고 떠밉니다. 부인에게 설득당한 맥베스는 허공에 단검이 떠다니는 환영을 보고, 실제로 덩컨왕을 시해한 후에는 심하게 동요합니다. 결국, 맥베스 부인이 치밀하게 직조한 계획은 성공합니다. 모든 일은 술에 취해 잠이 든 두 명의 보초의 탓이 되고, 아무도 그들을 의심하지 않을 것입니다. 하지만 맥베스는 자신의 죄가 들통날까 봐 겁에 질립니다. 맥베스는 몸에 묻은 피를 씻어내려 하고, 맥베스 부인은 그런 남편을 안심시키는 데 실패합니다. 그리고 이 첫 핏방울은 또 다른 핏방울을 부르고, 결국은 피의 홍수를 이루게 됩니다.

'피는 피를 부른다'라는 명언 역시 맥베스에 나오는 대사입니다. 왕을 죽인 후 맥베스의 상태는 점점 안 좋아집니다. 그는 왕을 지키던 경비병들이 뭔가를 목격하고 잠에서 깨면 사실대로 말할까 봐 불과 몇 시간 전까지만 해도 상상조차 하지 못한 짓을 저지르고 맙니다. 바로 경비병들의 입을 막기 위해 둘을 처참하게 살해한 것. 이렇게 해서 맥베스 부인의 주술은 완벽히 효력을 발휘합니다. 남편의 내면에 자리한 괴물을 완벽히 깨운 것이죠.

불행을 부르는 연극

그렇게 왕좌가 비고 덩컨왕의 후계자를 찾는 것이 시급해진 가운데, 맥베스가 왕위에 오릅니다. 그가 왕관을 차지함으로써 마녀들의 예언은 모두 이루어집니다. 언뜻 보면 해피엔딩인 것처럼 보이지만 실은 종말의 시작일 뿐이죠. 맥베스는 행복한 이야기로 끝날 수 없습니다. 피를 부르는 어둠의 힘을 소환했으니까요. 이후 맥베스라는 인간이 점차 어떻게 변모하는지 보여주는 셰익스피어의 필력은 놀랍습니다. 한때 고귀한 전사였던 맥베스의 머릿속에는 온갖 끔찍한 계획이 떠오릅니다. 그중에는 충직한 친구 뱅쿠오를 죽이는 것도 포함되죠. 맥베스가 뱅쿠오를 죽이려는 이유는 두 가지입니다. 우선 뱅쿠오의 아들이 왕이 될 운명이라는 마녀의 예언입니다. 그 예언이 사실이라면 뱅쿠오의 존재는 왕위에 위협이 됩니다. 두 번째 이유는 뱅쿠오가 자신이 덩컨왕을 죽였다고 의심할 것 같아서입니다. 이만하면 맥베스에겐 이유가 충분합니다. 그렇게 맥베스는 절친한 친구 뱅쿠오를 무참히 살해합니다. 하지만 그 유명한 맥베스의 3막 4장에서 뱅쿠오는 유령이 되어 무대에 극적으로 다시 등장합니다. 맥베스가 뱅쿠오의 유령을 보고 빈 의자를 향해 말을 건네자 그 모습을 본 주변 사람들은 맥베스가 미쳤다고 생각합니다. 맥베스 부인은 남편이 신경이 날카로워져서 그러는 거라고 황급히 변명합니다. 하지만 맥베스 부인의 이 변명은 역설적으로 맥베스가 괴물화를 마쳤음을 보여줍니다. 이제 맥베스는 인간이 아닙니다. 그는 모든 영혼을 팔아버렸으니까요.

그의 평온을 뒤흔드는 환영과 쉼 없이 그를 위협하는 '상상 속의 단검'은 무엇이고 뱅쿠오란 이름을 연상시키는 연회(방케banquette)가 한창일 때 나타난 뱅쿠오의 실체는 무엇인 걸까요. 이 모두가 마녀들이 만들어 낸 환영일까요? 덩컨왕을 살해한 후, 아니 정확히 말하면 아내가 덩컨왕을 시해하라는 생각을 그의 머릿속에 심어 넣은 후로 맥베스는 편집증에 사로잡힙니다. 맥베스와 맥베스 부인이 왕위 찬탈을 꾀하는 계약서에 서명한 순간, 그들은 평범한 세상에서 쫓겨나 폐소공포증을 유발할 것 같은 사회적·심리적 밀실에 갇혔습니다. 그곳에서 그들은 미칠 날만을 기다리게 됩니다.

맥베스에게는 선택의 여지가 없습니다. 모든 것의 원인을 제공한 마녀들을 찾아내 다시 질문을 던질 수밖에. 그리고 마녀들은 그런 맥베스에게 응답합니다. 이들은 '버넘 숲이 던세네인 언덕으로 다가오지 않는 한' 맥베스의 왕좌는 안전할 것이라고 말합니다. 또, '여자가 낳은 자는 아무도' 맥베스를 해치지 못할 것이라 합니다. 그제야 맥베스는 만족합니다. 숲이 움직일 리 없고 여자가 낳지 않은 사람은 없으니까요. 맥베스는 자신이 이제 안전하다고 생각합니다.

하지만 평온을 찾았다고 해서, 그의 선한 본성이 되살아나지는 않습니다. 일단 발을 디딘 이상, 어둠의 왕국에서 빠져나갈 수는 없기 때문입니다. 왕의 시해 현장을 확인하고 의심을 품은 맥더프가 맬컴과 연합해 반란을 도모한다는 소식에, 맥베스는 맥더프의 아내와 자식들을 모두 죽이라 명합니다. 경악을 금치 못할 결정입니다. 이 명령은 감수해야 할 위험을 키우고 비인간적일 정도로 사악합니다. 맥베스는 이미 인간성을 상실했고, 그 결과 이성도 잃었습니다. 맥베스는 말합니다. 머릿속에 전갈이 가득하다고 말이죠. 전갈 같은 생각들이 머릿속에 득실대다니, 전갈을 피해 다닐 수 없으니 독침에 찔려서 독에 중독될 것입니다. 그리고 악이란 독은 더욱 그의 마음속 깊이 침투하죠. 전갈의 독이 서서히 온몸에 퍼지는 것처럼요.

머릿속에 전갈을 담은 채 살아갈 수 없습니다. 셰익스피어는 인간은 전갈을 길들이지도, 그 독을 없애지도 못한다고 합니다. 치명적인 악의 독에 면역력이 있는 사람은 아무도 없습니다. 실제로, 극이 결말을 향해 달려가는 동안, 맥베스 부인도 결국 자신이 건 주문의 무게를 이기지 못하고 스스로 무너져 내립니다. 자신이 소환한 힘이 인간으로서 감당하기 불가능한 것을 깨달은 듯, 그녀 역시 죄책감에 사로잡혀 이성을 잃습니다. 메데이아와는 달리 맥베스 부인은 악행을 통해 자아를 실현하지 못하고, 파멸합니다.

맥베스에서 가장 유명한 장면 중 하나는 몽유병을 앓게 된 여왕이 손에 묻은 핏자국을 지우려고 계속해서 손을 씻는 시늉을 하는 장면입니다. 하지만 아무리 손을 씻어도 얼룩은 사라지지 않습니다. 어떤 물로도 핏자국은 그대로입니다. 맥베스 부인은 결국 실성해서 목숨을 잃습니다. 사실 원본에는 그녀가 정말 죽었는지, 그랬다면 어떻게 죽었는지 명확하게 나타나지 않습니다. 셰익스피어는 관객들이 그녀가 미쳐서 스스로 목숨을 끊었다는 사실을 유추하게끔 합니다. 한편 아내의 죽음이라는 비보를 접한 맥베스의 눈앞에 불가능한 광경이 펼쳐집니다. 버넘 숲이 움직이기 시작한 것입니다. 버넘 숲의 정체는 나뭇가지로 위장한 맬컴과 맥더프 그리고 병사들이었습니다. 멀리서 보는 군대의 모습은 마치 숲이 움직이는 것 같았죠. 첫 번째 예언이 이루어지니 두 번째 예언도 실현됩니다. 복수의 천사처럼 나타난 맥더프는 맥베스에게 자신이 조산으로 인해 어머니의 배를 가르고 제왕절개로 태어났다고 말합니다. 그가 바로 '여인이 낳지 않은 자'였던 것입니다.

맥베스는 자신이 마녀들에게 농간당했다는 사실을 깨닫습니다. 그리고 자신이 아무것도 이해하지 못했다는 사실도 알게 되죠. 맥더프는 맥베스를 결투에서 제압하고, 그의 목을 잘라 예언을 실현합니다. 그렇게 맬컴이 스코틀랜드의 왕위에 오르는데, 당시 관객들은 그가 바로 제임스 1세의 선조라는 사실을 알고 있었을 것입니다. 극은 오늘이야말로 "스코틀랜드 역사상 가장 행복한 날"이라는 맬컴의 대사로 막을 내립니다. 결말만 보면 어쩌면 이 작품을 순수하게 비극으로만 볼 수 없을지도 모릅니다. 제임스 1세의 조상, 스튜어트 왕조의 시작을 알리는 맥베스의 결말이야말로 셰익스피어를 비롯한 당시 관객들이 가장 기대하던 올바른 결말이었으니까요. 하지만 저는 그렇게 생각하지 않습니다. 맥베스의 본질은 비극입니다. 이 이야기의 중심에 위대하지만, 모순적인 주인공이 파멸하는 과정이 있기 때문입니다. 맥베스는 자신이 자초한 일련의 사건으로 인해 번뇌하다 결국은 자아를 잃는 영웅의 이야기입니다.

연극계에는 맥베스가 저주받은 연극이어서 불행을 가져온다는 말이 있습니다. 맥베스 공연이나 공연 중에 알 수 없는 사고가 벌어진다는 징크스 때문입니다. 저주를 피하려고 배우나 제작진들은 '맥베스'라는 제목 대신 '스코틀랜드 연극'이라는 표현을 사용합니다.

실제로 「맥베스」 초연에서 맥베스 부인 역을 맡았던 할 베리지는 막이 오르기 전 급성 늑막염에 걸리는 바람에 셰익스피어가 직접 대역을 맡아야 했습니다. 셰익스피어가 연극 초반 악령을 소환하는 그 유명한 맥베스 부인의 독백을 직접 소화한 후, 매번 맥베스를 무대에 올릴 때마다 이해할 수 없는 불운이 일어납니다. 그래서 모두 이게 다 맥베스의 저주 때문이라고 생각하게 되죠. 흥미로운 것은 맥베스가 저주받은 연극이라는 사실에 대한 아무런 근거가 없는데도 불구하고 세월이 흐를수록 그 저주는 더욱 강력해지고 악명이 높아졌다는 사실입니다. 이야말로 전형적인 자기 완결적 예언이자 맥베스의 핵심 메시지일지도 모릅니다.

사회학자이자 심리학자인 로버트 k. 머튼은 '자기 완결적 예언self-fulfilling prophecy'이란 어떤 예측을 하고, 이를 믿으면, 그 결과가 예측대로 되는 것을 말한다고 했습니다. 사회적으로 이런 현상은 자주 일어납니다. 예를 들면 어떤 정치인이 식량이 얼마 안 가 떨어질 것이라고 말했다고 가정해 봅시다. 그의 말이 사실이 아니라 해도 사람들은 걱정된 마음에 마트로 달려가 식량을 쓸어 담을 것이고 이게 원인이 되어 식량 부족이 현실이 됩니다. 미국 사회학자 윌리엄 아이작 토마스는 이러한 현상을 체계화해서 '토마스 정리The Thomas theorem'를 정립했습니다, 토마스 정리에 의하면 우연한 상황을 현실로 규정하면, 결국 현실이 됩니다.

그렇다면 정말로 실패하리라 생각하면 실패하고, 성공하리라 생각하면 성공하는 것일까요? 어찌 보면 지나친 단순화 같지만, 완전히 틀린 말은 아닙니다. 인간은 내적 기준에 따라 세계를 인식하고, 변화시킵니다. 이러한 관점에서 보면, 미래의 상당 부분이 우리가 상황을 해석하는 방식에 따라 변할 수 있게 됩니다. 즉, 미래는 정해졌지만, 그것은 인간의 내면에 숨겨진 것을 기반으로 합니다.

이러한 맥락에서 볼 때, 맥베스는 실제로 불행을 가져온다고 할 수 있는데, 그것은 우리가 그 가설을 믿기 때문입니다. 여기서 단순히 '나는 그런 말도 안 되는 소리는 안 믿어'라는 말로 저주를 무력화시킬 수는 없습니다. 내가 아닌 주변 사람들의 무의식이나 생각이 현실에 영향을 주기도 하니까요. 마녀들은 인간의 나약한 의지보다 언제나 강한 법입니다.

그렇다면 인간성을 상실하고 끔찍한 죄악을 저지르는 맥베스의 이야기는 자기 완결적 예언에 관한 우화인 걸까요? 글래미스의 영주인 맥베스는 코도 영주로 임명됩니다. 하지만 이 일은 그가 왕위에 오르는 것과는 상관이 없습니다. 맥베스가 덩컨왕을 죽이지 않았다면, 그는 절대로 그의 자리를 차지할 수 없었을 것이고, 스코틀랜드의 왕이 될 수도 없었을 것입니다. (아내의 생각을 행동으로 옮겨) 예언을 실행하는 것은 맥베스 자신입니다. 맥베스는 마녀들의 예언을 실행하는 충직한 시종입니다. 맥베스를 통해 셰익스피어는 숙명의 역설이라는 문제를 던집니다. 여기서 인간의 자유 의지는 운명을 실현하는 장치에 지나지 않는 것처럼 보입니다.

위험천만한 악마의 세계는 불확실한 운명을 마주할 때 인간이 느끼는 심연과 같은 두려움으로 인해 힘을 얻습니다. 이건 정말로 악마가 존재한다는 뜻이 아닙니다. 인간의 감정에는 마법과도 같은 힘이 있다는 말이죠. 우리가 '불행', '박해', '숙명'이라고 부르는 것은 마음속에 잠재된 것과 직접적인 연관이 있습니다.

맥베스는 함부로 마법을 사용하지 말라고 우리 귀에 대고 속삭이는 듯합니다. 우리의 머릿속에는 자신도 모르게 모든 것을 소환하는 능력이 숨어있기 때문입니다. 자신을 파멸시킬 괴물까지도 말이죠. 맥베스가 저지른 단 하나의 치명적인 실수는 내면 깊은 곳으로부터 (무의식적으로) 왕이 되기를 갈망하고, 이러한 욕망을 현실로 끌어낸 것일지도 모릅니다. 이러한 갈망이 그의 내면에서 걷잡을 수 없이 커져, 자아라는 연약한 틀을 깨뜨리고, 그를 괴물 같은 살인마로 만들었습니다.

인생은 백치가 떠드는 이야기

저는 2008년부터 2013년까지 방영된 넷플릭스 TV 시리즈 「브레이킹 배드」가 최근 제작된 TV 드라마 중에서 가장 흥미롭다고 생각합니다. 드라마의 주인공은 해고당한 화학 교사 월터 화이트입니다. 시즌 1부터 마지막 시즌인 시즌 5까지 평범한 교사였던 월터는 메타페타민 제조자이자 마약 판매상, 뉴멕시코에서 최고로 극악무도한 범죄자로 변모되어 갑니다. 이것은 「맥베스」의 정서와 매우 비슷합니다. 온순한 남성이 범죄자가 되어가는 파격적인 변화의 과정은 화학 교사 시절에는 상상조차 할 수 없었던 모험을 하게 만들고 그로 인해 주인공 내면에서 삭제되고 거세되었던, 그동안 조용히 잠들어 있던 자아가 깨어나는 모습이 맥베스와 같기 때문입니다.

맥베스와 월터의 타락은 그전까지 표현하지 못하고 억압되었던 감정이 폭발하면서 진행됩니다. 모두에게서 억압받는 비참한 상황이 아니었다면, 월터 화이트는 마약 사업이라는 위험한 일에 뛰어들지 않았을 것입니다. 마찬가지로 맥베스 역시 내면의 무엇인가가 폭발하지 않았다면 악의 구렁텅이에 빠지지 않았을 것입니다. 세 마녀의 이미지는 바로 이 억압된 무엇, 실현되지 못한 욕망의 폭발을 구현한 것이라 할 수 있습니다. 맥베스의 문제는 왕이 되고 싶다는 욕망을 스스로 인정하지 않은 것입니다.

그리고 확실히 「브레이킹 배드」와 「맥베스」가 비극이라고 할 수 있는 것은 주인공이 타락을 통해 자아를 실현하지 못한다는 것입니다. 월터 화이트도 맥베스도 극의 결말에 파멸을 맞이하는데, 그것은 그들이 잔혹하게 죽어서가 아니라, 마지막에 자신들의 믿음이 허상이었다는 사실을 깨닫기 때문입니다. 이 둘은 철저하게 농락당하고, 모든 것을 잃습니다. 아내와 아들의 사랑도, 자유마저도. 이들에게는 살아야 할 이유가 없어집니다.

이것은 극의 결말 맥더프를 통해 더욱 강조됩니다. 그는 맥베스를 죽여도 자신의 복수가 결코 완성될 수 없다는 사실을 깨닫는데, 그것은 맥베스에게 가족도, 애정도 남아 있지 않기 때문입니다. 아무도 맥베스를 사랑하지 않으므로 그는 이미 아무것도 아니게 되었습니다. 「브레이킹 배드」 파이널 시즌에서 월터 화이트도 아무런 감정을 느끼지 못합니다. 그는 자신을 부정하는 장애인 아들 앞에서도, 그를 거부하는 아내 앞에서도 눈물 한 방울 보이지 않습니다. 5막에 이르러 맥베스 역시 그런 모습을 보입니다. 맥베스가 부인의 죽음을 듣고 하는 대사는 돌이킬 수 없는 허무함에 빠진 맥베스의 모습을 인상적으로 묘사합니다.

> **맥베스** ____ 후일 언젠가는 죽었을 터이고, 그 말이 어울리는 날이 있었을 것이다.
>
> 내일, 그리고 내일, 그리고 내일도, 이 더딘 걸음으로 하루 또 하루 삶의 마지막 순간까지 기어가서. 우리의 어제는 어리석은 자들에게 그들이 먼지로 돌아갈 죽음의 길만을 비춰줄 뿐이지. 꺼져라. 꺼져라, 덧없는 촛불이여! 인생이란 걸어 다니는 그림자일 뿐. 무대 위를 잠시 우쭐대며 오가다 고스란히 잊히는 불쌍한 배우일 뿐.
>
> 인생은 백치가 떠드는 허무맹랑한 이야기. 소리와 분노로 가득 차 있지만, 결국엔 아무 의미도 없도다.
>
> (5막 5장)

'인생은 백치가 떠드는 이야기'라는 표현은 유럽 문학사상 허무함을 가장 강렬하게 묘사한 대사일 것입니다. 이 말은 인간의 삶이란 부질없는 연극에 지나지 않는다는 의미입니다. 이 파멸의 우화를 통해 (그리고 맥베스가 운명의 장난에 속아 넘어가는 과정을 통해) 우리는 욕망을 통제할 줄 모르는 인간은 누구나 괴물이 될 수 있다는 사실을 배웁니다.

맥베스가 착각에 빠져 폭력의 눈먼 수행원으로 전락해 버린 것은 마녀들의 예언을 제대로 이해하지 못했기 때문입니다. 보통 평론가들은 맥베스가 두 번째 예언을 제대로 이해하지 못했다고 말합니다 하지만 맥베스는 첫 번째 예언도 잘못 해석했습니다. 헤카테의 시녀들은 그에게 '장차 왕이 되실 맥베스를 찬양하라'라고 합니다. 여기서 문제가 되는 단어는 'hereafter'입니다. hereafter는 '장차'라는 의미도 있지만, '사후 세계, 내세'의 뜻도 있습니다. 하지만 맥베스는 이 단어의 첫 번째 의미만 생각해 버립니다.

두 번째 예언에 관한 오해도 첫 번째 예언에 대한 오해와 연관이 있습니다. 움직이는 숲과 여자의 몸에서 태어나지 않은 사내. 이는 곧 불합리함을 의미합니다(모두 말도 안 되는 조건이죠). 여기서 맥베스는 허무맹랑한 말도 현실이 될 수 있다는 사실을 모릅니다. 사실 죽음 자체가 불합리한 것이 아닐까요. 죽음은 '상상할 수 없는 것'을 피하지 못하는 행위입니다. 하이데거의 표현처럼 '모든 가능성을 부정하는 가능성'이죠. 이러한 맥락에서도 맥베스는 불합리한 것은 현실이 아니라고 믿음으로서 또 한 번 마녀들에게 속아 넘어갑니다. 그는 죽음의 본질을 알지 못한 것입니다.

믿기 어려운 일이 일어날 때마다 우리는 이렇게 반문합니다. '그 사람은 어떻게 그런 짓을 할 수 있지?', '그 사람이 그런 짓을 했을 리 없어. 그건 불가능한 일이야!' 이와 같은 당혹감에 대한 해답은 마녀에게서 있습니다. 실현하지 못한 욕망을 실현하려는 참을 수 없는 욕망에 사로잡힌 대상을 속여서 눈먼 폭력을 쫓는 괴물로 만들어 버리는 힘 때문인 것이죠. 이것이 바로 맥베스의 본질을 구성하는 흑마술입니다.

괴물을 마주하고 있는 '나'에게
제한 없는 욕망은 파멸로 연결된다

인간을 행동하게 만드는 동력은 욕망입니다. 욕망이란 단어가 부정적으로 쓰이지만, 사실 욕망으로 인해서 인간은 성장하고 더 나은 환경으로 나아갑니다. 욕망이 없다면 새로움을 추구하는 꿈과 포부, 동기 부여를 얻을 수 없죠. 하지만 반대로 너무 욕망만 추구했다가는 맥베스처럼 자신과 주변을 파괴해서 종말을 맞을지 모릅니다. 그래서 우리에게 필요한 것은 적절한 욕망의 통제입니다. 원동력이자 독이 될 수 있는 이 힘을 다루기 위해 우리는 내면을 계속 들여다봐야 하죠. 괴물이 되려고 하기 전에 자신이 무엇을 원하는지 욕망을 대면하고 이를 어떻게 이용할 것인지 생각해야 합니다.

주변에서 괴물이 된 사람을 만났다면, 그의 행동에 영향받지 마세요. 이기적으로 구는 행동을 보자면 나도 똑같이 해주고 싶다는 생각이 들겠지만 그건 괴물의 역린만을 건드리고 더 복잡한 상황을 만들 뿐 제대로 된 해결책이 되지 못합니다. 괴물을 따라 하면 같은 괴물이 됩니다. 이기적으로 구는 사람에게 예의를 차리는 건 같은 괴물이 되지 않으려는 것, 즉 자신을 위한 행동이죠. 괴물에 영향받지 말고 자신을 독립된 존재로 나누어 그를 대하세요. 이미 괴물은 스스로 파멸해 가고 있으니, 운명(법)에 맡기면 될 것입니다.

평생 사랑하지 못할까 봐 두렵다면

Much Ado About Nothing

헛소동

제 어떤 결점 때문에 저를 사랑하게 된 거죠?

– 헤로

장면 #3

여기, 서로가 없으면 안 되는 연인과 서로만 없으면 된다는 남녀가 있다. 이들의 모습은 극과 극으로 다르지만 이 역시 모두 사랑이니, 사랑이란 무엇이기에 이토록 달라도 같을 수 있는 것일까? 축제처럼 떠들썩하게 벌어지는 두 연인들의 음모와 속임수를 통해 그 실체에 다가가 보자.

우리는 이기적 유전자를 가졌다고 합니다. 그래서 각자 자신의 생명과 안위, 번식을 첫 번째로 두며 모든 행동과 욕망의 근원이 다음 세대를 이어가기 위한 유전자의 프로그래밍을 바탕으로 한다고 말하죠. 하지만 우리의 행동 원리엔 DNA를 퍼뜨리는 것만 있는 건 아닙니다. 자기 자손이 아니어도 남을 위하고 이타적일 수 있는 동기, 바로 사랑이 있습니다. 사랑은 우리에게 큰 부분을 차지합니다. 한 인간의 태어남부터 성장, 활동, 죽음에까지 전 생애 걸쳐 사랑은 산소처럼 빈틈없이 필요하기 때문입니다.

그런데 최근, 이 사랑이 멸종 리스트에 올랐습니다. 너무나 빨리 변화하는 시대 속에서 이전의 가치는 의미를 잃고 수많은 새로움을 좇아야 하는 세상이 되었거든요. 적응만으로도 벅찬 지금, 내 몸 하나 건사하기도 힘든데 남을 위하는 사랑이라니 참으로 요원해 보입니다. 물론 앞서 얘기했듯이 우린 사랑 없이 살아갈 수 없기 때문에 정말로 모든 사랑을 버리진 않았습니다. 하지만 후속 순위로 저만치 뒤로 미뤄지게 되었죠. 그래서 사랑이 부가 요소가 되었기 때문에 우리가 사는 현대는 수많은 외로움을 품은 시대가 되었습니다. 여기서 사람들은 겉으로는 그럭저럭 문제없이 사는 것 같지만 사실 속으로는 각자의 문제를 안고 살아가게 됩니다. 물질적 풍요를 누리지만 정반대로 정신적, 정서적 결핍에 시달리는 우리는 이제 인간다운 행복이 무엇인지도 알기 어려워졌습니다. 삶의 소중한 가치도 혼란스러워졌죠. 그러니 이제야 조금씩 깨닫기 시작합니다. 사랑은 현실의 삶과 구별하지 않고 함께 다뤄야 했던 것을 말이죠.

자 그렇습니다. 이번 시간은 현대 사회에서의 사랑법에 대해 말하는 시간입니다. 근원적인 외로움에 시달리거나 혼자의 삶이 염려되는 분이라면 이제 얘기할 「헛소동」에 집중해 주세요. 셰익스피어는 이 재밌는 희극 안에서 우리가 어떤 답을 찾아야 할지 얘기해 줍니다. 오해는 하지 마세요. 「헛소동」은 남녀의 사랑을 소재로 하지만 연애를 해야만 삶이 채워진다고 얘기하고 있진 않으니까요. 누구나 살면서 빠질 수밖에 없는 감정을 통해 보다 근원적인 사랑으로 안내하거든요. 그럼 이제 다 같이 흥겨운 축제가 벌어지고 있는 곳으로 함께 떠나봅시다.

이탈리아 시칠리아섬에서 전쟁이 끝난 걸 기념하며 큰 축제가 벌어지는데 이때 청년 클라우디오와 베네디트는 레오나토 총독의 딸 헤로와 그의 사촌 언니 베아트리체를 만나게 된다. 클라우디오는 헤로에게 한눈에 반하게 되고 친구인 베네디트에게 자신이 제대로 본 것임을 물어보지만 독신주의를 표방하는 베네디트는 클라우디오의 눈이 잘못됐다고 말한다. 이런 이들 앞에 페드로 왕자가 나타나고 그는 클라우디오에게 자신이 그녀가 사랑할 만할 대상인지 확인해 주겠다고 한다. 페드로 왕자는 클라우디오로 변장을 한 후 헤로에게 가 마음을 확인하는데 헤로 역시 클라우디오에게 푹 빠지게 된다. 이때 베네디트처럼 사랑을 거부하는 베아트리체도 헤로를 말리지만 헤로는 그녀의 말을 듣지 않는다. 페드로 왕자는 사랑을 말리는 베네디트와 베아트리체의 모습을 보면서 둘이 잘 맞는다는 걸 깨닫고 이들도 연결해 주며, 사랑을 믿지 않는 이 두 남녀는 순식

간에 서로에게 빠지게 된다. 한편 클라우디오와 헤로는 결혼을 하기로 하는데, 이러한 상황을 알게 된 페드로의 동생 존 왕자가 계략을 꾸며서 이 둘의 결혼식을 무산되게 한다. 존의 속임수로 오해받는 헤로는 큰 슬픔에 빠지고 클라우디오 역시 베네디트처럼 여성을 만나지 않을 것이라고 한다. 그런데 존 왕자의 부하인 보라시오가 자기 주인의 모의를 떠벌리고 다니는 것을 두 경비병이 듣게 되고 이로 인해 모든 전모가 밝혀지게 된다. 오해가 사라진 후 다시 클라우디오와 헤로, 베네디트와 베아트리체는 결혼식을 올리게 된다.

홀로 추는 춤

모든 시대와 사건 속에서 우리를 이끄는 가장 강력한 동기이자 기계와 인간을 구분하는 절대적인 조건. 때로는 달콤하고 또 때로는 잔혹하게, 천변만화千變萬化의 모습을 가진 '사랑'은 우리의 삶에서 빠질 수 없는 감정입니다. 그런데 최근 이 사랑 중에서 '연인에 대한 감정'에서 벗어나 자유로워지고 싶어 하는 사람이 하나둘 늘어나고 있습니다. 과연 (종교적인 이유를 제외하고) 우리는 짝 없이 혼자 살아도 행복할 수 있을까요? 전통적인 관습에 반하고 반드시 짝을 맺어야만 한다는 생각에 당당히 물음표를 던지는 이들을 위해서 셰익스피어는 자신의 작품 중에서 최고의 희극으로 꼽히는 「헛소동」을 준비했습니다.

애정이나 성적인 성향과 관련된 선입견이나 낙인을 극복하기 위해 아무리 노력해도, 현대 사회에서는 아직도 독신주의자들을 도덕적으로 판단하고 은근히 소외시키는 경향이 있습니다. 현대에 들어서 쓰이기 시작한 독신주의는 싱글족을 은근히 비참하고, 암울하고, 쓸쓸하고, 버림받은 존재로 여기는 고정관념을 내포한, 관심을 가질 신조어입니다. 독신주의자에 대한 고정관념은 대상이 남성일 때는 심술궂게 느껴지는 정도지만, 대상이 여성일 때는 악의적이고, 잔인하기까지 합니다. 여성에게 독신은 일종의 '주홍 글씨'입니다. 과거 결혼하지 못한 처녀들은 사회적 선택의 폭이 좁았습니다. 수도원을 선택하지 않으면 정신 나간 여자 취급을 받거나, 소외 계층이 될 수밖에 없었죠. 예전의 인식에 비하면 지금도 흔히 사용되는 '노처녀'라는 표현은 남편감을 찾지 못한 (혹은 결혼을 원치 않은) 여성을 가리키는 표현 중에서 그나마도 덜 공격적인 표현이라고 할 수 있을 것입니다.

「헛소동」에는 베아트리체와 베네디크라는 노처녀와 노총각이 등장합니다. 둘은 완고한 독신주의자로, 짝을 찾을 생각이 전혀 없습니다. 베네디크는 여자라는 종족을 우습게 보고, 베아트리체는 남자라는 종족을 끔찍하게 생각합니다. 성이 다른 것만 빼면, 독신으로 살 것이라는 둘의 생각이 똑같기 때문에 마음이 잘 맞을 것 같지만 베네디크는 베아트리체야말로 여성의 모든 흠결을 담은 집합체라고 생각하고, 베아트리체는 베아트리체대로 베네디크를 끔찍하고 혐오스러운 남성의 대명사로 여깁니다. 「헛소동」은 이 인물들의 오해와 음모로 뒤죽박죽 벌어지는 사건을 시종일관 유쾌한 분위기로 풀어내며, 드라마와 코미디를 사랑스럽게 뒤섞은 희극입니다. 그런데 여기서 아마도 의문점이 드는 분이 계실 것 같습니다. 이 극이 결말 부분에 이르게 되면 서로 으르렁거리던 베네디크와 베아트리체가 결국 연인이 된다는 점 때문이죠. 그렇다면 이 희극 역시도 전통적인 관습에 따라 짝을 찾을 것을 말하는 것 아니냐고 생각할 수도 있겠지만, 그건 베네디크와 베아트리체 이야기의 표면만 본 것입니다. 둘이 연인이 되는 건 중요하지 않습니다. 핵심은 독신을 고집하던 이들이 어째서 인생을 뒤집는 생각을 하게 되었는지, 그토록 경멸하는 사람을 사랑하게 될 수 있었던 둘의 변화, 바로 여기에 있습니다.

우리가 알고 있는 작품 중 사랑의 대명사라고 할 수 있는 「로미오와 줄리엣」과 「헛소동」을 비교해 봅시다. 로미오와 줄리엣은 당장 사랑에 빠질 준비가 된 청춘 남녀였다면, 베네디크와 베아트리체는 산전수전 다 겪은 성인입니다. 이들은 로맨스의 '로'자만 들어도 질색하고, 이성의 매력에 무덤덤하죠. 그래서 둘은 홀로 춤을 춥니다. 아마도 사랑하고 싶어서 안달인 로미오와 줄리엣은 상대방이 누구였든 쉽게 사랑에 빠졌을 겁니다. 하지만 「헛소동」의 두 주인공은 서로가 아니었다면 끝까지 사랑에 빠지지 않았을 테죠. 그만큼 둘은 연애에 부정적이고, 적대적이고, 관심이 없었습니다. 그런 맥락에서 「헛소동」은 전통적인 연애의 감정을 다루는 「로미오와 줄리엣」과는 정반대의 모습을 가졌다고 할 수 있습니다. 「로미오와 줄리엣」에서 필연적인 사랑이 불가능해지는 순간 눈물을 흘린다면, 「헛소동」에서는 불가능하다고 생각했던 사랑이 필연적으로 되는 대목에서 웃음을 터뜨리게 합니다. 미리 말씀드리자면, 이 희극은 독신주의를 퍼뜨리는 내용을 담은 것이 아닙니다. 하지만 마찬가지로 전통적인 통념을 따르라고 하지도 않습니다. 이 희극은 진정한 사랑에 관해서 얘기하는 작품입니다.

다시 처음에 제기했던 질문으로 돌아가서 반드시 결혼해야 한다는 법이 어디 있으며, 혼자 사는 것보다 결혼해야 더 행복하다는 게 진리일 수 있을까요? 베네디크와 베아트리체는 극 초반에 이러한 주제로 논쟁을 벌입니다. 둘 다 이른바 '결혼 집착증'에 알레르기 반응을 보이는 데요, 결혼해야만 한다는 생각은 사실 사회가 주입한 고정관념입니다. 사회적 통념은 결혼을 인간의 삶에서 빼놓을 수 없는 통과의례라고 말하는데요. 그래서 사회는 결혼하지 않거나, 자신의 애정을 확실히 표현하지 않는 사람을 형이상학적으로나 정신적으로 사회적인 낙오자로 여기고 믿을 만한 사람이 못 된다고 여기게 합니다. 이러한 연유로 마흔 살이 될 때까지 결혼하지 않은 이들은(일반적으로 여러 문화권에서 마흔 살은 사회적으로 '너무 늦기 전에 자리를 잡아야 할' 나이의 임계점으로 꼽습니다) 무의식적이건 의식적이건 불안감에 사로잡히게 됩니다. 과거와 달리 인식이 많이 바뀐 지금에 이르러서도 약혼하거나 결혼하지 않으면 미성숙한 낙오자라는 느낌이 들거나 독신의 삶에 만족하고 행복을 느끼면서도 왠지 모르게 '이러면 안 되는데'라는 생각에서 완전히 자유롭지 않기도 합니다. 「헛소동」의 주인공들 나이도 딱 마흔에 가깝습니다. 그래서 독신자의 묘한 불안감이 극 전반을 지배하며 '대체 왜 나는 운명의 상대를 만나지 못하는 걸까?', '왜 이 세상에는 커플이 가득한데 내 곁을 지켜주는 건 나의 그림자뿐인 걸까?'라는 고민을 계속해서 안고 갑니다.

　「헛소동」에 영감을 준 작품은 많아서 일일이 열거하기 힘들 정도입니다. 셰익스피어는 부분적으로는 루도비코 아리오스토(르네상스를 대표하는 이탈리아의 시인-옮긴이)의 서사시 「광란의 오를란도」 5곡을 차용했고, 부분적으로는 마테오 반델로(이탈리아의 소설가로 도미니크수도회의 수도사이며 만년에 프랑스 아장의 주교가 되었음. 대표적

『단편소설집』은 동서고금의 단편에서 취했으면서도 독창적이며, 인물의 움직임이 극적으로 표현됨-옮긴이)의 단편 소설집에 나오는 메시나의 피에로와 페니치아 이야기의 영향도 받았습니다. 아마도 셰익스피어는 이 이야기를 프랑수와 드 벨포레스트가 쓴 프랑스 버전으로 접했을 것입니다. 이 외에도 「헛소동」에는 토마스 호비(16세기 영국 번역가-옮긴이)가 영어로 번역한 그리스 신화 칼리로에와 크리사오르 이야기에 나오는 내용도 포함되어 있습니다. 이렇듯 셰익스피어는 언제나처럼 자신에게 영감을 불어 넣은 모든 재료를 융합해 여기에 놀라운 심리 묘사와 서사적 힘을 가미합니다.

셰익스피어는 「헛소동」을 구성하는 모든 재료를 모은 뒤, 요즘 말로 '천생연분 찾기'라고 부를 법한 주제를 중심으로 영리하게 이야기를 전개합니다. '천생연분 찾기'는 셰익스피어 시대보다 훨씬 이전부터 통용되던 토포스로 그 기원은 아리스토텔레스의 『향연』에 있습니다. 『향연』에서 아리스토텔레스는 아리스토파네스의 입을 빌려 현세에서 사람들이 짝을 찾아 헤매는 이유를 설명합니다. 아주 오래전 인류는 원래 둘이 한 몸을 이루고 있었습니다. 그때는 입도, 심장도, 둘이었습니다. 둘이 하나일 때는 완벽한 존재였기에, 인간은 행복했습니다. 너무 행복해서, 굳이 신에게 기도할 필요가 없을 정도였죠. 이 모습을 신들은 마음에 들지 않았습니다. 그래서 인간을 벌하고, 영원히 신을 갈구하는 존재로 만들기 위해 둘을 반으로 쪼개어 현재와 같은 형태로 만들었고, 그로 인해 인간은 평생 잃어버린 자신의 반쪽을 찾아 세상을 헤매게 되었습니다.

반쪽을 찾지 못하면 영원히 완벽해지지 못한다는 아리스토파네스의 은유를 아직도 믿는 사람은 없습니다. 사회적인 규범 때문에, 혼자 남는 것이 두려워서, 그나마 긍정적으로 생각하면 서로 발전하기 위해서 결혼하지 못하면 염려합니다. 어떤 사람은 인간은 다른 이와 결합이 아니라 진정한 자아를 찾을 때 완전해진다고 믿기도 합니다. 만약 반드시 둘이 되어야 한다는 전제를 적극적으로 거부하고 '영혼의 반쪽은 없고 사랑은 인간이 자신의 조건을 완벽하게 만들려는 충동일 뿐이다'라는 생각에 동의한다면 당신은 반(反)아리스토파네스 파입니다. 그리고 당신은 베네디크나 베아트리체이자 홀로 춤을 추는 사람입니다. 그런 당신에게 「헛소동」은 그토록 찾던 답을 선사해 줄 것입니다.

사랑은 사소한 것을 눈여겨보는 것

「헛소동」은 전쟁이 끝나고 축제가 열리는 장면으로 시작됩니다. 어떤 전쟁인지는 별로 중요하지 않습니다. 관객은 그저 당시 스페인 지배하에 있던 메시나의 레오나토 총독이 아라곤의 페드로 왕자가 전투에서 승리를 거두며 전쟁이 끝났다는 소식을 접하는 장면을 함께 할 뿐입니다. 페드로 왕자를 따르는 귀족 중에는 눈부신 무훈을 세운 피렌체 청년 클라우디오가 있습니다. 레오나토의 딸 헤로는 그런 클라우디오에게 관심을 보입니다. 반면에 파도바 출신의 멋쟁이 독신남 베네디크는 레오나토의 조카이자 헤로의 사촌 언니인 베아트리체에게 흥미를 느낍니다. 클라우디오에게 애절한 사랑을 느끼는 헤로에 비해, 베아트리체는 베네디크를 경멸하며 냉소적으로 대합니다. 희곡은 두 쌍의 남녀가 전혀 다른 연애관을 가진 걸 중심으로 전개됩니다.

전쟁과 달리 종전을 기념하는 축제로 시작하는 것은 눈여겨볼 대목입니다. 셰익스피어의 또 다른 명작 「리처드 3세」역시 전쟁 후 축제와 함께 막이 오릅니다. 하지만 이 경우에 셰익스피어가 연회 장면을 보여주는 이유는 미래에 리처드 3세가 될 주인공의 소외감을 강조하기 위해서입니다. 그는 불만에 가득 차 영원한 겨울 속에서 자기 자신의 그림자 안에 몸을 감춥니다. 내면의 전투가 끝나지 않았으므로, 그는 요크 성에서 열린 축제에 참여할 수도 없고, 참여하고 싶어 하지도 않습니다. 「헛소동」의 축제 장면은 「리처드 3세」의 축제 장면과는 다릅니다. 여기서는 오랜 전쟁으로 인해 억눌렸던 감정과 에로틱함이 연극의 첫 장면에서부터 한꺼번에 발산되는 느낌입니다. 이러한 감정들이 최대치로 분출하며 메시나에 젊음, 열정, 삶의 기쁨이 넘쳐흐르는 것을 알려줍니다.

케네스 브래너가 1993년에 연출한 영화 「헛소동」의 첫 장면은 바로 이러한 폭발적인 생명력을 강조했습니다. 영화는 전장에서 귀환한 청년들이 말을 타고 달려와 분수에서 웃통을 벗고 몸을 씻으며, 그런 그들의 모습을 시칠리아 처녀들이 미소를 띤 얼굴로 눈을 반짝이며 바라보는 장면으로 시작합니다. 공동 의식을 통한 재탄생을 위해 시간이 정지되는, 미르체아 엘리아데(루마니아 출신의 미국 종교학자 겸 문학가-옮긴이)가 「근원을 향한 향수」에서 언급한 '집단적 재생'의 한 장면을 연상시킵니다.

레오나토 총독은 페드로 왕자와 그의 일행을 예를 갖춰 맞이합니다. 베아트리체와 베네디크 사이에는 첫 만남부터 스파크가 튑니다. 이들은 끊임없이 재기발랄한 말장난을 주고받으며, 상대방을 놀리고, 자극하는데 이들의 말다툼을 구성하는 언어적 유희가 드라마 전체의 라이트 모티프(특정의 인물이나 상황 등과 결부되어 반복해 사용되는 짧은 주제나 동기를 가리킴-옮긴이)입니다.

매리 아우구스타 스콧(19세기 문학 평론가-옮긴이)은 셰익스피어가 르네상스 시대 이탈리아의 정치가이자 시인 발다사레 카스틸리오네의 「궁중인」에 나오는 티격태격하는 연인 가스파레 팔라비치노와 에밀리아 피아를 모델로 삼았을 수도 있다고 했습니다. 실제로 이 희극에서 우리는 일종의 '안티 플러팅anti flirting', 그러니까

상대방의 부정적인 감정을 자극하면서 서로에게 구애하는 현상을 목격하게 됩니다. 여기서 서로를 자극하기 위해 주고받는 말은 실은 고백하지 못한 서로를 향한 숭고한 예찬을 담고 있는데, 극의 재미는 바로 여기에서 나옵니다. 카스티야 지방 속담 중에 '남녀가 싸우는 것은 결국 서로를 향한 갈망을 의미한다'라는 말이 있는데, 스페인 지배하 시칠리아에서 전개되는 「헛소동」의 완벽한 부제라고 할 수 있습니다.

> **줄리엣** _____ 내 삶의 유일한 사랑이 내 삶의 유일한 증오로부터 태어나는구나!

이 대사를 할 때 줄리엣 역을 맡은 배우는 비운의 무녀처럼 자신의 비극을 예언하면서, 캐퓰렛 가의 규수로서 원수 가문과 사랑에 빠진 자신이 얼마나 두려움에 사로잡혔는지 관객에게 보여줄 수 있어야 합니다. 「헛소동」은 「로미오와 줄리엣」과는 달리 겉으로 보기에는 너무나 다른 두 인물이 실은 동전과 같이 같음을 깨닫고 증오가 사랑으로 변모하는 과정을 보여줍니다.

이 희극을 통해 셰익스피어는 증오가 없으면 사랑도 없다고 (혹은 사랑에 빠질 가능성도 없다고) 말하는 듯합니다. 그러니 얼굴 보기가 힘이 들 정도로 안 맞는 사람이나, 유난히도 거슬리는 사람이 있다면 주의하세요. 그 사람과 사랑에 빠지지 말라는 법은 없으니까요. 증오는 표현하지 못한 사랑, 금지된 사랑 혹은 잠재적인 사랑의 표식이라는 것이, 베네디크와 베아트리체 관계의 핵심입니다. 그리고 셰익스피어는 이 메시지를 이들이 주고받는 리듬감 있고 시적인 말싸움을 통해 표현합니다.

> **베아트리체** ____ 들어 주는 사람도 없는데, 대체 언제까지 그렇게 혼자서 떠들고 있을 건가요? 베네디크 님.
>
> **베 네 디 크** ____ 반가운 도도 양! 아직 살아있었나요?
>
> **베아트리체** ____ 도도 양이 죽는 게 가능이나 한지, 베네디크 님 같이 먹기에 딱 좋은 요리가 있는데? 예의 양도 베네디크 님이 나타나면 도도 양으로 변하죠.
>
> **베 네 디 크** ____ 그렇다면 예의 양도 믿을 바가 못 되는군요. 어쨌든 모든 여자가 절 좋아하는 게 확실한데. 당신 빼고요. 모두 내 심장이 얼음장처럼 차가워서 아무도 사랑하지 않는다고 하지만, 실은 아무에게도 관심이 가지 않기 때문이라오.

> (1막 1장)

여기서 베네디크는 베아트리체를 '도도 양Lady disdain(남자들의 구애에 냉담한 여성으로 중세 도덕극의 전형적인 인물-옮긴이)'이라는 별명으로 부릅니다. 극 초반에 베아트리체는 베네디크를 위로 찌르기라는 펜싱 용어에서 따온 '찔러보기 경mountanto'라 부르는데 이는 '허풍쟁이'라 의역할 수 있습니다. 둘은 창의적 언어 능력을 무기로 날카롭고, 기발하고, 신랄한 말다툼을 벌입니다. 두 주인공은 뛰어난 언변 덕에 서로 닮아 보이는데 생각해 보면 이들의 이름의 의미 역시 유사합니다. 실제로 '베네데토Benedetto'와 '베아트리체Beatrice'는 각각 '축복받은 이'와 '축복하는 사람'을 의미합니다.

베아트리체와 극 중 등장하는 다른 여성 인물들의 관계가 베네디크와 다른 남성 인물들의 관계와 데칼코마니처럼 닮은 것도 우연이 아닙니다. 1막 1장에서 클라우디오가 친형제나 마찬가지인 친구이자 전우인 베네디크에게 자신이 레오나토 총독의 딸 헤로에게 반했다면서 그녀에게 청혼할 생각이라는 결심을 털어놓자, 베네디크는 반대하면서 친구의 진심을 믿지 않고 멸시합니다. 그는 이 장면에서 확고부동한 독신주의자로서 자신의 여성 혐오 철학을 피력합니다. 베아트리체 역시 클라우디오에게 푹 빠진 사촌 동생 헤로에게 남성을 무시하는 일장 연설을 늘어놓습니다.

베니디크는 「로미오와 줄리엣」의 머큐쇼와 비슷하지만, 그보다는 더 이성적이고 유머러스하게 클라우디오의 사랑을 놀리고, 그 의미를 축소하려 합니다. 이 장면에서 베네디크와 클라우디오가 주고받는 말은 드라마의 핵심을 나타내는, 매우 중요한 대사입니다. 클라우디오는 베데니크에게 이렇게 묻습니다.

> **클라우디오** _____ 베네디크, 자네 레오나토의 딸 헤로를 눈여겨보았나?(Didst thou note the daughter of Signor Leonato?)
>
> **베 네 디 크** _____ 글쎄. 눈여겨보지는 않고 보긴 보았어.(I noted her not; but I looked on her.)

이때 원문에서 셰익스피어가 사용한 표현은 note와 look on 입니다. 여기서 '눈여겨보다'라는 의미의 to note와 '보다'라는 의미의 to look on의 차이는 사랑에 빠진 사람과 그렇지 않은 사람의 본질적인 차이를 나타냅니다. 극 전체가 이렇듯 사물을 관찰하는 방법에 따라 겉과 그 이면에 감추어진 진실, 현실과 환상의 관계를 중심으로 진행됩니다. 클라우디오는 베네디크 눈에도 자기처럼 헤로가 '세상에서 가장 사랑스러운 처녀'로 보이는지 묻습니다. 친구에게 자신이 본 것이 맞는 것을 확인받아 자신이 잘못 본 게 아니라 제대로 보고 있단 사실을 증명하고 싶어 하는 것입니다. 하지만 베네디크는 그런 클라우디오를 안심시키지 않습니다.

베 네 디 크　＿＿＿ 솔직히 높게 찬양하기엔 좀 작고, 눈부시다 칭찬하기에는 좀 검고, 완벽한 몸매라 칭찬하기에는 살집이 있지. (…)

내가 아직 노안은 아닌데 내 눈에는 자네가 말한 여인이 보이지 않아.

베네디크는 주의 깊은 관찰자가 아니기에, 사랑에 호의적이지 않습니다. 다르게 표현하자면, 그는 사랑을 헛된 것이라 믿기에 아무것도 아니라고만 말합니다. 물론 그러다 자기도 모르게 헤로에 비하면 베아트리체가 '12월 말에 나타난 5월의 첫날처럼' 돋보인다고 털어놓지만. 혼잣말처럼 본심을 내비친 다음, 그는 바로 자신이 가장 걱정하는 바를 표출합니다. 그리고 베네디크는 친구가 중한 병에 판정이라도 받은 것처럼 '자네 설마 정말 그 여자와 결혼할 생각은 아니겠지?'라고 되묻죠. 이 부분에서 셰익스피어는 사랑이란 뒤틀린 환각이라고 말하는 듯합니다. 인지력에 변화가 생겨서 주변 사람들이 보는 모습과 달리 자신에게만 특별하게 보이는 현상이라고 말이죠.

'Much ado about nothing(헛소동)'이라는 제목만 봐도 그렇습니다. 헛소동은 여러 의미로 해석할 수 있는 단어로 구성된 다층적인 제목입니다. 나디아 푸시니는 엘리자베스 1세 시대에

'nothing'의 발음이 '자세히 보다, 관찰하다'라는 의미의 'noting'
과 유사했다는 사실에 주목했습니다. 앞서 클라우디오와 베네디
크가 사랑에 빠진 이의 특별한 시선을 표현할 때 'note'라는 표현
을 사용했는데, 이 경우 'Much ado about nothing'은 '남들 눈에
띄지 않은 것을 눈여겨본 후에 벌어지는 소동'이라고 해석할 수 있
습니다. 이 작품에서 사랑이란 결국 나를 제외한 모든 이가 보지 못
한 무언가를 보는 것, 'Noting the Nothing', 즉 무에서 무언가를
눈여겨보는 것입니다.

　물론 셰익스피어의 작품에서 무가 정말 아무것도 아닌 경우는
거의 없습니다. 무는 「햄릿」, 「리처드 3세」, 「리어왕」, 「한여름 밤의
꿈」의 핵심 개념입니다. 이 작품들에서 무는 때로는 몽환적이고,
때로는 끔찍한 괴물 같은 다양한 형태를 취합니다. 셰익스피어 시
대에 이르러 무의 개념은 철학적으로 심오하고 체계적인 연구의
대상이 됩니다. 셰익스피어보다 조금 앞서 활동한 베일에 싸인 프
랑스 피카르디 출신 작가 샤를 드 보벨은 『무의 서』에서 'nihil', 즉
무에 거의 영원하고 신성한 의미를 부여했습니다.

　하지만 클라우디오는 자신에게만 보이는 특별함(무)이 거짓 혹
은 착각과 다르다는 사실을 확신하지 못합니다. 헤로에 대한 자신
의 느낌이 옳다는 것을 어떻게 확신할 수 있을까요. 자신에게만 보
이는 특별함은 객관적 사실이 아니니까요. 자신의 주관 혹은 바람

(환상)을 기반하기에 근거가 있을 수 없습니다. 그러니 반딧불이를 불빛으로 착각하고 있는 것이 아닌지, 자신의 사랑이 환영에 지나지 않음을 어떻게 확신하겠습니까. 햄릿이 유령이 되어 나타난 선친의 말을 믿지 못했던 것처럼. 맥베스가 처음에는 마녀의 예언을 신뢰하지 못했던 것처럼 클라우디오 역시 사랑만으로는 헤로가 자신이 생각하는 여인임을 확신하지 못합니다. 그는 증거가 필요합니다. 「햄릿」에서는 이러한 문제를 해결하기 위해 연극을 이용합니다. 맥베스는 운명의 여신을 다시 찾아 더 많은 것을 묻습니다. 하지만 자신에게만 보이는 특별함을 분석적인 시선으로 관찰하려 들면 파멸을 맞이하게 됩니다. 햄릿과 맥베스는 제우스의 본모습을 확인하려다, 그의 빛에 타죽은 세멜레처럼 진실을 확인한 후에 파멸하게 되죠.

확신이 서지 않는 문제에 부딪혔을 때 친구의 위안을 구하는 것처럼, 베네디크가 한마디만 해 주었어도 클라우디오의 마음은 편해졌을 것입니다. 옆 사람에게 방금 정말로 별똥별이 떨어진 건지 물을 때처럼 말이죠. 클라우디오는 베네디크에서 그런 대답을 바랐습니다. 하지만 그것은 고집불통 독신주의 숭배자에게 기대할 만한 대답이 아니었죠. 그래서 클라우디오는 페드로 왕자의 도움을 받습니다. 여기서 페드로는 햄릿이나 맥베스와 다르게 무엇이 진실이고 무엇이 진실이 아닌지 알아내는 방법으로 분석적 접근 대신 허구적 상황을 이용합니다. 한껏 멋을 부리고 가면무도회에 참석한 페드로 왕자는 클라우디오로 변장해, 헤로에게 사랑을 고백한 뒤 그녀의 반응을 관찰합니다. 셰익스피어는 이러한 설정을 통해 진실은 (특히 사랑에 대한 진실일 경우) 극적 허구 안에서만 드러나는 것이라고 말하고 있습니다.

헤로의 마음을 확인한 페드로 왕자는 '그녀는 네 사랑을 받을 자격이 있다'는 최종 판결을 내리고, 그제야 클라우디오는 마음 놓고 자신의 시선을 믿습니다. 2막 1장에서 돈 페드로가 클라우디오로 변장하고 헤로에게 접근하는 장면은 사랑이 무에 대한 인식 변화라는 사실을 다시 한번 보여줍니다. 사랑의 진실이 가면무도회에서만 드러날 수 있는 것은 사랑이란 결국 가능성으로만 존재하는 조건을 실현할 수 있다는 믿음이기 때문입니다.

헤로가 클라우디오를 사랑하려면, 그녀가 클라우디오라고 생각하는 사람과 사랑에 빠져야 합니다. 누군가에게 반하는 것은 그 대상이 각자의 사랑관에 부응하기 때문입니다. 아니면 적어도 그 혹은 그녀가 그러한 이상에 부응한다고 믿어야 합니다. 비록 나를 제외한 모든 사람의 눈에는 아무것도 보이지 않을지라도 말입니다.

연극을 통해 정체성의 역설을 보여준다는 점에서 셰익스피어 작품은 피란델로(노벨 문학상을 수상한 이탈리아 극작가로 주로 정체성의 문제를 다룸-옮긴이)의 작품과 겹치는 면이 있습니다. 셰익스피어가 이처럼 자주 다른 사람으로 변장한 상태나 가면무도회 중에 등장인물을 사랑에 빠지게 만드는 데는 (「십이야」, 「멋대로 하세요」, 「자에는 자로」 그리고 가장 대표적으로는 「로미오와 줄리엣」이 이 경우에 해당합니다) 다 이유가 있을 것입니다. 이를 통해 그는 사랑이란 결국 연극에 지나지 않고, 우리는 이 연극을 믿을 수밖에 없다고 이야기합니다. 사랑은 환상입니다. 그것도 가장 흥분되고 위험한 환상이죠. 무 안에서 무언가가 보이기 시작한 후에야 시작되는, 그런 환상인 것입니다.

운명의 짝을 만나려면 외롭지 말 것

헛소동은 표면적으로 드러나는 겉모습과 내면에 숨겨진 진실을 둘러싼 공방을 배경으로 진행됩니다. 누군가에게 반할 때, 우리는 정말로 그 대상에게 반하는 것일까요? 사랑받고 싶은 욕망을 충족하기 위해 자신의 환상을 다른 대상에 투영하는 것은 아닐까요? 로맨스와는 거리가 먼 이러한 관점은 프로이트의 이론에서 나온 것입니다. 「심리학에 대한 사랑의 기여」에서 프로이트는 사랑은 본질적으로 나르시시즘(자기애착적)적인 감정이라고 합니다. 이러한 관점으로 보면, 짝을 찾지 못하는 이유는 사람들이 본능을 믿지 않거나, 표면적으로 보이는 것을 믿지 않기 때문인 것처럼 보입니다. 다시 말하면 사람들은 사랑은 환영이라는 본질을 알고 있기에, 믿지 않는 것입니다. 하지만 다른 한편으로는 베네디크와 프로이트에게 이렇게 물어볼 수도 있을 것입니다. 클라우디오는 헤로에 대해 얼마나 알기에 그녀에게 마음을 빼앗긴 걸까요? 겨우 몇 번 마주쳤을 뿐, 거의 모르는 사람이나 마찬가지인데 말입니다. 자기 최면에 걸려 스스로 만들어 낸 그녀의 이상적인 모습에 속아서 반한 것은 아닐까요? 프로이트라면 클라우디오의 감정이 자기애로 가득한 정신착란이라고 분석할 것입니다. 클라우디오가 레오나토 총독의 딸에게 지극히 주관적인 욕망을 투여하고 있다고 말입니다. 그래서 베네디크는 프로이트 대신 네가 반한 여인은 이 세상에 존재하지 않고 네 머릿속에만 존재한다고 클라우디오에게 말해 줍니다.

클라우디오는 헤로에게 직접 접근하지 않습니다. 그의 구애는 클라우디오로 변장하고 둘 사이에 끼어든 페드로 왕자에 의해 이루어집니다. 하지만 베네디크의 반발에도 불구하고 그 결과는 성공적입니다. 사실 이 이야기의 진짜 빌런은 페드로 왕자의 동생 존 왕자입니다. 그는 클라우디오의 머릿속에 실은 페드로가 헤로를 마음에 품고 있으며, 그래서 그녀의 환심을 사려한다는 생각을 불어넣어 두 연인의 사랑을 방해하려 합니다. 하지만 클라우디오는 존 왕자의 말을 귀담아듣지 않기 때문에, 첫 계략은 실패로 돌아갑니다. 레오나토 총독은 딸과 클라우디오의 결합을 축복하고, 이들은 곧바로 결혼식을 준비합니다.

여기까지가 벌써 2막인데, 이때까지 헤로와 클라우디오가 제대로 대화하는 장면이 한 번도 안 나왔다는 게 흥미롭습니다. (로미오와 줄리엣처럼) 이들은 분명 서로에게 푹 빠졌지만, 상대방이 어떤 사람인지 알지 못합니다. 셰익스피어는 두 청춘 남녀가 결혼식 당일까지 서로를 잘 모르게 설정했습니다. 이는 헤로와 클라우디오가 각자의 이상을 투영한 '무'가 실은 모든 것이라는 사실을 보여주고, 사랑에 빠진 모든 이들이 겪는 경험도 이와 다르지 않다는 사실을 알리기 위함입니다.

클라우디오의 문제를 해결해 준 페드로 왕자는 베아트리체에게 청혼하지만, 그녀는 자신의 마음에 들 남자는 없을 거라 단언하며, 정중히 거절합니다. 그녀의 말에 페드로 왕자는 베아트리체만큼이나 확고한 독신주의자이자 그녀가 대놓고 싫어하는 베네디크야말로 베아트리체의 짝일 수도 있겠다는 기발한 생각을 합니다. 페드로 왕자는 자신의 직관을 믿고, 레오나토 총독과 클라우디오의 도움을 받아 베네디크와 베아트리체를 맺어줄 계획을 세웁니다. 그래서 베네딕트는 레오나토와 그의 전우들로부터 베아트리체가 몰래 자신을 흠모하고 있다는 사실을, 그리고 베아트리체는 헤로와 돈 페드로에게 설득당해 이 계획에 참여하게 된 어슐라로 부터 베네디크가 자신에게 푹 빠졌다는 소식을 듣는 장면이 병치를 이루며 전개됩니다. 그 후 극은 두 주인공이 휘말린 유쾌한 사랑 게임을 중심으로 진행됩니다.

이 과정에서 베아트리체와 베네딕트가 대놓고 드러내던 혐오와 적대감이 실은 무의식 깊숙한 곳에 감춰놓았던 사랑의 표식이었음이 드러나는데, 이 지점에서 연극의 코미디적 요소가 빛을 발합니다. 주변 사람의 계략에 빠진 후 둘은 급속도로 가까워지고, 급기야는 서로를 향한 사랑을 고백하기에 이릅니다. 여기서 또 한 번 사랑의 진실은 속임수와 가면 뒤에서 드러나고, 이로 인해 한바탕 헛소동이 일어납니다.

베네딕트와 베아트리체가 서로의 감정을 알아가는 동안, 희곡의 다른 한 축을 이루는 이야기는 복잡해집니다. 비열한 존 왕자가 클라우디오로 하여금 헤로의 정조를 의심하게 만들어, 결혼식을 파탄 낸 것입니다. 사실, 이 역시 속임수에 지나지 않습니다. 존 왕자가 교묘하게 헤로의 시종 마르게리타를 헤로로 오해하게 만든 것이니까요. 하지만 그로 인해 사람들은 헤로를 음란한 여인으로 오인하고 비난합니다. 둘의 결합을 축하해야 할 결혼식에 클라우디오는 헤로를 '썩어 문드러진 오렌지'처럼 내팽개칩니다. 헤로의 아버지 레오나토 총독은 헤로가 자신의 딸이 아니라면서, 평생

탑에 가두어 버리겠다고 합니다. 헤로는 슬프고 고통스러운 나머지 자신의 결백을 증명하지 못하고 그 자리에서 정신을 잃습니다. 모함을 믿지 않는 이는 단 두 명, 주례를 서기로 했던 사제와 베아트리체뿐입니다. 「베로나의 두 신사」를 연상시키는 사랑과 우정의 관계를 논하는 인상적인 장면에서, 이미 베네디크와 가까워진 베아트리체는 사촌 동생이 처한 가혹한 운명에 절규하며, 자신이 남자였다면 직접 정의를 실현했을 거라고 말합니다. 그녀는 베네디크에게 클라우디오를 죽여, 자기 대신 헤로가 받은 모욕을 갚아 달라고 합니다. 처음에 베네디크는 가장 친한 친구를 죽여달라는 말에 반응하지 않지만, 결국 그녀의 말을 받아들입니다. 이 장면은 그가 이미 고집불통 노총각에서 순종적인 약혼자로 완전히 변모했음을 보여줍니다.

하지만 메시나를 비추는 태양은 베로나의 황야를 내리쬐는 태양과 달라서, 이 희곡에서는 사상자가 없습니다. 형제 같은 두 친구가 결투를 벌이지 않아도 극은 자연스럽게 해피엔딩을 향해 나아갑니다. 메시나의 엉뚱한 경비병 독베리와 버지스가 존 왕자의 부하 보라시오가 자기 주인의 계략을 떠벌리는 것을 듣고 레오나토에게 이를 고한 것입니다. 그동안 헤로는 신부의 조언에 따라서 죽은 척하고 있었고 그녀의 결백을 알게 된 클라우디오는 절망하지만 사태를 수습하기 위해 얼굴 한 번 본 적이 없는 헤로의 사촌과 결혼하기로 합니다. 그리고 결혼식 당일, 헤로의 사촌이 나타나는 순간, 그녀가 다름 아닌 헤로였고, 그녀가 살아있었다는 사실을 알게 됩니다. 현명한 레오나토 총독은 그에게 "딸아이는 누명을 쓴 동안만 죽었던 거라네"라고 설명합니다.

그렇게 극은 클라우디오와 헤로, 베네디크와 베아트리체의 합동 결혼으로 막을 내립니다. 존 왕자는 체포되고, 메시나의 거리는 흥겨운 축제 분위기로 가득합니다. 베아트리체와 베네디크는 여전히 티격태격하지만 그저 달콤한 사랑싸움일 뿐입니다. 베네디크는 "이제 그만, 당신의 입을 막아야겠소"라는 말로 그들의 사랑을 확인합니다. 판본에 따라서 베네디크가 아닌 레오나토가 이 마지막 대사를 하기도 합니다. 이 경우 베아트리체가 자신의 욕망이 아닌, 아버지와 같은 삼촌의 명에 의해 결혼하는 것처럼 보일 수도 있습니다. 사실 베아트리체는 결말 부분에서도 결혼에 소극적이기 때문에, 만약 이 대사가 레오나토 총독의 입에서 나온 것이라면 「헛소동」의 결말은 매우 모호해질 수 있습니다. 「자에는 자로」나 「말괄량이 길들이기」처럼 말이죠. 하지만 개인적으로 저는 이러한 해석에 찬성하지 않습니다. 이 극의 결말은 주제와 직접적으로 이어집니다. 여기에서 베아트리체가 망설이는 것처럼 보이는 것은 베네디크와의 사랑싸움 때문일 뿐입니다. '어서 피리를 불고, 존 왕자 이야기는 내일 생각합시다'라는 베네디크의 제안은 모두가 행복한 희극에 어울리는 결론입니다.

　모든 문제가 해결되며 이제 즐겁게 춤을 출 시간입니다. 전쟁이 끝나면서 시작한 이 희극은, 태평성대의 시작을 알리며 끝이 납니다. 이제 기혼녀가 된 베아트리체와 '부활한' 순결한 헤로의 눈도 행복으로 반짝입니다. 많은 평론가가 사제의 조언에 따라 헤로가 죽음을 가장하는 설정이 베로나를 배경으로 한 비극 「로미오와 줄리엣」과 비슷하다는 점에 주목했습니다. 로미오는 성급함과 적대적인 운명 때문에 자신의 연인이 죽지 않았다는 사실을 깨닫지 못합니다. 하지만 그보다 호의적인 운명을 타고난 클라우디오는 늦기 전에 속임수를 간파합니다(「리어왕」의 페리클레스처럼). 셰익스피어의 다른 드라마처럼 「헛소동」 역시 아나그노리시스anagnorisis(고대 그리스 비극에서 갑작스러운 운명의 변화에 선행해서 그 변화가 분명해지는 순간, 아리스토텔레스의 『시학』에서 설명-옮긴이)를 향해 나아갑니다.

　아나그노리시스는 아리스토텔레스의 시학에서 연극의 구조를 설명할 때 나오는 개념으로 이야기의 등장인물이 극의 결말에서 진실을 알게 되는 깨달음을 가리킵니다. 전형적인 추리소설의 요소이지만, 심리소설에서도 중요해, 고대 문학에서부터 사용된 기법입니다. 예컨대 오디세우스가 이타카에 돌아가서 정체를 밝히는 장면이라던가, 오이디푸스가 자신의 비극적인 출생의 비밀을 깨닫는 순간이나 단테의 「신곡」에서 비르길리우스와 소르델로가 연옥에서 조우하는 장면이 전형적인 아나그노리시스입니다.

「헛소동」에서 아나그노리시스는 극의 클라이맥스입니다. 극 초반 클라우디오와 헤로는 상대방에 대해 잘 알지도 못하면서 사랑한다고 확신합니다. 반대로 베네디크와 베아트리체는 상대방을 잘 알기에, 그 또는 그녀와는 사랑에 빠질 일이 없을 거라 호언장담합니다. 이 두 쌍의 커플은 사건이 벌어지며 서로의 모습으로 변하게 되는데, 클라우디오는 헤로가 난잡한 여인이라 믿어서 베네디크보다 심한 여성혐오자가 되고, 베네디크는 베아트리체가 자신을 흠모한다는 말에 클라우디오보다 더 감상적인 구혼자로 변모합니다. 핵심 등장인물이 정반대의 모습으로 변하면서 극의 모든 갈등은 최고조에 이르게 되고 그만큼 관객의 몰입 역시 가장 극대화됩니다.

이 클라이맥스에서 벌어지는 헤로의 죽음은 상징적입니다. 여기에서 죽는 것은 클라우디오가 만들어 낸 상상 속 헤로입니다. 진실이 밝혀지고 헤로는 클라우디오에게 '이전의 헤로는 누명으로 세상을 떠났지만, 저는 이렇게 살아있어요'라고 말합니다. 이 장면은 진정한 사랑을 만나려면 자신이 만들어 낸 상상 속의 이상이 존재하지 않는다는 사실을 깨달아야 한다는 사실을 상징적으로 보여준다고 할 수 있습니다. 이와는 달리 베네디크는 지금껏 없는 사람 취급했던, 경멸하고 핀잔을 주며 무시하려 했던 베아트리체가 실재 존재한다는 사실을 깨달아야 합니다. 4막 1장에서 클라우디오가 헤로를 '썩어 문드러진 오렌지'처럼 거부할 때, 그는 진실을 갈구하며 이렇게 외칩니다.

클라우디오 _____ 허울은 저리 가거라, 그 속을 글로 쓸 테니.

후에 그는 그녀가 '다이애나처럼 정숙해 보였건만 (…) 비너스처럼 음탕했다'라고 말합니다. 그렇다면 헤로의 정체는 무엇일까요(어머니에게 '허울'을 모르겠다고 말한 햄릿처럼). 클라우디오는 진실을 모르기에, 그토록 절박하게 진실을 갈구하는 것입니다. 이때 그의 태도는 시종일관 오락가락하는데 그에게 '절뚝거리는'이라는 의미의 단어, 클라우디칸테claudicante를 연상시키는 클라우디오라는 이름을 붙인 데는 이런 이유가 있습니다.

사랑에 빠진 이에게 자신의 연인의 것이라 믿었던 미덕과 가치가 실은 부재할지도 모른다는 생각보다 더 잔혹한 의심은 없습니다. 베네디크는 헛소동 1막에서 이러한 사실을 잘 알고 있다는 걸 보여줍니다. 그렇기에 그는 사랑의 환영에 현혹되지 않으려 합니다. 꿈의 연인은 존재하지 않고, 오직 각자의 꿈을 투영할 대상만 존재할 뿐이라고 생각합니다. 적어도 1막까지는 그렇게 믿었지만, 4막의 베네디크는 이미 그렇지 않습니다.

여기서 셰익스피어는 독자들에게 운명의 짝을 만나기 위한 필수조건이 있다고 말합니다. 운명의 상대를 바라지 않거나, 아니면 아예 평생 그런 사람을 못 만날 거라 생각하는 겁니다. 클라우디오처럼 되지 않으려면, 그러니까 자기애착적 심리로 인해 실망하지 않으려면, 자신을 욕망을 채워줄 상대보다는 함께 발전할 수 있는 상대를 찾아야 합니다.

「헛소동」에 숨겨진 메시지 중 하나는 굳이 짝을 찾을 필요가 없다고 느낄 때, 비로소 자신에게 알맞은 짝을 알아볼 수 있다는 겁니다. 그렇지 않으면 욕망에 눈이 멀어 잘못된 짝을 만나게 됩니다. 베네디크와 베아트리체처럼 혼자 춤을 추는 영혼을 가진 이들은 연인에 대한 기준이 높습니다. 비록 그로 인해 짝을 찾는 과정이 더 복잡하고 고통스러울 수는 있지만 말입니다. 이들은 혼자서도 잘 지내기 때문에 진정으로 자신의 기준에 부합하는 짝이 아니면 선택하지 않습니다. 이들은 외로움을 두려워하지 않습니다. 베네디크와 베아트리체는 영원히 운명의 상대를 못 만날까 봐 두려워하지 않지만, 헤로와 클라우디오는 그렇지 않은 것처럼요.

「헛소동」은 베네디크라는 인물의 내적 성장 과정이기도 합니다. 그의 마음속에 사랑을 받아들일 여유가 생긴 것은 그가 그만큼 성장했기 때문입니다. 이때 중요한 건, 그가 사랑을 찾아 헤매서가 아니라, 어쩔 수 없이 사랑에 빠졌다는 겁니다.

베네디크와 피터 팬 신드롬

극 초반 베네디크는 (서로 못 잡아먹어 안달인 베아트리체는 말할 것도 없이) 운명의 여인 따위는 없다는 확고부동한 독신주의를 주창합니다. 이러한 그의 모습은 Puer Aeternus, 즉 영원한 소년 같습니다. 불혹의 나이에도 정신을 못 차린 남자. 여전히 사춘기 소년의 태도를 보이는 베네디크는 진지함보다는 재미를 쫓습니다. 그는 여자라는 종족을 불신하고, 혐오하며 요즘 표현으로 썸타는 것은 좋아하지만, 결혼의 '결'자만 들어도 알레르기 반응을 보입니다. 이것만 보면 베네디크야말로 '피터 팬 신드롬'에 걸렸다는 소리를 듣는 독신남의 표상입니다.

전문용어로 '심리적 유형성숙neoteny'이라 불리는 이러한 현상이 '피터 팬 신드롬'이라는 명칭을 얻은 이유는 제임스 베리의 소설 때문입니다. 존재하지 않는 섬, 마법의 네버랜드에 사는 영원히 자라지 않는 소년 피터 팬. 의식적으로든 무의식적으로든 성인 사회에 일원이 되기를 거부하는 남성을 우리는 피터 팬이라 부릅니다. 소설에서 피터 팬과 웬디의 관계는 미묘한 변증법적 논리를 기반으로 합니다. 웬디는 피터 팬이 거부하는 현실 세계를 상징합니다. 피터 팬이 현실 세계를 거부하는 것은, 성장하기 싫어서라기보다는 단지 시간이 계속해서 흘러가는 런던에서 살기 위해 자신의 꿈과 좋아하는 놀이를 포기하고 싶지 않기 때문입니다.

피터 팬에게는 어른들의 세상에 속한 웬디보다 영원에 속하는 팅커벨이 더 현실적입니다. 피터 팬은 현실 세계의 어른들이 아무것도 아닌 일 때문에 힘겹게 살아간다고 생각합니다. 임시로라도 웬디가 피터 팬에게 마법의 요정 팅커벨보다 중요한 존재가 되지 않으면 피터 팬은 영원히 네버랜드를 떠나지 않을 것입니다. 하지만 웬디를 사랑하게 되면 피터 팬은 네버랜드 대신 런던을 선택하겠죠. 이는 평생의 반려자를 선택할 때 인간이 마주하는 심리적, 정신적 선택의 은유이기도 합니다. 「헛소동」의 주인공들은 바로 이러한 선택을 앞두고 있습니다.

2막 3장 페드로 왕자와 레오나토 총독의 함정에 빠져 베아트리체를 사랑하기 전에, 베네디크는 헤로에게 푹 빠져서 정신을 못 차리는 친구를 못마땅해합니다. 이때 그가 자신의 독신 생활을 묘사하는 대목은 셰익스피어 모든 작품 중에서 낭독하기에도, 듣기에도 가장 재미있고, 멋진 독백입니다.

베네디크 _____ 정말 이해가 안 돼, 사랑에 목숨 걸고 행동하는 이들이 말이야. 얼마나 바보가 되는지 봐 놓고, 그런 사람을 속도 없다며 그렇게 비웃어 놓고, 이젠 자기가 사랑에 빠져, 스스로 조롱거리가 되다니. 클라우디오가 딱 그런 꼴이지 않나. 음악 하면 큰 북과 파이프밖에 몰랐는데, 이젠 하프와 피리 연주를 듣겠다니. 좋은 갑옷을 보려고 수십 킬로를 걸었는데, 이젠 최신 유행의 조끼를 고르느라 열흘 밤을 뜬눈으로 지새우지. 전에는 정직한 남자나 군인처럼 곧바로 핵심만 말했는데 이제는 수사학자나 성가대원이 된 듯해. 그 친구의 말은 요상한 요리로 가득 찬 휘황찬란한 연회장과 같아. (…) 아름다운 여자? 필요 없어. 똑똑한 여자? 난 됐어. 정숙한 여자? 난 괜찮아. 한 여자가 그런 면을 모두 가지고 있다면 또 모를까. 그렇지 않으면 어떤 여자가 마음에 들겠어. 돈은 많아야지. 이건 확실해. 그리고 똑똑해야 해. 그렇지 않으면 말 한마디 걸지 않을 테니. 정숙해야 해, 그렇지 않으면 상대조차 안 할 테니. 예뻐야지. 그렇지 않으면 거들떠보지 않을 테니. 얌전해야 해. 그렇지 않으면 곁에 두지 않을 테니. 고귀해야 해, 아니면 그리 보이게 하느라 돈이 많이 들 테니. 언변도 뛰어나고, 예술에

도 능해야 해. 머리카락 색은…. 뭐, 머리카락 색 정도야
주님의 뜻에 맡겨보자.

(2막 3장)

웬디를 위해 네버랜드를 떠나는 피터 팬처럼, 베네디크 역시 극이 진행되는 동안 베아트리체가 현실이라는 사실을 깨달을 것입니다. 그는 그녀를 위해 독신남의 삶을 버리고, 약혼까지 하게 될 것입니다. 하지만 이 독백을 할 때까지만 해도 베네디크는 사랑에 눈이 멀어 바보가 되어버린 클라우디오를 놀려댑니다. 「헛소동」의 웃음 포인트는 베아트리체가 자신을 흠모한다고 믿게 된 순간, 그녀에게 홀딱 반해 베네디크 역시 사랑의 바보가 되어 가는 과정에 있습니다.

베네디크는 아직 지혜롭지 못합니다. 그는 철이 덜 든 남자입니다. 그의 미숙함은 레오나토 총독과 비교할 때 더욱 뚜렷해집니다. 우리는 레오나토 총독의 대사를 통해 그가 얼마나 성숙한 인물인지 알 수 있습니다. 그는 세네카적인 현자입니다. 딸의 부정을 알게 되었을 때, 그는 '치통을 치료할 수 있는 철학자는 없다'라는 말로 고통받는 아버지의 마음을 상징적으로 표현합니다. 극의 경제성 면에서 악당을 맡은 존 왕자의 역할도 매우 중요합니다. 그는 타인의 행복을 방해하는 음모를 꾸미는 냉혹한 악당으로, 관객은

그가 그렇게 행동하는 이유조차 모릅니다. 음험하고, 말수가 적고, 사악한 존 왕자는 용맹한 형, 페드로 왕자와도 적대 관계입니다. 밝고 활달한 페드로 왕자는 존 왕자와 정확하게 대척점에 있는 인물입니다. 셰익스피어의 대표적인 소네트인 116편 첫 구절은 이러합니다.

> "진실한 마음을 가진 자들의 혼인에 반대할 이유는 없다네."

소네트 116편은 인간의 의지를 초월해 두 연인을 끌어당기는 힘을 이야기합니다. 그 힘은 우연에 휘둘리지 않고 '폭풍우 속에서도 흔들리지 않고 빛을 비춥니다'. 존 왕자가 이 극의 악당인 이유는 마법과도 같은 사랑의 힘을 거슬러 '진실한 마음을 가진 자들의 혼인'을 방해하려 들기 때문입니다. 반면 페드로 왕자는 사랑의 힘을 실현하려는 인물입니다. 두 형제가 각각 소네트에 나오는 정반대의 힘을 상징하는 것입니다.

여기서 재미있는 점은 베네디크가 존 왕자의 공범이라는 겁니다. 물론 베네디크가 고의로 클라우디오의 행복을 방해하려 하지는 않지만, 그 역시 두 진지한 영혼의 결혼을 방해해, (자기 자신의 앞길을 포함한) 이들의 행복한 앞길을 훼방 놓으려 합니다. 관객들은 극이 시작할 때부터 베네디크와 베아트리체가 티격태격하면서도 서로에게 호감이 있다는 것을 눈치챌 수 있습니다. 극에서 이들의 결합을 방해하는 요소는 아무것도 없습니다. 이들은 로미오와 줄리엣처럼 불운하지도 않고, 오셀로와 데스데모나처럼 의심과 불안으로 인해 사이가 멀어지지 않습니다. 「베니스의 상인」의 포샤와 바사니오처럼 신분 차이가 있지도 않고, 안토니오와 클레오파트라처럼 열정에 눈이 멀지도 않았습니다. 그렇다면 이들의 문제는 무엇일까요? 이들의 문제는 그들 자신입니다. 혼자 춤을 추고 싶다는 확신에 사로잡혀 있기 때문입니다. 베네디크와 베아트리체는 내면의 방어기제, 무의식에 내재한 사랑 공포증 말고 둘 사이를 가로막는 장애물은 아무것도 없습니다.

베아트리체가 베네디크의 운명의 연인이라는 것을 알고 연극을 보면, 1막과 2막에서 그가 보이는 행동은 말 그대로 자폭 행위입니다. 그가 이렇게 모순적인 행동에 빠지게 되는 것은 확실한 신념으로 독신주의를 고수하는 것이 아닌, 상처받을까 봐 두렵거나 행복해지는 것이 무서운 것, 어쩌면 그 둘의 이유로 회피하는 것이기 때문입니다. 즉, 베네디크가 가진 독신주의는 두려움이 변형되어 표출된 형태라고 해석할 수 있습니다. 이처럼 여러분도 이따금 '왜 나는 아직도 인연을 못 만난 걸까?'라는 생각이 떠오른다면 괜찮은 상태라고 말할 수는 없을 것입니다. 혼자 춤을 추다 서글퍼지거나 불안해지면, 차분히 앉아서 대체 왜 스스로 행복을 피하는지 자문해 볼 필요가 있습니다. 어쩌면 우리는 자신에게 솔직하지 않고 사랑을 부정하는 태도 뒤에 말할 수 없는 두려움을 감추고 있는 것일지도 모릅니다.

춤추는 별 아래서 태어난 베아트리체

베네디크는 피터 팬 신드롬 외에도 이른바 '백마 탄 왕자님 신드롬'에도 부합하는 인물입니다. 백마 탄 왕자 신드롬에 걸린 여성(혹은 남성)은 상대방의 단점을 받아들이지 못하고 모든 구혼자를 거부합니다. 어떤 사람은 마음에 드는 사람을 찾지 못해 평생 독신으로 지냅니다. 이런 이들의 마음속에는 아무도 충족할 수 없는 완벽한 이상형이 있는데, 베네디크를 위시한 많은 이에게 이것은 현실에서 도피하는 방편이었을 것입니다.

노처녀 베아트리체 역시 백마 탄 왕자님 신드롬에 걸린 것이 분명합니다. 베아트리체는, 세련되고, 발랄하고, 잠시도 가만히 있지 못하고, 유쾌하고, 명랑하고, 언변이 뛰어납니다. 하지만 그 이면에는 말 못 할 고통을 감춘, 어둡고 우울한 모습도 있습니다. 베아트리체는 남자를 믿지 못하고 혼자 힘으로 살아가야 한다고 생각합니다. 「헛소동」은 베아트리체의 방어기제가 무너지는 과정이기도 합니다. 헛소동은 로맨틱 코미디 장르의 고전으로, 이후 유사한 서사 구조의 수많은 연극과 영화가 만들어집니다. 로맨스 코미디 장르 주인공들은 대개 처음에는 서로 싫어하다가 이런저런 오해와 거짓말 끝에 서로가 운명의 상대임을 깨닫습니다. 결혼과 운명의 상대 찾기 서사의 대표적인 예로는 제인 오스틴의 작품들이 있으며, 그 후에도 「애니홀」, 「귀여운 여인」, 「내 남자친구의 결혼식」, 「어느 멋진 날」, 「해리가 샐리를 만났을 때」와 같은 수많은 로맨틱 코미디 장르 영화가 나왔습니다.

많은 평론가가 베네디크와 베아트리체의 관계가 셰익스피어의 또 다른 로맨틱 코미디인 「말괄량이 길들이기」의 주인공 페트루치오, 캐서린의 관계와 유사하다고 합니다. 하지만 제 생각에 이는 부분적으로만 맞는 말입니다. 「헛소동」은 남성이 폭력적인 방법으로 여성을 길들이는 이야기가 아니라 베아트리체가 자신의 운명을 발견하는 과정입니다. 내면 깊은 곳에 숨겨져 있던, 표현되지 못한 자신의 자아를 찾는 과정이죠. 카테리나는 결혼하기 위해 자기 개성을 죽이지만, 베아트리체는 결혼함으로써 오히려 자아를 확장합니다.

이는 매우 중요한 대목으로, 융적인 사랑관을 적용하면, 더욱 흥미롭게 해석할 수 있습니다. 융은 사랑을 자기애적 투영으로 간주한 프로이트의 사랑관이 지나치게 제한적이라고 생각했습니다. 헛소동의 도입부에서 헤로에게 반하는 클라우디오의 모습이 전형적인 프로이트적 사랑이었다는 사실을 잊으면 안 됩니다. 이에 비해 베네디크와 베아트리체는 이러한 사랑을 받아들이지 않고, 확고하게 독신주의를 선언합니다. 둘은 상대방을 통해 자신의 모자란 점을 보완하는 사랑 이상의 것을 추구하는 것처럼 보입니다.

융에게 사랑이란 무엇보다 잃었던 자아를 상대방에게서 발견하는 것입니다. 이러한 관점에서 보면 「헛소동」은 정말로 두 인물이 내면에서 제거했거나, 그 안에 숨겨놓았거나, 방치했던 자아의 일부를 상대방에게서 발견하고 이를 받아들이는 과정입니다. 이들에게 운명의 상대를 찾는 것은 '사회적으로 자리를 잡기 위함'이 아닙니다. 노총각, 노처녀를 바라보는 사회적인 편견에서 벗어나기 위함도, 상대방을 통해 자신의 모자란 점을 보완하기 위함도 아닙니다. 이것은 전혀 다른 성격의 문제입니다. 「헛소동」에서 셰익스피어는 인간은 잃어버린 자아를 되찾는 사람과 사랑에 빠진다고 말합니다.

융은 『변형의 상징』에서 이렇게 말합니다. "사랑할 능력이 없는 이는 자신의 가능성을 제한하는 것이다. 사물과 사람들에게 합당한 생명과 아름다움을 부여해 자신의 리비도를 제어하지 못하는 이들에게, 세상은 공허하다" 이는 곧 운명의 상대는 바깥이 아니라 내면에 있음을 뜻합니다. 유독 다른 이들보다 감정 표현을 하기 힘들어하는 사람들이 있습니다. 베아트리체가 그렇습니다. 친구들보다 성격이 복잡하고, 다루기 힘들고, 모순적입니다. 3막 도입부에 베아트리체의 사촌 동생 헤로는 사촌 언니를 "바위에 앉아있는 야생매처럼 새침하고 길들여지지 않았다.coy and wild as haggards of the rocks."라고 합니다. 정말이지 와닿는 묘사입니다. 여기에서 coy는 사람을 경멸하고, 남의 말을 받아들이지 않고, 매사에 심드렁하고, 차갑고, 불쾌한 사람을 가리킵니다. wild는 길들일 수 없고 거칠고 위험하고 열정적이면서 자유로운 사람을 말합니다. haggards of rocks는 아마도 '매'의 일종일 것입니다. 암벽이나 동굴에 살아서 잡기 힘들고, 결과적으로 길들이기 힘든 매를 가리키지요.

길들일 수 없는 암벽의 매, 새침하면서 길들여지지 않는 베아트리체는 문학사의 아이콘적인 캐릭터로 원형이 됩니다. 베아트리체와 같은 야생의 영혼을 지닌 인물들은 쉽게 사랑하고 사랑받지 못합니다. 『오만과 편견』의 엘리자베스 베넷, 『작은 아씨들』의 조 마치도 마찬가지입니다. 베아트리체와 헤로의 관계는 엘리자베스와 제인, 조와 메그의 관계의 전신입니다. 『오만과 편견』, 『작은 아씨들』에서 제인과 메그는 사랑을 찾아 떠나 천성이 새침하고 길들이기 힘든 구제 불능 캐릭터인 엘리자베스와 조를 외롭게 만듭니다.

엘리자베스, 조, 베아트리체는 똑같은 야생매입니다. 이들은 다 아시 경, 베어 교수, 베네디크처럼 예상하지 못한 인물에게서 위안을 찾습니다. 이들은 그녀들의 부족함을 채우는 것이 아니라 그녀들이 가진 가능성을 충족시키는 인물입니다. 셰익스피어는 「헛소동」에 등장하는 여러 인물 중에서도 특히 베아트리체의 묘사에 심혈을 기울입니다. 2막 2장에서 페드로 왕자는 유쾌하고 활기찬 베아트리체를 이렇게 묘사합니다.

> **페 드 로** ＿＿＿ 당신은 정말 유쾌한 시간에 태어났나
> 보군요.

그의 말에 베아트리체는 이렇게 답합니다.

> **베아트리체** ＿＿＿ 아니에요, 왕자님. 제 어머니는 분명 비
> 명을 지르셨죠. 그런데 그때 별 하나가 춤을 추었고, 전
> 그 아래에서 태어났답니다.

베아트리체의 어머니는 아마도 그녀를 낳다 숨을 거뒀을 겁니다. 그녀는 미래가 불안정한 외로운 아이입니다. 겉보기와는 달리 그녀의 내면에는 깊은 슬픔이 있습니다. 실제 그녀의 삼촌인 레오

나토 총독은 그녀를 두고 "그 아이에겐 어딘지 서글픈 면이 있다오"라고 합니다.

'춤추는 별 아래서 태어났다'라는 것은 그녀가 불안한 삶을 살아갈 운명임을 의미합니다. 자신을 이해해 줄 사람을 만나기 힘들 것이지요. 비정상적으로 감성이 풍부하며, 일률적인 윤리관의 틀이나 예정된 삶의 기준에 맞춰서 살기 힘든 사람이라는 뜻이고 특정한 부류에 속한다고 분류할 수 없는, 경이롭고 특별한 존재임을 의미합니다. 그러니 다른 사람들처럼 사회적으로 '자리를 잡기가' 쉽지 않았을 것입니다.

놀랍게도 니체도 이와 비슷한 표현을 사용했습니다. 그는 『차라투스트라는 이렇게 말했다』에서 '춤추는 별을 탄생시키기 위해서는 내면의 혼돈이 필요하다'고 했습니다. 니체가 실제로 베아트리체의 대사를 인용한 것인지, 아니면 놀라운 시적 우연의 일치인지는 잘 모르겠습니다. 확실한 것은 두 이미지의 의미가 같다는 겁니다. 니체의 춤추는 별은 디오니소스적 영혼의 감당하기 힘든 창의력을 의미합니다. 이러한 능력은 기존 가치에 순응하지 않고, 전례 없는 자유로운 감성을 기반으로 자기 삶에 맞는 새로운 가치를 형성합니다. 니체가 '초인'이라고 표현한 강인하고, 특별한 영혼은 차라투스트라처럼 고독합니다.

반골 기질이 있는 베아트리체는 니체의 세계관에 비추어 디오니소스적 영혼의 소유자입니다. 니체식으로 표현하면 무리에 속하는 남자들은 심약함을 극복하기 위해 사랑을 찾지만, 베아트리체에게는 남다른 용기가 있기에, 자유롭습니다. 그녀에게는 혼자서도 해낼 수 있다는 확신이 있습니다. 이러한 초인적인 인식 덕분에 두려움에 맞서서 사랑을 찾지 않는 것입니다. 그리고 그런 사람이기에 베네디크에게 알맞은 상대인 것입니다.

베아트리체처럼 춤추는 별 아래에서 태어났다면 불안해하거나 걱정할 필요가 없습니다. 그저 내적으로 자신만의 삶의 기준을 찾으면 됩니다. 사랑이란 결국 아무것도 아니라는 사실을 받아들이면, 그 아무것도 아닌 것이 사랑의 형태로 다가올 것이기 때문입니다.

사랑을 유예하는 '나'에게
사랑의 완성은 내 안에 있다

사랑을 할 수 없을 거란 생각에 겁을 먹지 마세요. 자신의 마음을 제대로 파악하려 노력해 보세요. 너무나 외로워 누군가를 만나고 싶거나 연인에 관해 일체의 관심이 없다면 그 생각과 감정이 진심으로 자신의 신념에서 비롯한 것임을 파악해야 합니다. 만약

이 모든 것의 원인이 숨겨진 두려움이나 결핍 등에서 비롯한 것이라면 당신에게 필요한 것은 무작정 시작하는 연애나 혼자만의 시간이 아닐 것입니다. 가장 중요한 것은 바로 여러분 자신이 무엇을 원하는가입니다. 섣부른 만남은 클라우디오처럼 연인을 (가상의) 죽음으로 모는 것 같은 커다란 상처를 안겨줄 것입니다. 베네디크처럼 내면을 외면하면 결국 자기모순으로 돌아오는 법이죠. 우리가 신경 써야 할 것은 외부에서 주어진 허울뿐인 자격이 아닙니다. 왜곡된 마음의 작용을 따르는 것도 아니죠.

사랑은 반려자를 만나 결혼이란 종착지로 구성되어 있지 않습니다. 자신이 애타게 쫓을 목표를 찾거나 이를 달성하는 것도 사랑입니다. 우리가 각기 다른 얼굴과 성격을 가진 것처럼 사랑 역시도 수많은 모습을 띠고 있습니다. 그 다양한 사랑을 단 한 가지의 형태에 억지로 맞추려고 했다니, 당연히 힘들만 하죠. 이제 이런 고민을 털어내고 자신을 만납시다. 사랑을 한다는 건 자신을 찾고 이를 소중히 하는 걸 말합니다. 내 옆에 있어야 할 것은 내가 진정으로 바라고 필요한 것이어야만 해요. 이것은 사회나 친구, 가족이 알려주지 않습니다. 오직 여러분 자신만이 알 수 있어요. 그러니 지금 이 순간 혼자라서 혹은 둘이기 위한 고민 말고 자신을 돌봐주세요. 자신의 사랑을 온전히 이뤄낸다면 그때부터는 지금 하는 고민은 금방 잊힐 헤프닝이 될 것입니다.

스스로 그 무엇도 해낼 수 없다고 생각된다면

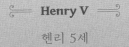

Henry V

헨리 5세

오늘부터 세상이 끝나는 날까지

우리들을 기억하지 않고는 지나가지 않으리라.

소수인 우리들, 소수이기에 행복한 우리는 형제들이다.

오늘 나와 함께 피 흘리는 자는 모두 내 형제가 될 것이다.

- 헨리 5세

장면 #4

아직 영광이 깃들지 못한 잉글랜드의 왕좌. 그 곁에 자신을 믿지 못하고 방황하는 한 남자가 있다. 그에게 남은 것이라곤 비록 자신의 두 손과 두 발뿐이었으나 이내 가장 위대한 왕이 되니, 이것은 아무것도 아닌 그가 꿈을 실현할 수 있었던 비밀에 관한 이야기다.

〰〰〰〰〰

우리는 수많은 선택을 하면서 살아갑니다. 때론 그냥, 혹은 고심 끝에 내리는 이 선택들이 모여 탄생과 죽음이란 두 점을 잇는 인생이 되죠. 이 무수한 선택을 어디 한번 한데 모아서 반으로 갈라봅시다. 수박을 자르듯이 이 큰 덩어리를 반으로 가른다면 선택은 '좋아하는 것'과 '싫어하는 것'으로 나뉘게 될 겁니다. 자, 이렇게 나뉜 선택을 상상해 보세요. 둘의 양은 비슷한가요, 아니면 어느 한쪽이 더 많나요? 싫은 것은 쉽게 나열할 수 있지만 좋은 것은 고민하며 헤아리고 있진 않나요? 싫은 것이 더 많다고 해서 걱정하지 않아도 됩니다. 무엇을 좋아하게 되는 건 사실 어렵습니다. 직접 경험해 보기 전까진 자기 취향을 알 수 없고 좋아하는 것을 찾는다 해도 시간이 지나면 시들해지기 때문입니다. 그에 반해 싫어하는 것은 무척 쉽게 찾을 수 있습니다. 엄격한 자격이 필요 없고 그냥 마음에 들지 않아도 될 수 있기 때문입니다. 어쩌면 우리가 싫어하는 게 더 많은 세상 속에서 살아가는 원인이 싫음은 편하게 얻어지는 것이지만 좋음은 깊은 고민과 노력이 필요한 것이기 때문인지도 모르겠습니다.

우리는 쉽고 편한 것에 잘 기댑니다. 그래서 인생의 선택 역시도 따로 주의를 기울이지 않으면 쉽고 편한 것을 위한 방향으로 나아갑니다. 우리에게 삶을 이끌어 갈 수 있는 힘과 용기가 있다면 힘들고 불편한 길을 선택할 수 있습니다. 고난 뒤에 올 자신의 성취를 그리며 당장의 어려움을 이겨낼 수 있기 때문입니다. 그러나 아무런 기력이 없을 때, 삶을 헤쳐 갈 마지막 마음의 힘마저 없을 때 우리는 이 모든 안 좋음을 근본적으로 해결하기보단 최대한 쉽게 처리할 수 있는 것을 선택하게 됩니다. 회피나 부정부터 이 모든 것의 원흉을 몰아갈 수 있는 선택지, 바로 '자신'을 싫어하는 것입니다. 자신을 싫어하기로 선택하면 우리가 겪는 거의 모든 문제의 탓을 할 수 있습니다. 이 선택은 현실을 급속히 쉽고 편해지게 합니다. 문제를 직면하거나 품을 들이지 않아도 되고 냉정한 원인과 결과를 생각하지 않아도 됩니다. 또한 자신에게 탓을 전가해도

'나'는 반박하지 않습니다. 오히려 순응하는 모습에 더욱 막 다루고 싶은 마음이 들죠. 그래서 우리는 스스로를 비난하고 비하하는 것에 중독되어 갑니다. 남에게는 하지 않을 얘기를 자신에게는 아무렇지도 않게 하면서 우리는 알지 못하는 사이 수많은 상처를 남기는 것입니다.

우리는 상상이 현실이 되는 시대에서 살아가지만 그럼에도 힘들고 외로우며, 고통에 빠지곤 합니다. 손가락만 움직여도 일상에 필요한 거의 모든 것을 할 수 있지만 정작 중요한 나의 내면은 채워주진 않습니다. 바삐 돌아가는 세상의 흐름도 따라가기 벅찬 지금, 외면의 삶에만 집중한 나머지 내면을 위한 것에는 주의를 기울이지 않고 편한 것만을 찾고 있진 않은가요? 그리고 혹시 이 때문에 일상이 무기력해지면서 결국 자기 신뢰를 잃어버리진 않았나요? 자, 이번 상담 시간은 이렇게 스스로를 믿지 않거나 싫어해서 자신이 아무것도 해낼 수 없을 것이라 생각하는 이를 위해 준비했습니다. 암울한 현실의 무게에 눌려 자신을 부정하고 비하하며 상처 내고 있다면 이 이야기를 보아야 합니다. 작품명은 「헨리 5세」. 실존했던 왕을 대상으로 쓰인 역사극으로 영국인에게는 우리가 잘 아는 아서왕보다 더 인기가 있는 왕입니다. 모두가 질 거라 예상했던 프랑스와의 전쟁에서 승리한 영웅이죠. 당시의 기록과 현재의 역사가들은 그의 업적을 토대로 그를 영웅으로 평가합니다. 하지만 셰익스피어는 그를 다르게 보았습니다. 그는 헨리 5세를 용맹한 왕이 아닌 울고 있는 소년으로 보았죠. 운명이라는 이유로 자기 의사와 상관없이 거대한 과업을 행해야 하는 겁먹은 소년으로요. 무지막지한 현실 앞에서 그 소년은 어떻게 절망하거나 자책하지 않고 위대한 왕이 될 수 있었을까요? 어째서 그는 쉽고 편한 선택지를 두고 험난한 길을 갔던 걸까요? 그가 어떤 선택을 통해 선망받는 왕이 될 수 있었는지 이 글의 마지막에 답을 남겨 놓았습니다. 우리 같이 그를 따라가 보죠.

이야기는 전작 「헨리 4세」에서 술집을 전전하고 방탕한 생활을 하며 방황하던 할 왕자(헨리 5세)가 헨리 4세의 죽음으로 갑작스레 즉위하며 시작된다. 왕좌를 물려받기만 했지 아직 제대로 된 왕이 되지 못한 헨리 5세에게 어느 날 프랑스 황태자의 사신이 오는데, 헨리 5세에게 하는 것 없이 놀기만 한다는 뜻을 담은 '테니스공'을 전한다. 왕위가 얽힌 프랑스에서 자신을 대놓고 모욕한 것에 이어서 자신을 암살하려는 일련의 사건이 일어나자 마침내 헨리 5세는 결심을 하게 되는데, 이때부터 위대한 군주의 모습으로 변하게 된다. 켄터베리 대주교의 법령

해석 이후 프랑스와의 전쟁을 선포한 헨리 5세는 병사들의 사기를 북돋으며 용감하게 전쟁을 이어 나간다. 마침내 최종 전투지인 아쟁쿠르에 이르지만 계속되는 전쟁에 전력이 바닥나 열세에 몰린 상태다. 하지만 후퇴를 종용하는 주변의 말에도 승리할 수 있다고 믿은 헨리 5세는 병사들에게 진심을 담은 말로 용기를 심어주어 전투에서 승리한다. 이후 헨리 5세는 프랑스 왕국에 입성하고 프랑스 왕인 샤를 6세의 딸 카트린느 공주를 왕비로 맞이해 잉글랜드의 왕이자, 프랑스 왕좌를 이을 후계자가 되며 끝난다.

역사극으로서 다시 태어난 헨리 5세

셰익스피어는 역사극을 쓸 때 소설이나 신화에서 소재를 가져오기보다는 자신이 태어나기 전에 일어난 영국의 역사에서 찾아, 틀에 얽매이지 않는 비범한 창의력을 발휘해 희곡으로 만들었습니다. 그는 주로 라파엘 홀린셰드의 1587년 작 『잉글랜드, 스코틀랜드와 아일랜드 연대기』를 참고했으며, 이 외에도 엘리자베스 1세 시대에 활동했던 영국의 시인이자 역사가 사무엘 다니엘의 영국 전쟁 서사시와 영국 작가 에드워드 홀의 『고귀하고 저명한 랭카스터 가와 요크 가문의 화합the union of the two noble and illustrate families of Lancastre and yorke』 등도 참고 자료로 썼을 것으로 추측됩니다.

역사적 사실에 픽션을 가미해 재창조시키는 것은 현재의 시점에서는 이미 많이 쓰이는 작법이지만 셰익스피어가 태어나 활동했던 16세기 후반의 유럽, 즉 르네상스 운동이 벌어지던 시기에서는 쉽게 찾아볼 수 있는 것이 아니었습니다. 왜냐하면 신 중심의 세계관에서 인간을 위한 세계관으로 변형된 지 얼마 안 되었기 때문이죠. 신 중심의 세계를 살아갔던 당시에는 신의 뜻을 함부로 왜곡하면 안 되었기에 함부로 자신만의 해석을 붙이는 것을 허락받지 못했습니다. 그림을 예로 들어보자면, 중세의 종교화인 성화聖畵와 르네상스에 그려졌던 그림 사이에 존재하는 차이, 바로 원근법을 떠올려 보면 됩니다. 원근법은 우리의 눈에 보이는 3차원의 세상을 2차원이란 평면에 표현하는 기법입니다. 멀리 있는 건 작게, 가까운 것은 크게 표현하는 식으로 인간의 시선으로 본 세상을 그림으로 남기는 것입니다. 성화는 신의 위대함을 알리는 것에 집중했기에 원근법이 탄생할 수 없었습니다. 성화에서는 실제와 상관없이 위대함의 차이를 나타내도록 신 혹은 성인은 크게, 평범한 인간은 작게 그리게 되어 있었거든요. 그래서 반대로 인간의 시선으로 그려지는 것을 경계했습니다.

　당시 원근법은 코멘수라티오commensuratio라는 단어로 불렸는데 이 속엔 '측정 가능한'이란 의미가 담겨 있습니다. 신의 시선과 뜻으로 세상을 살아가던 인간이 이제 스스로의 눈으로 세상을 직시하고 파악하는 주인공이 된 것을 아주 적절히 말해 주지 않나요? 셰익스피어의 역사극도 이야기의 중심을 인간으로 가져오는 것에서 원근법과 같은 시도를 했다고 할 수 있습니다. 신이나 전통, 왜 있는지 알 수조차 없는 규칙이 아니라 오직 인간만을 위하고 향한 연극을 만들고자 한 것이죠. 셰익스피어는 정보의 출처와는 상관없이 주인공들에게 고유의 개성과 역할을 부여해, 이러한 사건들을 역사와 비교할 수 있는 순수한 창작물로 만듭니다. 바로 이러한 면 때문에 셰익스피어의 작품이 새로운 것이죠. 독자들에게 현실을 심리학적인 관점에서 심도 있게 분석할 기회를 제공하고, 그로 인해 영국 역사의 결정적인 순간을 특정한 시각으로 재해석하게 만들었다는 점 때문 말입니다. 셰익스피어가 극 중에서 군주, 영국, 국민의 발전 과정을 다루는 태도는 역사적 서술이 가지는 중립과는 거리가 멉니다. 셰익스피어는 역사극을 서술할 때, 겉으로 보이는 사건 전개보다는 인물의 심리와 내면에 집중합니다. 이는 셰익스피어의 전 작품에서 나타나는 특징이지만 역사극, 특히 실존 인물을 묘사할 때 더욱 두드러지는 편입니다.

셰익스피어 역사극의 핵심은 군주들의 내면을 있는 그대로 표현하는 것인데요. 셰익스피어는 그들의 고뇌, 나약함, 두려움, 기쁨, 허상, 꿈과 악몽을 감추려 하지 않습니다. 그가 등장인물의 심리분석을 통해 영국의 역사를 서술한다고 해도 과장이 아닐 정도입니다. 이 과정에서 그는 성스러운 왕이란 직위와 인간적인 면모 사이의 모순을 강조합니다. 이곳에서 다룰 「헨리 5세」 역시 실존했던 왕 '헨리 5세'를 다룬 역사극입니다. 헨리 5세는 전형적인 영웅과도 같은 인물로 단 하나의 이의 없이 모든 시간대에서 특별하게 칭송받는 위인이지만, 셰익스피어는 헨리 5세를 자아를 찾기 위해 노력하고 결국 평생 감춰온 진짜 자아를 실현하는 (물론 그 과정에서 어떤 면에서는 긍정적인 과대망상 증상을 보이기도 하지만) 인간상으로 재탄생시킵니다.

셰익스피어의 사극이 지금도 우리의 열정과 감성을 자극하고, 감동을 주는 이유는 바로 여기에 있습니다. 좁게 보면 이 작품들은 사극이라기보다는 철학 심리극에 가깝습니다. 역사의 발전을 서술하기 위한 출발점을 실존 인물의 영혼으로 설정하고 있기 때문입니다. 그리고 이들의 영혼은 현대를 살아가는 우리의 영혼과도 관련 있습니다. 현실의 장벽 앞에 내면의 은밀한 욕망이 무너지고, 철저히 부정당하며, 나를 둘러싼 주변 세상이 허물어지는 느낌을 받는 순간, 우리는 리처드 2세가 됩니다. 자신의 목표를 위해 인간으로서 지켜야 할 모든 가치를 희생하는 순간, 우리는 리처드 3세가 됩니다. 자아와 잠재력을 실현하고 운명을 당당하게 마주하는 순간 우리는 헨리 5세가 될 것입니다.

할이 죽고 헨리가 태어나다

「헨리 5세」를 제대로 이해하려면 이른바 '헨리아드'라 불리는 셰익스피어의 다른 네 작품, 즉 「헨리 4세(1, 2부)」, 「윈저의 명랑한 과부들」 그리고 「리처드 2세」와 함께 읽고 분석해야 합니다. 「헨리 4세(1, 2부)」는 할 왕자가 아버지인 볼링브로크의 뒤를 이어 왕위에 오르는 과정을 그립니다. 「윈저의 명랑한 과부들」은 일종의 '헨리아드 시리즈' 스핀오프로 할 왕자를 이해하는 데 핵심적인 폴스타프 경을 중심으로 진행됩니다. 그리고 여기에 헨리 시리즈의 전작 격인 「리처드 2세」까지 읽으면, 이 시리즈를 심도 있게 이해할 수 있습니다. 사실 「리처드 2세」야말로 셰익스피어 작품 중에서 가장 서정적이고 복합적이라 할 수 있습니다.

「헨리 5세」를 만끽하기 위해서 네 작품을 한 번에 볼 수 있으면 좋겠지만 현실적으로 헨리 연대기 모두를 무대에 올릴 수는 없습니다. 장장 20시간의 공연이 펼쳐질 테니까요. 하지만 「헨리 5

세」를 읽거나 관람하고 싶다면, 위 작품들의 서사가 이어진다는 사실을 알아두면 좋습니다. 아마도 셰익스피어 당대의 관객들은 작품의 배경이 된 역사가 비교적 멀지 않은 과거에 일어났기 때문에 오늘날 우리가 넷플릭스 시리즈를 보는 것처럼 이 작품들이 연작 성격을 띠고 있다는 사실을 알고 있었을 것입니다.

실제로 우리는 셰익스피어의 역사극을 여러 에피소드로 구성된 시리즈로 생각할 수 있습니다. 리처드 2세, 헨리 4세, 헨리 5세, 헨리 6세 그리고 마지막으로 리처드 3세로 대단원을 내리는 다양한 에피소드로 구성된 영국 역사 드라마 시리즈로요. 물론 셰익스피어가 실제로 작품들을 연대순으로 집필하거나 무대에 올리지는 않았지만요.

이 중에서도 「헨리 5세」는 가장 액션 영화 장르에 가까운 역사극으로 「코리올라누스」와 함께 거의 서부극을 연상시키는, 진짜 전쟁 영화 같은 작품입니다. 하지만 이는 「헨리 5세」의 일면일 뿐, 언뜻 셰익스피어 작품치고는 단순해 보이는 인물 관계와 행위 이면에 다층적이고 철학적인 주제가 숨어 있습니다. 그중에서 특히 주목해야 할 주제는 용기입니다. 우리는 헨리 5세의 용기가 백성에게 전파되는 과정과 그 덕에 아쟁쿠르에서 프랑스군을 상대로 역사적인 승리를 거두는 모습을 볼 수 있습니다.

아쟁쿠르 전투는 영국의 플랜태저넷 왕조와 프랑스 발루와 왕조 간 벌어진 백년전쟁 도중에 일어난 전투입니다. 1415년 10월 25일 프랑스 아쟁쿠르에서 벌어진 이 전투는 백년전쟁에 결정적인 영향을 미치게 됩니다. 이 전투에서 헨리 5세가 이끄는 영국군은 절대적인 수적 열세에도 불구하고 프랑스군과의 전투에서 대승을 거두는데, 이 결과는 당시 영국 사회의 정치, 경제, 국가 의식 형성에도 전환점이 됩니다.

아쟁쿠르 전투는 「헨리 5세」의 클라이맥스입니다. 셰익스피어는 헨리 5세의 장엄한 연설이 아쟁쿠르 전투를 승리로 이끈 결정적인 요인으로 표현합니다. 수적으로 열세인 데다 피로에 지친 병사들은 처음에는 차라리 빨리 항복하고 집으로 돌아갈 생각만 했고, 장교들마저 패전 후 체결할 협약 내용을 고민했습니다. 대규모 사상자가 날 것이 불 보듯 뻔한 전투에 아무도 참여하고 싶지 않았던 겁니다. 하지만 헨리 5세가 입을 열자 분위기는 급변합니다. 죽음을 두려워하지 않고 승리를 쟁취하기 위한 군대로 재탄생한 것입니다. 셰익스피어가 헨리 5세의 연설에 이토록 큰 의미를 부여한 것은 그의 말이 만들어 낸 이 마법적이고, 무속적이고, 최면적인 힘의 기원이 그가 살아온 삶과 정신에 있기 때문입니다. 할은 자아를 찾고, 깊고 확고한 내면의 자신감을 얻기까지 자신이 얼마나 힘든 과정을 거쳤는지 너무나 잘 알고 있습니다. 그러한 자신감이 있기에 그는 자신을 따르는 병사들에게 초인이 되는 열정을 심을 수 있었던 것입니다.

그렇다면 헨리 5세는 위대한 왕이 되기까지 어떤 힘든 과정을 거쳤던 것일까요? 대부분 이런 위대한 왕의 힘든 시기라 하면 어렸을 때 겪은, 불꽃 같은 의지로 험난한 환경을 견뎌냈던 시기를 말할 겁니다. 하지만 헨리 5세는 그렇지 않습니다. 그는 처음부터 위대한 왕의 자질을 가지고 있던 인물이 아니었습니다. 떡잎부터 알아본다는 말과 달리 헨리 5세가 아닌 할 왕자이던 시절, 그는 불량 패거리와 몰려다니며 온갖 말썽을 일삼는 문제아였습니다. 그가 얼마나 방황하고 문제를 일으켰던지, 그가 변해서 놀랍다는 얘기로 극이 시작할 정도죠.

극의 시작인 캔터베리 주교와 일라이 주교의 대화 장면에서 이 둘은 영국을 위협하는 불리한 정책과 이를 피할 법률을 논하다가 헨리 5세에 관해 이야기합니다. 캔터베리 주교는 그가 '젊은 날의 행태와는 다른 놀라운 변화'를 보였다면서 '영적인 반성이 천사처럼 다가와 급작스러운 현자가 탄생했다'고 말합니다. 그 말에 일라이 주교는 '우리는 그 변화로 축복받았소'라고 응합니다. 여기서 할 왕자의 '변화'는 성숙을 뜻합니다. 처음부터 성군의 자질이 있던 게 아니라 어떤 계기로 인해 그가 바뀌었다는 걸 말하죠. 뒤이어 프랑스 왕세자 도팽이 보낸 대사가 등장하는 1막 2장은 이들의 대화가 사실임이 증명합니다. 당시는 영국과 프랑스 간 긴장이 최고조에 달한 일촉즉발의 상태였습니다.

프랑스 대사는 도핀이 영국 왕에게 보내는 상자를 전달하는데, 그 안에는 테니스공이 들어 있었습니다. 이는 분명한 도발 행위였습니다. 프랑스 왕자는 헨리가 어린아이에 불과하니 전쟁할 생각이랑은 말고 공이나 가지고 놀라는 의미로 보낸 것이었죠. 지금까지 그랬던 것처럼 유흥이나 즐기라는 의미로 말입니다. 헨리가 못 말리는 한량이고, 술과 여자를 끼고 멧돼지 머리 주점이라는 수상쩍은 곳에서 인간 말종과 어울린다는 소문은 이미 프랑스에 파다했습니다. 하지만 그것은 과거일 뿐, 이제 할은 헨리 5세였습니다. 헨리 5세는 자신뿐만 아니라 영국 전체를 모욕하는 프랑스의 도발에 화를 냅니다. 하지만 억제되지 않는 분노의 표출이 아니라 국가를 책임지는 원수로서 차가운 분노를 드러냅니다.

테니스공 장면 뒤에 무대는 런던 이스트칩의 지저분한 거리로 전환됩니다. 그곳은 「헨리 4세(1부)」에서 젊은 시절 할이 빈둥대던 주점이 있던 곳입니다. 멧돼지 머리 주점은 왕이 되기 전 할의 무분별함과 방황을 나타내는 상징적인 장소입니다. 멧돼지 머리 주점 시절 할은 바돌프, 님, 피스톨, 수다스럽고 외향적이고 콧대 높은 주점 주인 넬 퀴클리 등 교양도 소속도 없는 낙오자, 한량들과 어울려 지냈는데, 이들은 후에 헨리를 몰아내려는 음모를 꾸며서 반역죄로 처형당하게 됩니다. 이 패거리의 파국적인 말로는 철없던 왕자 시절을 자신의 삶에서 완전히 지우려는 헨리 5세의 결심이라고 볼 수 있습니다.

이 장면을 더욱 인상 깊게 만드는 것은 2막 3장에 나오는 존 폴스타프 경의 죽음입니다. 못 말리는 이스트칩 패거리의 두목 격인 유쾌한 폴스타프 경은 한때 할에게 제2의 아버지 같은 존재였습니다. 그는 할이 방황에서 벗어나지 못했을 경우에 되었을 미래 모습인, 위대한 왕 헨리 5세와 정반대의 모습을 보여주는 거울 저편의 인물입니다. 폴스타프는 셰익스피어 작품을 통틀어서 가장 화려하고 유쾌하다고 평가받는 캐릭터로 셰익스피어가 창조한 희극적인 캐릭터 중에서 가장 성공적인 인물로 아직도 널리 사랑받고 있습니다. 그가 악역임에도 이렇게 주목을 받는 건 단순한 악당이 아니라 복잡한 심리의 소유자이기 때문입니다.

그는 모든 면에서 기사도와는 반대되는 전형적인 방랑 서생입니다. 술과 음식을 좋아하고, 여자 치맛자락만 봐도 정신을 못 차리죠. 그는 자존심 강한 허풍쟁이이고, 거짓말을 밥 먹듯이 하는 사기꾼입니다. 하지만 부조리한 세상을 경멸하고, 삶의 아름다운 면만을 즐기면서 자유롭게 자기 방식대로 살기로 한 모험가이자 나름대로 현명한 인물입니다. 그를 보자면 빛나는 생명력 그 자체를 느낄 수 있죠. 어쩌면 역사적인 위인이 될 수 있었던 그는 헨리 5세와는 정반대의 선택으로 비극적인 최후를 맞이하게 됩니다. 너무나도 다정하고 진실한 헨리 5세와의 관계가 그토록 냉정하게 깨지는 장면은 보는 이들에게 기괴하고 혼란스러운 마음이 들게 할 정도로 가슴 아프고 잔혹하게 그려집니다. 할은 폴스타프에게 "노인장, 나는 당신을 모르오"라고 말한 뒤 의미심장한 대사를 남깁니다.

> **헨리 5세** ____ 내가 전과 같은 사람이라고 생각하지 마라. 신께서는 이미 알고 계시고, 이제 곧 세상도 알겠지만, 과거의 나와는 절연했다.
>
> (5막 5장)

이후 우리는 헨리 5세가 된 할이 영국의 운명을 실현하는 과정을 함께하게 됩니다. 프랑스의 항구 도시 아르플뢰르를 함락하고, 아쟁쿠르 전투에서 병사들과 국민과 한 몸이 되어 용맹하게 싸우죠. 그가 자신의 나라를 위협하는 적과 배신자들에게 얼마나 냉정한지, 고도의 정치력을 보이며 복잡한 상황을 풀어나갑니다. 극은 전쟁에서 승리한 헨리 5세가 프랑스의 아름다운 카트린느 공주에게 구애하는 장면으로 막을 내립니다.

셰익스피어는 헨리 5세를 중세 기독교 기사의 연장선에서 묘사합니다. 그는 신비롭고 정의로운 신의 이름으로 약자를 위해 싸우는 그리스도의 군사, 마일스 크리스티아누스입니다. "나의 영혼은 신에게, 나의 검은 왕에게, 나의 심장은 나의 여인에게, 나의 명예는 나에게"라는 그리스도 기사단의 오랜 격언은 헨리 5세에게도 적용됩니다. 그가 전투에 나서는 행위도 신하들을 대하는 태도도 모두 기사답습니다. 오랜 고통 끝에 내면에서 찾아낸 용기도, 마지막에 프랑스의 카트린느를 향한 구애까지도 말이죠. 그는 기사답게 신의 이름을 걸고 군주에게 신실하고 헌신적인 모습을 보이는데, 이 경우 그의 군주는 자기 자신입니다. 어찌 보면 할이 헨리 5세를 위해 싸운 것이라고도 표현할 수 있겠네요.

새로운 지위를 부여받는 것은 새롭게 탄생하는 것이라고도 볼 수 있습니다. 보통 기사가 되면 이름을 바꾸는 것도 그런 이유 때문이죠. 군주이자 전사인 헨리 5세는 그리스도 안에서 다시 태어나기 위해 기존의 정체성, '옛 자아'를 지워버렸습니다. 그리고 새로운 자아로 탄생을 준비하죠. 하지만 재탄생은 심각한 내면의 괴로움을 수반하는 법입니다. 그가 기사로서 처음 참여한 전투는 자신과의 영혼의 전투였죠.

J.R.R. 톨킨의 『반지의 제왕』에서도 헨리 5세와 비슷한 인물이 나옵니다. 바로 스트라이더라는 이름의 방랑자이죠. 그는 자신과의 싸움에서 승리한 후에야 왕의 운명을 받아들이고 아라곤이라는 원래 이름을 사용합니다. 할은 헨리 5세에게 아라곤의 스트라이더와 같은 존재입니다. 운명을 받아들이고 고귀하게 발전시켜

야 할 자아입니다. 할도 스트라이더도 해내지 못할 거라 생각하지만, 결국 자신의 내면에서 예상치 못했던 힘과 답을 발견합니다. 둘은 내면의 전투에서 승리를 거둔 후, 이를 바탕으로 외부의 전투에 참여해 백성을 해방하는 기사들입니다. 그렇기에 헨리 5세는 무엇보다 자신의 유령, 두려움, 실패를 직면하고, 새로운 사람으로 태어나는 인간의 이야기이고 진정한 자아를 실현하는 인간의 이야기입니다.

자아실현의 영웅과 자아초월의 영국

사실 '헨리아드'는 주인공의 내적 성장 과정을 묘사한 빌둥스로만Buildungsroman, 즉 연극판 교양 소설에 가깝습니다. 그런 의미에서 헨리 5세는 괴테의 베르테르에서 헤르만 헤세의 에밀 싱클레어, 오스트리아 작가 로베르트 무질의 퇴틀레스에서 무라카미 하루키의 와타나베 도루, 그 유명한 J.K. 롤링의 사가의 주인공 해리 포터에 이르는 후세의 수많은 작품에 영향을 미쳤다고 할 수 있습니다. 각기 다른 개성의 이 인물들은 자아를 실현하지 못했던 힘든 시절을 이겨내고 내적 성숙을 거쳐 자신의 잠재력을 실현한다는 공통점을 가지고 있습니다.

「헨리 5세」는 이보다 더 나아가 왕위에 오른다는 개인적인 발전을 영국 국가 차원으로 승화합니다. 영국도 할의 발전과 함께 국가 정체성을 성립하기 때문입니다. 「헨리 5세」에서 주인공의 영웅 서사는 강렬하고 역사적인 세 개의 독백을 통해 나타나며, 이를 통해 확립된 주인공의 정체성은 곧 그를 따르는 국민의 정체성이 됩니다.

3막에서 헨리 5세는 아르플뢰르 함락을 앞두고 "다시 한번 성곽 틈새로, 소중한 친구들이여, 다시 한번"이라고 말합니다. 여기서 그의 대사는 일원들에게 더 높은 목표를 달성하기 위해서 포기하지 말고 버티라고 격려해야 하는 상황에 단골로 쓰이는 격언이 됩니다.

헨리 왕 ＿＿＿＿ 다시 한번 성곽 틈새로, 소중한 친구들이여, 다시 한번. 아니면 성벽을 죽은 잉글랜드 병사로 메우라. (…) 이제 이를 악물고, 콧구멍을 활짝 펴라. 숨을 단단히 죽이고 전신의 기력을 끌어올려라. 전진! 힘내어 앞으로 전진하라, 나의 고귀한 잉글랜드인이여! 그대들의 피는 전쟁으로 증명된 아버지들에게서 온 것이니. (…) 덜 고결한 혈통에 모범을 보여라. 그들에게 싸우는 법을 가르쳐라. 그대 훌륭한 자유농민들이여. 그대들의 팔다리가 잉글랜드의 산이니, 이 자리에서 목초지의 품질을 보여다오. 그대들이 합당한 종족임을 단언케 해다오. (…) 내 눈에 그대들은 뛰쳐나가려고 안간힘을 쓰는 줄에 매인 그레이하운드와 같으니. 자, 사냥이 시작되었다. 의기 충만해 발포하며 돌격하라! 돌격하라! 신의 가호가 헨리와 잉글랜드와 성 조지와 함께하리라!

(4막 1장)

헨리 5세는 잉글랜드인이라는 자각을 통해 병사들에게 용기와 힘을 불어넣으려 하는데, 이 대목에서는 프랑스의 쇼비니즘(자국의 이익을 위해 수단과 방법을 가리지 않는 맹목적인 애국주의-옮긴이)과 유사한 영국식 국수주의가 느껴집니다. 국수주의는 타민족에 대한 인종적-문화적 우월성을 바탕으로 정복 정책에 활용되는 과도하고 폭력적인 애국주의입니다.

나라를 위해서 목숨 바칠 것을 요구하며 눈앞의 있는 적을 자비 없이 섬멸할 것을 말하는 헨리 5세의 야망에도 분명 국수주의적인 측면이 있습니다. 헨리 5세의 연설은 그 어느 때보다 강한 민족 정체성이 필요했던 엘리자베스 1세 시대 민중의 애국주의를 고취합니다. 하지만 셰익스피어의 작품에는 그 이상의 무언가가 있는데, 그것은 바로 병사들에게 잉글랜드인이라는 자각심을 줌으로써 용기를 불어넣은 헨리 5세의 말에 깃든 마법의 힘입니다.

헨리 5세는 나약하고, 무기력하고, 패배감에 사로잡힌 병사들에게 그들 역시 영국의 자식이라는 고귀한 정체성을 가지게 해 자긍심을 불어넣습니다. '사회적인 지위와는 상관없이 모든 이의 내면에는 힘과 용맹함과 무한한 잠재력이 있다. 그것은 그들 안에 선대의 경험이 살아 있기 때문이다' 이 대사를 통해 헨리 5세는 병사들에게 능력 이상의 힘이 자신들에게 있다고 믿게 만듭니다. 그리고 실제로 그들은 그 힘을 바탕으로 아르플뢰르를 함락합니다.

이들의 힘은 단순히 병력에 대한 자신감에서 나오는 것이 아닙니다(그들은 프랑스보다 병력이 적었습니다). 이들의 힘은 에머슨의 초월론에 나오는 '자기 신뢰self-reliance'에 가깝습니다. 영어로 reliance는 의존, 의지, 청원 등을 가리킵니다. 에머슨은 자기 자신에게 의존하는 이야말로 진정한 자유인이라고 했습니다. 하지만 이는 스스로를 전지전능한 존재로 여기거나 유아론적인 사상에 사로잡혀 주변 세계에서 고립되라는 의미가 아니라, 삶의 중심을 자신의 내면에서 찾아야 한다는 의미입니다.

'자기 신뢰'는 자신의 재능이 무엇인지 정확히 파악해 윤리적으로 독립적이고 지적으로 자주적인 존재가 되는 것입니다. 자아 해방 과정에서 할은 이러한 개인적으로 목표를 이루는 데 그치지 않고 백성에게 전파함으로써, 각자의 내면에 있는 신성한 불꽃을 발견하고 그 힘을 전투에 쏟게 했습니다. 그런 의미에서 영국인이라는 자각은 헨리 5세가 병사들의 내면에 잠재된 불씨를 큰불로 키우기 위해 사용한 수사학적 도구라고 할 수 있죠.

여기서 가장 중요한 부분은 병사들로 하여금 그들이 실제보다 강하다고 믿게 하는 것입니다. 실제 아쟁쿠르 전투 결과는 기적이었죠. 하지만 헨리 5세는 기사도 정신을 따라 이를 자신의 치적으로 돌리지 않습니다. "영광은 과업을 이룬 인간의 것이 아니라, 영감을 주고 허락한 신의 것이다"라는 중세 기사들의 격언은 이러한 헨리의 성향을 잘 나타냅니다.

니체는 에머슨의 사상을 Selbstwerdung, 즉 그 유명한 자기화라는 개념으로 발전시킵니다. 니체는 자기화란 자신의 본질을 알고 그 어떤 상황에도, 설령 주변 모두와 등을 지더라도, 최선을 다해 이를 완벽하게, 진정으로 실현하는 것이라고 했습니다. 할 역시 아버지의 임종 앞에서 자신이 누구인지 깨닫습니다. 그는 영국 왕위를 물려받아 이끌어갈 후계자입니다. 그것이 그의 운명이죠.

나약한 할 왕자의 내면에는 용감무쌍한 기사 헨리 5세가 숨어 있었지만, 그는 두려운 나머지 폴스타프 경의 젊은 주정뱅이 한량 친구라는 가면 뒤에 정체를 감추고 있었습니다. 이건 우리도 마찬가지입니다. 인간은 모두 내면에 진정한 자아를 숨기고 있습니다. 자신의 존재와 사유 능력과 재능을 더욱 넓게 펼칠 수 있는 그런 정체성을 말입니다. 자아의 부름에 응답해, 진정한 자아를 되찾는 순간에서야 숨겨왔던 정체성은 드러나기 때문에 우리는 이 정체성의 존재를 쉽게 느끼지 못합니다.

니체는 자기화를 비극적인 과정이라고 했습니다. 그는 자기화를 이루기 위해서는 상징적인 죽음(갑옷으로 갈아입는 기사처럼)을 거쳐야 한다고 믿었습니다. 오롯이 홀로 걸어야 할 고독한 길이기에 미리 가르침을 받을 수도 없다고 했습니다. 이러한 니체의 사상은 융의 '개성화 과정'으로 이어집니다. 개성화란 개인이 타인과 구별되는 고유한 존재로 성장하는 과정을 가리킵니다. 할의 개성화는 이스트칩을 떠나는 순간 시작됐습니다. 할 왕자 앞에 비로소 헨리 5세의 자아가 나타난 것입니다.

자아실현은 고립이 아니라 인간관계의 강화로 이어집니다. 할에서 왕인 헨리 5세로의 자기화는 실제로 백성에게도 영향을 미칩니다. 헨리 5세로의 자기화로 영국은 역사적, 정치적으로 나아갈 길을 찾고, 할은 이 과정에서 끌어낸 집단 긍정을 통해 아쟁쿠르 전투에서 대승을 거둡니다. 셰익스피어는 승리의 결정적인 원인을 마법처럼 강력했던 헨리 5세의 연설에서 찾습니다. 여기에 이 작품의 핵심적인 메시지가 있는데, 그것은 바로 자기 자신을 제대로 알고, 자신의 재능에 충실하며, 자신의 운명을 받아들여 진정한 자아를 찾은 이는 초인적인 힘을 발휘하게 되어, 그로써 타인에게 신뢰와 용기를 불어넣을 수 있다는 겁니다.

4막 3장에 나오는 헨리 5세의 대사는 이러한 맥락에서 매우 중요합니다. 셰익스피어 작품 중 가장 유명한 대사로, 그동안 수없이 재해석되고 반복되었으며, 수많은 역사적 연설의 영감이 되었습니다. 영화 「브레이브 하트」에서 나온 윌리엄 윌러스의 연설, "우리는 해변에서도 싸울 것입니다"로 시작하는 1940년 6월 4일 처칠의 영국 의회 연설에서도 헨리 5세의 영향이 느껴집니다. 스포츠 경기 전 코치와 감독들도 선수의 사기를 북돋을 때 무의식적으로 헨리 5세의 수사법을 이용하고 있습니다.

언제나 그렇듯 인물 묘사에 있어서 원근법의 거장인 셰익스피어는 사기를 고취하려는 연설 장면에서도 다양한 면을 보여줍니다. 애국심을 자극하고 승리에 대한 확신만이 있어야 하지 않을까 싶지만 실제 헨리 5세의 대사를 보면, 전투를 맞이하는 그의 열정만큼이나 두려움도 크게 느껴집니다. 승리의 기쁨과 같은 양의 전쟁의 참상에 대한 끔찍함을 전달받는 관객은 같은 맥락에서 전투를 목전에 두고 혼란과 두려움에 가득 찬 병사들의 공포심을 이해할 수 있게 됩니다.

소년 ＿＿＿ 여기가 런던의 술집이라면 얼마나 좋을까!
맥주 한 모금과 목숨을 유지하기 위해서라면 군사의 모

든 영광을 내어 줄 수 있으련만.

소년뿐 아니라 장교들까지 두려운 나머지 휴전을 하는 편이 낫다고 생각합니다. 심지어는 헨리의 사촌 웨스트모어랜드마저 희망을 잃고 이렇게 중얼거리죠.

웨스트모어랜드 _____ 지금 이 자리에 본국에서 빈둥거리고 있을 1만 명만 있다면.

그때까지 진영에서 멀리 떨어져 있던 헨리 5세는 이 말을 듣고 병사들에게 다가와 외칩니다.

헨리 5세 _____ 저런 소원을 말하는 자가 누구인가? 내 친척 웨스트모어랜드? 아니요, 사랑하는 나의 사촌. 오늘 죽을 운명이라면, 조국이 입을 상처를 생각하면 우리로 충분하오. 만약 우리가 살 것이라면, 병력이 적으면 적을수록 명예가 커지는 것이오. 그러니 신의 이름으로 제발 한 명도 더 바라지 마오. (…) 그보다는 나의 친애하는 웨스트모어랜드여, 차라리 나의 병사들에게 이 싸움을 감당할 용기가 없다면 당장 떠나라고 선포하시오. 그런 자에게는 여행증과 통행료를 지갑에 넣어주지. 짐은 짐과 함께 죽기를 두려워하는 자 곁에서 죽고 싶지 않소. 오늘은 크리스피누스 성인 축일이라고 하지. 오늘 살아남아 무사히 집으로 돌아가는 자는 이날이 불릴 때마다 발돋움하여 서고, 크리스피누스라는 이름에 마음이 들뜰 것이오. 오늘 이날을 보고 노년까지 살게 될 자는 매년 축일 전야에 이웃에게 잔치를 베풀고 '내일이 크리스피누스 축일'이라고 말할 것이오. 그런 다음 소매를 걷고 상처를 보여 주며 '이 상처를 크리스피누스 축일 때 입었노라'고 말할 것이오. 노인의 기억이 사라지기에, 그 역시 모든 것을 잊겠지만, 이날 세운 공적만은 기억할 것이오. 그리고 그 공적과 함께 우리의 이름들, 그의 입에 살림처럼 익숙한 헨리 왕, 베드포드와 엑스터, 워릭과 탈봇, 솔즈베리, 그리고 글로스터만은 찰랑이는 잔으로 축배를 들 때마다 기억하게 될 것이오. 모든 선한 이는 이 이야기를 아들에게 전할 것이고, 오늘부터 세상이 끝날 때까지 우리는 크리스피누스 축일마다 기억될 거요.

우리 소수, 행복한 소수, 우리 형제 무리여. 오늘 나와 함께 피를 흘리는 자는 나의 형제가 될 것이니 아무리 비

천한 자라도, 오늘부터는 귀족이 될 것이니. 지금 조국
에서 잠자고 있는 자는 짐과 함께 크리스피누스 축일에
싸운 자가 입을 열 때마다 여기 없어서 저주받았다고 생
각하게 될 것이고, 사내답지 못하다 여기게 되리라!

(4막 3장)

헨리 5세는 마르쿠스 안토니우스와 함께 셰익스피어의 작품에
등장하는 인물 중에서 가장 위대한 웅변가로 손꼽힙니다. 이 연설
의 구조는 키케로의 『수사학』에 나오는 규칙을 따릅니다. 여기서
헨리 5세는 과장되고 감성적인 표현으로 병사들의 사고를 완전히
바꿔놓으며 키케로가 모베레movere (정치에서 타인을 선동하고 동기를
부여하는 목표를 가진 연설-옮긴이)라고 표현한 바를 완벽하게 실현합
니다. 그로 인해 병사들은 수적 열세를 불리한 조건으로 받아들이
지 않고 소수인 것이 오히려 선택받은 것이라 여기게 됩니다. 수적
열세를 당당하게 받아들이는 이들의 상징적인 표현이 된 '행복한
소수'는 불행한 것이 아니라 운명의 선택을 받은 '소수의 행복한
이'입니다. 헨리 5세의 연설을 들은 이는 전투에 임해 역사에 이름
을 남기는 게 생존보다 더 중요하다고 생각합니다. 아쟁쿠르의 들
판에 서 있는 것 자체가 큰 혜택인 것입니다. 이 장면에서 헨리 5
세는 자신과 함께 싸우는 이들과 신성한 왕위를 공유하는 듯한 느

낌을 줍니다. '전투에 참여하면 왕의 형제가 될 수 있다. 신분에 상관없이 귀족이 될 수 있는데, 무엇이 두렵겠는가' 이때 헨리 5세는 리처드 2세와는 정반대의 태도를 보여주는데 비극적인 결말과 기적의 서사의 갈림길이기도 합니다. 리처드 2세의 비극을 만든 것은 자신은 다른 이들과는 태생적으로 다르고, 왕위는 절대불변의 지위라고 생각한 것입니다. 이에 비해 헨리 5세는 왕과 함께 국가를 위해 싸운다면 신하와 백성도 고귀해진다고 외칩니다.

헨리 5세는 이 역사적인 연설로 병사들에게 '용기'라는 주문을 겁니다. 병사들에게 공동의 목표를 이루기 위해 한계를 초월할 힘을 주어, 그들을 더욱 강하고 개성적인 개체로 만들었죠. 용기를 북돋는 것은 결국 자신감을 전파하는 것입니다. 심각한 수술을 받아야 하거나, 사랑하는 사람을 잃거나, 중요한 시험을 앞두고 있을 때처럼 긴장감이 고조된 상황에서 타인에게 문제를 해결할 힘과 평온함을 주는 능력은 마법과도 같습니다.

'그렇다면 민중의 용기를 북돋는 왕의 신비한 힘은 자기화 과정에서 얻어진 것일까?' 헨리 5세뿐 아니라 셰익스피어의 다른 작품들에서도 등장하는 질문입니다. 저는 이 질문에 대한 대답에 이 작품의 핵심 메시지가 있다고 생각합니다. 헨리 5세가 백성에게 자신감을 주는 마법 같은 능력을 습득할 수 있었던 것은 그가 자아실현의 과정을 통해 '자기 신뢰'에 도달한 덕분입니다. 이는 곧 인간은 누구나 타인에게 용기를 주는 마법사가 될 수 있음을 의미합니다. 헨리 5세와 같은 뛰어난 웅변가가 아니어도 상관없습니다. 방법은 수없이 많으니까요.

인본주의 심리학자 아브라함 매슬로는 욕구 5단계를 통해 인간의 자아실현 과정 모델을 제시했습니다. 그는 인간의 욕구에는 단위별 위계가 있으며, 이 모든 욕구가 충족될 때 비로소 인간은 평온함을 얻고 자기완성을 이루는 자아실현 단계에 이른다고 했습니다. 우리는 『헨리 5세』를 할 왕자가 생리적인 욕구에서부터 시작해 자아실현을 이루고, 법률, 신학, 정치, 수사학을 공부하면서 왕이라는 운명을 인지하고 자신이 가진 잠재력을 극대화해 자아를 실현하는 매슬로의 욕구 5단계를 거치는 과정으로도 해석할 수 있습니다.

하지만 매슬로의 욕구 단계 최상단에 있는 욕구는 자아실현이 아닙니다. 자아실현보다 우위에 있는 욕구가 바로 자아 초월 욕구, 즉 자기 자신을 초월하여 다른 것으로 만들어내고자 하는 이타적인 욕구입니다. 매슬로 이론이 정립되기 전부터 자아 초월 욕구를 기반으로 임무를 수행했던 중세 기사들은 이 사실을 이미 잘 알고 있었습니다. 헨리 5세가 아쟁쿠르 연설에서 그리스도를 위해 순교한 크리스피누스 성인을 언급하는 것도 우연이 아닙니다. 용기는 자아 초월 욕구의 핵심입니다. 자아실현의 목표는 자기 자신을 초월하는 것이기 때문입니다. 그리고 완벽한 기독교 기사인 헨리 5세는 자아실현의 과정에서 영국의 국가 정체성을 정립하게 됩니다.

폴스타프 경의 변명

아르플뢰르 함락과 아쟁쿠르 연설 사이에 헨리 5세의 핵심 메시지가 담긴 세 번째 독백이 나옵니다. 이 독백은 병사들의 투쟁심을 고취하기 위한 두 연설과는 다릅니다. 헨리 5세는 주변에 아무도 없는 가운데 혼잣말을 하는데, 이때 대사 톤은 장엄하지만 다른 한편으로는 지극히 내관적입니다. 헨리 5세는 자신과의 대화를 통해 인간적인 나약함과 두려움을 오롯이 드러내는데요. 이 장면이 아쟁쿠르 연설 바로 앞에 나오는 것이 흥미롭습니다. 아쟁쿠르 연설에서는 그의 두려움과 불편한 마음이 전혀 느껴지지 않기 때문입니다. 진정한 리더 헨리 5세는 병사들의 불안감을 조성하지 않게 나약함의 흔적을 말끔히 씻어내고 다른 가면을 꺼내 씁니다. 하지만 바로 전 장면에서 헨리 5세는 거의 할 왕자에 대한 향수를 느끼고 있는 것처럼 보입니다. 멧돼지 머리 주점에서 맥주 한 잔 마실 푼돈을 구할 궁리나 하는 철부지 소년 시절로 되돌아가고 싶어 하는 느낌이죠. 하지만 그는 이제 소년이 될 수 없습니다. 이제는 그는 왕이기 때문입니다.

> **헨리 5세** _____ 왕에게 짐 지우자, 우리의 생명을. 우리의 영혼을. 우리의 사랑스러운 아내를. 우리 아이들과 우리의 죄를. 짐은 모든 것을 떠맡아야 한다. 오, 가혹한 처지로다. 위대함과 쌍둥이처럼 함께 태어나, 뱃가죽 울리는 소리밖에 듣지 못하는 멍청한 자들의 숨결에 휘둘리다니. 오, 왕은 누리지 못하는 평안을 범인들은 얼마나 마음껏 누리고 있는가!
>
> (4막 1장)

헨리 5세는 리처드 2세를 쫓아낸 자신의 아버지 헨리 4세가 범한 죄를 생각하고, 영국의 수많은 젊은이의 목숨이 자기 어깨에 있음을 사무치게 느끼며 두려워합니다. 셰익스피어가 '지나치게 인간적인' 왕의 모습, 헨리 5세의 내면에 남은 할의 모습을 보여주는 이유는 다음 장면에서 그가 병사들에게 전하는 자신감이 말만 거창한 연설 기술이 아니라 리더의 조건을 갖추기 위한 노력, 왕위의 고통, 신성한 왕의 존엄에 짓눌린 자신의 유령과 싸워서 얻어낸 진정한 용기에서 발원한 것임을 보여주기 위해서입니다. 왕이라는 부담감 때문에 잠 못 이루는 헨리 5세의 독백은 「헨리 4세(2부)」의

3막 1장에서 나오는 아버지 볼링브로크의 독백과 겹치는데, 이 독백 역시 셰익스피어 대사 중 가장 시적이고 아름다운 대사로 손꼽힙니다.

헨리 4세 _____ 미천한 백성 중 얼마나 많은 이들이 곤히 자고 있을까! (…)
그대는 아찔할 정도로 높은 돛대 위의 뱃소년의 눈을 감겨, 위풍당당한 거친 파도라는 요람 속에서 괴물 같은 고개를 들고 빠르게 움직이는 구름 속에서 죽은 사람조차 깨울 정도로 요란한 굉음을 내며, 그놈을 파도 꼭대기까지 오르는 바람 속에서도 잠들게 하지 않느냐?
오, 불공평한 잠의 신이여, 그대는 비에 젖은 소년에게는 그렇게 소란스러운 폭풍우 속에서도 휴식을 허락하면서, 어이하여 너무나 조용하고 고요한 이 밤 존엄한 왕에게는 휴식을 허락하지 않는단 말이냐? 그대들 잠든 미천한 자들이여 복을 받았도다. 왕관을 쓴 머리에는 근심 걱정뿐이니.

(3막 1장)

셰익스피어는 볼링브로크와 그의 아들 할을 둘 다 불면증 환자처럼 묘사합니다. 그들이 잠 못 이루는 이유는 왕위에 대한 부담감 때문입니다. 무소불위의 결정권자인 왕만이 가지는 권력에 대한 책임감은 모순적으로 제어할 수 없는 불안감을 조성합니다.

"그렇다. 왕관을 쓴 머리에는 근심 걱정뿐이다."

왕의 운명을 거부하고, 그 불안감으로부터 도망치려 했던 할은 이스트칩과 폴스타프 경에게서 안식을 얻었습니다. 폴스타프는 분명 갈비를 신나게 뜯으면서 와인 몇 병 정도는 거뜬히 해치운 뒤 곤히 잠드는 종류의 인간이었을 것입니다. 그는 걱정, 근심, 책임감과는 거리가 먼 무사태평한 인물입니다. 살면서 책임, 의무, 부담감, 과제, 지위처럼 헨리 5세를 잠 못 이루게 한 모든 것을 거부했습니다. 폴스타프는 명예와는 상관없이 하루살이 인생을 사는 경솔한 자유의 길을 택했습니다. 하지만 겉으로 보기에는 단순한 대식가로 보이는 폴스타프의 이면에는 깊은 현명함이 감추어져 있습니다. 폴스타프 연구에 특별한 애정을 보인 비평가 해롤드 블룸은 그를 '철의 폴스타프'라는 애칭으로 부르며 '이스트칩의 소크라테스'와 같은 인물이라고 정의했습니다.

인간적인 관계를 중심으로 볼 때 폴스타프는 할의 친부 볼링브로크와 정확히 대척점에 선 인물입니다. 왕자 할은 폴스타프에게서 친부와는 전혀 다른 이상적인 인간상을 봅니다. 멧돼지 머리 주점에서 고주망태가 된 채 여자 치맛자락이나 쫓아다니는 모습 때문이 아닙니다. 오든이 말했듯 그 "겁쟁이 주정뱅이 노인네"야말로 왕은 절대 경험할 수 없는 눈부신 자유와 평온함의 상징이기 때문입니다

경이로운 생명력, 우수에 찬 영혼과 넘치는 유머 감각의 소유자인 폴스타프는 '정말 그럴만한 가치가 있는가'라는 그 누구도 피할 수 없는 질문을 던집니다. '비록 자아실현은 못 할지라도, 승리와 왕위를 위해 피가 마르느니 차라리 멧돼지 머리 주점에서 허송세월이나 보내는 편이 더 행복하지 않았을까? 자아실현을 안 하는 것이 차라리 낫지 않았을까?' 이 질문에서 우리는 피노키오를 연상할 수 있습니다. 이스트칩은 장난감 나라이고, 폴스타프는 피노키오를 장난감 나라로 데려가는 램프의 심지 같습니다. 하지만 셰익스피어의 헨리 시리즈에는 (에밀 졸라가 심오한 동화라 평한) 『피노키오의 모험』과는 달리 교훈이 없습니다. 램프 심지의 계략에 빠지지 않고 진짜 아이가 되는 꼭두각시 피노키오와 마찬가지로 할 역시 폴스타프를 부정함으로써 헨리 왕이 됩니다. 그렇지만 (이름과는 달리) 램프 심지가 선의 상징인 푸른 요정을 배신하는 사악한 왕자를 상징하는 데 비해, 폴스타프는 할에게 악이 아니라 대안적 정체성을 상징합니다.

할은 방탕한 아들처럼 보이지만 실은 그렇지 않았습니다. 그가 주점을 드나든 것은 자신을 왕위에 앉히려는 볼링브로크의 손길에서 벗어나고 해방되고 싶었기 때문입니다. 그리고 이때 폴스타프가 나타나 할이 과업을 피할 수 있는 피난처이자 새로운 삶을 제시해 줍니다. 이 모습을 보면서 독자-관객은 이번에도 선택의 갈림길에 섭니다. 열린 마음으로 폴스타프의 독백을 듣고 있자면, 명예란 공허한 단어이며, 세상에서 가장 중요한 것은 전쟁이나 국가가 아니라 최고급 셰리주라는 말이 꽤 그럴듯하게 느껴집니다. 「헨리 4세(2부)」에서 존 랭카스터가 그에게 '잘 가게, 폴스타프. 가능하면 그대에 대해서는 그대가 세운 공적보다 좋게 보고하겠네'라며 이별을 고하자, 폴스타프는 이렇게 말합니다.

> **폴스타프** _____ 좋은 셰리주에는 두 가지 효능이 있지. 그 술은 뇌로 올라가 이를 둘러싸고 있는 모든 어리석고, 미련하고, 웅어리진 수증기를 건조시켜서, 뇌를 이해력이 좋고, 빨리 돌아가고, 창조적이고, 눈치 빠르고, 열정적이고, 유쾌하게 만드는데, 거기서 태어나는 혀에 목소리를 부여하면 대단한 기지에 넘치게 되지. 훌륭한 셰리주의 두 번째 효능은 우리의 피를 데워주는 거지. 술을 마시기 전에는 싸늘하게 굳어서 간이 창백해지는 건

소심함과 두려움의 표식이지. 그러나 셰리주가 피를 데 워주면 피가 몸속에서부터 손끝 발끝까지 돌게 되지. 셰 리주는 마치 봉화처럼 얼굴을 빛나게 해서 인간이라는 작은 왕국 구석구석에 경고를 보내 무장하게 만들지. 그 러면 생기 넘치는 평민들과 왕국 내 사소한 정기들이 모 두 대장 격인 심장으로 모이지. 이들 덕분에 막강해져 한껏 부푼 심장은 용감한 행동을 하게 되지. 그러니 인 간의 용맹은 셰리주에서 나온 것이야.

(4막 3장)

여기서 폴스타프가 풀어놓는 이야기는 셰리주에 바치는 찬가 로, 과음을 정죄하는 주일 설교의 패러디나 파리의 취한 배에 바치 는 보들레르의 저주 섞인 경고처럼 들립니다.

"시간의 신에게 구속받는 노예가 되고 싶지 않거든 취하 라. 늘 취해 있으라!"

매력이 철철 넘치는 폴스타프의 성격을 기막히게 나타낸 이 대 사만큼 반영웅적인 독백은 없을 것입니다. 폴스타프는 겁쟁이에 못 말리는 허풍쟁이에다 기괴한 행동을 일삼는 기인이지만, 전혀 혐오스럽지 않습니다. 그의 매력은 본능을 긍정함으로 인해 생기는 호감입니다. 폴스타프는 철저히 외로운 인물이지만 만남과 모임 기술의 대가이기도 합니다. 뜨거움과 냉랭함의 극단을 오가는 그의 삶과 죽음은 그가 완벽한 방탕아라는 사실을 증명합니다. 폴스타프는 셰익스피어 시대 이후에도 수많은 방탕아 캐릭터에 영감을 주는데, 그중 대표적인 캐릭터가 『제인 에어』에 나오는 로체스터 경입니다. 심지어는 엘리자베스 1세도 폴스타프의 팬으로 알려졌습니다. 확실한 근거는 없지만 엘리자베스 1세가 폴스타프 캐릭터를 너무 좋아해서 셰익스피어에게 그를 주인공으로 한 극을 써달라고 부탁했고, 그로 인해 탄생한 작품이 바로 「윈저의 즐거운 아낙네들」이라는 설도 있습니다. 이 이야기는 윈저의 즐거운 아낙네들이 기지를 발휘해 허풍쟁이 호색한 폴스타프를 골탕 먹이는 재미있는 코미디로 자유로운 여성들의 모습을 담았습니다. 극 중에서 폴스타프는 온갖 수난을 당하지만, 최후의 승리는 항상 그의 몫입니다. 아무리 천박해도 그는 관중에게 사랑받는 캐릭터이기 때문입니다. 관중이 그를 사랑한 이유는 폴스타프야 말로 수많은 의무로 가득한 힘겨운 삶의 유쾌한 대안이라서입니다. 지방 사투리에 가까운 대사와 1500년대식의 말장난 때문에 영미권 독자가 아니면 「윈저의 즐거운 아낙네들」에 깔린 유머 코드를 완전히 이해하기는 힘들겠지만, 이 작품의 희극성은 분명 무책임하고 자유로운 영혼의 소유자 폴스타프에게 있습니다.

이처럼 폴스타프는 놓치고 싶지 않은, 매력적이고 끌리는 캐릭터이지만 결국 셰익스피어는 그를 죽음으로 이끕니다. 그가 삶의 목적을 자신의 만족을 향해 둔 것까지는 좋았지만, 본질적인 자아의 형성이 아니라 순간의 쾌락만을 추구했기 때문입니다. 욕망은 사실 죽음과 맞닿아 있습니다. 프로이트가 구조화한 인간의 정신에 따르면, 우리는 욕망을 담당하는 이드id와 이를 제어하려는 자아ego, 초자아superego로 이루어져 있습니다. 만약 모든 사람의 정신에 쾌락만 추구하고 자신을 불편하게 하는 걸 피하기만 하는 이드(욕망)만 존재하게 된다면 어떻게 될까요? 서로 원하는 걸 얻기 위해 서슴지 않게 폭력을 휘두르고 양심의 가책 따위는 존재하지 않는 세상이 될 것입니다. 이드만을 추구하는 건 순간의 만족을 줄지 모르지만 결국엔 모두를 파괴합니다. 우리가 폴스타프에게 빠지는 것은 모두들 하고 싶지만 차마 할 수 없는 것을 하는 욕망을 대신하기 때문입니다. 우리는 그를 통해 시원한 대리만족을 느낍니다. 그래서 할이 그와 가깝게 된 것이고 우리 역시도 본능적으로 그에게 빠져든 것입니다. 하지만 명심하고 유의해야 합니다. 지금 당장의 유희가 삶보다 더 나은 선택인지 말입니다. 헤르만 헤세가 남긴 말처럼 껍질을 깨지 못한 병아리가 결국 죽음을 맞이하듯이 삶의 어느 시기에 이르면 누구나 자신의 세계를 파괴하고 나아가야 합니다. 삶의 고통은 안 좋은 것이고 쾌락은 좋은 것이 아닙니다. 우리는 삶을 2차원의 선형이 아니고 3차원 혹은 그보다 높은 차원으로 인식해야 합니다. 당장의 만족을 안겨주는 쾌락은 마치 늪처럼 모든 것을 앗아갈 수도 있습니다.

아마 폴스타프가 없었어도 할은 어디로든 도망치고 성장했을 겁니다. 애초에 어떤 연유로든 이스트칩에 틀어박혀 있게 되었다면, 그곳에서 빠져나올 명분을 찾았을 것이기 때문입니다. 그것은 연인을 향한 사랑이 될 수도 있고 좇고자 하는 이상이 될 수도 있습니다. 확실한 것은 동기가 필요하다는 것. 그래야만 자신의 모습을 있는 그대로 받아들이지 못하고 숨어 있던 은신처 밖으로 나와 자아를 실현하기 위한 고통스러운 여정을 시작할 수 있습니다. 그래야만 멧돼지 머리 주점을 벗어날 출구를 찾을 수 있습니다.

"꿈꿀 수 있다면 그 꿈을 이룰 수도 있다."

인간은 현실의 자신과 자신이 되고자 하는 존재가 일치하지 않을 때 좌절감을 느낍니다. 되고 싶은 존재가 있다는 것은 곧 우리의 정신이 그 목표 안에 구원의 길이 있음을 인지한다는 것을 의미합니다. 여기서 중요한 점은 인간의 잠재력을 실현하는 것을 방해하는 무의식적인 두려움과 외부 요소가 무엇인지 이해하는 것입니다. 할은 내적으로나 외적으로 그런 전투를 거치며 왕이 되었습니다.

양식적인 면에서 「헨리 5세」가 여느 셰익스피어 역사극들과 구분되는 특징은 코러스의 활용입니다. 「헨리 5세」에서는 막이 시작할 때마다 코러스가 등장해서 앞으로 벌어질 일을 소개합니다. 코러스의 독백은 어쩌면 이 극에서 가장 문학적인 부분일 것입니다. 하지만 실제 극을 무대에 올릴 때는, 코러스라는 명칭에도 불구하고 해설자 역할을 맡은 남자 배우나 여자 배우 한 명이 막의 전환을 설명하는 경우가 더 많습니다.

그렇다면 셰익스피어는 왜 유독 「헨리 5세」에서만 코러스를 활용한 걸일까요? 아마도 당시에는 극에서 묘사되는 전투, 환경, 서사를 표현할 수 있는 특수 효과가 상상력밖에 없었기 때문일 것입니다. 그래서 셰익스피어는 무대 연출의 부족함을 장엄한 묘사로 보완했습니다. 셰익스피어의 문체가 가진 힘은 나무로 만든 원형극장, 즉 우든 오wooden O(글로브 극장의 애칭)를 아쟁쿠르 전장으로 바꾸어 놓을 만큼 강렬하기 때문입니다.

코러스 ____ 오 불의 뮤즈가 있어, 가장 찬란한 상상의 하늘까지 치솟아 닿을 수 있다면, 이 무대는 왕국, 배우는 왕자들이, 그리고 군주는 관객이 되는 상상을 해보시오. 그렇다면 호전적인 헨리는 그 모습 그대로 전쟁 신 마르스의 거동을 취하리.

그리고 그의 발꿈치에 사냥개처럼 줄에 매여 기아, 칼 그리고 불이 쭈그리고 앉아 뛰쳐나가기를 대기하리. 하지만 친애하는 여러분, 영감 없는 밋밋한 영혼들이 감히 이 보잘것없는 무대에 이토록 위대한 이야기를 옮기려 한 것을 용서하십시오. 이 보잘것없는 무대가 광대한 프랑스 벌판을 감당할 수 있겠는가. 아쟁쿠르의 하늘을 놀라게 했던 그 수많은 전투모를 나무로 만든 이 원형극장에 쌓아 놓을 수 있겠는가. (…)

여러분의 상상력으로 우리의 모자람을 보충하십시오. 말 얘기가 나오면 부드러운 대지에 찍힌 말굽 자국이 보인다고 상상하십시오. 이제는 여러분의 생각이 우리의 왕들에게 군장을 갖춰 주고, 시간을 건너뛰고, 수년의 시간을 한 번의 모래시계가 끝나는 시간으로 압축하십시오. 그러니 저에게 이 이야기를 안내하는 코러스 역을 맡겨 주십시오. 코러스로서 이 극의 프롤로그 겸 여러분께 겸손하게 부탁드리니 부디 오늘 들려드릴 이야기를 인내심을 가지고 들어주시고, 관대하게 평해 주십시오.

「헨리 5세」는 이렇게 막이 오르고, 해설자는 그 후로도 수차례 등장해 무대에 물리적으로 구현하지 못하는 내용을 떠올릴 수 있게 관객의 상상력을 자극합니다. 어떻게 보면 코러스는 관객에게 헨리 5세가 병사들에게 한 것과 똑같은 행위를 하고 있다고 할 수 있습니다. 코러스는 그때까지 관객이 인지하지 못한 것을 상상하게 만들어 실현합니다. 그렇기에 「헨리 5세」에서 코러스의 존재는 연극의 양식일 뿐 아니라 철학적인 의미도 있는 것입니다.

스스로 의미 있는 싸움을 못 하고 있다고 믿게 만드는 열등감에서 빠져나오려면 무엇보다 상상력이 필요합니다. 할은 왕좌에 오르는 상상을 한 순간부터 이스트칩 생활을 청산합니다. 병사들은 아쟁쿠르에서 승리를 상상하고 이를 실현합니다. 실패의 반대말은 성공이 아니라 상상입니다. 그렇다고 꿈이나 디지털 세계로 도망쳐서 현실을 회피하라는 말은 아닙니다. 오히려 세상과 자아를 제대로 인식해서 자아를 실현하지 못했다는 불안감을 극복해야 합니다. 창의력은 가장 확실하게 침체를 피하고 더 나은 자신을 만드는 원동력입니다. 이것은 수많은 상상을 통해 내면의 성장과 감동을 선사하는 월트 디즈니의 철학과 같습니다. 디즈니는 꿈 꿈만 있으면, 그 꿈을 실현할 수도 있다 얘기합니다. 우리도 마찬가지입니다. 우리 모두 각자 인생의 영웅이 될 수 있습니다. 삶을 바꾸는 것은 신화나 역사 속에서 나오는 특별한 인물만 가능한 것이 아니라 오늘과 내일을 상상하고 이를 동기로 삼아 움직일 수 있는 이라면 가능한 것이기 때문입니다.

자신을 싫어하는 수많은 '나'에게
나를 믿고 꿈꿀 때 이야기의 막이 오른다

희망을 가장 많이 얘기하는 사람은 역설적으로 가장 절망적인 사람이라는 말처럼 자신을 싫어하고 아무것도 할 수 없을 거라고 믿는 이는 사실 그 어떤 이보다도 나아진 자신을 바라며 변화에 대한 필요로 내면이 가득 차 있습니다. 단지 그들은 변화하기 위해 무엇부터 해야 할지를 모르거나 움직일 엄두를 못 내고 있는 것일 뿐입니다. 사실 '그들'이라고 표현했지만 이러한 모습은 저와 우리 모두가 느끼고 가지고 있는 것입니다. 우리는 남들의 성과와 자신을 끊임없이 비교하며 매 순간 성과를 요구받습니다. 절대 채워질 수 없는 항아리에 물을 붓는 듯한 일상 속에서 어느새 우리는 자신도 모르게 벅찬 상태에 허덕이게 됩니다. 이 지점까지 이르면 폴스타프처럼 모든 걸 던지고 그저 자신의 만족만을 위해 있고 싶어집니다. 헨리 5세가 되기 전 할 왕자처럼 말이죠.

제가 「헨리 5세」를 이번 상담 시간에 가져온 것은 이 극이 지금 헨리 5세와 폴스타프의 사이에 있을 사람들에게 힘과 희망을 줄 수 있다고 생각해서입니다. 셰익스피어가 본 헨리 5세는 진정한 기사이자 영웅이기 전에 뼈아픈 좌절감을 극복하고, 운명에 당당히 맞서 자신을 구원한 인간입니다. 어쩌면 그래서 그가 묘사한 수많은 왕 중에서 진정한 왕은 헨리 5세뿐일 것입니다. 따라서 셰익스피어의 「헨리 5세」는 자아실현에 관한 이야기입니다. 여기에서 '자아실현'이란 자신의 잠재력을 실현하는 것을 의미합니다. 가장 내밀하고, 진정한 야망에 비추어 볼 때 충만히 만족스러울 정도로 감정과 심리와 행위가 모두 성숙한 상태를 가리킵니다. 헨리 5세가 고통스럽지만 보편적인 고뇌에 빠진 이들에게 유의미한 작품인 것은 바로 이러한 이유 때문입니다. 살다 보면 이룬 것이 아무것도 없는 느낌이 들 때가 있습니다. 나의 소중한 시간과 잠재력을 허비하고 있다는 느낌이 들 때, 인생의 가장 중요한 목표로부터 점점 멀어져 가고, 진정한 자아가 목소리를 내지 못하는 것 같은 느낌이 들 때, 그 원인이 주변 환경에 있기도 하지만 때로는 그 원인이 무엇인지조차 설명하지 못하기도 합니다. 분명한 것은 그러한 감정이 결국 실현되지 못한 자아와 관련이 있다는 사실입니다. 삶을 사랑할 수 있으려면 자아를 실현해야 하고 자아 실현을 위해선 상상해야 합니다. 자기의 가능성을 믿고 더 높이 도약하는 것을 먼저 상상할 때, 그것은 헛되지 않고 새로운 시작이 됩니다. 상상을 멈추고 생각을 그만하기로 했을 때, 자신을 가장 작고 보잘것없는 존재로 만드는 자기 비하가 일어납니다. 실제로 당신이 가진 가치, 할 수 있는 일과는 상관없이 당신을 작게 만들려는 시도에 빠지지 마세요. 스스로를 어떻게 판단하든 당신은 그보다 더 뛰어난 힘을 가지고 있습니다. 그러니 상상하세요. 그리기만 했던 모습이 현실화되는 순간으로 지금 나아가세요.

이유 없는 불안이 내 마음을 지배한다면

공기처럼 가벼운 하찮은 것도

질투에 눈먼 자에게는 성서만 한 증거가 될 수 있다.

- 오셀로

장면 #5

누구도 꺾을 수 없을 용맹한 장군이 내면에 드리운 작은
의심 하나에 무너진다. 의심은 영혼을 불안으로 이끌며
불안은 모든 것을 파괴하니 이것은 흔들리는 영혼이 어
떻게 무너지는가에 대한 이야기다.

~~~~~~~~~~

제가 어렸을 때 느꼈던 일요일에 대한 감정은 두 가지로 나뉩니다.
학교를 안 가도 되는 기쁨과 그 대신 부모님 손에 이끌려 억지로
성당에 가는 것. 실컷 늦잠을 자지도 못하고 아침 일찍 성당에 가
는 건 정말이지 너무나 귀찮았습니다. 놀기만 해도 부족할 시간인
데, 성당에 갇혀서 아무것도 못 하고 조용히 있어야 했거든요. 그래
서 저는 이다음에 어른이 된다면 일요일에는 반드시 성당을 안 가
야지 하고 다짐하곤 했었습니다. 그런데 시간이 지나면서 저에게
도 어른의 짐이 지어지고 점점 늘어나는 책임감과 마음에 상처를
입고 갈피를 못 잡는 일이 생기자 부모님처럼 성당을 찾게 되었습

니다. 안타깝게도 오랜만에 찾은 성당에서 제 마음의 안식을 찾을 순 없었는데, 아마도 제가 말 그대로 성당에 가기만 해서 그랬을 것 같습니다. 아무튼 이때 해결하지 못한 고통의 기억으로 저에게 일요일은 마음 편히 쉬는 날이 아니라 다가올 내일에 대해 미리 걱정하는 날이 되었습니다.

저는 이 경험을 통해 종교의 목적에 관해서 생각해 봤습니다. 우리는 (신의 유무는 차치하고) 왜 종교를 믿는 걸까요? 종교가 주는 구원이나 행복 등을 떠올리시겠지만 저는 불안을 해소해 주는 점 때문이라고 생각합니다. 우리가 성장하면서 점점 인생이 고통스러워지는 건 크고 작은 불안에 시달려서입니다. 무엇이든 될 수 있을 거라 여긴 어린 시절과 달리 현실의 벽에 부딪히고 자신이 생각보다 뛰어나지 않은 존재임을 깨닫게 되면서 미래와 삶이 예전처럼 희망찬 꽃밭으로 볼 수 없게 되거든요. 이렇게 내면에 드리운 어두움은 막연한 모호함과 불편함을 조성해 불안한 감정을 야기하고 우리를 점점 더 커지는 고통 속에서 살아가게 합니다. 만약 이 불안이 먼저 해소가 되지 않는다면 행복과 평안은 절대 있을 수 없을 것입니다.

이 어두운 감정을 반드시 종교만 해소해 줄 수 있는 것은 아닙니다. 어떤 이에게는 연인이 될 수 있고 또 다른 이에게는 문학이 될 수도 있죠. 중요한 것은 우리는 살아가기 위해 이 감정을 관리하고 적절히 해소할 수 있는 법을 알아야만 한다는 것입니다. 이 감정을 해소하지 못하면 정말로 현실 속에서 지옥을 경험하게 될지도 모릅니다. 이번 상담에서 다룰 「오셀로」는 불안이라는 감정을 통제하지 못했을 때 벌어지는 파국을 여실히 보여줍니다. 어쩌면 이 책에서 다루는 고민 중에 가장 많은 이가 오셀로와 같은 상황을 겪고 있지 않을까 예상되는데요, 그래서 셰익스피어는 이 고통에 관해 아주 상세하게 우리가 알아야 할 메시지를 남겨두었습니다. 그러니 지금 불안으로 힘들어한다면 이 막을 집중해 주세요. 여러분의 고민에 대한 답을 찾을 수 있을 겁니다.

무어인(원래는 아랍계 이슬람교도를 말하지만 이 작품에서는 흑인을 지칭-옮긴이)이지만 베니스의 장군이 된 오셀로는 주위의 반대에도 불구하고 원로원 의원의 딸 데스데모나와 사랑에 빠져 그녀를 아내로 맞이한다. 데스데모나의 아버지인 브라반티오는 격렬히 화를 내며 원로원에 처벌을 요구하지만, 때마침 터키가 침략해서 베니스가 위험해지자 어쩔 수 없이 둘의 관계를 허락한다. 한편 결혼으로 인생의 정점을 맞이한 오셀로 옆에는 그에게 반감을 가진 이아고라는 인물이 있었는데, 부관의 지위를

카시오에게 준 것을 계기로 오셀로를 파멸시킬 음모를 꾸미게
된다. 이아고는 우선 카시오의 술버릇을 이용해 사고 치도록
해서 실각하게 만든 다음 그에게 지위를 되찾게 해 준다고 속
여서 카시오를 데스데모나에게 가도록 한다. 그러고는 오셀로
에게 가서 데스데모나가 카시오와 바람을 피우고 있다고 모함
하는데, 이에 질투에 사로잡힌 오셀로는 스스로 영원을 맹세한
아내를 죽이게 된다. 데스데모나가 죽자 이아고의 아내인 에밀
리아는 진실을 밝히고 모든 일이 이아고가 꾸민 것임을 깨닫자
오셀로는 아내를 그리워하며 스스로 목숨을 끊는다. 범죄가 발
각된 이아고는 끝까지 반성하지 않고 결국 처형당하게 된다 .

오셀로와 보이지 않는 두려움

마음 깊은 곳의 두려움을 대면하는 것은 인간의 본질과 가장
가깝게 맞닿아 있는 과제 중 하나일 것입니다. 이것은 영혼의 자유
를 위한 중대하고 위험한 전투입니다. 영혼을 옥죄어 오는 두려움
에는 눈에 보이는 두려움과 보이지 않는 두려움이 있습니다. 눈에
보이는 두려움은 구체적인 대상과 확실한 원인이 있는 두려움이

고, 눈에 보이지 않는 두려움은 합리적인 이유가 존재하지 않는 두려움입니다. 이것은 '불안' 혹은 '고뇌'라 부르며 비이성적이고 통제 불가능하죠. 이 두려움의 대상은 유령이나 아니면 인간의 머리가 만들어 낸 상상이 대부분입니다.

불안과 고뇌는 독일어로는 Angst, 영어로는 Anxiety로, 종종 동의어로 사용되기도 하고 언어에 따라 호환되어 사용되기도 합니다. 라틴어 계열의 언어에서 '고뇌'는 '불안'보다 심각하고 병적인 뉘앙스를 풍기기도 합니다. 물론 두 개념은 '보이지 않는 두려움'의 양면과도 같습니다. 여기에서 보이지 않는 두려움이란 가능성으로만 존재하는, 확실치 않은 현실과 머릿속을 맴도는 명확하지 않은 생각으로 인한 내적 압박을 의미합니다. 흔히 「오셀로」를 질투의 비극이라 하지만, 이는 작품의 의미를 축소하는 표현입니다. 「오셀로」는 진한 불안과 고뇌를 보여주는 작품으로 인간이 머릿속에 있는 유령에게 굴복하는 과정을 보여줍니다. 셰익스피어는 「오셀로」를 끔찍한 환상에 사로잡힌 한 남자의 이야기라 표현했습니다. 극이 전개되는 동안 '끔찍한 환상'은 점점 오셀로를 지배해 결국 그를 파멸로 몰고 갑니다. 불안증에 시달리는 이들은 불안이라는 것이 다른 사람들의 눈에는 보이지 않고 자기에게만 보이는 괴물이라는 사실을 알고 있습니다. 이 괴물에게는 피할 수 없는 끔찍한 미래라는 송곳니가 있습니다. 불안은 이성을 지배해 총기, 능력, 평온, 자립성을 앗아갑니다. 아무리 근거가 없고 별일 아니라고 생각하며 마음을 다잡으려 해봐도 소용없기 때문에, 높은 불안에 시달리는 이는 결국 절망적인 결말을 맞이합니다.

저 역시 불안증이 있어서 종종 불안에서 헤어 나오지 못하곤 합니다. 글을 쓰고 있는 지금 이 순간에도 서재 바닥이 무너져 내려 아래로 추락할지도 모른다는 생각이 듭니다. 좀 더 나아가서 가끔은 내 도플갱어가 머나먼 미국 오리건주의 외딴 마을에서 살인 사건의 범인으로 지목되는 상상을 하기도 합니다. 저는 사실 살렌토 산 조르조 항에 있었는데, 아무도 저의 알리바이를 증명해 줄 수 없는 거죠. 조금 더 현실적으로는 가스를 끄지 않은 것 같아서 한 시간 넘게 운전해서 온 길을 되돌아가는 경우라든지, 친한 친구나 친척이 오랫동안 메시지를 확인하지 않으면 누군가에게 납치당해 어느 건물 지하실에 갇혀 고문당하고 있는 것은 아닌지 불안해합니다. 불안한 영혼이라면 할 법한 상상입니다. 오셀로도 마찬가지입니다. 그는 추진력 있는 장군이지만 감수성이 지나치게 풍부해 본성이 불안합니다. 보이지 않는 두려움에 쉽게 사로잡히는 인물이죠. 게다가 이아고라는 사악한 인물이 등장해 오셀로의 끔찍한 상상을 자극해 그를 파멸로 몰고 가는 계략을 꾸밉니다. 그의 계략이 성공하는 것은 오셀로의 내면이 두려움에 쉽게 현혹되기 때문입니다. 우리 역시도 다른 이들은 별일 아니라고 생각하는 문제에 대해 불안해하고 힘들어할 때가 있다는 걸 떠올려 본다면, 불안과 망상으로 극을 치닫는 오셀로가 사실 우리와 다르지 않은, 똑같은 평범한 인간이라는 것을 알 수 있습니다.

사랑의 마법

「오셀로」를 이해하려면 먼저 극의 배경을 이해해야 합니다. 「오셀로」는 베네토를 배경으로 벌어지는 금지된 사랑 이야기입니다. 「오셀로」에서 분출되는 감성은 베로나의 거리에서 피어난 로미오와 줄리엣의 사랑처럼 충동적이거나 순수하지만은 않습니다. 파도바에서 벌어지는 페트루치오와 카테리나의 금지된 사랑처럼 우스꽝스럽지도 않고, 베니스를 배경으로 하는 바사니오와 포샤의 사랑처럼 숭고하지도 않습니다. 「오셀로」에서 우리는 한없이 사랑스럽고 소중했던 감정이 증오와 분노로 변해서, 사랑에 빠진 주인공이 눈먼 살인자로 변모하는 과정을 목격하게 됩니다. 즉, 오셀로는 끔찍한 고뇌에 사로잡혀 인물이 벌이는, 요즘 같으면 '여성혐오 범죄'라는 제목으로 사회면을 장식할 잔혹한 범죄를 저지르는 이야기입니다.

신사였던 오셀로가 왜 끔찍한 괴물로 변모했는지 이해하려면,

셰익스피어가 오셀로와 데스데모나의 아름다운 사랑이 냉혹하게 변질하는 과정을 어떻게 묘사하는지 살펴봐야 합니다. 고귀했던 오셀로는 불안에 사로잡힌 나머지 불과 며칠 만에 괴물로 변하는데, 그 변화를 유도하는 것이 바로 이아고입니다. 그는 유럽 희극에서 등장하는 인물 중 가장 사악한 인물로, 오셀로의 마음에 교묘히 파고들어 독약을 뿌립니다. 극 중에서 오셀로는 계속해서 이아고를 '정직한 이아고'라 부르지만, 관객은 그가 상상을 초월하는 부정하고 끔찍한 인물이라는 것을, 오셀로의 정신을 조종해 그를 미치광이로 만들 것을 알고 보게 됩니다.

어쩌면 오셀로의 진짜 주인공은 이아고일지도 모릅니다. 그는 드라마 작법적으로도 경이로운 창조물입니다. 이아고는 처음부터 온 마음을 다해 오셀로를 증오합니다. 셰익스피어의 인물들은 대개 성격이 복합적이고 다층적이어서 한마디로 정의하기 어려운데, 그에 비해 이아고의 성격은 놀라울 정도로 단순합니다. 그는 증오 그 자체입니다. 그의 마음속에는 오직 증오밖에 없으며, 사악한 교활함과 화려한 언변으로 그 증오를 실현합니다. 또한 이러한 성격을 활용할 줄 아는 능력이 뛰어난 심리 분석가이기도 해서, 남자의 본능을 알고 거의 동물적인 감각으로 타인의 약점을 구분해 냅니다. 그는 오셀로의 아킬레스건이 순진함이며, 그것이 결국 내면 깊숙이 자리 잡은 불안감과 관련이 있다는 사실을 간파합니다.

그리고 그 불안감은 데스데모나와의 관계로 인해 외부로 표출되고 맙니다.

오셀로의 기수였던 이아고가 오셀로를 증오하는 이유는 두 가지입니다. 안 그래도 무어인을 받들어 모셔야 하는 것도 끔찍한데, 오셀로가 자기 대신 카시오를 부관으로 임명했기 때문입니다. 처음에 이아고는 오셀로와 데스데모나의 비밀 결혼을 폭로해 그를 제거하려 합니다. 그는 데스데모나를 짝사랑하는 불쌍한 로데리고와 짜고 데스데모나의 아버지 브라반티오에게, 데스데모나가 몰래 오셀로와 결혼해 도망쳤다는 사실을 알립니다. 그 사건이 그토록 물의를 일으킨 것은 오셀로가 칭송받고 존경받는 군인이었음에도, 무어인이기 때문에 베니스 처녀와 결혼하는 것이 쉽게 용납되지 않기 때문입니다. 전투에서 큰 공훈을 세웠음에도 불구하고 그는 외적으로나, 신분적으로나, 문화적·사회적·상징적으로 여전히 '이방인'입니다. 여기서 이방인이란 표현은 알베르 카뮈가 부여한 철학적·형이상학적 의미를 내포하고 있습니다. 오셀로는 자신이 거주하는 사회에서 구조적으로 소외되고, 문화적으로 이질적인 사람입니다. 그는 방랑자이자 망명자이고 나라가 없는 자유인입니다. 사회에 어느 정도 통합되고 융화되기는 했지만, 그럼에도 근본은 이질적인 존재입니다. 이는 이아고와 로데리고가 인종차별적인 저급한 표현을 섞어가며 오셀로와 데스데모나의 결혼을 알렸을 때 그녀의 아버지 브라반티오가 보인 반응에서도 잘 드러 납니다. 평소 오셀로를 존경하고, 수차례 자신의 집에 초대까지 했던 브라반티오건만 이아고와 로데리고의 말을 듣고 나서 그는 오셀로를 베니스 법정에 세웁니다. 그의 마음에 내재해 있던 무어인에 대한 적대감을 일깨운 것은 바로 이아고의 외침이었습니다. 그는 베니스 시민이 다 듣게 이렇게 외칩니다.

> "브라반티오! 늙고 검은 숫염소가 당신의 흰 암양에 올라타고 있소!"
> "당신 딸과 무어인이 이불 아래서 배를 맞추고 있소!"
> "브라반티오여! 당신 딸이 흑마와 교접하고 있소!"

이아고의 저속한 표현을 의도적으로 음란하고 끔찍하게 번역했는데, 그의 말이 그만큼 중요하기 때문입니다. 실제로 이아고의 말로 인해 그동안 표출되지 않았던 인종 차별적인 감정이 폭발합니다. 오셀로는 베니스 사람이지만, 한계가 있었습니다. 사람들 눈에 그는 여전히 무어인으로 보일 뿐이고, 이아고는 이러한 사실을 잘 알고 있었습니다. 그는 베니스 시민의 무의식 속에 숨겨진 인종 차별성을 간파한 것입니다. 법정에 선 오셀로의 죄목은 데스데모나에게 접근했다는 것이 아닙니다. 베니스 법은 인종 간 혼인을 금하지 않았기 때문이죠. 그는 데스데모나에게 마법을 걸었다는 이유로 고소당합니다. 놀랍게도 브라반티오와 베니스 시민은 평생 정도를 지키며 살았고 제대로 교육을 받은 훌륭한 베니스 규수가, 미치지 않고서는 흑인과 사랑에 빠져 그와의 결혼을 승낙했다는 사실을 믿지 못했기 때문에 그녀가 주술에 걸렸다고 생각한 것입니다. 실제 브라반티오는 오셀로에게 "내 딸에게 마법을 건 그대여, 저주 받으라!"라고 외칩니다. 이들은 마법에 걸려 이성을 잃지 않고서는 절대 흑인에게 반할 수 없다고 생각합니다. 그것도 그냥 마법이 아니라 사악한 흑마술 말이죠.

이아고는 이 일로 오셀로가 장군직을 박탈당하고, 베니스에서 추방당하기를 바라지만, 계획은 실패로 돌아갑니다. 데스데모나, 더 정확하게 말하자면 둘의 사랑이 오셀로를 구원했기 때문입니다. 오셀로와 데스데모나는 법정에서 서로를 변론하며 자신들의 무죄를 입증하는데, 이 장면은 그들의 관계를 빌어 사랑이란 무엇인지 묘사하는 매우 감동적인 순간입니다. 셰익스피어의 모든 작품을 통틀어 가장 아름답고 감동적인 대목으로 손꼽히는 장면이기도 하죠.

오셀로 _____ 그녀의 부친은 저를 아껴 여러 번 불렀고, 제 인생 이야기를 한 해 한 해 짚어 가며 늘 물어보셨죠. 전투와 승리의 이야기를 말입니다. 저는 소싯적부터 지금에 이르기까지 제 모든 경험을 이야기했습니다. 저의 기구한 운명과 육지와 바다에서 겪은 불운한 모험들 (…) 데스데모나는 경건하게 제 말에 귀를 기울였습니다. (…) 집안일을 재빨리 처리하고, 제 이야기를 듣고 싶어 했습니다. 저는 그것을 알고 적당한 때를 기다려 제가 걸어온 순례의 길을 들려주었습니다. (…) 젊었을 때 겪었던 괴로움 가득한 사건을 이야기할 때, 그녀는 여러 번 눈물을 흘렸습니다. (…) 그녀는 제가 겪은 위험 때문에 절 사랑했고, 전 그런 저를 향한 그녀의 연민 때문에 그녀를 사랑하게 되었습니다. 이것이 제가 쓴 유일한 마법입니다.

(1막 3장)

셰익스피어의 작품에서 언어의 역할은 핵심적입니다. 언어에는 마법의 힘이 있기 때문에 인간의 운명을 좌우합니다. 「헨리 5세」의 아쟁쿠르 전투 연설, 「율리우스 카이사르」에서 로마 시민을 대상으로 한 안토니우스의 연설은 역사를 바꿉니다. 「오셀로」도 마찬가지입니다. 데스데모나는 그의 인생 이야기를 듣고 그를 사랑하게 됩니다. 이것은 서사의 힘이 인생에 거는 마법으로, 브라반티오가 말하는 마법과는 다른 의미의 마법입니다. 군대와 백성의 운명을 좌우할 수 있으며, 젊고 아름다운 금발의 데스데모나와 흑인에 나이 들고 특별한 매력도 없을 것 같은 오셸로처럼 너무나도 다른 두 사람을 사랑에 빠지게 할 정도로 강력한 마법입니다. 다른 이들의 눈에는 말도 안 되게 보이지만 대립의 일치coincidentia oppositorum(15세기 철학자 니콜라우스 쿠사누스가 쓴 용어로 절대적인 신 앞에서는 모든 대립과 모순이 없어지고 하나가 된다는 걸 말함-옮긴이)를 이루며 '흰 암양과 검은 숫염소'가 결합하는 것도 이 둘에게는 너무나 자연스러운 일이 됩니다.

셰익스피어에게 사랑은 상대방의 감정을 느끼면서 시작됩니다. 사랑은 내가 아닌 타인의 인생이 일종의 텔레파시를 통해 나의 삶이 되는 마법입니다. 언어도 마찬가지입니다. 언어는 타인의 영혼에 둘러싸인 울타리를 허물 수 있습니다. 오셸로의 증언이 사실임을 확인하기 위해 (혹은 부정하기 위해) 법정으로 소환된 데스데모나는 이렇게 그들의 사랑을 증언합니다.

데스데모나 _____ 저의 고집스러운 불복종과 무모한 행동 자체가 제가 무어인을 사랑하며, 그와 함께 살기를 원함을 증명합니다. (…) 오셸로의 영혼에서 저는 그의 얼굴을 보았고, 또 그의 영예와 용맹스러운 자질에 제 영혼과 운명을 바쳤습니다.

(1막 3장)

브라반티오는 딸의 말에 속상한 나머지 "자식을 낳느니 차라리 입양하는 것이 낫겠다"라며, 그녀가 외동딸이어서 다행이라고 합니다. 그렇지 않았다면 다른 자식들을 쇠사슬에 묶어 두어야 할 테니 말이죠. 하지만 일동 중 가장 실망한 이는 누가 뭐래도 이아고입니다. 그의 계략이 실패로 돌아갔으니까요. 적어도 지금까지는 말이죠. 1막까지 전개된 내용만 보면 오셀로는 행복한 결말의 아름다운 러브스토리입니다. '오셀로와 데스데모나'라 제목을 붙일 법한 짧은 로맨틱 코미디가 될 수도 있었죠. 하지만 불행히도 불과 1막일 뿐입니다. 이아고는 둘의 숭고한 사랑을 이용해 브라반티오가 승리했을 경우보다 훨씬 더 끔찍한 벌을 준비합니다. 오셀로의 머릿속에 사악한 생각을 주입해, 그를 미치게 하는 것이죠. 향후 다가올 불행을 예고라도 하듯, 1막은 그 유명한 이아고의 독백으로 마무리됩니다. 그리고 이를 기점으로 극의 장르는 로맨틱 코미디에서 불안의 비극으로 바뀌게 됩니다.

> **이아고** _____ 무어인은 나를 좋게 보니, 내 의도가 잘 먹혀들 거야. 카시오···. 녀석은 매력적이지. 그 점도 유용

할 수 있어. 나는 마법을 써서라도 그의 자리를 차지해야 해. 하지만 어떻게? 오셀로의 귀에 카시오가 제 아내와 지나치게 친밀하다는 소문이 들리게 만들자. 카시오는 풍채가 좋은 데다 몸가짐이 점잖아서 의심받기 쉽지. 여자가 바람나게 생겼고 무어인도 순진하고 진중한 성품이라 겉만 정직한 자들을 속까지 정직하다 여기지. 그래. 녀석은 분명 당나귀처럼 쉽게 속아 넘어갈 거야. 그래. 떠올랐다! 이제 지옥과 밤이 합심해 이 끔찍한 착상을 빛 보여야지.

(1막 3장)

브라반티오에게 변론을 펴던 도중, 오셀로는 공작의 부름을 받아 최대한 빨리 군대를 이끌고 터키인의 침략을 막기 위해 키프로스섬으로 떠나라는 명령을 받습니다. 한편으로는 마법을 걸었다는 이유로 범죄인 취급을 받고, 다른 한편으로는 최고 지휘관의 직위를 부여받음으로 인해, 이방인이라는 모순적인 신분이 적나라하게 드러납니다. 그는 같은 정부로부터 신임받는 동시에 거부당하는 시민입니다. 혐의가 풀림으로 인해 장군의 책무를 다하게 되지만, 불안은 이미 그의 영혼을 좀먹기 시작합니다. '대체 어떻게 데스데모나가 오셀로 같은 놈을 사랑하게 됐지?'라는 낙인이 찍힌 것입니다. 이아고는 이 사실을 알고, 이를 이용해 언어의 흑마법을 써서, 오셀로를 견디기 힘든 불안 속으로 몰아넣습니다.

악질적인 가짜 뉴스

만약 이아고가 오셀로에게 단순히 '카시오가 데스데모나와 놀아나고 있다'고 했다면, 오셀로는 그의 말을 믿지 않았을 것입니다. 이아고의 계획은 그보다 훨씬 악랄했습니다. 그는 오셀로에게 심리적으로 접근해 머릿속에 보이지 않는 두려움을 불어 넣어 덫에 완전히 걸려들게 합니다. 이아고는 오셀로와 비교할 수 없을 정도로 언변이 뛰어난데 짧은 문장, 암시, 부정 등을 이용해서 대화를 이어 나갑니다. 영미 문학 권위자이자 번역가 알렉산드로 세르피에리는 이렇게 간접적으로 자신이 원하는 바를 표현하는 언어적 트릭을 '이중부정을 통한 함묵'이라 정의했습니다. 이아고의 언어가 오셀로의 모국어와 다름에도 오셀로의 생각을 파괴할 수 있었던 것은 이 때문입니다. 영악하기 짝이 없는 이 빌런은 온갖 부정적인 성격의 종합체입니다. (오셀로의 부관으로 임명되지 못한 것에 대한) 원한으로 인한 악랄함, (이방인인 오셀로에 대한) 인종 차별주의, (자기 아내인 에밀리아를 대하는 태도에서 보이는) 여성 혐오증, (자신의 영예를 가로챈 카시오에 대한) 시기, (절대로 얼굴을 맞대고 싸우지 않는) 비겁함까지, 이러한 모든 특징이 뛰어난 언어적 재능에 의해 표출되어 이아고를 속임수의 장인으로 만듭니다.

이아고는 뛰어난 웅변가지만, 그의 내면은 욕구불만으로 가득합니다. 그는 존재감이 없고 성숙하지 못하며, 약아빠진 인간입니다. 엄청난 분노를 가슴에 품고 있지만, 당당하게 표현하지 못하는 겁쟁이죠. 지금으로 따지면 가짜 프로필 뒤에 정체를 숨기고 악성 댓글과 포스트를 통해 다른 이들을 비방하면서 SNS에 불화를 심고 다니고 '악플러'라고 할 수 있습니다. 그가 오셀로를 공격하는 전략도 요즘 말로 페이크, 즉 가짜 뉴스를 기반으로 합니다.

오셀로는 이아고의 가짜 뉴스를 곧이곧대로 믿습니다. 그것은 오셀로의 언어 능력이 이아고보다 떨어져서 그가 하는 말의 신빙성을 검증하지 못하기 때문입니다. 이것이 오셀로의 첫 번째 취약점입니다. 그렇게 오셀로는 점점 보이지 않는 두려움의 포로가 되어 데스데모나가 카시오와 바람을 피워 자신을 배신했다고 생각하게 됩니다. 어떻게 보면 이아고는 오셀로의 신경언어 체계를 재프로그밍했다고 할 수 있습니다.

오셀로의 두 번째 취약점은 그가 자유로운 사람이라는 것입니다. 본래 이 표현은 '충직', '정직', '자유로움', 솔직함'을 의미하지만, 이아고의 입에서 나올 때는 전혀 다르게 '순진', '순박', '멍청함'

의 뉘앙스를 풍깁니다. 오셀로는 단순해서 의심하지 않습니다. 그는 표면에 드러난 것만을 믿습니다. 그는 겉으로 보이는 것이 거짓이라는 사실을 모릅니다. 인간의 표현법은 다양해서 동일한 단어가 반대 의미를 가질 수 있지만, 오셀로는 특정한 사물이나 사람은 눈에 보이는 바 그대로만 받아들입니다. 어찌 보면 이아고가 오셀로보다 그를 더 잘 아는 듯합니다. 오셀로를 포함해 베니스 시민 모두는 누구보다 용맹스럽고 자기 절제가 뛰어나고 충성스럽고 무결한 무어인의 내면에 살인자로 변모할 정도의 강력한 폭력성을 숨기고 있다는 사실을 몰랐습니다. 유일하게 이아고만이 이런 오셀로의 내면을 꿰뚫어 봅니다.

오셀로가 유약한 이유는 중심이 약하기 때문입니다. 그의 약한 중심은 스스로 데스데모나 같은 여자가 자신을 사랑하는 것 자체가 말이 안 된다고 생각하기에 이릅니다. 데스데모나가 '검은 숫염소'와 사랑에 빠지는 일은 불가능하다고 했던 브라반티오를 비롯한 베니스 시민의 공론을 수긍하는 것이지요. 데스데모나가 오셀로를 얼마나 사랑했든 그는 자기 자신을 못 믿기에 그녀가 카시오와 바람을 피우는 것이 있을 법한 일이라고 믿어 버리는 것입니다.

오셀로의 냉혹한 기수 이아고의 전략은 세밀합니다. 그의 계략에서 우연은 없습니다. 그는 먼저 오셀로가 데스데모나와 카시오의 관계를 의심하게 만듭니다. 증거도 없는 일을 말하기 망설여지는 척 머뭇거리면서 말입니다. 하지만 불안은 좀벌레처럼 이미 오셀로의 뇌 속을 파고들기 시작했고, 그곳에 영원히 박히게 됩니다. 2막의 배경인 키프로스섬에서, 셰익스피어는 오셀로와 데스데모나의 아름답고 고귀한 사랑을 보여주지만 반대편에서는 이아고의 계략이 완벽하게 진행되고 있는 것도 보여줍니다. 이아고는 충직하고 잘생긴 카시오가 다혈질에 술에 약하다는 사실을 알고 일부러 그를 술에 취하게 한 뒤 싸움을 벌여 오셀로 앞에서 큰 실수를 저지르게 만듭니다. 오셀로는 품위 있고 흠결이 없다고 생각했던 신임 부관의 실수에 충격을 받고 그를 불명예 퇴출시킵니다.

3막에서 이아고의 계략은 더 교활해집니다. 데스데모나가 (오셀로를 생각하는 마음에) 카시오를 용서하고 화해해 달라고 청하자, 이아고가 준 암시로 인해 이미 마음이 흔들렸던 오셀로는 아내가 카시오와 은밀한 관계여서 그를 변호한다고 생각하고 정말로 이성을 잃어버립니다. 악랄한 가짜 뉴스에 사로잡힌 오셀로가 간질로 발작을 일으키는 장면으로 시작하는 4막에서는 모든 것이 나락을 향해 치닫습니다. 이아고는 아내 에밀리아에게 오셀로와 데스데모나의 사랑을 상징하는 손수건을 훔치게 해 결정타를 날립니다. 그는 에밀리아가 훔쳐 온 손수건을 카시오의 집에 감추고 오셀로로 하여금 카시오가 비앙카라는 다른 여인에 대해 음란한 이야기를 하는 것을 데스데모나에 대해 이야기를 한다고 오해하게 만듭니다. 이 광경을 본 오셀로는 질투와 분노로 다른 사람이 됩니다. 결국 그는 베니스에서 키프로스섬으로 파견된 대사이자 데스데모나의 사촌 오빠인 로도비코를 비롯한 다른 사람들이 보는 앞에서 데스데모나의 뺨을 때려 모두를 충격에 빠뜨립니다. 예전의 오셀로라면 상상조차 할 수 없는 행동이죠.

극의 결말에서는 모든 진실이 드러납니다. 아름답지만 끔찍한 그 유명한 5막 2장에서 오셀로는 베개로 사랑하는 데스데모나를 질식해 죽입니다. 데스데모나는 괴로워하면서도 마지막 힘을 모아 그 순간 방에 나타난 에밀리아에게 자신은 자살한 것이라면서 오셀로는 잘못이 없다고 합니다. 뒤늦게 다른 사람들도 방에 들어와 데스데모나의 시체를 보고 아연실색하며 일동이 상황을 묻는데 죄책감에 에밀리아는 손수건을 훔친 사람은 자신이고 데스데모나는 결백했다는 사실을 고백합니다. 이아고는 에밀리아의 입을 막기 위해 그녀를 칼로 찔러 죽이고 그제야 자신이 이아고의 계략에 놀아난 사실을 깨달은 오셀로는 그를 죽이려 하지만 상처를 입히는 데 그칩니다. 결국 오셀로는 칼날을 자신에게 겨누고, 데스데모나 옆에서 숨을 거둡니다.

이아고는 '본성이 사악한 인간'이라고 비난받고 죗값을 치르지만 그럼에도 불구하고 끝까지 왜 그런 짓을 했는지 설명하지 않습니다. 심지어는 대놓고 끔찍한 악행의 이유를 말해주지 않겠노라 선언합니다. 여기에서 셰익스피어는 악은 이해할 수 없다는 철학적 명제를 이야기하는 것 같습니다.

극 초반 이아고는 로데리고와 대화하면서 '사실 나는 내가 아니다'라고 하는데 이 문장은 출애굽기 3장 14절에서 여호와가 모세에게 '나는 스스로 있는 자이니라'라고 한 말을 도치한 것입니다. 성서에 나오는 신의 말을 도치하는 것은 결국 그 말이 악마의 것임을 의미합니다. 출애굽기에서 여호와가 '나는 스스로 있는 자'라고 스스로를 소개하는 것은 토미즘Thomism (13세기의 스콜라 철학자 토마스 아퀴나스의 사상을 따르는 철학과 신학의 사상 체계-옮긴이)의 중심 철학으로, 신이 본질적으로 순수하고 인간이 묘사할 수 없는 절대적인 선임을 가리킵니다. 이아고는 정확하게 그 대척점에 있습니다. 그는 불가해한 악의 구현입니다. 악은 진실과 거짓을 구분하지 못함에서 비롯됩니다.

W. H. 오든(20세기 영국의 시인, 극작가, 평론가)은 유명한 셰익스피어 강연에서 '나는 스스로 있는 자'라는 성경 구절을 이아고라는 인물 분석의 기준점으로 삼습니다. 오든은 여기에서 이아고가 일종의 '전복된 성자'라고 말합니다. 오든은 빌런과 세인트, 즉 악당과 성인은 매우 비슷하다고 하며 둘 다 인간을 불안하게 만드는 망설임과 함구에서 자유롭다고 합니다. 그뿐만 아니라 기독교 사상의 중심이 '진리가 무엇이냐(요한복음 18장 37~38절)'라는 본디오

빌라도(예수에게 유죄를 선고한 총독-옮긴이)의 질문에 있다고 하는데, 예수는 그의 질문에 (일부러) 침묵했고 그래서 십자가의 길이 시작된 거라고 얘기합니다. 이것을 단순화하면 본디오 빌라도의 질문에 답변하지 못하는 것(진리를 알지 못하는 것)에 악이 있는 것이며, 이아고가 가짜 뉴스로 진실을 악랄하게 전복한 것을 보여주는 모습은 이런 악한 본성을 드러낸 것이라 해석됩니다. '탈진실의 시대'라고도 불리는 인터넷 시대에는 객관적인 사실과는 상관없이 언론을 통해 배포된 메시지가 대중의 의견을 형성하는 데 더 많은 영향을 끼칩니다. 이는 곧 진실과 거짓이 언론에 의해 결정됨을 의미합니다. 그러한 의미에서 우리가 사는 현대 사회는 이아고의 시대라 정의 내릴 수 있습니다.

하지만 셰익스피어는 진실을 쉽게 포기하지 않습니다. 오셀로의 극적 전개를 보면 이러한 의지가 명확하게 드러납니다. 사실 셰익스피어는 관객도 오셀로와 마찬가지로 데스데모나의 결백에 의구심을 품도록 설정할 수도 있었습니다. 그랬다면 지금보다 이야기에 감정이입이 더 잘 됐을 것입니다. 하지만 셰익스피어는 관객들이 진실을 아는 상태에서 이야기가 전개되도록 설정했습니다. 관객이나 독자가 오셀로보다 많은 것을 알도록 했기에 오셀로가 극 중에서 (50번도 넘게) '정직한 이아고'라고 할 때마다 우리는 데스데모나의 결백을 생각하며, 진실의 이름으로 악마에게 분노하며 치를 떨게 됩니다. 우리가 데스데모나를 위해 분노하는 동안, 이아고도 악마도 불안도 승리하지 못합니다. 왜냐하면 그 순간 관객은 거짓과 진실을 구분하기 때문입니다. 하지만 오셀로는 거짓과 진실을 구분하지 못하고, 그로 인해 영원한 저주를 받습니다.

데스데모나, 손수건 그리고 괴물

관객은 오셀로보다 더 많은 정보를 앎으로 인해서 불안한 사건을 외부의 시선으로 지켜볼 수 있게 됩니다. 우리는 데스데모나와 카시오가 아무 사이도 아니라는 사실을 알지만, 오셀로의 머릿속에서 돌아가기 시작한 악의 톱니바퀴를 멈출 수 없습니다. 마찬가지로 존재하지도 않는 문제로 인해 두려움에 떠는 친구에게 별일 아니라고 얘기해 준다고 해서 그의 마음을 옥죄어오는 불안이 사라지지는 않을 것입니다. 오셀로는 다른 수많은 불안한 영혼과 마찬가지로, 본디오 빌라도가 던진 '진리가 무엇이냐'라는 질문에 답하지 못하고 편집증적인 절망감에 사로잡힙니다. 오셀로가 데스데모나를 끝까지 믿지 못한 것은, 앞서 얘기한 것처럼 자신에 대한 믿음이 없어서입니다. 그의 질투는 카시오의 멋진 외모나 데스데모나의 태도가 아니라 오셀로의 나약함에서 자라난 뿌리입니다.

'아름다운 여전사' 데스데모나는 맑고 투명합니다. 외모도 천사 같습니다. 창백한 피부, 파란 눈, 섬세하고 상냥하고 사랑스러운 금발의 여인. 그녀의 외모는 거친 무어인의 외모와 대조적입니다. 물론 데스데모나의 외모가 오셀로와 많이 다른 것은 사실이지만, 사실 그녀의 외모와 대비를 이루는 인물은 이아고입니다. 데스데모나가 정직하고 관대한 만큼 이아고는 거짓되고 사악한 인물이고 데스데모나가 대담하고 순수하고 충직한 만큼 이아고는 비겁하고 모호하고 충직하지 못합니다.

셰익스피어가 창조한 다른 인물들처럼 이아고 역시 유형적 캐릭터이자 원형적 캐릭터입니다. 사악하고 불만에 가득 찬 유형의 인간을 구현한다는 면에서 유형적이고, 불안하고 진실과 거짓, 현실과 허상을 구분하지 못하게 만드는 사악한 집착에 지배당한다는 형이상학적인 특징을 구현한다는 면에서 원형적입니다. 이러한 의미에서 정반대인 데스데모나는 순수한 진리를 상징한다는 걸 알 수 있습니다.

2막에서 터키군과의 전투가 끝난 후 키프로스섬에서 둘만의 시간을 보낼 때 오셀로는 데스데모나를 '내 영혼의 기쁨'이라 부릅니다. 하지만 이내 오셀로가 감당하지 못하는 전투가 시작되는데 그것은 바로 영혼의 전투였습니다. 오셀로는 이런 전투를 어떻게 대비해야 하는지 훈련받지 못했기에 전전긍긍해 합니다. 데스데모나는 오셀로를 'content', 즉 행복하고 평온하고 침착하고 만족하게 만드는 존재입니다. 그런 데스데모나를 잃는 것은 (전투에서 노출되는 위험과는 비교할 수 없는) 오셀로의 가장 큰 위험이죠.

우리 내면에는 데스데모나와 이아고가 공존합니다. 자신의 모습을 있는 그대로 받아들이면서 더욱 발전하려고 노력하며 가장 진실한 욕망을 충족함으로써 행복을 느끼는 면과 다른 한편으로 욕망을 실현하지 못하거나 절제하지 못함으로 인해 자신과의 조화가 깨지고 총기를 잃어버리며 두려움을 느끼는 면입니다. 우리를 사로잡는 두려움에는 인간을 타락시키는 힘이 있습니다. 기독교에서는 이러한 힘을 악마와 연관하지만, 일반적으로는 인간을 퇴보하게 만드는 비이성적 힘이라 할 수 있습니다.

결말에서 오셀로는 데스데모나를 살해함으로써 자기 자신에게 불행이라는 형벌을 내립니다. 오셀로가 그런 짓을 저지른 것은 단순히 질투 때문만은 아니었습니다. 오셀로는 데스데모나를 정화하기 위해, 자신의 이상대로 완벽하게 만들기 위해 그녀를 죽였습니다. 오셀로는 그녀가 다른 사람이 됐다고 생각했습니다. 진짜 데스데모나라 생각하는, 자신을 사랑하는 데스데모나를 되돌려 받고 싶어서 그는 이 끔찍한 짓을 저지른 것입니다.

베니스의 젊은 귀족 데스데모나는 사람들 앞에서 이방인인 오셀로에게 뺨을 맞았을 때, 반항하지도 도움을 청하지도 않습니다.

심지어는 결말에 남편이 자신을 죽이려고 얼굴을 베개로 짓누르는 데도 마지막 기력을 모아 오셀로를 보호하려 합니다. 아마 그녀가 남편에 대한 두려움, 존경심, 맹목적인 복종심 때문에 폭력을 덮으려 한 거라고 생각할지 모르겠습니다. 하지만 그렇지 않습니다. 데스데모나는 대담한 여인입니다. 소극적이지도, 순종적이지도 않습니다. 그녀는 무조건 남편을 섬기지 않는, 품위 있는 여인입니다. 그녀는 모든 이의 반대에도 불구하고 무어인을 짝으로 선택할 만큼 용기 있었습니다. 그와 결혼하기 위해 아버지에게 맞서고, 베니스 시민 앞에서 자신의 선택을 변론할 줄 아는 여인입니다. 그러니 데스데모나가 오셀로를 용서하는 것은 남성에 대한 눈먼 헌신 때문이 아닙니다. 데스데모나는 오셀로와의 결혼이 오롯이 자신의 선택임을 잘 알고 있습니다. 자신이 오셀로를 선택했기에, 에밀리아가 죽어가는 그녀에게 누가 이런 짓을 저질렀는지 묻자, "아무도, 내가 그랬어"라고 대답한 것입니다. 데스데모나는 인문주의자들이 좋아하는 표현처럼 '스스로 운명을 만드는 자'입니다. 나디아 푸시니는 그녀가 '온건히 자신의 의도와 자유 의지로 인종 간 결혼에 대한 사회적인 구속을 약화했다'고 했습니다. 그래서 데스데모나가 상징하는 자유는 '르네상스적 자유'입니다. 대담하고 공정한 데스데모나는 자유 의지를 영웅적으로 구현합니다.

그러니 데스데모나는 정말로 오셀로가 결백하다고 생각할 것입니다. 그녀는 모든 결과에 대한 책임을 짊어지려 합니다. 심지어는 오셀로의 고통스런 변신까지도 말이죠. 그 과정에서 사랑하는 오셀로가 자신에게 해를 끼쳤다는 사실을 부정합니다. 오셀로는 절대로 자신을 해할 수 없다는 사실을 믿기 때문입니다. 질투에 이성을 잃고 '괴물'에게 사로잡힌 그는 그녀의 남편이 아닙니다. 이 것은 단순한 변신이 아닙니다. (기독교적인 표현을 사용하자면) 오셀로는 말 그대로 악령에 씐 것입니다. 「오셀로」의 모든 일이 말(거짓말)로 벌어진다는 걸 생각한다면 그의 타락과 동시에 화법이 변한다는 점이 의미심장하게 느껴질 것입니다.

극 초반만 해도 정중하고 신사적이었던 오셀로의 말투는 갈수록 품위 없고 저속하고 폭력적으로 변합니다. 그의 내면에 침투한 이아고의 말투를 닮아가는 것입니다. 성스럽고 사랑스러운 천사 같은 데스데모나는 이로 인해 극의 후반부 내내 모욕을 당합니다. 처음에 오셀로는 데스데모나를 '아름다운 전사'라고 부르며 단테의 『신생』(베아트리체에 대한 사랑을 담은 단테의 작품)에 나올 법한 온갖 표현으로 그녀를 찬양합니다. 그러던 그가 4막에서부터는 그녀를 음탕한 여자, 매춘부, 창녀, 정부 등 여성으로서 가장 수치스럽고 비참한 표현으로 부르기 시작합니다.

보이지 않는 두려움이 오셀로를 조종하고 있고 그 두려움의 배후에는 이아고가 있기에, 오셀로는 이아고의 꼭두각시로 전락합니다. 그리고 이제 그의 외모를 한 악마가 말을 하고 행동합니다. 그러니 데스데모나가 옳습니다. 그녀를 죽인 것은 오셀로가 아닙니다. 어찌 보면, 오셀로는 그 순간 아예 존재하지 않았습니다. 오셀로는 자유 의지가 없는 그저 불안의 의지에 휘둘리는 노예입니다. 오셀로는 '정신적인 탈취' 사태 혹은 일종의 장기적인 랍투스 상태라 할 수 있습니다. 랍투스는 라틴어로 두 가지 의미가 있습니다. 신학적으로는 신에게 빠져들어 심리적 황홀경을 경험하는 것이고, 심리학적으로는 통제할 수 없는 파괴적이고 폭력적인 충동을 의미합니다.

셰익스피어의 극에서 오셀로를 괴물로 변하게 만드는 것은 손수건입니다. 3막 4장에서 오셀로는 데스데모나에게 선물한 자수 손수건이 자신의 어머니가 이집트 점성술가에게서 받은, 일종의 부적이라면서 그 손수건에는 연인의 사랑을 지켜주는 힘이 있다고 얘기해 줍니다. 그는 데스데모나가 손수건을 잃어버린다면, 그들의 사랑도 끝이라고 말하는데요. 그래서 오셀로는 카시오의 집에 손수건을 흘린 데스데모나가 죽어 마땅하다고 여기는 것입니다. 오셀로는 실제로 데스데모나와 카시오가 만나지 않는다는 사실을 알아내려 하지만, 모든 불안한 영혼이 그렇듯 그 역시 보이지 않는 두려움에 완전히 지배당해 제대로 판단하지 못합니다. 진실을 알기 위한 유일한 방법은 데스데모나에게 물어보는 것인데,

이미 그는 그녀를 믿지 않습니다. 그래서 결국 '진실은 무엇인가'라는 질문에 답하지 못한 오셀로의 고장 난 인지력은 그의 목숨을 앗아가게 됩니다.

앞서 얘기한 것처럼 오셀로가 불안에서 해방될 수 있는 유일한 방법은 손수건에 얽힌 전설보다 데스데모나의 말을 신뢰하는 것이었습니다. 감성보다는 지성을 중요시하는 사람이라면 물건보다는 말을, 사악한 이보다는 자신이 사랑하는 여인의 말을 믿어야 합니다. 이것은 오셀로의 한계이자 그가 저지른 치명적인 죄악입니다. 그는 충분히 생각하지 않고, 두려움으로 인한 충동 앞에 이성이 무너져 내리도록 내버려 두었습니다. 그렇게 그는 결국 짐승이 되어 체포당합니다. 손수건이 카시오의 집에서 발견된 것만으로도 오셀로의 이성은 마비되고 데스데모나의 말을 흘려들어 버렸습니다. 데스데모나의 말보다 사물을 (이 경우에는 손수건을) 중요하게 여기다가 결국, 오셀로의 눈에 데스데모나는 사랑스러운 반려자에서 영혼 없는 고깃덩어리이자 빈껍데기로 전락하게 됩니다.

관객은 처음부터 데스데모나가 오셀로를 배신하지 않았으며, 영원히 그러지 않을 것이라는 사실을 압니다. 셰익스피어는 일부러 관객이 그렇게 믿도록 합니다. 오셀로는 이아고와 함께 괴물이 되었고 그녀가 없는 오셀로는 어둠의 나락으로 떨어지게 됩니다. 근데 공교롭게도 여기까지 오면 1막에서 들었던 소문, 즉 그를 괴물 같은 흑인 범죄자라고 생각하는 이아고와 베니스 시민들의 인종 차별적인 편견이 맞았다는 것을 알게 됩니다.

데스데모나는 오셀로의 정신이 버티지 못했다는 사실을 알고 그를 용서하지만, 관객은 그를 용서하지 못합니다. 우리는 오셀로의 모험을 들으며 그와 사랑에 빠지지 않았고 그보다 더 많은 사실을 알고 있으며 무엇이 '진실'인지 알기 때문입니다. 그렇기에 관객은 그의 행동에 치를 떱니다. 셰익스피어는 극적, 철학적으로 이야기가 그렇게 진행되기를 바랐습니다. 관객은 데스데모나가 죽어가면서 말한 것과는 달리 그녀가 스스로 목숨을 끊지 않았다는 사실을 압니다. 그리고 오셀로가 잘못된 꼬임에 빠졌다는 사실 역시도 압니다. 그는 확실히 엄청난 불안감에 사로잡혔습니다. 하지만 그것이 그의 행동을 합리화할 수는 없습니다. 그는 여성, 그것도 사랑하는 여성을 해치고 세상에서 가장 끔찍한 범죄로 자기 명성에 씻을 수 없는 오욕을 남겼습니다.

오셀로가 데스데모나의 생명의 불을 끄기 전에 촛불을 끄는 것은 불안하기 때문입니다. 그 행동은 오셀로의 혼란스럽고 약해진 심리를 설명하기는 하지만 정당화하지는 못합니다. 이는 곧 오셀로처럼 보이지 않는 두려움에 사로잡혀 자신뿐 아니라 다른 이에게도 상처를 입히는 것이 우리의 책임임을 의미합니다. 그래서 오셀로는 유죄고 괴물인 것입니다. 이것이 바로 불안한 영혼들이 새겨들어야 할 「오셀로」의 숨은 메시지입니다.

불안에서 해방되다

오셀로의 질투는 결국 거짓을 진실보다 더 진실처럼 보이게 만드는 망상에서 생겨났습니다. 오셀로가 불안의 비극이라 불리는 것은 바로 이러한 이유 때문입니다. 존재하지 않는 것으로 인한 보이지 않는 두려움을 불안이라 부른다면, 미칠 듯한 질투 역시 인간이 인지력과 행동을 변질시켜 인간을 비이성적인 존재로 퇴보시키는 불안의 한 형태입니다.

불안하면 무無를 두려워하게 됩니다. 하이데거는 '불안'과 '염려'를 구분 지었는데, 염려란 불안과 달리 구체적인 대상을 포함하는 개념이기 때문입니다. 그런 면에서 염려는 서두에서 언급한 눈에 보이는 두려움입니다. 하지만 불안에는 알 수 있는 뚜렷한 대상이 없습니다.

하이데거의 말에 따르면 오셀로의 감정은 불안에 뿌리를 두고 있습니다. 데스데모나와 카시오의 사이가 아무것도 아니었던 것처럼 오셀로를 파멸로 몰아가는 것 역시 바로 '무', 그러니까 아무것도 아닌 것이기 때문입니다. 하이데거는 여기에 더해 자신보다

한 세기 전에 활동했던 덴마크 철학자 키에르케고르의 이론을 극단으로 몰고 갑니다. 키에르케고르는 불안과 가능성에 대한 인상적이고 잔혹한 글을 썼습니다. 그는 불안에 시달리는 이는 일어날 가능성이 있다는 이유만으로 어떠한 일이 사실이라고 생각하고 두려워한다고 했습니다. 오셀로는 데스데모나가 배신할 가능성이 있다는 것만으로 실제로 배신했다고 믿었으니 키에르케고르의 이론에 정확히 부합하는 인간이라고 볼 수 있습니다. 불안의 방어막이 되어 줄 핵심적인 능력인 진실을 자각하는 능력을 잃은 인간말이죠.

키에르케고르는 진리란 곧 신이라고 하며 오직 신앙만이 존재적 불안으로부터 인간을 구원할 것이라고 주장했습니다. 하지만 그것은 실현 불가능한 믿음이기에, 결국 불안이란 인간이라는 존재의 없앨 수 없는 근본적인 조건이라고 말합니다.

키에르케고르적 인간인 오셀로 역시 믿음이 없습니다. 그렇기에 가능성의 두려움에 사로잡혀, 출구 없는 불안감에서 헤어나오지 못합니다. 이아고의 현란하고 사악한 수사학에 빠져서 오셀로는 극이 전개되는 내내 아내의 부정을 상상합니다. 머릿속을 독이 가득한 쓰레기로 채우고 불안감을 키워 데스데모나가 카시오와 바람을 피운다는 이야기를 만들어냅니다.

불안과 상상은 어떤 면에서 쌍둥이처럼 닮은 부분이 있습니다.

둘 다 존재하지 않는 유령을 만들어내 무의식적인 욕망을 충족한다는 점이죠. 하지만 그렇다고 해서 같은 건 아닙니다. 불안을 감당하지 못하면 인간은 퇴보하고 (오셀로와 같은) 불안한 영혼은 치명적인 상처를 입는 것에 반해 상상은 예술, 경영, 인간관계에 긍정적인 결과로 이어질 수 있습니다. 이러한 관점에서 볼 때 불안은 그릇된 상상이고, 상상은 생산적인 불안이라고도 할 수 있습니다.

그렇다면 왜 오셀로는 자신의 불안을 상상으로 바꾸지 못한 걸까요? 왜 결국 이아고가 승리한 걸까요? 약해진 영혼이 상상력의 갈증을 유리하게 이용하지 못하고 불안감 앞에 무릎을 꿇는 것을 보면서 이런 질문이 떠오를 수 있습니다.

불안한 생각에 사로잡힌 이들에게 각자의 이아고와 마주해서 자신의 자아와 사리분별력을 파괴하려는 힘에 저항하라고 얘기하지만 저 역시 불안한 영혼이기에 이야기를 만들고 책을 읽고 음악을 들을 때면 슬그머니 불안함에서 촉발한 상상력이 솟아납니다. 이런 상상력은 사실 창조력과 연관되는 소중한 능력이지만 불안이 너무나 과도해서 기분이 가라앉고 기운이 없다고 느껴지면 그 즉시 지나치다고 판단하고 상상을 피합니다. 특히 저는 제 머리가 과한 상상력을 발휘하지 않기를 바랄 때면 오셀로를 떠올립니다. 그리고 무엇이 결국 그를 허물어뜨렸는지 생각합니다. 친근하지 않은 말, 순진함, 부족한 자기성찰과 자신감 부족이 강인한 그를 무너뜨렸습니다.

저는 언제나 오셀로가 자살하는 마지막 장면에 매료되곤 합니다. 데스데모나는 질식하고 에밀리아마저 죽지만 오셀로는 이아고를 죽이려다 실패합니다. 사실 이아고의 형벌은 살아남은 것입니다. 오셀로의 말처럼 오히려 '죽은 자가 행복하기' 때문입니다. 결국 오셀로는 스스로 목숨을 끊지만 그전에 셰익스피어는 그에게 말할 기회를 줍니다. 그의 마지막 부탁은 자신에 대해 정직하게 이야기해 달라는 것, 즉 죽은 후에라도 진실과 거짓의 차이를 밝혀 달라는 것입니다.

셰익스피어는 오셀로의 독백을 통해 중요한 메시지를 전합니다. 오셀로는 겉보기에 그의 인생에서 별로 중요하지 않게 보이는 어떤 사건을 들려주는데, 베니스 사람의 생명을 구하기 위해 터키인을 죽였다는 것입니다. 이 이야기로 그는 '그 일을 통해 나는 진정한 나를 증명하였소'라고 힘주어 말합니다. 자신이 한낱 흑인 살인마가 아니라 공화국의 정직한 시민이라는 것입니다. 그는 그제야 깨달은 것입니다. 자신에 대한 확신을 말이죠. 안타깝게도 죽을 때가 되어서이긴 하지만요.

오셀로 ＿＿＿ 잠깐만, 당신들이 가기 전에 한두 마디만 더 하겠소. 아시다시피 난 베니스 공화국에 공헌을 한

바 있소. 하지만 지금 내가 하려는 말은 그런 이야기가 아니오. 부탁하건대 이 불행한 일을 편지로 보고할 때 나에 대해 있는 그대로 말하시오. 무엇을 줄이지도 말고 악의로 적지도 마시오. 그러면 당신들은 분별없이 너무 많이 사랑했던 사람을, 질투를 쉽게 하진 않지만 그렇게 되면 극도로 혼란에 빠지는 사람을, 제 손으로 세상에서 가장 소중한 보물을, 세상에서 가장 값진 진주를 잃어버린 사람을, 제 손으로 던져 버린 사람을 말해야만 할 것이오. (…) 거기에 덧붙여 한 번은 알레포시에서 머리에 터번을 두른 심술궂은 터키 놈이 베니스 시민을 때리고 공화국을 욕했을 때, 내가 그 할례한 녀석의 목을 잡아 찔렀다고 하시오. 이렇게! (자신을 찌른다.)

(5막 2장)

오셀로는 자결할 때, 터키인을 찌른 것처럼 자기 몸을 찌릅니다. 그도 결국에는 터키인과 다를 바 없이 베니스에서 가장 아름다운 숙녀를 죽여 공화국을 모욕했기 때문입니다. 자결함으로써 오셀로는 자신의 가장 끔찍하고 야만적인 자아를 죽입니다. 그 순간 그는 성숙한 인간입니다. 자기 몸을 찢어 냄으로 인해, 오히려 완전해진 것입니다. 그는 자신의 가장 큰 보이지 않는 두려움을 해결

했습니다. 그 두려움은 바로 진정한 베니스인이 되지 못하고 데스데모나의 합당한 신랑이 되지 못한 것입니다. 내면의 보이지 않는 두려움과 해결되지 않은 정체성 문제. 이것이야말로 이 모든 불안의 본질적인 뿌리였습니다.

1막에서 브라반티오는 재판을 마치고 오셀로에게 '조심하라, 무어인이여. 나를 배신했듯 언젠가는 네 놈도 배신할 것'이라고 뇌까립니다. 그렇지 않아도 마음속 깊은 곳에 자신은 무어인에 불과하다는 생각을 가지고 있던데다 이아고의 말장난에까지 자극을 받았기 때문에 오셀로는 극의 결말까지 브라반티오의 말을 잊지 못합니다. 하지만 정체성의 문제가 확실히 해결되는 죽음의 순간엔 브라반티오의 경고를 두려워하지 않습니다. 자신이 어떤 사람인지 깨달았으니까요. 오셀로는 이 사실을 모두에게 공표합니다. 이때 그의 상상은 더는 불안을 자극하지 않습니다. 적어도 그 순간만큼은 진정 데스데모나의 사랑을 받을 자격을 갖춘 것입니다.

오셀로의 행동이 멍청하고 비상식적이라고 생각한다면, 우리스스로 살면서 존재하지 않는 것을 존재한다고 믿고 두려워한 적은 없는지 되돌아봅시다. 인간이 더 나은 삶을 살지 못하는 것은 바로 그러한 두려움 때문입니다. 어둠 속에서 끔찍한 형상을 보고 공포에 질려 울음을 터뜨리는 아이들처럼 말이죠.

흔들리는 영혼을 가진 '나'에게
모든 불안은 나를 믿을 때 사라진다

오늘 하루는 어떻게 보내셨나요. 혹시 오늘 역시도 마음 졸이는 불안으로 하루를 채우진 않으셨나요? 저는 「오셀로」를 통해서 여러분이 불안을 좀 더 편하게 다루길 바랐습니다. 인생의 최대 행복이자 삶을 완성시켜줄 여러분만의 데스데모나를 소중히 품길 바라거든요. 아마 이 글을 읽고 있는 당신은 내면의 고민 때문에 이 책을 보고 있을 것입니다. 그리고 동시에 이를 어떻게든 해결해서 오늘도 남들처럼 1인분의 삶을 이루려고 많이 애쓰고 있을 거예요. 여러분은 자신을 어떻게 생각할지 모르지만 전 이렇게 말하고 싶습니다. 충분히 잘하고 있습니다. 직업이나 꿈, 사랑 등의 유무와는 상관없이 말이에요.

대개 내면에 불안이 있는 사람은 그 내면을 제대로 직시하지 않는 경우가 많습니다. 우리가 같이 본 오셀로처럼 말이죠. 그는 겉으로는 뛰어난 장군인 양 행세하지만, 사실 속으로는 커다란 열등감을 가진 인물이었습니다. 그래서 영원을 맹세한 연인의 말을 믿지 못하고 한낱 소인배에 불과한 이아고의 말에 더 귀를 기울였죠. 스스로 가치 없고 볼품없다고 생각하니 자신을 욕하는 말만 진실 같고 진심을 담은 말은 거짓으로 느낀 겁니다. 이것은 우리도 마찬가지입니다. 마음에 상처가 나면 평소에 맛나게 먹던 음식도 아무 맛이 느껴지지 않는 것처럼 지금 일상이 너무 불안하고 마음이 불편하다면 여러분도 오셀로처럼 내면에 어둠이 자리한 걸지도 모릅니다. 그러니 이제 자신의 내면에도 관심을 기울여 주세요. 불안이란 혼자 있거나 내버려 둘 때 성장하는 괴물입니다. 평소나 혹은 불안해질 때, 내가 무엇 때문에 이런 감정이 드는지 내면을 곰곰이 알아본다면 불안은 즉시 그 성장을 멈추고 잦아들어서 요동치는 마음이 안정될 것입니다.

보다 더 행복한 삶을 위해서, 하루를 힘들게 하는 불안을 거둬내기 위해서 앞으로 딱 세 가지만 기억해 주세요.

첫째, 당신은 혼자가 아닙니다. 다들 겉으로 잘 내색하지 않을 뿐 누구나 어느 정도의 불안을 느끼고 있습니다. 그러니 자신의 불안을 혼자만의 문제라고 생각하지 마세요. 불안은 공유하지 않을 때 더욱 자라나는 습성이 있습니다.

둘째, 마음을 방치하지 마세요. 버스를 타고 갈 때나 잠깐 혼자서 차를 마실 때 같이 잠깐 비는 시간을 활용해 내면을 바라보는 시간을 가져보세요. 내면의 시간을 어떻게 해야 할지 모르겠는 이를 위해 한 가지 예시를 드리자면, 머릿속에 소원을 들어주는 지니를 떠올린 다음 지금 원하는 것들을 얘기해 보세요. 허황된 것부터 지극히 사소한 것까지 자신이 원하는 것을 떠올리다 보면 내면을 한 바퀴 돌아볼 수 있을 것입니다.

셋째, 무슨 일이 있어도 자신을 의심하지 마세요. 모든 안 좋은 일을 자신의 탓으로 몰지 마세요. 그건 자기가 자기를 학대하는 것입니다. 타인에게 친절하고 예의 있게 행동하는 것처럼 자신에게도 너그럽고 따뜻하게 대해야 합니다. 자신을 믿고 상처를 보듬어 주세요. 그 어떤 것보다 소중한 '자신'이니까요. 나를 믿을 때 흔들리는 내면은 비로소 중심을 찾고 원하던 평화를 얻을 수 있을 것입니다.

제 6 막

감당하기 힘든 일이 폭풍처럼 밀려온다면

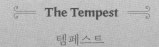

텐페스트

인간은 정말 아름답구나, 이런 분들이 존재하다니.

참 멋진 신세계로다!

– 미란다

장면 #6

천재지변처럼 한순간에 모든 것을 잃은 이 앞에 두 가지 선택지가 놓인다. 당한 것을 생각한다면 당연히 복수를 행함이 당연하건만 그는 먼저 손을 내밀고 악수를 청하는데, 이는 현실을 버리지 않고 당당히 맞서서 폭풍을 잠재우는 이의 이야기다.

~~~~~~~~~~

간혹 잠에서 깨어날 때, 꿈과 현실이 바로 구별되지 않고 두 세계에 묘하게 걸쳐 있는 걸 경험하게 됩니다. 그러면 현실로 돌아오는 몇 초 남짓한 순간 동안 조용한 사투를 벌이게 되는데요. 힘겹게 몸을 일으켜 새날을 맞이할지 아니면 아늑한 침대가 선사하는 꿈의 세계에 계속 머무를지를 가르는 나름 치열한 싸움입니다. 그런데 우리가 매번 이런 싸움을 하게 되는 건 단순히 피곤하거나 더 자고 싶어서만은 아닙니다. 잠은 중간 과정일 뿐 핵심은 '꿈을 꾸기 위해서'죠. 우리는 꿈을 통해서 현실과 정반대되는 환상을 경험합니다. 현실에서는 온갖 제약으로 인해서 욕망을 채울 수 없지만 환상 속에서는 제한 없이 욕망을 달래줄 수 있으니 당연히 계속해서 여기에 빠져들고 싶은 겁니다. 프로이트가 일찍이 꿈에 대해 연구를 한 것도 바로 이것 때문이었죠.

환상은 꿈에서만 볼 수 있는 건 아닙니다. 대중문화에서 가장 큰 부분을 차지하고 있는 영화를 통해서도 우린 이 신비한 세계를 만날 수 있습니다. 우주와 심해를 마음껏 넘나드는 것부터 시간을 멈추고 신화 속 존재와 친구가 되는 것까지 영화는 머릿속으로 그리기만 해왔던 상상을 직접 볼 수 있는 이미지로 구현하기에 우리는 깨어있지만 꿈의 세계를 만날 수 있습니다. 오늘날 영화가 다른 예술 분야보다도 압도적으로 즐기는 이가 많은 것은 바로 이러한 특성이 있어서입니다.

이처럼 꿈과 영화에는 현실을 벗어나게 하는 힘이 있습니다. 이 힘이 우리에게 미치는 영향력은 매우 큰데, 본능이 이 힘을 원하기 때문입니다. 우리의 삶은 정해진 시간, 한정된 재화, 육체적 한계 등으로 인해서 원하는 것을 모두 가질 수 없습니다. 그래서 포기하거나 다른 것으로 대체할 수밖에 없는 운명에 처해 있죠. 하지만 우리가 놔줘야 했던 것들은 쉽사리 잊히지 않고 계속된 갈망으로 남아 우리를 직·간접적으로 힘들게 합니다. 마치 그리스 신화에서 끊임없는 허기에 시달리는 형벌을 받은 인물, 에리식톤처럼 말이죠. 이 고통을 그나마 잠시라도 해소해 주는 게 바로 환상입니다. 우리는 환상을 통해서 한계를 벗어나 잠시나마 욕망을 채울 수 있습니다.

프로이트가 말한 것처럼 인간은 욕망의 존재이기에 우린 생각보다 많이 환상을 꿈꾸고 바라며 살아갑니다. 그리고 이러한 경향은 문제를 마주할 때 더욱 심화되죠. 꼬일 대로 꼬인 문제 앞에서 해결책을 찾기 어려울 때 우리는 어떤 일이 일어나서 회피할 수 있게 되는 걸 바라곤 합니다. 예를 들어 시험 보는 날이거나 큰 사고를 치고 회사에 들어갈 때, 뭔가 사고가 생겨서 안 가도 될 이유가 생기길 바라는 것처럼 말입니다. 우리가 쉽게 하는 이 사소한 상상도 바로 환상에서 비롯된 것입니다. 그러면 앞서 말한 것과 달리 아주 큰 문제나 고민 앞에서는 어떻게 될까요? 어디부터 해결해야 할지 알 수 없는, 마치 폭풍처럼 한 개인이 감당할 수 없는 거대한 문제를 앞에 두게 된다면? 혹시 연극에서 나오는 데우스 엑스 마키나deus ex machina처럼 어떤 초자연적인 힘이 나타나 모든 갈등을 풀고 결말을 내어주길 기다리고 있진 않은가요? 많은 이가 이때 맹목적으로 신을 찾아 해결해 달라고 요청하거나 현실을 떠나 내면의 동굴로 숨어들곤 합니다. 현실의 문제가 크면 클수록 더욱 그러하지요. 하지만 이건 답이 되지 못합니다. 현실에선 문제를 놔둘수록 더욱 커지기만 할 뿐 자연히 소멸하진 않으니까요. 결국 꿈은 깨고 영화는 끝나기 마련입니다.

자, 오늘의 상담은 현실을 벗어나 환상에 빠진 이들을 위해 준비했습니다. 인생에서 만난 아주 거대한 시련을 마법의 힘을 통해 해결하는 이의 이야기를 할 건데요. 여기서 중요한 게 그는 엄청난 마법의 힘을 다룰 수 있지만 이 힘에 의지하지 않는다는 것입니다. 심지어 마지막엔 이 힘을 버리기까지 합니다. 어째서 그는 현실을 회피할 수 있는 환상의 힘을 버린 걸까요. 그가 힘을 버린 대신 얻고자 한 것은 무엇인지 그의 결정을 다 같이 알아봅시다.

나폴리의 왕 알론조가 탄 배가 폭풍우에 휩쓸린다. 폭풍은 배를 외딴섬에 좌초하게 만드는데 이 폭풍은 사실 프로스페로가 정령 아리엘의 힘으로 일으킨 것이었다. 프로스페로는 원래 밀라노의 공작으로 학문에 전념하고자 동생인 안토니오에게 영주의 자리를 위임했었다. 그런데 작위를 탐낸 안토니오가 프로스페로와 두 살배기 그의 딸 미란다를 바다로 추방한다. 운 좋게 죽지 않고 섬에 도착한 프로스페로는 자신의 지식을 활용해 섬의 마녀에게 지배당하고 있는 요정들을 해방해 주고 정령 아리엘과 마녀의 아들인 칼리반을 부리며 섬에서 살게 된다. 그리고 12년이 지난 후, 우연히 안토니오가 탄 배가 자신이 머물고 있는 섬 근처를 지나가고 있음을 알게 되자 프로스페로는 폭풍을 일으켜 배를 끌고 온다. 섬에 좌초할 때 따로 떨어진 나폴리의 왕자 퍼디넌드는 섬을 떠돌다 미란다를 만나게 되고 사랑에 빠지게 된다. 한편 나머지는 모두 한곳에 모여 있는데 이때 안토니오는 표류된 것을 이용해 왕의 동생인 세바스티아노를 회유해서 알론조를 죽이려 하고, 선원인 스테파노는 칼리반에게 술을 먹이며 프로스페로를 죽일 계획을 세운다. 하지만 이들의 모든 꿍꿍이를 파악하고 있던 프로스페로는 각자의 잘못을 깨닫게 하여 개과천선할 수 있게 한다. 모두 악한 마음을 버리고 새로 마음을 다잡게 되자 프로스페로는 다시 지위를 되찾게 되고 함께 나폴리로 돌아가기 전 마법을 쓸 수 있게 하는 지팡이를 버리며 이야기는 끝을 맺는다.

폭풍의 심장을 향해 뛰어들어라

2016년 늦은 여름 아일랜드에서 일어난 일입니다. 당시 저는 골웨이와 마요 사이에 있는 리오난이라고 하는 바다 냄새가 물씬 풍기는 작은 마을에 머물고 있었습니다. 그곳에는 킬러리 피오르드가 내다보이는 게이노어스라는 펍이 있었는데, 창밖으로 대서양의 파도가 거품을 일으키며 부서져 내리는 광경이 보이는 멋진 가게였습니다. 저는 테라스에 앉아 있다가 우연히 평생을 그곳에서 보낸 늙은 어부와 대화를 나누게 되었습니다.

당시 아일랜드 서부의 공기는 일 년 내내 귀가 떨어져 나갈 듯 차가웠기에, 8월 말인데도 벌써부터 벽난로에 불을 지피고 있었습니다. 제가 들어선 때는 일요일 이른 오후였는데, 노인은 벌써 두 번째 흑맥주 파인트 잔을 홀짝이고 있었죠. 그 때문인지 그의 말투는 어눌했고, 제 청취력 역시도 현저히 안 좋았지만, 전 아직도 그 노인이 들려준 폭풍우 이야기만은 또렷하게 기억합니다. 그는 제게 20년 전 몰아친 끔찍한 폭풍우에서 자신이 어떻게 살아남았는지 들려주었습니다. 짤막하게 요약하자면 그는 폭풍이 몰아치자 해안으로 가려고 안간힘을 쓰는 대신, 오히려 뱃머리를 폭풍의 심장을 향해 돌린 채 돌진했다고 했습니다. 모든 이야기를 마친 후 우리는 오랜 침묵 끝에 세 번째 파인트를 비운 후에야 작별 인사를 나누었습니다. 노인은 바다에서 폭풍을 만나면, 섣불리 덤빌 생각을 하지 말라고 몇 번이고 신신당부하면서도 마지막엔 이런 말을 했습니다.

"목숨을 건지려면 폭풍의 심장을 향해 몸을 던져야 한

다네!"

비틀거리며 펍을 나서기 전에 남긴 그의 마지막 말은 제 뇌리에 깊이 박혔습니다. 그로부터 현명한 교훈을 얻은 것만 같았습니다. 그날 오후 아일랜드의 시골 마을에서 노인은 내게 살다 보면 다양한 종류의 폭풍우를 만날 수 있으며, 여기에 대응하는 가장 좋은 방법은 폭풍을 피하고자 육지를 찾는 것이 아니라 오히려 우리를 두렵게 하고 불안하게 하는 대상 속으로 완전히 들어가야 한다는 것을 알려주었습니다. 그 후 전 운명이 원치 않는 방향으로 나아가 근심 걱정에 마음이 무거워질 때마다, 그때 일을 되새겨보곤 합니다. '폭풍의 심장을 향해 뛰어들어라', '온갖 핑계를 대면서 문제를 피하려 하지 말고 문제 해결을 위해 최선을 다해라', '폭풍이 불 때 해안을 찾으려다 오히려 암초에 부딪혀 배가 산산조각이 날 수도 있다' 이번에 얘기할 폭풍을 주제로 한 셰익스피어의 「템페스트」는 그의 마지막 작품으로 알려졌지만, 1623년에 출간된 퍼스트 폴리오에는 맨 처음 수록된 작품입니다. 여기에선 리오난의 늙은 어부처럼 도저히 받아들이기 힘든 일을 마주했을 때 어떻게 해야 하는지를 다룹니다.

행운과 불운과 폭풍

지금도 그렇지만 엘리자베스 1세 시대에도 tempest는 storm 보다 세련되고, 비교적 덜 통용되는 단어였습니다. 반면 이탈리아 어 'tempesta'는 tempest와 마찬가지로 tempus(시간, 계절)에서 파생된 단어지만, 원문 'tempest'가 주는 동화적인 뉘앙스가 없는 일상적인 단어입니다. 그러니 이탈리아어로는 '템페스트'를 직역 한 '템페스타'보다 '포르투날레fortunale'라고 번역을 하는 것이 더 정확할 것입니다. '포르투날레'는 지금은 사용하지 않는 아름다운 단어로, 템페스트처럼 바다에서 일어나는 갑작스러운 폭풍우를 의미합니다. 그뿐만 아니라 이탈리아어로 행운을 뜻하는 포르투 나fortuna와 어원이 같아 계획, 욕망, 원칙과는 상관없이 인간의 삶 을 뒤흔드는 불가해한 힘, 인간과 운명의 관계라는 「템페스트」의 주제를 더 잘 드러냅니다. 나디아 푸시니는 「템페스트」에 관한 매 우 심오하고 흥미로운 분석을 한 바 있습니다.

> "포르투나는 우리의 삶을 지배하고 우리를 우연의 노예
> 로 만드는 폭풍우처럼 이 극에 등장한다. 거센 바람이 불
> 고 먹구름이 드리우며 맑고 잔잔한 하늘이 거칠어지면
> 인간은 자신보다 거대한 힘 앞에서 무방비 상태가 된다."

「템페스트」의 주인공은 프로스페로라는 이름의 신비로운 마법사인데 이는 마치 폭풍으로 상징되는 가늠할 수 없는 힘을 마주할 때는 마법이 필요하다는 의미인 듯합니다. 프로스페로는 기묘한 무인도에서 딸 미란다와 단둘이 살고 있습니다. 그는 원래 밀라노의 공작이었으나, 12년 전 동생 안토니오에 의해 자리에서 쫓겨났습니다. 그러다 섬 근처에 안토니오와 그의 동맹인 나폴리 왕 알론소를 태운 배가 지나가는 것을 보고 폭풍을 일으킵니다. 그로 인해 안토니오와 알론소 말고도 그들과 함께 배에 타고 있던 알론소의 아들 퍼디넌드와 동생 세바스티아노, 충직한 신하 곤잘로, 귀족 아드리아노와 프란체스코, 어릿광대 트린큘로와 주정뱅이 스테파노 등이 섬에 표류하게 됩니다.

그곳에는 프로스페로의 명을 따르는 영묘하고 상냥한 요정 아리엘과 강력한 괴물 칼리반도 살고 있었습니다. 칼리반은 마녀 시코락스와 악마 사이에서 태어난 아들로 미란다를 겁탈하려다 실패한 후 프로스페로에 의해 갇혀 지냅니다. 「템페스트」는 프로스페로가 아리엘의 상냥한 마음에 감동해 자신을 몰아낸 동생 안토니오뿐 아니라 극 중에서 사악한 칼리반과 짜고 자신을 죽이려 한 스테파노와 트린큘로를 포함한 일동 모두를 용서하는 과정을 그립니다.

마지막 장에서 프로스페로는 안토니오, 알론소를 비롯한 모든 이들에게 자신의 정체를 밝히는데, 퍼디넌드와 미란다는 각자의 부친에게 그들의 사랑을 인정받고, 모두 함께 두 청춘 남녀의 결혼식을 올리기 위해 나폴리로 향하는 배를 타며 극은 마무리됩니다. 또한 프로스페로는 아리엘에게 자유를 주고, 그 유명한 에필로그에서 마법의 힘을 포기할 것을 선언하며, 관중에게 오직 그들의 박수로만 실현이 가능한 유일한 마법을 청합니다.

프로스페로 _____ 이제 저의 마술을 다 던져버리고, 마지막 남은 것은 저 자신의 힘뿐입니다. 그 힘은 지극히 약합니다. 이제는 저를 감금하든지 나폴리로 보내든지 당신들 마음대로 할 수 있습니다. 다만 저의 공국도 회복하였고, 사기꾼도 용서하였으니 당신들의 마법으로 이 섬에 남지 않게만 해주십시오. 여러분의 박수갈채로 저를 이 사슬에서 풀어주십시오. 여러분의 너그러운 숨결로 저의 돛이 채워지지 않는다면 여러분을 즐겁게 해드리는 저의 계획은 실패로 돌아간 것입니다. 이제 저는 부릴 정령도 없고, 걸 수 있는 마법도 없으니 여러분의 기도가 구원해 주지 않는다면, 여러분의 자비가 저의 잘못을 정화해 주지 않는다면 저의 마지막은 절망이 됩니다. 여러분의 죄를 용서받으시려거든 저 역시 불쌍히 여겨 박수로 관대하게 저를 놓아주십시오.

(5막 1장)

왜 프로스페로는 자신을 해했던 이들을 용서하면서 마법을 포기하는 걸까요? 용서라는 행위에 초인적인 힘의 포기를 의미하는 건 이 작품의 핵심 메시지가 마술과 용서 그리고 마술과 용서의 반대인 복수의 관계에 있기 때문입니다. 먼저 복수와 마술이 무슨 관계인지 살펴봅시다. 어쩌면 마법과 복수의 교집합은 통제할 수 없는 현실을 통제하려 한다는 데 있을 것입니다. 끔찍한 일을 겪으면 마음속에 원망이 생깁니다. 그리고 우리에게 해를 끼친 자가 누군지 알면 복수심이 생기는 것이 인간 본성이죠. 하지만 해를 가한 주체를 찾지 못하거나, 아예 그런 대상이 없다면? 맑은 하늘과 잔잔한 바다에 갑작스런 폭풍이 불어 모든 것을 휩쓸어 가면 누구를 원망해야 할까요. 이게 다 운명이라고, 우연이라고, 운이 없었다고 할 수 있을 것입니다. 이럴 땐 복수를 할 수 없게 됩니다. 복수는 몸짓, 의식, 주문, 신비한 지식에서 얻은 주술로 물리계와 정신계를 통제하려는 시도이고, 마법은 폭풍을 다스리기 위한 수단입니다. 이는 곧 이해할 수 없고 잔혹한 현실이 (또다시) 나의 삶에 해를 끼치는 것을 막기 위한 수단이라고 해석할 수 있습니다. 마법은 과거에 겪었고 미래에 겪을 수 있으며 인간을 무력하게 만드는 해악을 복수하기 위한 수단인 것입니다. 프로스페로가 자신의 힘을 포기하는 이유는 마법이야말로 통제 불가능한 상황이나 존재를 통제하는 수단이기 때문입니다. 용서하는 순간 인간은 운명을 있는 그대로 받아들여야 합니다. 비록 잘못된 부분이 있더라도 말입니다. 용서로 인해 마법이 그 기능을 잃는 것은 바로 그런 이유 때문입니다. 언젠가 저와 함께 「템페스트」에 출연했던 여배우가 말했던 것처럼요.

> "그러니까 프로스페로라는 인물은 결국 모든 일에도 불구하고 자신의 인생을 있는 그대로 받아들이는 인물이로군요?"

프로스페로의 백마술과 수호천사

이탈리아 인류학자 에르네스토 데 마르티노는 마법이란 시시때때로 인간의 삶을 기습하는 일련의 부정적인 사건들로부터 자신을 보호하기 위한 수단이라고 정의 내렸습니다. 다시 말하면 마법은 '초역사적'인 영역으로 마법의 영역 안에서 인간이 한 행동의 결과는 인과에 상관없이 긍정적입니다. 불확실성으로 인해 삶을 송두리째 흔들어 놓을 수 있는 부정적인 요소들이 마법이라는 은밀한 의식을 통해 인간의 수준을 초월하는 이상적인 체제로 편입되는 것입니다.

마법이라는 방패는 운명의 전능을 앗아가고, 미래의 불명확성을 통제하며, 공포심을 진정시킵니다. 프로스페로는 'bountiful' 즉 '관대한', '아낌없이 베푸는'이라는 표현을 사용하면서 마법 덕분에 행운이 '관대한 여신'이 되었다고 말합니다. 마법이야말로 우연한 사건들을 연결해 현실이 우리를 해하지 못하게 통제하기 때문입니다. 이를 가능하게 하려면, 마법을 행하는 이가 악의 본질로 들어가 의식을 통해 악을 다스려야 합니다. 그리고 그러기 위해서는 악과 동맹을 맺거나(흑마술) 아니면 악을 선하게 바꿔야 합니다 (백마술).

프로스페로는 자연을 통제하고 정령을 노예로 만들어 운명을 조종하는 슈퍼 파워의 소유자입니다. 셰익스피어는 그가 어떻게 이러한 힘을 얻었는지는 설명해 주지 않습니다. 그래서 우리는 그가 언제 마법사가 되었는지는 알지만, 어떻게 마법사가 되었는지는 모릅니다. 1막 2장의 긴 회상 장면에서 프로스페로는 미란다에게 사사로운 '연구'에 몰두하다 보니 마법에 관심을 두게 되었다고 말합니다. 그러다 점점 밀라노 영주로서 해야 할 일을 멀리하고 영혼의 신비에 매료되어 동생인 안토니오에게 행정을 맡겼다고 합니다. 하지만 안토니오는 권력에 눈이 멀어 프로스페로의 원수 나폴리 왕 알론소와 손을 잡고 형을 쫓아냅니다. 프로스페로와 어린 미란다는 그렇게 밀라노에서 쫓겨나 바다에 표류하는 신세가 됩니다. 둘이 목숨을 건진 것은 충직한 신하 곤잘로가 이들을 불쌍히 여겨 배에 식량을 실어준 덕분입니다. 다행히 배가 섬으로 떠밀려와, 12년 동안 그 섬에서 살게 된 것입니다. 밀라노에 있을 때만 해도 프로스페로는 권력 찬탈과 추방을 막을 정도로 강하지 않았습니다. 자연을 통제할 정도로 강력한 마법사가 된 것은 섬에서 지내기 시작한 후에 일어난 일입니다. 이렇게 보면 꽤 흥미로운 과정이 극에서 생략된 것처럼 보입니다. 프로스페로는 어떻게 무인도에서 마법을 익혔는지, 곤잘로가 식량과 함께 마법과 관련된 책도 넣어 준 것은 아닐지, 아니면 일반 세계가 아닌 '또 다른 세계'인 섬에서 새로운 진실을 찾은 것은 아닐지. 셰익스피어는 마법의 기원에 대해서는 함구합니다. 프로스페로가 어떻게 마법사가 되었는지는 알 수 없지만, 마법사가 된 이유는 유추할 수 있습니다. 그는 잘못된 것을 바로잡기 위해서 마법사가 되었습니다. 심술궂은 운명을 자기 기준으로 선하고 올바르게 만들기 위해서입니다. 실제로 프로스페로는 자신의 계획대로 합니다. 데 마르티노식 표현에 따르면, 프로스페로는 부정적인 사건을 탈역사화해 이를 현실이 욕망을 좌우하는 것이 아니라 욕망이 현실을 좌우하는 이상적인 체제하에 편입합니다.

　프로스페로는 아무런 이유 없이 그의 고향 밀라노 공국을 앗아간 부당한 운명 앞에서 무기력합니다. 누구나 그렇듯 그 역시 무방비 상태로 잔혹한 현실을 감당해야 합니다. 하지만 그는 현실을 받아들이지 않고, 마법을 사용하게 됩니다. 마법으로 인해 슈퍼 파워를 얻기 전 프로스페로(프로스페로라는 이름의 어원은 '운명이 자신의 편에 있는 자'입니다)는 전혀 예상치 못한 어이없는 불행 앞에 좌절하는 인간의 모습을 보여줍니다. 인간은 태어날 때부터 폭풍에 노출된 존재입니다. 프로스페로는 사랑하는 동생이 자신을 영주 자리에서 쫓아내 죽음에 내몰 것이라고는 상상조차 할 수 없었습니다. 그 폭풍으로 인해 프로스페로의 삶이 송두리째 흔들립니다. 하지만 폭풍으로 상처를 주는 이는 폭풍으로 사망하는 법. 프로스페로는 12년이라는 기나긴 세월 동안 복수를 할 순간을 기다리다, 마침내 안토니오와 나폴리 왕이 탄 배가 섬을 지나갈 때 폭풍을 일으키고, 이로써 운명은 올바른 방향을 가리키게 됩니다. 마법이 현실을 수정한 것입니다. 프로스페로가 통달한 마법이라는 신비로운 기술은 대체 무엇일까요? 셰익스피어는 마법에 관해 얼마나 알고 있었을까요?

　마법 연구에 관심이 많았던 프랜시스 예이츠는 "엘리자베스 시대를 지배한 것은 마법과 멜랑콜리를 특징으로 하는 오컬트 철학이었다. 당시에는 오컬트 지식과 경험을 과학적, 영적으로 깊이 연구하고자 하는 분위기가 강했으며, 이러한 연구에 대한 공포심도 컸다."라고 했습니다. 셰익스피어는 관객들의 관심을 끌기 위해 프로스페로를 신비한 힘을 지닌 마법사로 묘사하지 않습니다. 셰익스피어가 묘사하는 프로스페로의 이미지는 당대의 전형적인 현자상에 가깝습니다. 셰익스피어 시대의 현자는 현실의 신비로운 힘, 인간 정체성 형성의 결정적인 역할을 하는 에너지에 관한 지식의 소유자였습니다. 그러므로 「템페스트」에서 초자연적인 힘은 단순히 오락적인 요소로 사용된 것이 아니라 오직 마법을 아는 자만이 위험을 감수하고 현실을 통제하기 위해 들어갈 수 있는 비밀스런 세계를 나타내는 표현입니다.

르네상스 시대 유럽에서는 정령과 마술과 관련된 연구가 성행했는데, 이는 인간을 신성화하고, 인간에게 눈에 보이는 존재와 눈에 보이지 않는 존재를 통제할 수 있는 능력을 부여하기 위함이었습니다. 오컬트 연구는 스페인의 라몽 유이를 위시해 마르시릴오 피치노, 프란체스코 조르지, 피코 델라 미란돌라, 조르다노 브루노 등의 이탈리아 학자들과 하인리히 코르넬리우스 아그리파, 요하네스 로이힐린 등의 독일 학자들이 그 계보를 잇습니다. 영국에서는 수학자이자 마법사인 존 디라는 인물이 있습니다.

셰익스피어의 작품에 나오는 프로스페로의 마법은 존 디의 마법과 매우 유사합니다. 그는 엘리자베스 1세 궁정에서 매우 중요한 역할을 한 지적이고 매혹적인 인물입니다. 존 디는 수학서, 신비주의 서적, 카발라교, 밀교와 관련된 저서를 저술했으며 후에 위험한 마법사로 지목받아 탄압받게 되는 르네상스 오컬트 철학사에서 핵심적인 인물입니다.

존 디는 프로스페로처럼 비밀스런 지식으로 정령을 소환하는데 관심을 가집니다. 실제 프로스페로와 아리엘의 관계는 수호 정령을 소환하는 존 디의 마법을 연상시킵니다. 아리엘이 카발라교에 나오는 천사장 이름이라는 점도 흥미롭습니다. 존 디의 저서에도 아리엘은 눈에 보이지 않는 존재로 자신과 교감하는 사람을 구원해주는 힘이 있다고 나옵니다. 극에서 아리엘은 프로스페로의 오감을 확장해 줍니다. 프로스페로가 인간의 능력을 뛰어넘어 더 많은 것을 보고 들을 수 있는 것은 모두 아리엘 덕분입니다. 자연의 힘을 조종하는 것도 인간을 자연으로부터 보호하는 것도 모두 아리엘을 통해서입니다. 실제로 극 초반 폭풍을 일으키는 것도 아리엘입니다. 3막에서 칼리반이 스테파노와 트린큘로와 짜고 프로스페로를 죽이려 했을 때 그를 구해주는 것도 역시 아리엘입니다.

아리엘의 모든 행동은 선하고 관대합니다. 2막에서 아리엘은 알론조 살해 음모를 폭로합니다. 이야기의 결말에 포로로 붙잡혔던 일동이 마법에서 풀려 무사히 나폴리로 귀환하는 것도, 퍼디넌드와 미란다가 사랑에 빠지는 것도 아리엘 덕분입니다. 그리고 무엇보다 프로스페로가 마지막에 관대하게 모두를 용서하는 것도 아리엘이 아니었으면 불가능했을 것입니다.

천상의 창조물 아리엘의 대척점에 있는 것이 바로 사악한 지상의 존재 칼리반입니다. 프로스페로와 아리엘의 관계가 존 디의 백마술과 유사하다면, 칼리반과 사악한 마녀 시코락스의 관계는 흑마술을 연상시킵니다.

프로스페로의 마법은 자연을 거스르지 않습니다. 그의 마법의 목적은 (흑마술처럼) 피조물의 힘을 빼앗아 굴복시키는 것이 아닙니다. 백마술의 목적은 마르실리오 피치노가 '세상의 영혼'이라 정의한 것과 교감하는 것, 즉 자연의 힘을 통제해 선한 방향으로 이끌어 우주의 조화를 이루는 것입니다. 극 초반 프로스페로가 폭풍을 일으키자 미란다는 배에 탄 이들을 걱정하면서 슬퍼하는데, 프로스페로는 그런 딸에게 이렇게 말합니다.

프로스페로 ＿＿ 진정해라, 애야. 놀랄 것 없단다. 네 인자한 마음에게 이 아비의 행위로 인해 아무도 다치지 않을 거라고 말해 주렴.

(1막 2장)

프로스페로는 "아무도 다치지 않는다"라는 말로 자신이 어떤 마법사인지 미란다에게 선언합니다. 몇몇 관객은 분명 그러한 대사의 의미를 눈치챘을 것입니다. 그는 자신의 마법은 타인의 불행을 초래하지 않는다고 말합니다. 여기서 셰익스피어는 프로스페로의 마법의 본질을 최대한 빨리 관객에게 알려주고 싶어 하는 것처럼 보이기도 합니다. '프로스페로는 백마법사다. 존 디처럼 수호천사를 소환하는 마법사다'라고요. 결말에서 프로스페로는 마법의 힘으로 복종시킨 아리엘에게 자유를 주지만, 사실 신성한 용서를 가르쳐줌으로써 프로스페로를 자유롭게 해준 것은 아리엘이라고 할 수 있습니다.

바다에서 흘러온 이야기

셰익스피어는 의도적으로 「템페스트」의 배경을 정확하지 않은 장소로 정했는데, 그것은 독자들을 프로스페로가 속하는 마법의 세계로 인도하기 위함입니다. 극의 배경인 섬은 어디에 있을까요? 마녀 칼립소가 거주하는 오기기아처럼, 우리는 이 섬이 육지에서 멀리 떨어진 '바다의 배꼽'에 있다는 사실을 상상할 뿐입니다.

셰익스피어의 시대는 신비롭고 이국적인 신대륙이 사람들의 상상력과 지성인의 창의력을 자극하던 때였습니다. 그 결과 미지의 세계에 관한 오컬트 철학의 관심은 항해 중 발견된 새로운 세계로 이양되거나, 때로는 두 관심사가 뒤섞였습니다. 「템페스트」에 나오는 상상의 섬에서도 르네상스 시대 영국에서 유행하던 신비주의 연구와 신대륙 탐사의 이미지가 혼재되어 있습니다. 1590년대 영국 함대는 최초로 아메리카 대륙에 도착했으며, 항해에 참여한 선원들은 그들의 탐험에 대한 동화적인 무용담과 함께 고향에 귀국했습니다. 이 중에는 영국의 시인, 철학가, 해적이자 엘리자베스 여왕의 사랑을 듬뿍 받는 연인인 월터 롤리도 있었습니다. 그는 북아메리카를 탐험하던 중 플로리다 북부를 버지니아로 명명해 최초의 주지사가 되었으나, 제임스 1세 즉위 후에 반역 사건에 연루되어 런던탑에 투옥되고 결국 참수당합니다.

다른 작품과는 달리 「템페스트」에 영향을 준 작품은 확실하지 않습니다. 물론 그의 작품 세계 전반에 영향을 준 오비디우스의 「변신」이나, 「템페스트」보다 조금 먼저 출간된 몽테뉴의 『식인종에 대하여』로부터 영향을 받았을 것입니다. 실제로 「템페스트」에는 『식인종에 대하여』 일부를 거의 그대로 인용한 대목도 나옵니다. 추측할 수 있는 것은 이 정도일 뿐, 「템페스트」의 줄거리는 사실상 지난 4세기 동안 수수께끼로 남았습니다. 이미 전해지는 이야기를 재집필한 작품이 아니라는 면에서, 「템페스트」는 셰익스피어 전집에서도 독특한 작품입니다. 또 다른 가설은 셰익스피어가 요즘 표현으로 하면 '무형 문화유산'을 재집필했다는 것입니다. 즉, 당시 선원들의 상상력으로 포장하고 소금으로 간을 한 수많은 구전 모험담을 참고했다는 가설인데, 저는 개인적으로 이 가설이 마음에 듭니다.

월 선생님은 런던의 거리와 주점을 돌아다니며 월터 롤리나 프랜시스 드레이크(용을 뜻하는 '엘 드라코'라고 불리던 전설의 탐험가)와 같은 엘리자베스 여왕의 해적들에게서 얼마나 많은 모험담을 들었을까요? 이들은 여왕의 비호를 등에 업고 해적질과 노예 무역을 하며 바다를 누비면서 여왕의 친서 덕분에 무슨 일이든 저지를 수 있었습니다. 바다는 언제나 인간에게 신비로운 이야기를 들려줍니다. 거친 파도에 맞서며 바다의 심연 속으로 빠져들고자 하는 욕망에 불타는 이들은 영적인 존재를 식별할 수 있게 되죠.

최근 다수의 비평가와 연출자가 프로스페로와 칼리반의 관계가 영국 식민주의와 식민주의에 의해 지배당하는 원주민을 은유한다는 해석을 내놓고 있으며, 이러한 관점을 바탕으로 작품을 재해석한 흥미로운 작품들도 많이 소개되고 있습니다. 저 역시 "검은 것이 아름답다"라고 주창했던 카리브 지역 시인 에메 세제르의 (칼리반의 관점에서 다시 쓴) 「어떤 폭풍」을 매우 흥미롭게 읽은 바 있습니다. 하지만 저는 근본적으로는 그런 식의 해석에 동의하지 않습니다. 물론 「템페스트」는 제임스 1세의 치적을 칭송하기 위한 희극입니다. 아마도 이 작품은 제임스 1세의 장녀 엘리자베스 스튜어트 공주의 결혼을 기념으로 집필되었을 것입니다. 실제로 미란다는 그녀에게 바치는 캐릭터로 보이기도 합니다. 하지만 이는 모두 시대적 배경일 뿐, 극의 깊은 메시지와는 관계가 별로 없습니다. 이 극의 진짜 메시지는 인생의 폭풍우를 맞이하는 우리의 자세와 관련이 있습니다.

프로스페로가 부르는 렛잇비

사실 「템페스트」는 비극으로 끝날 수 있었습니다. 프로스페로가 마법의 힘을 빌려 원수들을 처단하면서 퍼디넌드까지 없애 버리면 사랑하는 연인을 잃은 미란다도 슬픔을 견디지 못해 목숨을 버리게 될 것이고 마지막으로 간접적이지만 딸의 죽음을 초래했다는 생각에 절망한 프로스페로마저 마법의 힘을 자신을 향해 사용해 목숨을 끊는 결말을 선택했다면, 전형적인 셰익스피어식 비극이 완성되었을 것입니다. 하지만 「템페스트」의 핵심 메시지는 용서와 구원입니다. 실제로 평단에 의하면 이른바 'Last plays'라 불리는 셰익스피어의 후기작들은 대개 해피엔딩입니다. 셰익스피어 후기작 주인공들은 대개 현실을 수렴하는 노인들로 과거의 앙금을 버리고 세상과 화해합니다. 그리고 이러한 작품들의 여주인공들은 대부분 이들의 딸로, 용기 있고 순수한 영혼의 소유자라는 공통점이 있습니다. 심벨린의 이모진, 페리클레스의 마리나, 겨울 이야기의 퍼디타가 그렇습니다. 극의 자애로운 결말에 비추어 볼 때 미란다와 그녀의 아버지 프로스페로의 관계 역시 이러한 맥락에 일치합니다.

엘리자베스 1세 시대에는 주인공이 자신이 당한 부당한 일에 대한 정의를 구현하기 위해 벌이는 맹렬하고 숨 막히는 질주를 담은 비극적인 이야기를 revenge play, 즉 복수극이라 불렀습니다. 단순한 복수극과는 다르지만, 셰익스피어 작품 중 상당히 많은 작품이 이러한 장르에 속합니다. 하지만 셰익스피어 후기작에서는 복수가 승리하지 못합니다. 이 시기 셰익스피어 희곡은 복수극에서 forgiveness play, 즉 용서극으로 전복됩니다. 복수의 비극이 용서의 희극이 된 것입니다. 후기 셰익스피어 작품의 주인공들은 절대 바꿀 수 없는 사악한 현실에 맞서지 않고, 잔혹한 눈먼 운명에 맞서다 파멸하는 대신 고통스런 내적 성숙 과정을 거쳐 현실을 있는 그대로 받아들이게 됩니다. 말 그대로 '렛잇비Let it be'입니다. 이들은 더는 폭풍에 맞서지 않고 움직이지 않는 폭풍의 중심에 몸을 맡깁니다.

그러한 관점에서 프로스페로는 마사 누스바움(세계적으로 저명한 법철학자, 정치철학자, 윤리학자, 고전학자, 여성학자-옮긴이)이 그녀의 최신작에서 '과도기적 분노'라 정의 내린 것을 잘 표현합니다. 여기서 '과도기적 분노'란 궁극적으로는 초월되는 복수심을 의미합니다. 프로스페로는 실제로 폭력 행위를 통해 원한을 해소하는 대신, 미래에 대한 가능성을 위해 원한을 버립니다. 과거로부터 헤어나올 수 없게 만드는 폭력보다는 과거 자신에게 상처를 주었던 현실보다 더 나은 현실을 만들려는 노력을 택한 것입니다.

프로스페로의 용서와 마법의 포기가 던지는 메시지는 과거에 얽매이지 말라는 것입니다. 원수의 아들과 결혼하는 사랑스럽고 관대한 미란다는 수많은 어려움에도 불구하고 사라지지 않는 밝은 미래를 상징하고 폭풍 같은 대재난이 휩쓸고 지나간 후에도 이 땅에는 생명이 살아 숨 쉰다는 것을 의미합니다. 프로스페로는 정령들과의 교류를 통해 그러한 지혜를 얻고 현실을 있는 그대로 받아들입니다. 「템페스트」에서 가장 유명한 대목은 프로스페로가 자신이 마법으로 보여준 환상을 보고 놀란 퍼디넌드를 안심시키는 장면입니다.

프로스페로 ＿＿＿ 자네 표정을 보니 몹시 놀란 게로군. 하지만 걱정할 것 없네. 여흥은 이제 끝났어. 이미 얘기했듯 배우들은 모두 요정들인데, 공기 속으로, 그래, 엷은 공기 속으로 흩어져 버렸다네. 그리고 기초도 없는 환영의 건물처럼, 저 구름 높이 솟은 탑과 웅장한 궁전과 엄숙한 신전과 이 거대한 지구도, 진정 이 세상의 모든 사물이 다 녹아서, 이제는 사라져 버린 저 환영처럼 희미한 흔적조차 남지 않게 된다네. 우리는 꿈과 같은 존재이므로 우리의 자잘한 인생은 잠으로 둘러싸여 있다네.

(4막 1장)

웨스트민스터 사원에 가면 셰익스피어의 묘비에 바로 이 문구가 새겨져 있습니다. 프로스페로의 대사는 시에 바치는 셰익스피어의 기도문 같습니다. 실제로 1600년대 이후 수많은 문학 평론가들이 셰익스피어와 프로스페로를 동일시하는 경향이 있습니다. 이들은 프로스페로가 마법을 포기하는 행위를 셰익스피어가 스트랫퍼드어폰에이번으로 은퇴하면서 런던의 연극계를 떠나는 것에 대한 비유라고 해석합니다. 그런데 지금으로부터 백 년 전 철학자 리튼 스트레치는 이러한 전기적 해석을 비웃었습니다. 저 역시 프로스페로가 셰익스피어의 자화상이라는 가설은 지나친 상상인 것 같습니다.

정말 중요한 것은 프로스페로의 기술과 셰익스피어의 기술, 즉 마법과 극의 관계입니다. 프로스페로의 현명함이 드러나는 '우리는 꿈과 같은 존재이므로'라는 대사는 '인생은 연극'이라는 「한여름 밤의 꿈」에 나오는 퍽의 대사와 겹칩니다. 「템페스트」에서도 「한여름 밤의 꿈」에서도 인간에게 지혜를 전수하는 것은 정령입니다. 그리고 두 작품 모두 주인공들은 그들의 실존과 관련된 문제가 해결되면서 현실의 중압감에서도 벗어납니다. (퍽과 같은 정령들의 목소리를 들을 수 있는 마법사) 프로스페로가 마지막에 마법 지팡이를 부러뜨리는 행위는 모든 것의 덧없음을 깨닫고 운명을 받아들인 걸 의미합니다.

극과 삶, 꿈과 현실이 별반 다르지 않다는 사실을 깨닫는 순간, 복수는 의미를 잃습니다. 반면 수호 정령 아리엘이 프로스페로에게 가르쳐 준 상냥함은 인간의 가장 성숙한 영적 단계를 나타냅니다. 마사 누스바움식 표현에 따르면 가장 높은 수준의 '감정 지성'입니다. 자칫하면 칼리반과 같은 괴물로 전락하기 쉬운 무인도에서 프로스페로의 영혼은 용서라는 행위를 통해 가장 신성한 경지에 도달합니다. 그리고 프로스페로는 가장 강력한 마법을 자신의 마법을 없애는 데 사용합니다.

삶의 본질을 볼 수 있다면 폭풍의 피해는 막을 수 없을지라도 적어도 폭풍을 두려워하지는 않게 됩니다. 불합리한 현실을 받아들일 수 있는 능력을 향상하여 도저히 받아들일 수 없었던 과거를 받아들일 수만 있다면, 잔혹한 운명을 향한 분노도 다스릴 수 있게 될 것입니다.

먼 옛날 아일랜드에서 만난 늙은 어부 역시 그런 지혜를 가진 사람이었습니다. 그는 프로스페로처럼 정령의 목소리를 들을 수 있는 사람이었습니다. 물론 거품이 넘쳐흐르는 기네스 파인트 잔에서 얻은 지혜일 수도 있겠지만 말이죠.

거대한 현실의 문제를 앞둔 '나'에게
어떤 폭풍도 그 중심에 들어가면 잔잔해진다

여러분에게는 프로스페로처럼 삶의 폭풍을 잠재울 강력한 힘이 있습니다. 이 글을 읽는 분 중에는 지금 간단한 일조차 해결하지 못한 상태로 힘들어하고 있거나 해야 할 일이 있지만 무기력에 빠져서 아무것도 못 하고 있는 이도 있을 겁니다. 하지만 그럼에도 전 힘주어서 여러분에게 이 모든 걸 해결할 힘이 있다고 얘기해 주고 싶습니다. 때로 현실은 감당할 수 없는 문제들을 안겨줍니다. 우리는 이것을 해결하려고 부단히 노력하지만 끝이 보이지 않는 버거움으로 마음을 다치고 의욕을 잃기 쉽죠. 근데 이 반응은 약해서가 아니라 누구나 다 경험하고 느끼는 당연한 일입니다. 달리면 숨이 차는 것처럼 힘든 순간, 피하고 싶은 순간은 살아가기에 당연히 느끼는 것입니다. 그런데 우리는 이 상태를 당연한 것이 아니라 약한 것으로 생각합니다. 자신을 객관적으로 보지 않고 스스로 폄하하는 것이죠. 자기를 낮게 평가하게 되면 그 순간 정말로 약해져서 모든 문제가 버거울 정도로 커지고 내면의 힘이 발현되지 못하게 됩니다. 그리고 결론적으로 문제 앞에서 아무것도 못 하게 되지요. 오늘 이야기의 주인공 프로스페로도 모든 걸 빼앗기면서 우리와 같은 감정을 느꼈을 것입니다. 셰익스피어는 이런 그에게 초자연적인 힘을 줍니다. 그리고 그 힘으로 어떻게 행동할지 관찰합니다. 프로스페로는 원수를 단숨에 없앨 힘을 얻었지만 그 힘을 쓰지 않습니다. 왜냐하면 마법이 모든 걸 해결하지 못한다는 것을 알고 있었거든요. 마법은 폭풍을 불러낼 수 있지만 진심으로 반성하게 만들지는 못하니까요. 그래서 프로스페로는 자신이 직접 문제를 대면합니다. 12년이나 자신을 괴롭힌 이 문제를 당당히 맞서자 가장 행복한 해피엔딩이 만들어지죠. 지금 힘들어하고 있는 분들은 마법 같은 힘이 나타나서 모든 문제를 없애줬으면 하고 생각할지도 모르겠습니다. 하지만 모두를 행복하게 하는 정답은 자신에게 있다는 걸 잊지 마세요. 힘들어도 당당히 맞선다면 어느새 폭풍은 그칠 것입니다.

이별의 상처로 그 누구와도 만나고 싶지 않다면

Antony and Cleopatra

안토니와 클레오파트라

그대는 내 심장에 갑옷을 두르는 이요.

- 안토니

장면 #7

둘의 사랑이 거대한 전화戰禍로 인해 종말을 맞이한다.
하지만 이들의 사랑은 위대한 왕 오스만디아스처럼 잊
히지 않는다. 이 사랑 속에 가득한 이야기에는 인간을
통해 살아나는 불멸이 있으니 사랑과 상처란 떼어질 수
없는 고민을 만나자.

⁓⁓⁓⁓⁓

오래전 우연히 빛바랜 신문을 본 적이 있습니다. 무심하게 창가에
방치되어 어찌나 오랫동안 햇빛을 받은 것인지 손을 댈 때마다 뽀
얗게 먼지가 피어났습니다. 흩날리는 먼지 사이로 초로의 남성에
대한 인터뷰가 보였는데, 대부분은 잊었지만 그의 이름과 남긴 말
은 아직까지도 선명히 기억납니다. 신문 속 남자는 가브리엘 가르
시아 마르케스. 노벨문학상을 수상한 소설가로 기사에선 그가 남
긴 명언인 "인생은 우리를 매번 스스로 태어나게 만든다"라는 말이
적혀 있었습니다. 처음엔 어찌나 놀랐는지요. 저는 아직도 이 말이
우리의 인생을 적나라하게 보여주는 핵심이라고 생각합니다. 과

거의 나와 현재의 나는 다른 존재입니다. 이 차이는 단순히 시간이 지남에 따라 성장하거나 늙는 것을 말하는 게 아닙니다. 우리는 경험을 통해 생각의 틀을 깨기도 하고 의도하지 않았던 우연한 기회로 인해서 전혀 예상하지 못했던 삶을 살기도 합니다. 이러한 변화는 기존의 삶을 그대로 잇는다고 볼 수 없습니다. 이때 삶은 과거와 작별하고 새로운 존재로서 다시 태어나는 것이니까요.

삶이 재탄생하는 것에 대해 혹시 잘 공감이 가지 않는다면 사랑을 한번 떠올려보세요. 사랑할 때 여러분은 이전의 자신과 완전히 똑같은 모습을 하고 있나요? 알랭 드 보통이 사랑을 '화학 작용'이라고 표현한 것처럼, 사랑을 하는 이는 감정의 분해와 재구축을 거쳐 변하게 됩니다. 이 변화는 한 번 시작되면 끝날 때까지 멈추지 않고 변한 후에는 이전의 모습으로 다시 돌이킬 수 없죠. 우리는 이러한 사랑의 작용으로 자기만 아는 1인칭의 존재에서 남을 이해할 수 있는 복합적인 존재가 됩니다. 우리는 사랑을 할 때, 자신을 넘어섭니다. 나보다 사랑하는 대상을 더 위하게 되고 그 또는 그녀를 위해 평소라면 하지 않는 행동도 할 수 있습니다. 사랑을 하면서 우린 자아의 벽을 허물고 상대방에게 내면을 허락합니다. 그리고 상대에 맞춰 내면을 변화시키죠. 이게 바로 사랑으로 재탄생하는 이유입니다.

사랑이라는 것은 새로움의 원동력이지만 안타깝게도 불변의 힘을 가진 것은 아닙니다. 사랑은 우리를 뜨겁게 달궜다가도 어느 순간 사라져 혼란스럽게 하니까요. 우리는 사랑이 사라지는 경험을 살면서 꽤 많이 합니다. 그리고 이때 우리는 큰 상처와 절망을 겪게 되죠. 사랑으로 인해서 내 존재는 변화하고 있는데 정작 그 변화를 만든 그/그녀가 사라진다면, 우리는 방향을 잃고 혼돈과 상실 속에 빠져버리게 되니까요. 사랑의 상처를 겪은 이들 중에는 이래서 사랑을 하지 않기로 마음먹기도 합니다. 그런데 사실 이러한 상처는 살면서 꼭 경험해야 합니다. 우리는 이 과정으로 인해서 가장 많이 성장하기 때문입니다. 사랑의 상처는 흉터로만 간직되지 않고 승화되어 우리에게 또 다른 자양분이 됩니다. 오늘의 주인공, 로마를 이끄는 정치인 안토니와 너무나 유명한 이집트의 여왕 클레오파트라의 사랑처럼 말이죠. 죽음으로 끝난 둘의 사랑이 어떤 위대한 왕이나 업적보다도 더 널리 퍼지고 칭송받는 작품이될 수 있었던 것은 둘의 이야기가 사랑이 상처로만 남지 않는 법을 담고 있기 때문입니다. 지금 이별의 상처로 힘든 시기를 보내고 있다면 이 이야기가 분명 도움이 될 것입니다. 그럼, 몇백 년이 흘러도 사라지지 않는 이 아릿한 만남 속으로 다 같이 떠나봅시다.

옥타비우스 카이사르, 레피두스와 함께 삼두정치를 하던 안토니우스는 클레오파트라에 빠져 자신의 임무를 소홀히 하고 이집트에서 시간을 보낸다. 그러나 아내 풀비아의 사망과 내전으로 인해서 어쩔 수없이 로마로 다시 돌아오게 된다. 안토니는 빠르게 정국을 안정시키며 문제를 수습하는데 이때 옥타비아누스는 안토니에게 자기 누이와 결혼을 주선해서 클레오파트라와 멀어지도록 한다. 하지만 안토니는 클레오파트라를 잊지 못해서 다시 이집트로 돌아가고 이에 분노한 옥타비아누스는 군대를 일으켜 이집트로 향한다. 둘은 바다에서 전투를 치르게 되는데 클레오파트라 말대로 전략을 짰다가 안토니는 크게 패하고 후퇴하게 된다. 패색이 짙자 클레오파트라는 패전의 책임을 물을까 두려워 안토니에게 자신이 자살했다는 거짓 정보를 전하고 이 소식을 들은 안토니는 전장에서 나와 클레오파트라가 있는 곳으로 가 자살을 한다. 원하지 않았던 안토니의 죽음을 보면서 클레오파트라는 포로가 되어 옥타비아누스의 전리품이 되는 걸 거부하고 그녀 역시 자살한다.

사랑의 끝

모든 문학 서적은 셰익스피어가 「안토니와 클레오파트라」를 쓴 이유를 로마 제국의 탄생을 말해 주기 위해서라 말합니다. 물론 맞는 말이지만, 저는 이 작품의 집필 동기가 이것에만 있다고는 생각하지 않습니다. 우리는 이 극을 한 문명과 정치가 퇴장하는 역사를 통해 사랑이란 관계의 종말을 묘사한 작품으로도 해석할 수 있습니다. 사실 셰익스피어 작품 세계에서 역사와 인물이란 두 요소를 확실히 구분 짓기가 쉽지 않습니다. 「헨리 5세」에서 왕의 내적인 성숙이 아쟁쿠르의 승리와 일치하듯, 마르쿠스 안토니우스 장군과 클레오파트라 여왕의 사랑과 종말 역시 로마 공화국의 몰락과 겹쳐지는 것처럼 말이죠. 이건 셰익스피어가 의도한 것입니다. 그는 거대한 역사조차도 인간의 내면을 보여주는 도구로 활용했습니다. 그래서 역사에 대한 이해 없이도 「안토니와 클레오파트라」를 문제없이 볼 수 있는 것이며, 현재에도 수많은 독자와 관객을 도발하고 경탄하게 만드는 것입니다.

이 작품은 살다 보면 언젠가는 부딪힐 '인간은 왜 관계가 위기에 처할 때 고통받는가'라는 질문에 대해 소중한 가르침을 줍니다. 사랑이 끝났을 때 후회 없이 이별하는 방법이 존재하는지, 이별 후에 어떻게 해야 마음을 정리하고 일상으로 돌아갈 수 있는지, 이것이야말로 셰익스피어 작품 중에서 가장 웅장하다는 평가를 받는 「안토니와 클레오파트라」의 행간에 숨은 질문들입니다. 두 주인공의 사회적 지위를 생각하면 이 극은 웅장할 수밖에 없습니다. 둘은 당시 가장 중요한 역사적 사건의 중심에 선 사회적 거물이었으니까요. 카리스마 넘치고, 허영심이 많고, 눈부시게 아름답고, 자기중심적이고, 뭇 사람들의 칭찬을 갈구하는 나르시시스트인 안토니와 클레오파트라는 천생연분입니다. 권력을 가진 유명 인사들도 흠모하는 이 둘은 요즘 같으면 끊임없이 미디어에 가십거리를 제공하는 셀럽이라고 할 수 있습니다. 이 두 위인은 성급하게 반해 만남과 대립을 반복하면서 요란하게 사랑을 나누고 서로에게 동화되어 혼란에 빠지기도 합니다. 그리고 결국엔 상대방의 치명적인 매력에 빠져 황홀하게 파멸하죠.

이야기는 이미 클레오파트라에게 푹 빠진 안토니가 그녀와 함께 이집트에 머무르는 시점에서 시작합니다. 여기서 둘이 처음에 어떻게 사랑에 빠졌는지에 대한 내용이 생략된 게 흥미로운데요. 셰익스피어는 마치 이 부분은 별로 중요하지 않다는 듯 지나쳤습니다. 대신 5막으로 구성된 극이 진행될수록 서로를 이상화하고, 과격하게 사랑한 두 연인이 어떻게 죽음으로 끝나는지 그 과정을 자세하게 묘사합니다. 이는 일반적인 작품 전개와는 정반대의 전개 방식입니다. 일반적인 사랑 이야기는 두 인물의 만남과 사랑부터 시작해서, 모든 장애를 딛고 함께하기까지의 이야기를 그립니다. 여기에 해피엔딩을 원한다면 '그리고 그들은 오랫동안 행복하게 살았습니다'라는 결말까지 붙일 수 있겠죠. 하지만 「안토니와 클레오파트라」의 전개 방식은 그 반대입니다. 셰익스피어는 처음부터 일관적으로 만남 대신 이별에만 집중합니다.

이건 이 극이 비극이라는 이유 때문만은 아닙니다. 「로미오와 줄리엣」과 같은 비극적인 사랑 이야기를 다루는 장르에서 대개 두 주인공의 사랑은 이들을 가로막는 현실의 장애물 때문에 실현되지 못합니다. 하지만 「안토니와 클레오파트라」에서 두 주인공의 이별은 외부 요인으로 인한 것이 아닙니다. 솔직히 두 사람이 계속 함께 살았더라도 행복했을 거라고 상상하기는 힘듭니다. 왜냐하면 그들의 사랑은 상대방에게 상처를 주는 사랑이기에 함께 있으면 파멸하기 때문입니다. 안토니와 클레오파트라는 로미오와 줄리엣처럼 운이 없지 않았습니다. 모든 일은 그들의 결정으로 인해 벌어진 결과입니다. 게다가 로미오와 줄리엣처럼 어리지도 않습니다. 클레오파트라는 마흔을 바라보고, 안토니는 오십 줄이 넘었죠. 셰익스피어 표현에 따르면 둘은 '인생의 황금기'와는 거리가 멀었지만 대신 자신의 운명을 자각할 정도의 정신 연령에 도달했다고 볼 수 있습니다. 그래서 둘은 어떠한 개입 없이 스스로의 결정으로 비극을 향해 운명을 이끌어갑니다.

두 주인공의 비극은 종말로 인한 비극입니다. 여기서 종말을 맞이하는 대상은 둘인데, 먼저 안토니가 악티움 해전에서 옥타비아누스에게 패배함으로 인해 로마의 공화정이 무너지는 것과, 안토니와 클레오파트라의 가슴 아프고 괴로운 이별로 인해 특별했던 둘의 사랑도 끝나는 것입니다. 사랑의 끝을 표현하는 관용어로 '역사의 끝'이라는 표현이 있습니다. 이는 매우 종말론적인 뉘앙스를 가진 표현인데, 사실 사랑하는 이와의 이별은 부분적으로 세상의 종말을 맛보는 것이므로 이보다 더 이 극과 어울리는 표현은 없을 겁니다. 셰익스피어는 이러한 맥락에서 두 사람의 이별을 공화정의 종말로 표현했습니다. 그래서 셰익스피어가 묘사한 안토니와 클레오파트라의 이별은 세상 그 어떤 연인의 이별보다 놀랍고, 장엄하고, 처절합니다.

영웅 내면의 내전

이야기는 시대적으로 안토니의 첫 번째 아내인 풀비아의 죽음부터 클레오파트라의 죽음에 이르는 시기를 배경으로 합니다. 역사적으로는 기원전 40년에서 30년까지의 이야기입니다. 작품은 로마의 장군과 이집트 여왕의 십여 년에 걸친 "술과 장미의 나날

(19세기 영국 시인 어니스트 다우슨의 시 제목)"을 이야기합니다.

앞서 언급했듯, 이 작품은 알렉산드리아에 있는 클레오파트라의 궁전에서 안토니가 그녀의 품에 안겨 있는 장면으로 시작합니다. 하지만 셰익스피어는 두 연인의 사랑 놀음을 들려주기 전에, 먼저 로마 장군이자 안토니의 측근인 파일로에게 자리를 내어줍니다. 그의 대사를 통해 관객은 안토니가 클레오파트라에게 푹 빠져서 정신이 나갔다는 소식이 온 로마에 파다하게 퍼졌다는 사실을 알게 되죠.

> **파일로** ＿＿＿ 한때는 갑옷을 입은 군신처럼 만군을 호령하던 빛나는 눈빛이 이제는 본래의 직분은 잊어버리고 거무튀튀한 면상이나 들여다보는 데 빠져 있단 말씀이야. 대전투 중에서도 가슴의 조임쇠가 끊어져 나갈 정도로 용맹스럽던 심장이 이제 자제력을 잃고 집시 여인의 음탕한 욕정을 식히는 풀무나 부채가 되었다네. 자, 보게. 저기에 오시는군. 잘 눈여겨보시게. 천하의 세 기둥 중 하나인 장군이 창녀의 광대로 전락해 버렸다네.
>
> (1막 1장)

파일로의 냉담한 대사 속에 이 작품의 중요한 요소, 즉 용맹한 군인에서 사랑에 눈먼 장님이 되어 버린 안토니의 변신이 담겨 있습니다. 실제로 극 중 안토니는 로마와 알렉산드리아로 상징되는 두 자아의 대립으로 양분화됩니다. 로마에서 그는 장군이자 옥타비아누스, 레피두스와 함께 세계를 다스리는 정치인입니다. 하지만 알렉산드리아에서는 클레오파트라의 파트너로 술에 취해 호의호식하면서 따스한 햇볕이 드는 곳에 앉아 철학자들과 지적인 말장난이나 하면서 시간을 보냅니다. 한편에는 국가의 의무, 명예, 율리우스 시저를 비롯한 그의 이상을 상징하는 로마가 있고, 다른 한편으로는 미녀와 평생 이끌렸던 로맨틱한 삶의 극치를 제공하는 이집트가 있는 것입니다. 군인과 심미가, 정치가와 연인, 실행력이 강한 남자와 황홀경에 빠진 남자. 왜 그는 이런 극단적인 변화를 하게 된 걸까요? 이 의문을 풀 수 있는 키워드는 바로 사랑입니다.

모든 사랑 이야기의 주인공처럼 안토니 역시 그전까지 멀리하려 했던 자아를 연인이 있는 이집트에서 찾습니다. 그래서 클레오파트라, 동양, 이집트는 그의 운명이 되죠. 그는 이곳에서 처음으로 자아를 완전히 실현하는 것처럼 보입니다. 극 중에서 로마인들이 그를 알아보지 못하는 이유는 바로 그가 로마에 있을 때와는 다른 자아를 내보이기 때문입니다. 이러한 자아 분열은 로마와 알렉산드리아의 상징에서도 나타납니다. 남성적이고 호전적인 로마는 흙의 이미지를 연상시키고, 여성적이고 신비한 알렉산드리아는 물의 이미지를 연상시킵니다. 이 흙과 물은 안토니의 사랑을 보여주죠. 결혼이라는 관계를 바탕으로 한 풀비아의 관계는 땅에 깊게 뿌리를 내리고 있습니다. 그에 비해 클레오파트라와의 관계는 정해진 형태가 없는 물처럼 규범에 얽매이지 않는 방탕한 사랑이죠. 그래서 일시적이고, 성급하고, 은밀하고, 덧없고, 과격합니다. 이 물의 이미지는 작품 전체를 관통합니다. 극 초반 안토니가 로마에서 온 전령을 향해 "로마 따위는 타이버 강에 가라앉아 버려라!"라고 외치는 것을 눈여겨 볼 필요가 있는데, 이것은 뒤이어 "이곳이 나의 영역이다"라고 덧붙이는 점 때문입니다. 이때 안토니는 로마 장군이 아니라 이집트인 안토니입니다. 클레오파트라의 품에 안겨 그녀의 눈을 바라볼 때 나타나는 인격체로 이곳에서는 술에 취하고 클레오파트라의 매력에 빠진 안토니만 있을 뿐 로마 장군 안토니는 그 어디에서도 찾을 수 없습니다.

사랑에 빠지면 누구나 이렇게 평소와는 달라집니다. 그냥 느낌만 그런 것이 아닙니다. 예를 들자면 누군가 우리를 새로운 시선으로 바라보면, 우리는 실제로 다른 사람이 됩니다. 이 마법은 긍정적일 수도 있고, 부정적일 수도 있습니다. 예컨대, 연인이나 부모님이 사랑하는 상대를 멸시감이 가득한 부정적인 시선으로 바라보면 그들은 아무런 가치가 없는 형편없고 무능력한 사람처럼 느끼고 그렇게 변하게 됩니다. 이것은 우리가 타인의 시선에 의해 대상화되기 때문입니다. 반대로 누군가 우리를 사랑을 담아 존경과 찬미의 눈빛으로 바라보면, 그로 인해 그때까지 표현되지 않았던 잠재력이 발현되고, 자유롭고, 대담하고, 창조적이고, 평온한 사람으로 거듭날 수 있습니다.

알렉산드리아에서 안토니는 로마에서는 땅속에 묻어 두었던 자아의 일부를 되찾습니다. 하지만 로마인의 눈에 그런 안토니는 정신이 나간 것으로 보이죠. 그래서 그는 명예를 잃고 '창녀의 광대'로 불리게 됩니다. 극 초반 클레오파트라는 이렇게 안토니를 다그칩니다.

> **클레오파트라** _____ 당신은 정말이지 수치심도 못 느끼는군요! 풀비아와 사랑하지 않았다면 왜 결혼했나요. 저를 바보로 보시나요.
> **안　토　니** _____ 난 클레오파트라에게 동요stirred되었소.
>
> (1막 1장)

이 대화에서 안토니가 클레오파트라에게 사용한 'stir'라는 단어를 주목해 봅시다. 현재 이 단어는 휘젓다, 뒤섞다, 움직이다 등의 의미로 쓰이지만 과거에는 '증가하다', '성장하다', '깨어나다', '흥분하다', '열광하다' 등의 뜻을 가졌습니다. 안토니는 클레오파트라의 시선으로 인해 '깨어'나 '성장'하는 '움직임'을 겪었기 때문에 저 말을 한 것입니다. 이런 그에게 로마에서 수군거리는 얘기는 하나도 중요하지 않습니다.

그렇다면 안토니의 이러한 변화는 무엇을 의미하는 걸까요? 셰익스피어 시대보다 멀지 않은 시대에 이미 안토니를 다룬 작품들이 있었음에도, 셰익스피어는 토마스 노스 경이 훌륭하게 번역한 플루타르크의 『그리스·로마의 영웅전』에 나오는 「마르쿠스 안토니우스 편」을 원전으로 삼습니다. 셰익스피어는 「줄리어스 시저」를 집필했을 때도 같은 작품을 참고했지만, 이 경우 원전을 그대로 가져오지 않고 역사적 사실을 상상하고 창조하거나 일부 사건은 의도적으로 부각하지 않으면서 극적 효과를 극대화하는 방향으로 각색했습니다. 하지만 「안토니와 클레오파트라」는 플루타르크의 원전을 충실하게 따라가는 정도가 아니라, 심지어 부분적으로는 원전 영어 번역본의 문체와 문장을 그대로 가져오기까지 합니다. 이것은 플루타르크가 과장되고 장점만큼 흠결이 많은 안토니의 인간적인 면을 세심하게 묘사했기 때문입니다. 셰익스피어는 바로 이 점에 집중합니다. 성애와 음주에 빠진 안토니의 내밀한 심리를 파고들면, 로마와 이집트 혹은 명예와 열정 사이에 분열

되는 자아가 드러납니다. 안토니는 사랑에 집착한 나머지 사랑을 존재 이유라고 생각하고, 본성이 변질됩니다. 즉, 진짜가 바뀐 것이죠. 앞에서 병사들이 안토니를 알아보지 못했다고 한 것처럼 로마인들은 바뀐 안토니를 이해하지 못합니다. 그리고 이 조그만 균열은 결국 공화국의 몰락이란 거대한 사건을 일으키는 단초가 됩니다. 셰익스피어는 한 개인의 자아가 바뀌는 과정을 공화정에서 로마 제국으로의 변화라는 역사에 맞춘 것입니다.

다시 「안토니와 클레오파트라」의 1막 첫 장면으로 돌아가서, 로마에서 온 전령이 안토니에게 메시지를 전합니다. 안토니는 로마 이야기를 듣고 싶어 하지 않지만, 그에게는 선택의 여지가 없습니다. 아내 풀비아의 죽음이 운명의 도화선에 불을 붙였기 때문입니다. 어쩔 수 없이 안토니는 클레오파트라를 떠나 배를 타고 고향으로 향합니다. 그에게는 율리우스 시저의 후계자 옥타비아누스에게 돌아가 레피두스와 함께 그 유명한 삼두정치 체제하의 로마를 다스려야 한다는 의무가 있기 때문입니다. 하지만 그를 이러한 의무감에 반하게 만드는 강한 힘이 있었으니, 그것은 바로 당당하지만 질투심 많고, 신성하지만 바람기 많은 클레오파트라입니다. 그녀는 어떡하든 안토니를 붙잡아 두고 싶어 합니다. 하지만 결국 안토니는 알렉산드리아를 떠나는데, 그것은 폼페이우스 장군의 함대가 로마의 평화와 안정을 위협하고 있었기 때문입니다.

셰익스피어는 클레오파트라가 절망하는 전형적인 멜로드라마적인 장면 바로 뒤에 안토니와 옥타비아누스의 만남을 대조적으로 보여주면서 옥타비아누스라는 인물의 특징을 보여줍니다. 옥타비아누스는 명민한 젊은이입니다. 그는 정치력이 뛰어나고, 냉정하고, 영리한 청년이지만 안토니처럼 생명력이 넘치는 인물은 아닙니다. 대신 옥타비아누스는 균형 잡히고 단호하며 현명하지만 무자비한, 모든 면에서 안토니와 상반된 인물입니다. 옥타비아누스는 안토니를 본래의 모습으로 돌아오게 하려고 합니다. 그는 안토니에게 충성을 요구하고, 그 증거로 누나인 옥타비아와 정략결혼을 추진합니다. 옥타비아누스는 안토니와의 혼맥을 통해 안토니를 정신 차리게 하는 한편, 외부 충격에 취약했던 기존 협력 관계를 강화하려고 하죠. 안토니는 거부하지 못하고 그의 제안을 받아들이지만, 그런 결정을 내린 것은 전체의 자아가 아닌 일부에 속하는 로마의 안토니입니다. 그의 내면에 있는 이집트의 안토니는 그러한 결정에 동조하지 않습니다. 그래서 이 결혼이 나중에 쉽게 물거품이 되는 것입니다.

겉으로 보기에 2막의 결말은 해피엔딩처럼 보입니다. 안토니는 레피두스, 옥타비아누스와 폼페이우스를 설득해 평화를 되찾고, 옥타비아와의 결혼으로 인해 다시 로마인 안토니로 돌아왔으니 말입니다. 하지만 이건 잠시만의 평화였습니다. 3막에서 클레오파트라가 옥타비아를 의식하고 견제하는 장면 다음에, 관객은 안토니가 결국 로마 신부를 버리고 이집트로 돌아오는 장면을 보게 됩니다. 결국 이집트의 안토니가 로마의 안토니를 이긴 겁니다. 옥타비아누스는 어쩌면 처음부터 이 모든 것을 예상했을지도 모릅니다. 안토니의 나약함을 알고 있었으니까요. 어쨌든 그는 기회를 놓치지 않고 안토니에게 전쟁을 선포합니다.

이제 로마의 삼두정치는 막을 내리고, 전쟁만이 남습니다. 원래 이 대결은 육지에서 벌어져야 했습니다. 적어도 처음에 안토니의 생각이 그랬고, 병사들도 그렇게 알고 있었습니다. 그런데 클레오파트라는 그에게 해전을 하라고 부추깁니다. 원래라면 듣지 않았어야 할 의견임에도 안토니는 전략적으로 문제가 많은 그녀의 의견을 받아들입니다. 그리고 결과는 예상한 대로 대패합니다. 안토니에 대한 충성심이 점점 약해져가던 병사들의 마음은 그가 결정적인 순간에 클레오파트라를 따라서 퇴각하는 모습을 보고 완전히 사그라듭니다. 전투에서 패하고 버림받은 안토니는 패전의 원인을 클레오파트라와 그녀의 어리석은 전략으로 돌리고 다시는 그녀를 보지 않겠다고 선언합니다. 한편 클레오파트라는 패전의 책임을 자신과 이집트로 몰 것을 걱정한 나머지, 부하에게 자신이 자살했다는 소식을 안토니에게 전하라고 명합니다. 이 소식을 들은 안토니는 즉시 분노를 멈추고 깊은 슬픔에 빠져 스스로 목숨을 끊습니다. 아니 더 정확히 말하면 목숨을 끊으려고 합니다. 하지만 그의 자살 시도는 불완전하여 극심한 고통을 받으며 목숨이 끊어지지는 않은 상태가 되어 버립니다. 이때 안토니의 자살 시도를 본 부하가 클레오파트라가 죽지 않았음을 밝히고 그녀가 궁전 깊숙이 피신해 있다는 사실을 알게 된 안토니는 그곳으로 가서 옥타비아누스를 경계하라는 말을 남기고 클레오파트라의 품에 안겨 천천히, 고통스럽게, 장엄한 죽음을 맞게 됩니다.

죽어가는 안토니의 모습은 한때 세상을 다스렸으나, 결국 모든 것이 허망하다는 것을 깨닫는 인간의 모습입니다. 클레오파트라와의 사랑이 끝나자 영웅의 영혼은 회복 불가능한 혼란 상태에 빠지고 결국 죽게 되는데, 클레오파트라와 완전히 이별하는 순간 그의 자아가 소멸하기 때문입니다. 이것은 이별 후에 온 세상이 무너져 내리는 듯한 느낌이 드는 걸 비유한 것입니다. 이별은 우리 내면의 가장 근본적인 생명력을 잃게 만듭니다. 이때 우리가 받는 고통은 어쩌나 큰지 그 충격을 이겨내지 못하고 정말 죽을 수도 있습니다. 사랑의 힘은 강력한 만큼 치명적이기도 하니까요.

신의 축복을 초월하는 미모

로마 내전은 화합할 수 없는 두 인격이 충돌하는 안토니 내면의 전쟁을 반영합니다. 클레오파트라와의 만남으로 인해 고삐가 풀린 안토니의 이집트 영혼은 그녀와의 이별 후에 자양분을 공급받지도 못하지만, 그렇다고 통제되지도 않아서 결국 그를 파멸로 이끕니다. 남자든 여자든 사랑하는 이와의 이별이 삶에 트라우마를 남기는 것은 바로 이런 이유 때문일 것입니다. 관계가 끝나면 사랑으로 인해 내면에 싹트고 깨어났던 우리의 일부도 죽게 됩니다. 셰익스피어는 극 내내 안토니의 내면이 갈가리 찢겨 나가는 과정을 극단적으로 보여줍니다.

안토니와 클레오파트라의 비극적인 결말은 파일로의 에필로그에서부터 예고되었습니다. 앞서 그는 "장군의 망령은 도가 지나칠 정도다"라고 했습니다. 여기서 망령을 가리키는 영어 명사 'dotage'는 자제력을 잃고 멸시를 받을 정도로 아둔해짐을 의미합니다. 셰익스피어는 마법에 걸린 티타니아 여왕의 착란 상태와 노망난 리어왕을 묘사할 때도 같은 단어를 사용합니다. 이 문장을 직역하면 "장군의 망령은 넘쳐 범람할 정도다"인데, 이때 이탈리아어로 '넘치고 범람하다'로 번역한 단어가 바로 'overflowing'입니다. 범위에 따라서 '알맞게 측정되었다'는 의미의 그리스어 카타 메트론Katà Métron과 반대되는 의미입니다.

이러한 개념은 그리스 철학 중에서 아리스토텔레스의 사상을 반영합니다. 여기서 아리스토텔레스는 범위를 따른 알맞은 욕망의 절제야말로 불행을 피하기 위한 핵심적인 요소라고 말합니다. 자아를 실현하려면 도달 가능한 목표를 설정해야 합니다. 이는 곧 그리스인들이 에우다이모니아eu-daimonia, 즉 좋은 정신의 상태 혹은 행복이라 정의한 개념으로 인간의 내면에 존재하면서 우리의 본질을 구성하는 영혼과 정체성, 정수를 규정하는 재능인daimon을 평온하게 만드는 힘을 의미합니다.

반면에 카코다이모니아kako-daimonia, 혹은 불행은 이와 반대되는 개념으로 나쁜 영에 붙잡혀 카타 메트론을 고려하지 않는 상태입니다. '도가 지나치게' 욕망을 좇는 바람에 곤란한 지경에 빠지는 것도 다 카코다이모니아 때문입니다. 카코다이모니아는 인간을 파멸로 몰고 갈 것이 뻔한 비정상적인 욕망의 노예가 되어 자신을 제어하는 능력을 상실하는 것입니다. 상황에 맞춰 도를 지나치지 않는 삶이 평온을 유지하기 위한 필수 조건이라면, 도를 지나치는 것은 곧 불행과 비극적인 결말을 의미합니다. 안토니는 이 카타 메트론을 지키지 못하고 도가 지나친 것입니다.

이러한 아리스토텔레스적 사상은 분명 로마식 명예의 개념을 형성하는 데 영향을 미쳤고, 그렇기에 이집트에서 머무르는 안토니의 도가 지나친 '망령'은 안토니 개인의 비극을 초래하는데 그치지 않고, 정치적으로 그가 로마인의 신망을 잃는 데 일조합니다. 그렇다면 안토니가 '망령' 들어서 명예를 실추하게 된 결정적인 이유는 무엇일까요? 당시 로마 병사들에게 이러한 질문을 했다면, 한 치의 망설임도 없이 경멸, 매혹, 분노가 뒤섞인 말투로 '클레오파트라'라고 답했을 것입니다. 맞습니다. 안토니를 미치게 만든 것은 클레오파트라입니다.

클레오파트라는 모든 의미에서 지나친 인물입니다. 안토니의 욕망이 지나쳐서 범람하는 나일강물처럼 넘치는 것도 우연이 아닙니다. 클레오파트라가 안토니에게 내재해 있던 참을 수 없는 욕망을 자극하기 때문이죠. 그래서 플루타르크를 비롯해 베르길리우스, 호라티우스, 단테, 초서 등 수많은 역사가와 시인은 그녀를 치명적인 매력의 이집트 여왕으로 묘사합니다. 심지어 호라티우스는 클레오파트라를 위험한 인물로 설정하고 그녀의 죽음을 축하하는 시까지 썼는데, 그 시는 '오늘은 축배를 들리라'라는 구절로 시작합니다. 이때 호라티우스는 모두 함께 모여 그녀의 죽음을 축하하자면서 로마 시민을 불러 모읍니다. 또 그녀를 '사망의 괴물'이라고도 부르는데, 이때 괴물의 그리스어 어원인 deindo에는 '무시무시한 비범함'이라는 의미가 있습니다. 클레오파트라에게는 로마인들을 매혹함과 동시에 두렵게 만드는 무언가가 있었습니다.

율리우스 시저에 이어 마크 안토니까지 매혹한 마성의 클레오파트라는 절세미인이지만 그녀의 아름다움은 단지 외적인 매력에 국한된 것이 아닙니다. 그녀는 뛰어난 지성의 소유자이기도 했습니다. 그녀는 카리스마, 지성, 섬세함과 사랑의 기술을 겸비한 강인하고 교양 있는 여성이었고 이집트어, 그리스어, 라틴어 뿐 아니라 이집트의 수많은 부족 언어에도 능통한 능력자이자 온 세상을 무릎 꿇릴 정도로 비범한 인물이었습니다.

셰익스피어는 그녀의 비범함과 함께 거부할 수 없지만 성가시고, 지극히 관능적이면서도 신성하고, 감성적이면서 신비롭고, 진실하면서도 거짓되고, 고집스러우면서 변덕스럽고, 현명하지만 엉뚱한 면모를 다층적으로 묘사했습니다. 클레오파트라는 매번 상황에 알맞은 가면을 돌려 쓰면서 끊임없이 자아를 재해석하는 여인입니다. 셰익스피어는 이런 클레오파트라의 치명적이고 이국적인 매력을 로마 군인이자 극의 핵심 인물 중 한 명인 이노바버스의 대사로 표현합니다.

이노바버스 _____ 나이를 먹어도 시들지 않고, 사귀면 사귈수록 익힌 재주가 무궁무진하여 새로운 변화를 보인다네. 다른 여자들은 남자에게 만족을 주고 나면 관심이 식기 마련인데, 여왕은 포식했을 때 더더욱 욕구를 느끼

게 하지. 세상에서 가장 야비한 짓마저 여왕이 하면 고
귀하게 보이고, 거룩한 사제들도 그녀의 방종만은 축복
한다 이 말일세.

(2막 2장)

이노바버스 캐릭터를 심층 분석한 20세기 이탈리아 비평가 아
고스티노 롬바르도는 그가 전형적인 비극의 'fool(광대)' 역할을 맡
았다고 분석했습니다. 이노바버스는 안토니를 떠나야 할 시기를
가장 먼저 파악할 정도로, 누구보다 안토니를 잘 알고 있습니다.
실제로 그는 독백뿐 아니라 안토니, 클레오파트라와 나누는 대사
를 통해서도 날카로운 재치와 예언에 가까운, 아이러니한 비극적
인 감성을 보여줍니다. 그의 위트는 셰익스피어의 광대 캐릭터에
서 나타나는 전형적인 특징입니다. 셰익스피어 극에서 광대는 종
종 서술자이자, 광인이자, 진실을 아는 유일한 사람입니다. 롬바르
도는 "이노바버스는 관객이 광대에게서 기대하는 코믹한 대사를
통해 긴장감을 완화하는 동시에 겉으로 보이는 면 뒤에 감추어진
진실을 자각하고 이를 코믹한 방식으로 관객에게 전한다"라고 말
했습니다. 2막 2장에서 이노바버스가 예언가의 황홀경에 빠진 듯
클레오파트라와 아프로디테 여신을 비교하며 그녀가 가진 마성을
묘사하는 부분에서 우리는 이러한 것을 알 수 있습니다.

이노바버스 _____ 여왕께서는 처음 시도너스 강에서 안토니 장군을 만났을 때 그분의 마음을 사로잡았다네. (…) 여왕이 탄 배는 빛나게 닦은 황금 옥좌처럼 물결 위에 타오르는 듯 찬란했지. 고물 선미 갑판에는 황금 마루가 깔렸고, 돛은 온통 자줏빛인데, 어찌나 향기롭던지 바람도 상사병에 걸린 듯 흐느적거렸지. 수많은 노는 온통 은이고, 피리 소리에 맞춰 가지런히 노를 저어 나가면 갈라지는 물결도 그만 연정에 못 이기는 듯 뒤쫓아 왔지. 여왕의 자태는 필설이 무색할 지경이고, 금실을 섞어 짠 엷은 비단 차일 아래 비스듬히 누워 있는 모습은 그림 속의 비너스보다 몇 배나 더 아름다운 자연의 조화였다네.

(2막 2장)

이노바버스는 이렇게 흙투성이 로마인들에게 안토니의 영혼을 사로잡은 물의 존재 클레오파트라의 아름다움을 묘사합니다. 그는 클레오파트라의 미모를 두고, 형언할 수 없는 비너스의 미모보다 더 형언하기 힘들다고 칭찬합니다. 이노바버스는 어쩌면 안토니가 이집트에 집착할 수밖에 없는 본질을 가장 잘 아는 유일한 로마인일 것입니다. 이 때문에 이노바버스는 두 문화의 중개자 역할을 합니다. 로마인이지만 이집트도 이해하고, 클레오파트라의 매력도 잘 알았기 때문이죠. 덕분에 그는 다른 인물들보다 안토니의 영혼 깊은 곳까지 들어갈 수 있었습니다.

「안토니와 클레오파트라」는 이상적이고 섬세한 사랑 이야기가 아닙니다. 이들의 사랑은 폭력적이고, 끔찍하고, 열정적입니다. 두 주인공은 서로에게 반해서 정신을 못 차리는 연인의 모습만 가지지 않습니다. 둘의 감정은 뜨겁고, 찌질하고, 어떤 면에서는 눈살을 찌푸리게 만듭니다. 이 둘은 통제 불가능한 열정 때문에 돌아가면서 참을 수 없는 질투에 사로잡힙니다. 클레오파트라는 풀비아와 옥타비아를 질투하고, 안토니는 클레오파트라의 들에 이미 '씨를 뿌린' 율리우스 시저를 질투합니다.

둘의 영혼을 불태우는 불꽃을 이해하려면 두 연인의 '도가 지나친' 면모를 이해해야만 하는데, 이노바버스는 이 사실을 정확히 압니다. 안토니는 알렉산드리아의 이국적이고 호화로운 궁정에서만 도를 지나쳐 황홀경에 빠집니다. 클레오파트라 역시 모든 로마인이 아니라 안토니에게만 자신의 치명적인 매력을 드러낼 수 있습니다. 이래서 이 세상에서 클레오파트라와 같은 여인을 감당할 사내는 안토니뿐이고, 안토니와 같은 사내를 감내할 여인도 클레오파트라뿐이라는 걸 알 수 있습니다.

셰익스피어가 두 인물의 내면을 묘사하는 인물로 선택한 이노바버스 외 다른 모든 로마인은 이들의 피상적인 면만을 봅니다. 이들의 눈에 안토니는 '뜨거운 집시 여인'의 성애에 사로잡혀 이성을 잃은 자로만 보였을 것입니다. 그나마 안토니의 인간적인 면을 보여주려 한 플루타르크조차 안토니를 '클레오파트라의 마성에 매료된 나머지 무장 해제되어 카노보와 타포시리의 해변에서 노닥거리기 위해 위대한 과업과 의무를 저버린' 인물로 그립니다. 셰익스피어는 육각시와 오운각의 형식으로 「안토니와 클레오파트라」의 이야기를 재집필하면서, 안토니에 대한 이러한 평가를 로마인의 시선으로 설정합니다. 그리고 여왕의 지나칠 정도로 뛰어난 미모에 특별한 의미를 부여합니다. 이를 통해 플루타르크가 지나쳤던 주제, 즉 그녀를 향한 안토니의 집착 이면에 숨겨진 이유를 건드립니다.

안토니는 클레오파트라뿐 아니라 이집트와 이집트의 문화까지 사랑하게 됩니다. 이집트에 대한 그의 사랑은 그를 내적, 외적으로 변화시킬 만큼 강력합니다. 실제로 클레오파트라에게 버림받자 그는 로마인으로서 명예롭게 죽으려 하지만 자살에 실패합니다. 어쩌면 그것은 그가 더 이상 진짜 로마인이 아니기 때문일 것입니다. 굳이 말하자면, 안토니보다 오히려 클레오파트라가 더 로마인다운 죽음을 맞이하게 됩니다.

1막 2장에서 풀비아의 죽음을 슬퍼하면서 안토니는 이노바버스에게 "차라리 클레오파트라를 만나지 않았으면 좋았을 뻔했다"

라고 고백합니다. 이 말은 과연 진심일까요? 로마에 돌아간 안토니는 그곳에서 로마인의 자아가 나타나기 때문에 '상상을 초월하는 마성의 여왕'을 기억에서 완전히 지워낸 것처럼 보입니다. 하지만 결국 클레오파트라가 있는 이집트로 돌아가고, 이노바버스는 그런 안토니의 분열을 이해합니다.

사랑에 빠지면 진정 가까운 사람만이 편견 없이 내가 처한 상황을 이해합니다. 그런 사람만이 나의 감정을 어리석게 여기거나 진부하다고 생각하지 않습니다. 대개는 나를 이해하는 사람이 나를 가장 걱정해 주고 비극적인 사랑의 결말을 예측해 주는 사람입니다. 문제는 당시엔 그들의 말이 귀에 들어오지 않는다는 겁니다.

셰익스피어식 '광대-예언자'인 이노바버스는 이 극의 비극적인 결말을 훨씬 전부터 예측했습니다. 4막에서 안토니가 악티움 해전에서 비굴하게 패배하기 전부터 말이죠. 악티움 해전에서 안토니는 클레오파트라의 조언을 따르는 바람에 웃음거리로 전락합니다. 정작 클레오파트라는 안토니를 버리고 도망가고, 마지막에는 충직했던 이노바버스마저 안토니를 배신하고, 옥타비우스 편에 붙습니다. 그가 배신이란 선택을 한 것은 목숨을 구하기 위해서도 아니고 안토니의 죽음을 차마 볼 수 없어서도 아닙니다. 그는 안토니의 본질을 꿰고 있었기 때문에 클레오파트라와의 사랑이 오래가지 못할 것을, 그리고 그들의 사랑의 종말이 결국은 그토록 존경했던 안토니의 죽음이라는 것을 직감해서였습니다.

안토니와 클레오파트라,
혹은 헤라클레스와 이시스

안토니와 클레오파트라는 첫 대사부터 상대방에게 과한 칭찬을 합니다. 서로가 서로의 영웅이기 때문에, 상대방을 띄워주는 것이죠. 그런데 여기서 주목할 것은 '지나치게'라는 점입니다. 그들의 사랑을 지배하는 전체적인 분위기는 앞에서 얘기한 것처럼 '과함'입니다. 그들은 서로를 너무나 찬미하고, 그로 인해 서로를 파멸시킵니다. 따지고 보면 깊이 사랑한 만큼 깊이 증오하는 법이니 당연한 결과인지도 모릅니다. 그래서 안토니와 클레오파트라에서 주로 사용되는 수사학은 과장법입니다. 태생적으로 과장이 심한 성향의 두 주인공은 둘의 만남으로 인해 긍정적인 면에서나 부정적인 면에서, 사랑과 증오에서 서로에게 거대한 존재가 되어버립니다.

누군가를 사랑한다는 것은 결국 상대방을 증오하고, 스스로 상대방의 증오 대상이 될 위험에 노출되는 것입니다. 자신의 가장 취약한 점을 드러내는 것입니다. 서로를 찬양하는 마음이 강할수록 이별의 순간 찾아오는 고통과 분노는 더욱 클 것입니다. 그런 관계의 종말은 마치 신들의 황혼과 같습니다. 사랑의 힘으로 아폴로 신의 신탁이 있는 파르나소스산 정상까지 날아올랐다가 추락해서 영혼에 이루 말할 수 없는 상처를 남기는 것처럼요. 안토니는 첫 등장 장면부터 과한 표현을 보여줍니다.

> **안토니** ＿＿＿ 왕국들은 한 줌 흙덩어리에 불과하다. 이 더러운 대지도 사람이든 짐승이든 다 같이 먹여 기르지 않는가. 인생의 존귀함은 우리처럼 조화를 이루는 연인에게 있다. 그러니 세상에게 명하노라. 우리야말로 세상에 둘도 없는 고귀한 연인이라는 것을. 그렇지 않으면 목숨이 다할 때까지 싸울 것이다.
>
> (1막 1장)

여기서 안토니는 무엇에게 홀리기라도 한 것처럼 '우리는 세계 최고의 커플'이라고 외칩니다. 그는 극이 전개되는 내내 이러한 어조를 유지합니다. 심지어는 클레오파트라에게 버림받고 홀로 죽어가는 순간에도 화려하고 뜨겁고 웅장한 수사로 그녀를 찬미합니다. 셰익스피어는 안토니의 '과함'을 옥타비아누스 시저와의 대비를 통해 더욱 부각시킵니다. 그의 화법은 차분하고, 절제됐고,

냉소적이고, 실용적이고, 예리하고, 논리적이어서 안토니의 서정적이고 현란한 화법과는 거리가 있습니다.

안토니에 대한 클레오파트라의 찬양은 그보다 더 과장됩니다. 안토니보다는 진정성이 덜할지 모르지만 그에 못지않게, 아니 어떤 면에서는 그보다 더 화려한 수사를 동원합니다. 클레오파트라는 지극히 자기중심적인 인물로 하늘의 별과 인간의 감정과 정치에 이르는 세상 모든 것이 신성한 존재인 자신을 중심으로 돌아간다고 생각합니다. 이 정도로 나르시시즘에 빠진 인물인데도 불구하고, 클레오파트라는 안토니가 살았을 때나 죽었을 때나 계속해서 그의 위대함과 아름다움을 칭송합니다.

클레오파트라 _____ 그분은 두 다리로 대양을 올라탔고, 높이 쳐든 팔은 세계의 묘지였소. 친구를 대하실 때 그분의 목소리는 천상의 음악처럼 아름다웠지만, 그렇지 않을 때는 대지를 진동하는 뇌성벽력과 같았소. 인정 많은 심성은 겨울이 없고, 추수할수록 점점 더 익어가는 풍요한 가을 같았소. 즐거울 때는 수면 위로 등을 내밀고 뛰노는 돌고래 같았고. 왕과 제후들이 그분의 녹을 먹는 하인들이요, 영토와 섬나라쯤은 그분의 주머니에서 떨어지는 은화처럼 수두룩했소. (…)

그런 분은 실제로 존재하고, 또 과거에 존재했다기에는 도저히 꿈에서도 상상할 수 없는 큰 인물이오. 불가사의한 힘을 창조하는 힘은 자연이라도 공상을 따를 수는 없는 법. 안토니 같은 분은 공상에 도전한 자연의 걸작이며 꿈의 그림자를 압도하고도 남는 분이오.

(5막 2장)

클레오파트라는 계속해서 안토니를 신과 비교합니다. 몇 번에 걸쳐서 그를 '대적할 인간이 없는 신성한 전사'로 표현합니다. 어느 대목에서는 안토니를 헤라클레스로 표현하기까지 합니다. 안토니가 헤라클레스라면 클레오파트라는 이시스(이집트 신화에 나오는 여신으로 만물의 어머니로 불림-옮긴이)입니다. 안토니 역시 그녀를 신처럼 찬양하고, 찬미하고, 두려워하고, 욕망하고, 소환하기 때문입니다. 사랑이란 결국 상대방의 눈에 신격화되는 것을 의미하기도 합니다. 위대하고 허영심 많은 두 인물의 지극히 나르시시스트적인 사랑이기에 서로를 신격화할 수 있는 것입니다. 셰익스피어는 두 연인의 상호 신격화가 전례 없는 숭고한 사랑의 증거인지, 아니면 서로의 장점을 칭찬함으로써 이기심을 충족하기 위함인지의 여부를 관객의 판단에 맡깁니다.

영국 정신분석학자 멜라니 클라인은 에세이 『시기심과 감사하는 마음』에서 심리적 이상화의 과정을 명쾌하게 설명했습니다. 그녀는 이상화란 결국 어떠한 대상이 파괴 본능과 고뇌를 지나칠 정도로 강렬하게 인지할 때 발동하는 방어기제라고 설명합니다. 예측 불가능한 사악한 잠재력을 어느 순간 참지 못할 수도 있기에, 우리는 본능적으로 절대적으로 선하고 완전무결하고 신성한 대상을 찾고, 그로써 악의 흔적을 지우려 합니다. 대상이 실제로 어떤지는 상관없이 말입니다. 하지만 이러한 신격화가 지속되지 못한다면, 그러니까 신격화 대상이었던 상대방을 더는 칭송할 수 없으면 어떻게 될까요? 그럴 때는 기존 대상을 다른 대상으로 교체해야 하고, 그러기 위해서 기존 대상을 절대적으로 사악하고 성가신 존재로 인식해야 합니다. 그렇게나 숭배하던 전 연인을 증오하게 되는 것도 다 이런 이유 때문입니다. 그래서 안토니와 클레오파트라 역시 이별로써 서로를 죽음으로 몰아갑니다. 안토니가 클레오파트라를 보호하는 헤라클레스가 되고, 클레오파트라가 안토니를 보호하는 이시스가 될 수 있었던 것은 두 사람의 사랑 덕분입니다. 그리고 이별 후에는 그 사랑이 둘을 죽음으로 내몰고 갑니다. 사랑의 종말이 힘겨운 것은 사랑으로 인해 깨어났던 내면의 영웅적인 자아마저 사라져버리기 때문일지도 모르겠습니다.

사랑이 끝나는 이유는 다양합니다. 현실적인 문제일 수도 있고, 정서적인 문제일 수도 있고, 심지어는 경제적인 이유로 헤어질 수도 있습니다. 이유야 어떻든 이별의 순간 터져 나오는 고통, 분노, 두려움은 똑같습니다. 그리고 이러한 감정이 생겨나는 이유는 상대방이 없는 상태에서 독립적인 자아를 인지할 수 있는 능력이 부재하기 때문입니다.

안토니와 클레오파트라는 자신의 파멸을 자초합니다. 이 지점에서 우리는 '둘이 더 좋게 헤어져야 하지 않았을까?'라는 질문을 던질 만합니다. 안토니가 그녀와 보낸 이집트의 추억을 소중히 간직한 채 로마에 있는 옥타비아에게 돌아가 삼두정치를 다시 시작하는 편이 낫지 않았을까? 클레오파트라 역시 안토니의 연인이었다는 점을 정치적으로 활용해서 이집트에 남아 있을 수 있지 않았을까? 하지만 셰익스피어는 그렇게 생각하지 않았습니다. 그는 둘의 평화로운 이별이 불가능하다고 생각했습니다.

5막에서 클레오파트라의 자살로 정점에 이르는 그들의 죽음은 그들의 사랑만큼 위대합니다. 그런 의미에서 「안토니와 클레오파트라」에는 모든 연인이 반면교사로 삼을 만한 소중한 교훈이 있습니다. 그것은 바로 사랑 덕분에 깨어난 영웅적인 자아를 상대방의 존재와 애정 관계에 의존하지 않고 보호해야 한다는 가르침입니다. 상대방을 소중하게 생각하되 지나친 이상화는 피해야 합니다. 인격의 뿌리를 취약하고 일시적인 사랑에 두어서는 안 됩니다. 이것만 지키면 사랑 때문에 고통받지 않고 건강하고 발전적인 관계를 유지할 수 있게 됩니다. 헤라클레스는 두려움을 몰랐고, 이시스도 그랬습니다. 안토니와 클레오파트라의 사랑은 그런 헤라클레스와 이시스의 사랑이었습니다. 우리도 마찬가지입니다. 위대한 사랑이 시작되는 순간은 우리 내면의 신들이 만나는 순간입니다. 이것은 놀랍고도 위험한 경험입니다. 그런 사랑은 오랫동안 지속될 수 없기 때문입니다. 예기치 못하게 갑작스레 발현했다. 모습을 감추는 신처럼 아무런 이유 없이 사라질 수 있기 때문입니다.

옛 예인을 불과 공기로 만들다

안토니는 4막 마지막에 클레오파트라를 남겨둔 채 숨을 거둡니다. 극 전개상 안토니는 클레오파트라보다 1막 전에 죽습니다. 이는 필연적인 선택입니다. 어차피 안토니의 죽음은 의식을 연상시키는 클레오파트라의 장엄하고 숙연한 죽음으로 인해 잊혔을 테니까요. 「안토니와 클레오파트라」의 마지막 장면은 오직 클레오파트라를 위한 장면입니다.

광활한 전장과 장치 무대는 안토니와 함께 황혼을 맞이하고, 관객은 이집트 여왕의 은밀한 방으로 초대받아 그녀의 이루 말할 수 없는 고통과 고독을 함께합니다. 이제야 로마와 알렉산드리아를 상징하는 땅과 물의 싸움이 끝나는 것입니다. 이때 클레오파트라는 죽어가면서 "이제 나는 불과 공기일 뿐이다"라고 합니다. 이렇게 그녀는 비천한 전생에서 자신을 구성했던 두 요소인 흙과 물을 포기합니다.

그녀의 죽음은 지극히 멜로 드라마적으로 마지막까지 자신의 역할을 훌륭하게 연기합니다. 클레오파트라에게는 자신을 섬기던 아이러스와 차미언에게 죽을 준비를 하게 가장 아름다운 옷을 가져다 달라고 합니다. 셰익스피어는 죽음을 맞이하는 안토니의 모습을 늙은 부상병처럼 묘사했지만, 클레오파트라에게는 관능적이고 여성성이 넘치는 눈부신 여왕의 죽음을 선사합니다. 클레오파트라는 괴로워하는 모습마저 아름답습니다. 임종의 순간 클레오파트라의 여성성은 최대치에 달하며, 그녀의 죽음을 관능적인 황홀경으로 바꾸어 놓게 됩니다.

클레오파트라 _____ 그 옷을 내게 주고, 왕관을 씌워다오. 영원불멸의 존재가 되고 싶구나. 이제는 이집트 포도주도 이 입술을 적셔주지 않을 것이다. 어서, 어서 아이러스, 서둘러라. 안토니 장군님이 부르시는 소리가 내 귀에 들리는구나. 나의 훌륭한 처사를 칭찬하려고 몸을 일으키시는 모습이 눈앞에 아른거리는구나. 시저의 행운을 조롱하는 소리도 들린다. 신들이 행운을 주는 것은, 나중에 분노할 구실을 삼기 위함이야. 나의 남편이여, 이제 당신께 갑니다. 나의 용기여, 그분의 아내답게 부끄럽지 않게 해다오. 이제 나는 불과 공기일 뿐이다. 흙과 물은 천한 이승에 남겨두겠다. 자, 다 되었느냐? 그럼 이리 와 다시 따뜻한 내 마지막 입술에 입을 맞춰라. 잘 있거라, 상냥한 차미언. 아이러스, 영원히 작별이다. 내 입술에 독사의 독이 묻었느냐? 그렇게 쓰러지다니. 그렇게 조용히 떠난다면 죽음의 신과의 충돌도 애인이 깨무는 것과 별 차이가 없겠구나. 아프긴 해도, 즐거운 아픔이겠구나.

(5막 2장)

클레오파트라의 죽음은 사랑과 인생, 한 시대의 종말입니다. 앞서 언급했듯 윌 선생님은 비극적인 결말의 사랑 이야기를 들려주기 위해 기원전 40~30년 역사적·정치적 상황과 당시의 세기말적 분위기를 활용합니다. 더 정확하게 말하자면 셰익스피어는 향후 로마 제국의 아우구스티누스 황제가 될 옥타비아누스 시저에 의해 정리되는 이집트, 알렉산드리아, 그리스 문화와 오리엔트 문화의 종말을 이야기하고 있습니다.

「율리우스 시저」에서 안토니가 자신의 숙적이자 패배자 브루투스를 기리는 에필로그를 맡았듯, 「안토니와 클레오파트라」에서는 옥타비아누스 시저가 위대한 안토니와 클레오파트라의 비극적인 사랑을 찬양하는 에필로그를 맡습니다. 살아생전 안토니를 '어설픈 풋내기', '허풍쟁이'라고 무시하고, 극 내내 로맨스와는 거리가 멀었던 유능한 관료 옥타비아누스가 이 역할을 맡는 것은 안토니가 죽고 이제 진정 그의 시대가 시작된 것을 보여주기 위함입니다. 옥타비아누스와 같은 이들은 사랑하기 위해 태어나지 않았습니다. 그들은 자신의 영혼을 위험에 빠뜨리지 않는 승리자이자, 진지하고, 결단력 있고, 믿을 만한, 자신과 타인의 인생을 제대로 운용할 줄 아는 이들입니다. 셰익스피어는 이를 통해 모든 것을 잃을 각오를 한 사람만 사랑할 수 있다고 말합니다. 안토니와 클레오파트라를 지배한 것과 같은 일종의 자기 파괴 욕구 속에서 거의 모든 것을 잃고픈 욕망을 느껴야만 사랑에 빠질 수 있습니다.

「안토니와 클레오파트라」의 마지막 장을 보는 관객의 마음속에는 애끊는 슬픔과 함께 두 가지 질문을 떠오를 것입니다. 먼저 클레오파트라는 왜 3막에서 안토니를 홀로 내버려 두고 도망쳐서 패배를 자초했을까요? 두려움 때문에, 목숨을 부지하려고, 정치적인 이유로, 그 순간에는 안토니를 사랑하지 않았거나 오히려 그를 너무나 사랑해서 등등 다양한 이유가 있을 수 있습니다. 두 번째는 두 연인의 비극적인 운명에 관한 질문입니다. 그들의 사랑은 정말로 그 정도의 가치가 있었을지, 정말로 서로를 강렬하게 사랑했는지, 못 말리는 나르시시스트 두 명이 단지 그들의 관계에 의한 자기 만족감에 도취되었던 건 아니었는지, 그래서 그들은 결과적으로 서로 속고 속인 것은 아닐지. 외적 환경과 일련의 사건을 제외하고 관계가 깨지는 원인을 생각하면 이 질문의 답은 언제나 '정말 가치가 있었는가'라는 질문과 이어집니다. '나는 정말 그 또는 그녀를 사랑했던가?' 이 질문에 만약 아니라는 답이 나왔다면 그동안 맺어왔던 모든 것이 각자 믿고 싶은 부분만 믿다가 벌어진 헛소동에 지나지 않습니다.

셰익스피어의 작품과 마찬가지로 어쩌면 우리의 인생에서도 이에 대한 정답을 찾을 수는 없을지 모릅니다. 일반적으로 정답이 없는 질문은 질문 자체가 잘못된 법입니다. 진짜 질문이 아니라 머리가 만들어 낸 말장난에 지나지 않기 때문이죠. 그럼 사랑도 그런 것일까요? 사랑이 끝나도 원인을 물어서는 안 되는 걸까요? 사랑이란 말로 표현할 수 없으니 침묵한 채 평온하게 자기 길을 가는 것이 어쩌면 나을지도 모릅니다. 사랑이 끝날 때마다 풀리지 않는 수많은 질문을 담은 주머니가 하나씩 생겨납니다. 아픔 없는 이별이란 불가능하기 때문에 우리는 살면서 그 주머니를 짐, 부적, 표식처럼 달고 다니게 됩니다. 사랑은 본질적으로 좋게 끝날 수 없기에 그 고통을 소화하는 방법을 알아야 합니다. 예컨대 이별의 고통을 헤어진 대상을 향한 폭력과 악의, 분노로 둔갑시키면 경멸의 대상으로 전락할 수 있습니다. 아니면 내면의 가장 좋은 부분을 잃었다는 상실감에 정신적으로 고갈될 수도 있습니다. 또 상대방이 내가 생각하던 사람이 아니라는 실망감과 그 사람과의 사랑에 걸었던 희망이 사라져 깊은 좌절감에 빠질 수도 있습니다.

폭력, 우울증, 환멸이 아니면, 네 번째 고통의 길을 택할 수 있는데 그것은 바로 사랑하던 옛 연인을 '불과 공기'로 만드는 것입니다. 클레오파트라의 자살은 연금술적인 의식입니다. 자살을 통해 그녀는 자신의 육체를 마법처럼 변형시키기 때문입니다. 클레오파트라는 물과 흙처럼 육체에서 가장 무겁고 물질적인 부분, 가장 고귀하지 않고 오래된 부분을 지상의 것이 아닌 천상의 요소인 불과 공기로 변형시킵니다. 그리하여 하강하는 요소들을 버리고 상승하는 요소로만 구성된 존재로 변화해 비물질질적인 존재가 됩니다.

우리는 관계가 끝나면 주체할 수 없는 향수에 사로잡히곤 합니다. 관계의 끝으로 인해 야기되는 현실적이고 정신적인 문제들로 괴로워하게 되고 억누를 수 없는 후회, 버림받았다는 사실을 받아들일 수 없는 마음과 상대방을 버렸다는 자책감이 휘몰아치거든요. 이 모든 것은 영혼에 독을 남기는 정신적인 찌꺼기입니다. 이

찌꺼기는 마음속에 남아 있는 고통에 자양분이 됩니다. 하지만 중요한 것은 이 고통을 끝까지 경험하고, 이를 이겨내는 것입니다. 그래야 감정의 찌꺼기를 완전히 없앨 수 있습니다.

사랑하는 연인을 '불과 공기'로 만드는 것은 한때 시간과 감정과 공간을 공유한 이를 비물질적인 존재로 만드는 것입니다. 그의 부재로 인한 고통과 상실감을 느끼지 않게 되면, 불과 공기로 구성된 전 연인이 분해되고 그 혹은 그녀에 얽힌 추억은 긍정적인 요인으로 남을 것입니다. 관계의 끝이 아무리 좋지 않았다 해도 말이죠.

안토니와 클레오파트라는 만남을 통해 가장 눈부시고 아름다운 시절을 함께 보냅니다. 술에 취해 입맞춤을 나누며 서로의 아름다움과 자부심에 취했습니다. 하지만 아름다움과 성애의 나날은 오래 가지 않습니다. 그런 시절은 어니스트 다우슨이 '술과 장미의 나날'이라고 표현한 것처럼 꿈속으로 사라지기 때문이지요. 하지만 비극적인 결말을 맞이했다 하더라도 그들의 빛나는 사랑에 아무런 흠집을 남기지는 못할 것입니다. 그들의 사랑은 불과 공기로 남았으니까요.

사랑 앞에 움츠려드는 '나'에게

연인에게 상처받은 이를 위한 처방전

전 이번 상담의 서두에서 마르케스를 언급했습니다. 그리고 결말 역시도 그의 이야기로 맺으려 합니다. 그가 남긴 여러 주옥같은 작품 중에는 사랑에 대한 소설인 『콜레라 시대의 사랑』이 있는데요. 여기에서는 53년 7개월 11일의 낮과 밤 동안 혼자서 사랑을 지키는 한 인물이 등장합니다. 그 인물은 그토록 오랜 시간(단언컨대 하루하루가 절망과 분노, 체념이 이어지는 시간이었을 겁니다)을 감내하는 동안 분명 수없이 약해지고 아팠을 겁니다. 하지만 그는 사랑을 멈추지 않습니다. 그는 그 긴 시간이 자신에게 상처로만 남지 않는다는 것을 알고 있었거든요. 그리고 그 상처를 감수할 가치가 있다고 생각했습니다. 사랑이라는 건 완성이 중요하지 않습니다. 그 사랑이 나에게 남기는 것, 그리고 그것으로 내가 어떤 모습이 될 것인지가 중요합니다. 이것을 깨달으면 더 이상 사랑의 상처가 두렵게 보이지 않을 겁니다.

사랑의 상처뿐만 아니라 우리가 겪는 모든 상처는 우리가 어떻게 대하는가에 따라 흉터가 될 수도 있고 승화되어 우리의 자양분이 될 수도 있습니다. 중요한 점은 우리가 상처 받는 걸 두려워하지 말고 당당해지는 것입니다. 상처를 두려워하지 않을 때 우리는 그 상처를 자신의 뼈와 살로 소화할 수 있게 되고 보다 나은 존재가 될 것입니다. 인간은 사회적 존재이고 남과 엮이면서 성장하기에 상처를 언제까지나 회피할 순 없습니다. 영원히 밝은 낮은 없고 시간이 지나면 어두운 밤이 오는 것처럼 우리는 사랑의 밝은 면만을 원하지 말고 어두운 면도 포용하며 살아갈 수 있어야겠습니다.

삶에서 가장 어두운 터널을 지나고 있다면

Hamlet

햄릿

어느 게 더 고귀한가?

난폭한 운명의 돌팔매와 화살을 마음속에 맞는 건가,

아니면 무기를 들고 고난의 바다와 맞서다가

끝장을 보는 건가?

-햄릿

장면 #8

삶이 고약하게 굴며 앞을 막아설 때 좌절하지 않고 끈질기게 맞선 사람이 있다. 비록 그가 휘두른 주먹은 정답을 찾지도, 모든 것을 해결하지도 못하지만 시대를 넘어 모두의 마음을 울리게 하니, 이것은 살아가는 모든 이를 위한 이야기다.

~~~~~~~~~~

햄릿은 너무나 유명한 작품입니다. 어찌나 유명한지 제대로 보지 않아도 명대사는 한 번씩 들어봤을 정도죠. 저는 햄릿형 인간에 대해서 집중해 보고자 합니다. 햄릿은 일반적으로 세 가지 성격으로 분류됩니다. 첫 번째는 가장 유명한 우유부단형 인간이라는 것입니다. 이건 햄릿이 복수의 순간이 와도 계속 고뇌에 빠지며 행동을 실천하지 못하는 것에서 나온 해석입니다. 두 번째는 차가운 이성과 뜨거운 마음을 가진 인간이라는 해석입니다. 이 두 번째 햄릿은 선왕의 완벽한 복수를 하기 위해서 활화산처럼 분출하는 화를 누르고 차갑게 상황을 살핍니다. 고해소에서 혼자 기도드리는 숙부를 보며 햄릿이 칼을 거두는 건 죽음 이후에도 그가 고통에 처하길 바랐기 때문이죠. 마지막 세 번째는 프로이트형 해석입니다. 오이디푸스 콤플렉스처럼 자신의 어머니를 데려간 숙부를 향해 경쟁의식을 느끼는 겁니다. 여러분이 보기에 햄릿은 어떤 유형의 인간인가요? 이 세 가지 유형에는 한 가지 공통점이 존재합니다. 그것은 자신보다 월등히 큰 문제에 대해서 계속 물고 늘어지는 인간이라는 것이죠. 우유부단형 햄릿은 갈팡질팡을 해도 절대 복수를 포기하지 않습니다. 차가운 이성을 가진 햄릿형은 완벽한 복수를 이루기 위해 들끓는 분노를 가라앉히고 계속 때를 기다리죠. 프로이트형 햄릿은 내면의 욕망을 외면하지 않고 동력으로 삼습니다. 우리는 햄릿을 통해서 가장 강력한 인간의 권리를 깨닫게 됩니다. 그건 삶을 엄습하는 거대한 문제에 대해 맘껏 화를 낼 수 있다는 겁니다. 화를 낸다는 건 삶을 자기 주도적으로 사는 것입니다. 주체성없이 그저 주어진 상황을 수용하는 사람은 화를 내지 못하거든요. 후회 없는 삶을 만드는 건 오직 주도적으로 사는 사람만의 전유물입니다. 그러니 지금 자기 삶에 불만을 품고 있다면 그리고 슬기롭게 자신의 주도권을 가지고 싶다면, 햄릿의 이야기를 들어야 합니다. 자, 그럼 다 같이 떠나봅시다.

덴마크의 왕이 갑자기 죽고 왕의 동생 클로디어스가 왕위에 오르면서 자신의 어머니인 거트루드와 재혼하자 햄릿 왕자는 혼란스러워한다. 이때 선왕의 영혼이 밤마다 궁 초소에 나타난다는 소문을 듣게 되고 이를 직접 확인하고자 나선다. 선왕의 유령은 자신이 클로디어스에게 독살되었다고 하며 복수해달라고 하는데 햄릿은 이때부터 진실을 파헤치는 걸 들키지 않으려고 일부러 미친 사람처럼 행동한다. 햄릿은 극단을 고용해서 클로디어스가 선왕을 죽인 수법을 똑같이 묘사한 다음 클로디어스의 반응을 살핀다. 암살 장면을 직접 본 클로디어스는 안색이 변해서 서둘러 자리를 떠나고 햄릿은 이 반응으로 클로디어스가 선왕을 죽인 거라 확신을 갖고 복수를 결심한다. 이후 햄릿은 어머니 방에 들어갔다가 누군가 숨어서 자신을 보고 있는 걸 보고 클로디어스로 생각해 죽이게 되는데 칼에 찔린 이는 클로디어스가 아니라 폴로니어스 재상이었다. 폴로니어스의 딸이자 햄릿의 약혼자인 오필리아는 이 사실을 알자 미쳐서 물에 빠져 죽는다. 아버지와 여동생이 죽었다는 소식에 아들 레어티스는 복수를 하기 위해서 성으로 오게 되고 클로디어스는 이를 이용해 햄릿을 죽이고자 그에게 대결을 하라고 제안한다. 대결 당일에 레어티스는 칼에 독을 바르고 나서고 햄릿에게 여러 상처를 입히지만 시합 도중 칼을 서로 바꿔 들면서 자신이 바른 독에 죽게 된다. 왕비는 햄릿의 승리를 기원하기 위해 술잔을 기울이는데 여기엔 왕이 햄릿을 죽이고자 넣은 독이 들어 있어서 여왕도 죽는다. 자신도 독과 상처로 인해 얼마 남지 않았음을 안 햄릿은 마지막 힘을 다해 클로디어스를 죽이고 본인도 숨을 거둔다. 노르웨이의 왕자 포틴브라스는 덴마크의 선왕이 죽었다는 소식을 듣고 전쟁을 벌이기 위해 덴마크 왕궁으로 왔으나 참담한 이 현장을 안타깝게 생각해 죽은 이들의 장례를 정성스럽게 치러준 후 덴마크의 왕이 되며 이야기는 끝을 맺는다.

존재라는 간수와 대놓고 맞서는 이

어떤 일을 시작하기 전에 '굳이 이 고생을 할 필요가 있을까?' 란 생각을 하는 사람을 우린 종종 봅니다. 그런데 여기서 더 나아가 왜 삶은 고통을 주는지, 우리를 속이려고 드는 사악한 운명 앞에 어째서 인간은 그저 불의와 고통과 육체적·정신적 아픔을 감내할 수밖에 없는지, 인간의 존재 이유를 자문하는 사람은 별로 없죠. 이들 중에서도 오랜 번뇌 끝에 '그래, 괴로워도 참고 투쟁해야 해. 삶은 의미가 없을 리가 없어'라는 결론에 도달하는 사람이 간혹 있습니다. 이들은 가족에 대한 애정, 종교적 혹은 도덕적 사상, 전통 혹은 확실한 미래 목표를 기반으로 구체적인 삶의 목표를 설정해서 삶을 회피하지 않고 긴밀하게 살아갑니다. 우린 일반적으로 이런 사람을 배울 점을 가진 사람, 지향해야 할 모습이라고 생각합니다. 하지만 셰익스피어는 그렇게 생각하지 않았죠. 그래서 삶의 문제를 다루는 또 다른 인간 유형을 우리에게 보여줍니다. 이 유형의 사람은 삶의 의미를 막연하게 있을 것이라 포장하지 않고 무모할 정도로 묻고 이에 대해 무의미하다고 답합니다. 이들은 두려움이나 목숨을 부지하기 위해 시선을 떨구지 않고 불합리한 존재를 똑바로 직시합니다. 비록 그 결과가 언제나 비극적이라 할지라도 지성을 이용해 주어진 삶의 조건에 반기를 듭니다. 이러한 유형의 사람이 바로 햄릿입니다.

1601~1602년경에 집필된 것으로 추정되는 「햄릿」은 서양에서는 가장 유명한 연극입니다. 「햄릿」이 연극의 대명사가 된 것은 부조리한 삶에 대한 질문을 던지고, 그 이유를 묻는 주인공의 지성과 논리 덕분일 것입니다. 사실 햄릿은 삶의 질문에 대한 해답을 찾지 못합니다. 그래서 이 이야기에서는 희망을 찾을 수 없습니다. 하지만 햄릿은 적어도 존재라는 간수에게 반기를 들고, 자기 목소

리를 냅니다. 3막 1장에서 덴마크 왕자 햄릿은 서양 연극에서 가장 유명한 대사를 합니다. 평생 극장에 가본 적도 없고 셰익스피어가 누군지 모르는 사람조차도 '죽느냐, 사느냐'는 한 번쯤 들어봤을 정도로 유명한 이 독백에서 햄릿은 이성의 힘을 빌려 사악한 삶의 본질을 소환합니다.

'죽느냐, 사느냐'는 목숨을 끊을지 말지 걱정하는 우유부단한 생각이 아닙니다. '햄릿적'이라는 표현에는 '플라토닉'이나 '핀다적(핀다로스 Πίνδαρος는 고대 그리스의 합창시合唱詩 작자이다. 핀다적은 형식적이며 정연하다는 의미-옮긴이)'처럼 실제 역사적인 인물의 사상과는 상관없이 형용사처럼 통용되는 비극적인 운명이 내포되어 있습니다. 그래서 일반적으로 '햄릿적'이라는 표현은 결정하기 힘들기에 해답이 없는 것처럼 느껴지는 문제를 뜻합니다. 하지만 '죽느냐, 사느냐 그것이 문제로다'는 결정하기 힘든 난제(아포리아)가 아닙니다. 여기서 햄릿 왕자는 삶과 죽음이라는 두 가지 선택 사항 중 하나를 택하는 것이 불가능하다고 말하지 않습니다. 여기서 그는 근본적이고 형이상학적인 질문이자 서양 철학의 근간인 '존재의 본질'을 묻고 있습니다. 「햄릿」이 집필된 후에 활동한 철학자 라이프니츠라면 햄릿에게 이런 질문을 하게 했을 것입니다.

"왜 무가 아니고 반드시 무언가 존재해야 하는가?"

극단적인 철학자 햄릿은 이러한 질문을 자신과 관객에게 던지고 삶과 죽음을 구분하는 요인을 이해하려 합니다. 마지막에 그는 삶과 죽음의 차이는 죽음에 대한 인간의 과도한 두려움뿐이라고 깨닫는 듯합니다. 그래서 '햄릿형 인간'은 의심이 많고 우유부단한 인물이 아니라, 심연 속에서 삶의 가장 끔찍하고 혐오스러운 면을 직면할 용기가 있는 인물을 의미합니다. 자신의 사유를 바탕으로 삶이란 아무런 목표도 없는, 고통스러운 거대한 속임수일 뿐이라는 결론에 도달하는 이들을 가리키죠. 삶이 불합리하다는 사실을 깨달은 이후 어디에서나 겉돌고 세상으로부터 추방당한 것처럼 느껴진다면, 「햄릿」은 당신을 위한 작품입니다. 세상 사람 모두 당신의 절망을 비정상, 우울, 일탈, 광기라 부를 테지만, 이것은 버릴 수 없는 당신의 본성이니까요.

일도 사랑도 팽개치고 복수에 전념하다

때로는 하나의 사건으로 인해 모든 것을 잃을 수도 있습니다. 그 사건은 누군가의 죽음일 수도 있고, 사랑하는 연인과의 이별일 수도 있습니다. 또는 사업이나 직장에서 실패하거나 큰 좌절감을 맛보아서일 수도 있습니다. 그런 일을 겪고 나면 현상을 정상적인 관점으로 볼 수 없게 됩니다. 그래서 '현실'이라고 부르는 보편적인 기준에서 탈출해 새로운 기준점을 만들려고 하는데, 이렇게 해서라도 잃어버린 인생의 의미를 찾아야만 할 것 같아서입니다. 이 시도는 사회의 공통적인 기준을 공유하지 못하기에 다른 사람들의 눈에 미친 것처럼 보일 수 있습니다. 「햄릿」은 존재의 기준이 무너져버린 한 청년의 이야기입니다. 그로 인해 세상 사람들과 다른 것을 보고, 듣고, 믿게 됩니다. 햄릿은 광인일까요, 아니면 세상에서 유일하게 제정신인 사람일까요. 그의 광기는 연기일 뿐인지, 햄릿에 등장하는 인물들은 모두 질문을 던집니다. 그리고 그것은 관객과 독자와 배우도 마찬가지입니다.

새뮤얼 콜리지에서 T.S. 엘리엇, G.K. 체스터튼, 오든에 이르기까지 수많은 셰익스피어 권위자들 역시 이 주제를 「햄릿」의 근본적인 딜레마로 보았습니다. 사실 '햄릿Halmlet'의 어원은 북유럽 신화에 나오는 'Amlóði'에 있습니다. Amlóði의 원형은 북유럽 신화 원전 에다에 나오는 오드óði로 '신의 격노', '성스러운 광기'를 의미합니다. 오드는 호머의 『일리아스』에 나오는 메니스menis, 즉 분노와도 유사합니다. 이러한 맥락에서 보면 햄릿은 아킬레우스의 증손자뻘 캐릭터로 볼 수 있습니다.

언뜻 보기에 용맹스러운 호머의 아킬레우스와 생각이 많은 셰익스피어의 햄릿 사이에는 공통점이 하나도 없어 보입니다. 하지만 전투에서 한 발짝 물러나 있던 두 인물이 누군가의 잘못으로 인해 분노에 빠져 이성을 잃는다는 점을 본다면 둘 사이의 공통점이 보입니다. 인간이 저지르는 실수가 『일리아스』에서는 아가멤논에게 빼앗긴 브리세이드에 의해, 햄릿에서는 숙부인 클로디우스 왕에게 살해당한 아버지로 상징되는데, 이는 삶의 의미를 부여하는 기준이 무너짐으로 인해 신성한 광기óδi,menas에 사로잡히는 영웅이라는 같은 모티프를 서사적으로 변주한 것입니다.

프로이트는 심리분석 대상을 이해하려면 그가 사랑과 일, 즉 애정의 영역과 일의 영역을 통제하는 능력을 파악해야 한다고 했습니다. 아무리 괴팍하고 신경질적인 사람도 이 두 영역을 통제할 수 있다면, 병리적 대상이 아닙니다. 하지만 햄릿은 이 일과 사랑의 영역에서 혼란을 겪습니다. 극 초반 관객은 햄릿이 선왕의 아들로, 엘시노어(헬싱괴르)의 왕위를 물려받았어야 했다는 사실을 알게 됩니다. 하지만 왕위는 선왕의 동생이자 햄릿의 숙부인 클로디우스에게 돌아갔는데, 그것은 그가 선왕이 죽자마자 재빨리 햄릿의 어머니 거트루드와 결혼했기 때문입니다. 햄릿은 원래부터 좋아하지 않았던 왕위 찬탈자 삼촌에 대한 원망과 존경해 마지않았던 선왕에 대한 그리움, 그리고 너무나도 빨리 재혼을 한 어머니에 대한 실망감으로 지치게 됩니다.

「햄릿」의 배경은 머나먼 덴마크의 젤런드섬입니다. 그곳에는 극의 주 무대인 크론보르 성이 있습니다. 배경과 작품의 메시지가 밀접한 연관이 있는 셰익스피어의 여느 작품처럼 「햄릿」에서도 스칸디나비아 반도는 특별한 분위기를 자아냅니다. 북부 신화의 영웅적인 절망이 극의 전반적인 정서를 지배하고 세상의 끝 북유럽 특유의 정서가 인간 영혼의 가장 차갑고 어두운 면을 드러냅니다. 이러한 배경 속에서 자신의 신념을 송두리째 흔들어놓은 일련의 사건에 치명적인 상처를 입고 실망한 햄릿은 우울함에 사로잡힌 아웃사이더로 나타납니다.

> **햄릿** _____ 오, 너무나 더럽고 더러운 이 육신이 허물어져 녹아내려 이슬로 변하거나, 영원하신 주님께서 자살을 금하지 않으셨다면. 오, 하느님! 하느님! 세상만사가 얼마나 지겹고 맥 빠지고 단조롭고 쓸데없어 보이는가! 역겹고, 역겹도다. 세상은 손질하지 않은 퇴락한 정원. 보기 싫은 잡초가 무성하구나. 사태가 이 지경에 이르다니! 가신 지 겨우 두 달. 아니, 아니지, 두 달도 채 되지 않았지. 참 뛰어난 왕이셨는데. 아버지와 그자를 비교하는 것은 하이페리온 왕과 사티로스를 비교하는 것과 같아. 어머니를 너무나 사랑하여 바람이 그 얼굴을 드세게 스치지도 못하게 하셨는데. 오, 신이시여! 왜 이런 기억

을 떠오르게 만드시는 겁니까. 먹으면 먹을수록 식욕이 늘어나는 것처럼 아버님께 매달리던 어머니가 한 달도 채 못 되어… 생각하지 말자. 약한 자여, 그대 이름은 여자니라. 불과 한 달 전, 가엾은 아버지의 시신을 니오베처럼 울며불며 따라갈 때 신었던 신발이 채 닳기도 전에 삼촌과 결혼하다니. 오, 하느님. 이성 없는 짐승이라도 더 오래 슬퍼했으련만. 아버지와는 나와 헤라클레스만큼이나 다른 그분의 동생과 쓰라려 붉어진 눈에 거짓 눈물의 소금기가 채 가시기도 전에, 한 달도 못 되어 결혼하다니. 오, 최악의 속도로다! 그처럼 민첩하게 근친상간의 침실로 내닫다니! 좋지 않은 일이고, 앞으로도 좋은 일이 있을 수 없다. 가슴이여 터져버려라! 그래야 입을 열지 못할테니까!

(1막 2장)

햄릿을 사로잡은 우울함은 단순한 슬픔이 아닙니다. 오늘날 '우울증'이라고 진단을 내릴 법한 감정이라고도 할 수 없습니다. 햄릿의 감정은 '블랙 유머'에 가깝습니다. 마르실리오 피치노는 수십 년 전 『인생에 대하여』에서 철학자나 작가들은 각자의 우울함에 파묻힌 채 삶에 제대로 적응하지 못하고 살아가는 이라고 하면서, 이들을 '블랙 유머'를 가진 사람들이라고 했습니다. 햄릿은 피치노적인 '반사반생'의 존재입니다. 그는 자신의 생각 속에 매몰되어 물질계로부터 떨어져 나와 '또 다른' 현실 속에 파묻히고, 그로 인해 정신적·육체적으로 심각한 영향을 받습니다. 피치노는 우울함, 혹은 멜랑콜리를 토성의 영향으로 인한 양면적인 감정이라고 했습니다. 이 감정은 신비한 세계를 이해할 수 있을 정도의 지성을 갖춘 특출난 이들에게 또 다른 세계를 보여주는 역할을 하지만, 다른 한편으로는 이들을 일반인들과 극단적으로 다른 불안정한 존재로 만듭니다. 실제로 햄릿은 우울함 때문에 주변 사람들에게 미친 사람 취급을 받지만, 덕분에 망자의 왕국을 볼 수 있게 됩니다. 햄릿은 죽은 선왕의 유령을 마주하고, 유령은 그에게 다른 이들은 알지 못하는 진실을 폭로합니다. 그것은 끔찍한 진실이었습니다. 선왕은 세상 사람들 생각처럼 자연사한 것이 아니라 그가 잠든 틈을 타 동생인 클로디우스가 왕의 귀에 독약을 부어서 죽은 것이었습니다.

셰익스피어는 (햄릿을 관통하는 상징과 사상의 결정체인) 선왕의 희미한 유령으로부터 서사를 재구성합니다. 햄릿에 영감을 준 작품은 13세기 덴마크 역사가 삭소 그람마티쿠스가 쓴 『덴마크 연대기』에 수록된 「암레트의 덕」입니다. 이 이야기는 르네상스기 프랑스 작가 프랑소아 드 벨레포레스트에 의해 번역되었는데, 아마도 엘리자베스 1세 시대 영국에 보급된 것도 벨레포레스트의 번역본이었을 것입니다. 등장인물의 이름과 비극적인 결말을 제외하면, 「햄릿」의 줄거리는 삭소와 벨레포레스트 버전과 크게 다르지 않습니다. 이 작품들과 햄릿의 가장 큰 차이점은 셰익스피어가 우울한 주인공에게 부여한 가공할 만한 지성과 논리입니다. 이것은 셰익스피어가 햄릿을 자신의 운명에 반하는 인간의 원형으로 만들고자 했기 때문입니다.

독일 평론가 발터 벤야민은 햄릿이야말로 현대 사회 속 우울한 영혼의 모범이라면서 슬픔에 대한 햄릿의 특별한 인지 능력을 강조했습니다. 햄릿은 시대를 막론한 모든 철학자의 연구 대상이었습니다. 햄릿에게는 세 가지 뚜렷한 특징이 있는데, 이는 바로 존재의 고통과 현상을 이해할 수 있는 지성, 그리고 적대적이고 거짓된 세상을 향한 분노입니다.

자신이 받은 불합리에 대한 강한 반발이라는 점에서 「햄릿」의 본질은 복수극입니다. 「햄릿」의 전신 격인 그람마티쿠스와 벨레포레스트의 작품도 그랬습니다. 셰익스피어의 작품에서는 앞의 두 작품과 다르게 삼촌을 죽인 후에 햄릿까지 숨을 거두게 하는데 이것은 햄릿의 복수가 사사로운 개인의 행동이 아니라, 우주적인 사안이기 때문입니다. 햄릿의 분노 대상은 왕위 찬탈자이자 살인자인 삼촌만이 아닙니다. 그는 자신의 존재를 위해, 인류의 존재를 위해 정의를 구현하려 합니다. 삶의 불합리를 바로잡으려 하는 햄릿의 행동은 일곱 차례에 걸친 극 중 독백에서 잘 드러납니다. 그리고 「햄릿」이 복수극이라는 것을 보여주는 또 다른 증거로 원전으로 불리는 「우어-햄릿Ur-Hamlet」이라는 작품이 있습니다. 1587년 초연되었다고 하는 이 연극의 주인공 역시 덴마크 왕입니다. 「우어-햄릿」의 저자는 16세기 영국 작가인 토마스 키드로 추측되는데, 토마스 키드는 복수극의 아버지라 불리는 극작가입니다. 그래서 이 「햄릿」 역시 수단과 방법을 가리지 않고, 모든 것을 다 바쳐 자신이 당한 바를 되갚는 내용을 담고 있습니다. 복수극의 시초는 세네카인데, 이 장르는 토마스 키드를 거쳐 먼 훗날 할리우드에서도 큰 성공을 거둡니다. 영화계의 대표적인 복수극으로는 클린트 이스트우드의 「용서받지 못한 자」, 잉그마르 베르히만의 「처녀의 샘」, 브랜든 리의 유작으로 유명한 「크로우」, 쿠엔틴 타란티노의 「킬 빌」과 같은 작품이 있습니다.

「햄릿」은 엘시노어를 지키는 두 보초, 바나도와 프란시스코가 어둠 속에서 어렴풋한 환영을 보는 장면으로 시작합니다. 이때 바나도는 놀라서 초소에서 '거기 누구냐?'라고 외칩니다. '거기 누구냐?'라는 외침은 극이 전개되는 내내 메아리처럼 들려옵니다. 「햄릿」은 처음부터 끝까지 어둠 속 희미한 존재가 누구인지 알아가는 과정이기 때문입니다. 의식 속에 자리 잡아 나로 하여금 다른 이들과는 다른 삶을 살도록 종용하는, 그 형체 없고 무소 부재한 불안 감의 정체를 계속 묻기 위해 이 장면을 첫 장면으로 둔 것입니다.

보초의 외침 이후 마셀러스와 호레이쇼가 도착하고, 얼마 후 이들은 어둠의 베일에 싸인 그 유령 같은 형상이 죽은 선왕이라는 사실을 깨닫고 아연실색합니다. 선왕은 말없이 지친 모습으로 그렇게 성 주위를 맴돌고 있었습니다. 그러던 중에 "아침이 붉은 외투를 걸치고 높은 동쪽 언덕 이슬을 밟고 넘어와" 철수할 시간이 됩니다. 햄릿과 잘 아는 사이이고, 햄릿 못지않게 철학에 대한 조예가 깊은 호레이쇼는 유령이 선왕이라고 확신하고 이를 햄릿에게 알리기로 합니다. 그는 다른 이들 앞에서는 침묵했던 선왕의 유령이 햄릿 앞에서는 입을 열 것이라 믿습니다.

호레이쇼는 왜 그렇게 확신했을까요? 우선 그는 아들과 동명인 선왕의 부성애를 믿었을 것입니다. 하지만 여기에는 또 다른 이유도 있습니다. 호레이쇼는 햄릿에게 망자의 세계와 교감하는 신비로운 힘이 있다는 사실을 알고 있었습니다. 그것은 왕비인 거트루드가 책망하기까지 했던 '완고한 애도' 덕분에 햄릿에게 다른 이들의 눈에는 보이지 않는 신비로운 세계를 볼 수 있는 능력이 생겼기 때문입니다. 피치니식으로 생각하면 햄릿은 토성의 영향을 받는 사색가로, 음지에 속합니다. 우울한 영혼의 소유자이기 때문에 영적인 세계에 발을 들일 수 있는 것입니다.

망자들은 일상과 생각에 영향을 미칩니다. 그들은 기억의 형태로 마음속에 남아 우리의 의식에 영향을 주고 때로는 결정적인 요인으로 작용하는데 이로 인해 햄릿은 산 자의 목소리가 얼마나 불합리하고 끔찍한지 깨닫게 됩니다. 아버지의 장례식을 치른 지 한 달도 채 지나지 않아서 어머니가 아버지를 죽인 살인마와 결혼한 사실을 알게 된 거죠. 그래서 그는 비정하고 분노에 찬 여성 혐오자로 변모해, 애틋했던 오필리아와의 관계마저 정리합니다.

여기에 더해 만약 햄릿이 왕위에 올랐다면 그는 국정을 포기함으로써 '일의 영역'마저 버렸을 것입니다. 선왕이 살해당하기 전 과거의 햄릿이라면 기쁘게 왕위를 물려받았을 테지만, 이제 형제를 죽인 살인마와 같은 왕좌에 앉는다는 것은 상상조차 할 수 없기 때문입니다. 햄릿에게 덴마크 왕국은 썩을 대로 썩었습니다. 모든 것이 무의미해진 이제 그는 죽음만을 기다릴 뿐입니다. 존재가 사라지는 순간, "너무나 더럽고 더러운 육신이 허물어져 녹아내려 이슬로 변하는" 순간을 상상하며 자살만을 꿈꿀 뿐입니다.

이런 생각은 19세기 초 이탈리아의 염세적인 시인 자코모 레오파르디의 『잡문집』에 나타난 사상과 유사합니다. '인생무상'의 철학을 담은 그의 책에는 햄릿이 연상되는 구절이 많습니다. 육신이 녹아내려 이슬로 변했으면 좋겠다는 햄릿의 선언은 카타니아 출신 레오파르디의 대표 시「영원한 침묵」을 연상시키기도 합니다. 영국의 낭만주의를 대표하는 시인 존 키츠는 레오파르디와는 다른 이유로 공허함 속에 잠식되고자 하는 햄릿의 욕망에 매료됩니다. 죽음과 사투를 벌이던 중에 키츠는 육신의 틀에서 해방되어 자아의 고통에서 벗어나 그를 둘러싼 상황에 몸을 맡기고 싶다고 서신에 쓰기도 했습니다.

아마도 오필리아가 처음 햄릿을 만났을 때만 해도 그는 사교적이고, 카리스마 있고, 생명력 넘치던 눈부신 청년이었을 것입니다. 그러던 그가 선왕의 유령을 보고 변해버립니다. 이제 그는 어두운 왕국의 일원이 된 것입니다. 피치노의 표현처럼 '반사반생semivivo'의 존재가 된 것입니다. 그는 이제 이 세상의 공동체에 속하지 않습니다. 햄릿은 우유부단한 것이 아니라, 좀비입니다. 죽은 아버지의 목소리를 듣고 스스로 죽지 않은 인간, 망령, 말하는 시체가 되어버린 것입니다. 이제 그에게 일상적인 삶은 아무런 의미가 없습니다.

사회 부적응자 햄릿 왕자

5막 마지막 장에서 극은 그야말로 파국으로 치닫습니다. 「햄릿」에서는 무려 아홉 명의 등장인물이 목숨을 잃는데, 평화롭고 조용한 덴마크 성에서 그야말로 대학살이 벌어진 것이라고 할 수 있습니다. 클로디우스의 손에 목숨을 잃은 선왕을 제외하면, 이 모든 죽음에 직간접적인 원인을 제공한 자는 햄릿입니다. (비록 실수였지만) 햄릿은 직접 오필리아의 아버지 폴로니우스를 살해했으며, 클로디우스의 꼬임에 넘어가 자신을 살해하려 했던 오랜 벗 로젠크랜츠와 길덴스턴을 죽이라고 명합니다. 아름다운 오필리아 역시 햄릿에게 버림받고, 그의 손에 아버지마저 목숨을 잃자 강에 몸을 던져 자살하고, 햄릿의 어머니 거트루드는 햄릿의 계획을 실행하던 중에 실수로 독약을 마시게 됩니다. 그리고 클로디우스는 독배를 마신 것도 모자라 햄릿에게 칼침까지 맞고 죽습니다. 오필리아의 오빠 레어티스 역시 결투 중에 햄릿의 손에 목숨을 잃습니다. 마지막에는 주인공 햄릿마저 숨을 거두며 극은 끝납니다. 햄릿의 스포일러는 간단합니다. 등장인물이 모두 죽는 것입니다. 대학살의 결말에서 살아남는 유일한 인물은 선한 호레이쇼뿐입니다. 그는 햄릿을 따라 자살하려 하지만, 햄릿은 자신의 이야기를 후세에 전해달라면서 친구의 자살을 만류합니다. 호레이쇼는 햄릿에서 핵심적인 인물입니다. 산 자 중에서 햄릿이 진정으로 신뢰하는 유일한 친구일 뿐 아니라 평범함을 뛰어넘는 철학을 가진 인물이기 때문입니다. 그러기에 호레이쇼 역시 세상에 완전히 섞이지 못하는 이방인입니다.

세상을 상징하는 덴마크 왕궁에서는 겉으로 보이는 모습이 중요하지만 햄릿은 그렇지 않습니다. 그는 본질에 다가가는 인물입니다. 극 초반 햄릿은 어머니 거트루드에게 아버지의 죽음으로 인한 고통을 감당할 수 없다고 하며 벗어날 수 없는 애통함을 다음과 같이 표현합니다.

> **왕비** _____ 나의 착한 햄릿, 밤과 같은 그 색깔은 내던져버리고, 친구의 눈으로 너를 둘러싼 덴마크 땅을 둘러보려무나. 눈꺼풀을 내리깔고 흙 속에서 고귀한 네 아버지를 찾으려 하지 마라. 모든 생명은 죽고, 자연으로부터 영원으로 흘러간다는 법칙을 알고 있지 않니.
>
> **햄릿** _____ 그렇습니다, 어머니. 그것이 자연의 법칙이지요.
>
> **왕비** _____ 결국은 모두가 맞이하게 될 자연스러운 일을, 너는 왜 그리 유별나게 보는 것이냐.
>
> **햄릿** _____ 제가 그렇게 본다고요? 아뇨, 제 눈에 그렇게 보이는 것이 아니라 실제로 유별난 것입니다. 제게 그렇게 '보이는 것'이 아닙니다. 진정으로 제 마음을 나타낼 수 있는 건 제 검은 외투나 관습적인 엄숙한 상복이나 힘줘 내뱉는 헛바람 한숨만도 아니고, 강물 같은 눈물이

나, 낙담한 얼굴, 비애의 격식과 상태와 모습을 모조리 합친 것도 아닙니다. 그런 건 정말로 눈에 보이는 것입니다. 누구나 연기할 수 있는 행동이니까요. 하지만 제 안에는 겉으로 보이는 것 이상의 무엇이 있답니다. 그에 비해 지금 어머님 눈에 보이는 것은 비통의 겉치레와 의복일 뿐이랍니다.

(1막 2장)

여왕은 아들의 말을 이해하지 못하고, 대답하지 못합니다. 햄릿의 말을 이해하지 못하는 것은 여왕만이 아닙니다. 극 중 호레이쇼와 대화할 때를 제외하면, 햄릿의 대사는 거의 독백에 가깝습니다. 그를 이해하지 못하는 사람들의 눈에는 그가 미친 사람처럼 보이기 때문입니다. 햄릿은 '자기는 눈에 보이는 것을 잘 모른다'고 합니다. 이것은 일반 사람들의 행동과 반응을 통제하는 관습을 거부한다는 뜻인데, 그런 의미에서 햄릿은 철학자입니다. 실제로 극 중에서도 그는 마틴 루터가 「95개조 반박문」을 교회 정문에 게시한 장소로 유명한 비텐베르크에서 유학했는데, 그런 연유로 우연보다는 본질에 관심을 많이 가지게 된 듯합니다.

그리스 철학적인 관점에서 햄릿은 독사doxa(에피쿠로스가 말한 감각에 의한 지식, 근거가 얄팍한 지식-옮긴이)보다는 에피스테메

episteme(플라톤이 말한 참된 인식, 이성에 의한 지식, 억견–옮긴이)에 집중하는 인간입니다. 그렇기에 엘시노어 사람들은 모두 그를 플라톤의 동굴의 비유에 나오는 철학자처럼 바라봅니다. 햄릿은 족쇄에서 풀려나 동굴 밖 세상을 보고 지금까지 자기들이 봤던 것은 그림자에 지나지 않았다고 알려주고 있습니다. 그래서 자신이 처한 상황에 형이상학적인 반기를 들었고, 그로 인해 다른 이들은 보지 못하고 이해할 수도 없는 세계를 인식하고 있는 것입니다. 그런 햄릿을 이해하는 사람은 호레이쇼뿐으로 그가 사상적으로 지혜를 가진 고귀한 사람이라는 사실을 알고 있습니다.

니체는 햄릿을 '너무 많은 것을 본 남자'라고 했습니다. 그는 햄릿을 두고 인간 본질 속 심연을 알아본 디오니소스적 영혼의 전형이라고 했습니다. 니체는 역작 『비극의 탄생』에서 "디오니소스적 인간은 햄릿과 비슷하다. 둘 다 사물의 본질을 올바로 들여다보고 인식하며 행동에 나서기를 부담스러워한다. (…) 인식은 행동을 말살한다. 행동에 나서기 위해서는 환각의 베일에 싸여야 한다"라고 했습니다. 그래서 니체는 햄릿이 도달한 타협점이 고대 그리스 철학자들이 표현한 개념인 '아무것도 아닌 존재'라고 말합니다. 니체는 '인간에게 있어서 최선은 태어나지 않는 것이요, 차선은 빨리 죽는 것'이라는 반인반수 사티로스 실레노스의 말을 인용합니다. 이 비밀스런 폭로는 니체가 디오니소스적 지식의 바탕이라 생각했던 바킬리데스, 소포클레스, 에우리피데스의 사상을 관통하는 사상입니다. 이탈리아 철학자 움베르토 쿠리는 실레노스의 격언이 단순히 형이상학적인 비관주의가 아니라 "초월할 수 없는 인간의 한계를 있는 그대로 받아들이려는 노력"이라고 해석했습니다. 그래서 니체의 시각에서 볼 때 '디오니소스적인 것'과 '햄릿적인 것'은 같은 개념으로 볼 수 있습니다. 이 맥락을 생각하면 햄릿이 유령을 본 후 호레이쇼에게 하는 대사도 의미심장합니다.

> **햄릿** ＿＿ 인간의 철학으론 꿈도 꾸지 못할 일이 하늘과 땅 사이엔 많다네, 호레이쇼.

호레이쇼는 '디오니소스적'인 햄릿의 말을 정확하게 해독합니다. 여기서 그는 햄릿이 자신과 연결된 위험하기 그지없는 신비한 초-이성적인 세계의 존재를 묘사하고 있다는 사실을 눈치챕니다. 햄릿을 분석하는 또 다른 관점은 그의 모호한 우울함을 다른 인물들이 어느 정도 이해하는지입니다. 그러한 관점에서 보면 호레이쇼는 햄릿에 대한 이해도가 만점입니다. 그는 햄릿을 완전히 이해하는 유일한 사람입니다. 그리고 반대로 그 대척점에 있는 인물이 바로 거트루드입니다. 그녀는 아들의 영혼을 전혀 이해하지 못합니다.

햄릿의 블랙 유머는 어머니와의 관계 단절에서 기인합니다. 그는 아버지가 죽자마자 클로디우스와 재혼한 어머니의 품행이 방정치 못하다고 생각합니다. 선왕의 유령이 폭로한 비밀로 인해 생긴 어머니를 향한 증오는 햄릿과 세상 사이에 깊은 심연을 만듭니다. 그 후 햄릿은 살아 숨 쉬는 모든 것, 여자의 배에서 나온 모든 것에 환멸을 느끼고, 이에 비해 생명을 잃은 모든 것을 고귀하게 여깁니다. 어머니에 대한 분노로 인해 삶 자체를 거부하게 된 것입니다.

왕비는 끝까지 아들의 비애를 이해하지 못합니다. 이때 비애는 영어로 'woe'인데, 단순한 비탄grief 혹은 슬픔sorrow보다 감정의 폭이 깊은 표현입니다. 세상 누구보다 아들의 마음을 가장 잘 이해해 주어야 할 어머니가, 그의 고통을 받아들이지 못하고 세상에서 가장 끔찍한 짓을 저지른 것입니다. 햄릿의 여성 혐오증은 그런 어머니에게서 기인합니다. 오필리아를 거칠게 밀어내는 것도, 세상 사람들, 특히 여성을 향한 혐오감도 모두 어머니 때문입니다.

햄릿을 오해하는 또 다른 인물은 바로 폴로니우스입니다. 엘시노어의 왕을 섬기는 아첨쟁이 신하 폴로니우스는 오필리아와 레어티스 남매의 아버지입니다. 그는 용렬한 기회주의자로 희화화된 인물입니다. 그는 딸에게 주인처럼 굴면서 미래가 불확실한 햄릿과의 만남을 금지합니다. 또한 레어티스의 머리를 진부한 조언으로 채워 넣는 맹종적 아버지로 그가 늘어놓는 말은 뻔한 잔소리의 집합체입니다. 폴로니우스의 악랄함은 코믹하게 느껴집니다. 그는 한편으로는 헌신적인 졸개 역할을 하면서 다른 한편으로는 옷만 번지르르하게 차려입은 막벌이꾼처럼 구는 음흉한 노예 근성의 소유자입니다. 클로디우스는 그에게 조카인 햄릿이 우울한 이유를 알아내라는 명령을 내리지만, 멍청한 폴로니우스는 햄릿의 손에 놀아납니다. 그리고 햄릿과 왕비의 대화를 몰래 엿듣기 위해 태피스트리 뒤에 몸을 숨긴 폴로니우스는 결국 3막 4장에서 그를 클로디우스로 오인한 햄릿의 칼에 목숨을 잃게 됩니다. 폴로니우스의 죽음으로 인해 오필리아는 실성해서 스스로 목숨을 끊고, 이 일로 인해 레어티스는 햄릿을 향해 복수의 칼을 갈게 됩니다. 햄릿 역시 복수를 갈구했고, 결국 극의 결말에서 햄릿과 레어티스 뿐 아니라 거트루드와 클로디우스까지 죽습니다. 이처럼 폴로니우스는 「햄릿」에서 매우 중요한 요소인 블랙 유머를 극대화하는 인물입니다.

　과거에 풍류를 알던 햄릿은 우울한 인간으로 변한 뒤에도 특유의 유머 감각을 잃지 않습니다. 비록 절망적이고 부조리한 상황을 꼬집는 블랙 유머로 바뀌었지만 말이죠. 햄릿의 블랙 유머 대상은 여기저기를 쑤시고 돌아다니는 폴로니우스입니다. 실수로 그를 죽인 후에도 햄릿은 여전히 그를 조롱하는데, 이때 햄릿이 클로디

우스에게 폴로니우스가 죽은 연유를 설명하는 대목은 끔찍하면서
도 우습습니다.

> **왕** _____ 자 햄릿, 폴로니우스는 어디 있느냐?
>
> **햄릿** _____ 저녁 식사 중입니다.
>
> **왕** _____ 저녁 식사? 그게 무슨 말이냐? 대체 어디에서?
>
> **햄릿** _____ 저녁 식사를 하는 것이 아니라, 식사 거리가
> 되었지요. 정치인들과도 같은 버러지 한 무리가 회동해
> 서 지금도 그를 먹어치우고 있답니다. 구더기야말로 먹
> 이 사슬의 황제이지요. 우리는 우리가 살찌려고 다른
> 짐승을 살찌우지만, 그것은 결국 벌레들을 살찌우기 위
> 함이지요. 뚱보 왕과 삐쩍 마른 거지 모두 한 상에 오르
> 는 다양한 메뉴에 불과하죠. 결국은 다 그렇게 되는 것
> 이지요.
>
> (4막 3장)

셰익스피어는 로젠크란츠와 길덴스턴도 이와 비슷한 그로테스
크하고 비극적인 톤으로 다룹니다. 가장 흔한 덴마크 성을 붙인 이
두 인물은 햄릿의 어린 시절 친구로, 햄릿을 위로해 준다는 명분으
로 그를 찾습니다. 이들과 대화를 나누면서 햄릿은 스스로 과거 자

신의 특징이었던 웃음과 즐거움mirth을 상실했다고 말합니다. 여기서 mirth란 유쾌함, 쾌활함, 사교성, 관대함, 농담과 놀이를 즐기는 마음을 포함한 멋진 표현입니다. 아마 과거 햄릿은 이런 표현에 어울리는 청년이었을 것입니다.

그런데 두 친구가 사실은 클로디우스가 보낸 스파이이며, 자신을 속여서 살해할 계획이라는 것을 눈치챈 햄릿은 기지를 발휘해 둘을 실컷 놀린 뒤 한발 앞서 처리합니다. 그로부터 4세기 후 톰 스토파드는 사무엘 베케트적인 역설과 부조리가 넘치는 「로젠크란츠와 길덴스턴은 죽었다」라는 동명의 희곡을 쓰고, 영화로도 제작합니다. 햄릿의 블랙 유머가 한편으로는 폴로니우스에 의해, 다른 한편으로는 로젠크란츠와 길덴스턴에 의해 극대화된 이유는 이들이 햄릿이 어떤 인물인지 전혀 모르기 때문입니다. 이들은 햄릿을 오해하고 있으며, 그의 광기가 어떤 결과를 초래할지 모릅니다. 그들은 햄릿을 바보라고 생각합니다. 폴로니우스는 그가 사랑에 빠져서, 로젠크란츠와 길데스텐은 그가 우울해서 돌았다고 생각합니다. 하지만 햄릿은 미치지 않았습니다. 정확히 말하자면 그의 광기는 치명적인 현명함의 표현입니다. 광인의 가면을 쓰는 것은 선왕의 유령이 보여준 복수의 길을 걷고 있다는 사실을 숨기기 위해서입니다.

20세기의 대표적인 철학가이자 심리학자 칼 야스퍼스는 유럽 최고의 비극 「햄릿」에 관해 다음과 같이 고찰하고 있습니다.

> "햄릿은 지식에 대한 갈망으로 인해 세상과 거리를 둘 수 있게 된다. 햄릿은 세상의 법을 따라 살 수 없는 인간이고, 그러기에 광인의 역할을 연기하는 거다. 그는 반어법으로만 자신의 진심을 표현할 수 있다. 광기는 그가 진정한 모습을 유지하기 위해 쓰는 가면이다."

야스퍼스의 논리에 의하면 이 비극에서 햄릿이 맡은 역할은 셰익스피어의 전형적인 '광대fool' 역할이라고 해석할 수 있습니다. 우스꽝스러운 말로 다른 이들은 이해하지도, 표현하지도 못하는 진실을 폭로하는 광대 말입니다. 「햄릿」에서는 궁정의 어릿광대 대신 왕자가 직접 광대역을 맡습니다. 그리고 그가 던지는 '현명한 미친 말'은 인간이라는 존재의 본질을 혼란스럽게 만듭니다.

햄릿은 근본적으로 사회 부적응자입니다. 그는 자신의 세계관으로 인해 자신이 속한 공동체의 정상적인 활동으로부터 소외됩니다. 누구나 햄릿처럼 이성을 잃을 수는 있지만, 그처럼 수준 높은 논리를 구사하지는 못합니다. 부조리한 삶 속에서 일상의 즐거움을 잊어버리는 순간 우리는 햄릿이 됩니다. 우리도 햄릿처럼 주변 사람들과는 다른 쓸모없는 존재가 되어버립니다.

물론 어느 순간 세상을 통제하는 법칙에 의구심을 제기할 수도 있습니다. 예를 들면 축구의 규칙에 대해 논할 때 '왜 공을 손으로 잡으면 안 되는 거지?'라는 의문을 제기할 수도 있는 겁니다. 또 체스 경기를 할 때 '왜 룩은 가로로 움직이고 폰은 대각선으로 움직여야만 하지?'라고 생각하는 것과도 비슷합니다. 누구든 이런 의구심을 가지기 시작하면 얼마 지나지 않아 게임을 그만둘 것입니다. 규칙을 받아들이고 싶지 않으면 게임을 그만두면 되니까요.

하지만 트라우마 때문에 인생의 규칙에 대해 의구심이 생긴다면? 선한 왕은 죽고 살인마가 왕위에 오르는 현실에 의구심이 든다면? 삶이라는 게임의 규칙이 말도 안 되는 것만 같아 경기장을 떠나려면 어떻게 해야 할까요? 답은 단 하나, 미칠 수밖에 없습니다. 햄릿의 광기를 만드는 원인은 여기에 있습니다. 인생의 규칙을 못 받아들이는 인간은 이미 정해진 규칙을 인정할 수 없으므로, 그 규칙에 따라 게임을 진행하기 싫다면 미칠 수밖에 없습니다. 햄릿을 포함한 등장인물 중 이 사실을 아는 이는 호레이쇼를 제외하고 단 한 명밖에 없습니다. 다른 사람들보다 지나치게 많이 이해해서 본질을 잃어버린 인물인 오필리아입니다.

오필리아 신드롬

1852년 2월의 어느 추운 겨울 오후, 런던 가워 스트리트 7번지에서 붉은 머리에 에메랄드빛 눈동자의 소녀가 무엇에게 홀리기라도 한듯 눈을 크게 뜨고 허공을 바라보며 화려한 옷을 입은 채 물이 가득 찬 욕조에 드러누웠습니다. 그리고 4시간 동안 계속 욕조에 누워 있습니다. 마지막 45분 동안은 난방 설비가 고장 나는 바람에 물이 차갑게 식어버립니다. 추위에 이가 부딪히고 온몸이 떨렸지만, 소녀는 욕조에서 일어나지 않습니다. 한 화가가 그런 그녀의 모습을 바라보며 인생 최고 걸작을 마무리하고 있었으니까요. 그는 강물에 빠진 오필리아의 모습을 그리고 있었습니다.

화가의 이름은 존 에버렛 밀레입니다. 그는 '라파엘전파 형제회(19세기 중엽 영국에서 일어난 예술 운동. 헌트Hunt, W. H., 로세티Rossetti, D.G. 등이 1848년에 그룹을 결성하여 라파엘로 이전의 르네상스 예술에서 겸허하게 배우는 사실적이고 소박한 화풍을 지향하였으나 십 년이 못 되어 활동을 중지함-옮긴이)'라 불리던 반항적인 젊은 예술가 단체 일원 중에서도 가장 돋보이는 화가로 손꼽혔습니다. 욕조에 몸을 담근 모델은 엘리자베스 시달입니다. 타오르는 듯한 붉은 머리, 투명한 피부 위에 흐드러진 주근깨, 에메랄드처럼 빛나는 눈동자, 가녀린 몸매. 시달은 '라파엘전파'가 추구한 이상적인 미를 그대로 현실로 옮겨

온 듯한 외모를 가지고 있어 '라파엘전파' 일원들은 이 세상 사람이 아닌 듯한 의미로 그녀를 리지라고 불렀습니다.

리지는 형제회의 카리스마 넘치는 리더 격인 시인이자 화가 단테 가브리엘 로세티의 뮤즈이자 동반자였습니다. 로세티는 그녀의 외모 이면에 있는 형용할 수 없는 매력을 꿰뚫어 보고 그녀를 밀레에게 데려가 그녀를 모델로 오필리아를 그리게 합니다. 끔찍하지만 숭고한, 내면을 갉아먹는 형용할 수 없는 괴로움, 견딜 수 없는 진정한 절망, 존재를 지워내고픈 강렬한 욕구의 아우라를 가진 그녀는 온전히 이 세상의 것이 아닌, 요정이나 성스러운 여인처럼 보였습니다. 리지 시달의 고통(실제 그녀는 짧고 고통스러운 삶을 살았습니다. 그녀는 믿을 수 없는 로세티의 사랑에 상처를 받아 아편과 압생트로 인해서 목숨을 잃게 됩니다) 자체가 오필리아라는 원형의 정신을 표현한 것처럼 보입니다. 셰익스피어는 이러한 이미지로 오필리아를 구성해 또 한 번 문학적 인물을 창조하는 데 그치지 않고 인간의 조건을 확실하게 구현한 인간의 원형을 만드는 데 성공합니다. 자살, 불면증, 환각, 집착, 병, 참을 수 없는 성욕, 번뜩이는 상상력, 사물에 대한 과도한 미의식, 우울증과 흥분을 오가는 감정. 이것이 이른바 '오필리아 신드롬'이라 불리는 현상의 증상입니다.

오필리아야말로 셰익스피어 세계관 중에서 가장 신비롭고 정의하기 힘든 인물일지도 모릅니다. 그것은 대본상 그녀에 대한 묘사가 매우 한정적이기 때문입니다. 셰익스피어는 그녀를 소거법을 이용해서 묘사합니다. 그녀는 침묵, 부재, 그녀가 하지 않은 행동, 풀리지 않은 운명을 통해 묘사됩니다. 극 초반 그녀는 오빠인 레어티스와 아버지 폴로니우스에 의해 물건 취급을 당합니다. 그들에게 오필리아는 시집 보낼 대상일 뿐입니다. 표현만 다를 뿐 레어티스와 폴로니우스도 햄릿은 결혼 상대가 될 수 없다면서 그녀에게 햄릿과의 관계를 끊으라고 하며 오필리아에게 똑같은 말을 합니다.

오필리아는 그들의 말에 대답하지 않습니다. 겉보기에는 남자들의 말을 듣는 것 같지만, 실제로 그녀의 복종이 포기인지 (그녀는 자신이 햄릿에게 단지 도피처에 지나지 않았다는 사실을 알았던 걸까요?) 아니면 의도인지 (햄릿이 왕자의 책무를 버릴 정도로 자신을 사랑한다고 확신한 것일까요?) 알 수 없습니다. 우리는 오필리아가 무슨 생각을 하는지 알 수 없습니다. 대본에 나와 있지 않으니까요. 셰익스피어는 오필리아의 내면을 묘사하지 않고, 오직 독자의 상상에 맡겼습니다.

셰익스피어 극의 다른 여주인공과는 달리 오필리아의 진심을 드러내는 독백이 없는 것에는 다 이유가 있습니다. 독자나 관객은 오필리아의 마음에 다가갈 수 없습니다. 셰익스피어는 그저 그녀의 겉모습을 보여줄 뿐입니다. 심지어 셰익스피어 대본 원본에 쓰인 연출 노트를 보면 1막 2장에서 오필리아는 무대에 올라 아무

말 없이 침묵을 지켜야 하는 것처럼 보입니다. 게다가 아무도 그녀의 말에 귀 기울이지 않습니다. 그녀에게 아름다운 소네트를 지어 바치던 시절, 한때나마 유일하게 그녀의 말을 들어준 이는 아마도 햄릿이었을 것입니다. 하지만 햄릿과 오필리아가 함께 등장하는 유일한 장면에서, 그는 끔찍한 벌레를 내쫓듯 그녀를 격하게 거부합니다. 어머니를 향한 증오가 모든 여자에게 확장되어 사랑하는 오필리아에게까지 영향을 미친 것입니다.

삶과 죽음의 의미를 묻고 그에 대한 냉혹한 답을 찾은 햄릿은 어쩌면 자신의 침대에 들이고 영혼을 내어줄 수도 있었을 여인과 마주치지만 이제 그는 그녀를 보기만 해도 속이 메스꺼운 것처럼 말하는데, 다음 둘의 대화로 잘 알 수 있습니다.

> **햄　　릿**＿＿＿ 하, 하! 당신은 순결하오?
>
> **오필리아**＿＿＿ 왕자님?
>
> **햄　　릿**＿＿＿ 당신은 아름답소?
>
> **오필리아**＿＿＿ 무슨 말씀이신지요?
>
> **햄　　릿**＿＿＿ 당신이 순결하고 아름답다면 당신의 순결은 당신의 아름다움에게 어떤 대화도 허락하지 말아야 하오.
>
> **오필리아**＿＿＿ 왕자님, 아름다움에게 순결보다 더 좋은

친구가 있단 말씀인가요?

햄   릿 ＿＿＿＿ 진정 그렇소. 아름다움의 힘으로 순결을
뚜쟁이로 변신시키는 게 순결의 능력으로 아름다움을
순결로 바꾸는 것보다 더 빠르니까. 전에는 궤변이었으
나 지금은 이것이 시대가 입증하는 사실이오. 난 한때
당신을 사랑하지 않았소?

오필리아 ＿＿＿＿ 맞습니다, 나의 왕자님. 당신이 저를 그리
믿게 하셨죠.

햄   릿 ＿＿＿＿ 날 믿지 않았어야 했소. 우리의 본바탕에
아무리 미덕을 접목해 보았자 본색이 드러날 테니까. 난
당신을 사랑하지 않았소.

오필리아 ＿＿＿＿ 저는 완전히 속았군요.

햄   릿 ＿＿＿＿ 수녀원으로 가시오! 왜 그대는 죄인을 낳
으려고 하오. 나도 꽤나 성실한 인간이지만 그럼에도 날
낳아주신 어머니를 원망한다오. (…) 수녀원으로 가시
오! 가버리란 말이오! (…)

오필리아 ＿＿＿＿ 오, 자비로운 하늘이시어, 이분을 도우소서.

햄   릿 ＿＿＿＿ 당신이 결혼하겠다면 이 저주를 지참금
으로 주지. 당신이 얼음처럼 순결하고 눈처럼 순수해도
비방을 면치 못할 거야. 수녀원으로 가시오. 그래도 결

혼을 해야겠으면 바보랑 하시오. 현명한 이들은 여자들이 어떤 끔찍한 일을 저지르는지 알고 있으니. 수녀원으로 가! 지금 당장! 어서 가버려!

오필리아 _____ 천사들이여, 왕자님을 치유해 주소서!

햄   릿 _____ 허구헌날 화장이나 하고 있다고 들었어. 신은 당신들에게 하나의 얼굴을 주셨는데, 당신들은 그걸로 딴 얼굴을 만들었지. 종종걸음과 팔자걸음을 걷고 혀짧은 소리를 내며 신의 피조물에게 별명을 붙이고, 음탕함을 순진함으로 감추지. 어서 가버려! 나는 이제 그것들과는 관계가 없고, 그 덕분에 미쳐버렸어. (…) 어서 수녀원으로 가버려! 꺼져버려!

오필리아 _____ 아, 고귀한 정신이 이렇게 파괴되다니. 궁정인, 군인과 학자의 눈과 혀와 칼이고 아름다운 이 나라의 희망이고 꽃이며 예절의 거울이고 행동의 표본이며 세상 모든 존경의 귀감이 무참히 무너졌구나! 그리고 나, 나는 최고로 낙심하고 비참한 여인이로구나. 노래와도 같은 맹세의 꿀을 빨았었는데, 이제는 그의 최고의 군주인 고귀한 이성의 곱디고운 종소리가 깨지고 거칠어진 것을 보는구나. 활짝 핀 청춘이 광기로 시들었구나. 오, 내 신세여. 볼 만한 걸 보고 나서 이렇게 못 볼 것을 보다니.

(3장 1절)

폴로니우스가 햄릿의 광기의 원인을 전혀 파악하지 못했고, 호레이쇼는 그 이유를 정확히 파악했다면, 오필리아는 그를 지나치게 잘 이해한 나머지 왕자의 의도를 넘어서 그의 고통에 완전히 감정을 이입해 그것을 자신의 것으로 만듭니다. 실제로 햄릿은 연기하고, 오필리아는 행동합니다. 그리고 햄릿은 상상하고, 오필리아는 실현하죠. 햄릿은 끊임없이 말하고 살아남지만, 오필리아는 침묵하고 죽음을 택합니다. 햄릿은 많은 것이 혼재된 캐릭터로, 자신이 한 말 때문에 점점 비대해집니다. 반면에 오필리아는 공허함으로 만들어지고 '소거법'에 의해 움직이는 인물로, 극이 전개되는 동안 점점 더 입을 다물고 허물어집니다. 햄릿은 수다쟁이 개구리처럼 배가 터질 때까지 몸을 부풀리는 반면에, 오필리아는 칠흑과도 같은 밤의 어둠 속에서 꺼져가는 창백한 촛불과 같습니다.

햄릿은 한 번도 그녀에게 선왕의 유령 이야기를 털어놓지 않습니다. 오필리아에 대해 호레이쇼와 같은 믿음이 없어서인데, 그것은 그녀가 여자(거트루드의 후예)이기 때문입니다. 그러니 햄릿의 눈에 오필리아는 부정하고 위선적이고 기회주의자일 수밖에 없습니다. 만약 햄릿이 오필리아에게 진실을 털어놓았다면 무슨 일이 일어났을까요? 이것은 매우 흥미로운 가정입니다. 아마도 그랬다면 극은 전혀 다른 방향으로 전개되었을 것입니다. 햄릿이 자신이 선왕의 유령을 본 사실을 알려줬다면 오필리아는 자살하지 않았을 것이고, 복수극의 결말은 덜 폭력적이 되었을지도 모릅니다.

햄릿이 오필리아에게 무례하게 대하는 것을 볼 때, 관중과 독자들은 햄릿이 선왕의 유령 때문에 그렇게 행동한다는 사실을 압니다. 그렇기에 햄릿의 반응을 이해할 수 있습니다. 하지만 오필리아는 그 사실을 모릅니다. 오필리아의 눈에는 본질이 변한 남자가 보일 뿐입니다. 오필리아는 햄릿과 가까운 사이였기에, 그의 행동에 예민합니다. 그렇기에 그의 원인 모를 변신에 두려움을 느낍니다.

햄릿의 광기는 복수를 감추기 위한 위장에 지나지 않지만, 오필리아는 그 사실을 모르기에 왕자의 광기가 한때 세상에서 가장 멋지다고 생각했던 남자의 퇴화처럼 보일 뿐입니다. 그래서 퇴화의 마지막 단계에서 왕자가 자기 아버지를 살해했을 때, 그녀는 정신을 놓고 미칠 수밖에 없는 것입니다. 오필리아는 전략 때문이 아니라 정말로 미칩니다. 아버지의 죽음이 햄릿에게는 삶의 의미를 되묻는 계기가 되지만, 오필리아에게는 삶이 끔찍하게 허물어지는 것이었습니다. 서두에서 저는 햄릿을 '존재라는 간수와 싸우는 인간의 원형'이라고 했습니다. 이 비유의 연장선에서 오필리아는 싸우는 대신 터널을 파서 감옥에서 빠져나가려는 인물입니다. 오필리아는 모든 것을 포기하고 스스로 목숨을 끊기 때문입니다.

햄릿은 놀라운 언변과 논리로 삶의 등에 올라타지만, 오필리아는 언어의 희생양이 되어 안장에서 떨어집니다. 그래서 오필리아는 말을 할 수 없는 것입니다. 그녀에게 독백이 주어지지 않는 이유가 여기 있습니다. 대신 셰익스피어는 그녀가 노래할 수 있게 해줍니다(그나마도 정신이 나간 후의 일이지만). 그렇게 오필리아는 형언할 수 없는 것의 목소리가 되어줍니다. 그녀의 노래는 고통의 표현이지만 헛됩니다. 햄릿은 구멍을 발견하고 이에 대해 끊임없이 말을 하지만, 오필리아는 그 심연 속으로 가라앉습니다. 오필리아의 의미 없는 말은 햄릿의 과도한 의미 부여의 대척점에 있습니다. 그래서 강물에 빠져 죽을 때조차 셰익스피어는 그녀에게 말할 기회를 주지 않습니다. 대신 그리스 비극처럼 그녀의 또 다른 자아인 거트루드에게 그녀의 죽음을 설명하게 합니다.

> **거트루드** _____ 비탄이 비탄의 꼬리를 물고 너무 빨리 다가오는구나. (…) 거울 같은 수면에 하얀 잎을 비추며 냇가에 비스듬히 수양버들이 자라는데, 그것으로 네 누이가 미나리아재비, 쐐기풀, 들국화 그리고 입이 걸은 목동들이 더 야하게 부르지만 정숙한 처녀들은 죽은 이의 손가락이라고 부르는 난초와 엮어서 아름다운 화환을

만들었지. 흰 가지에 풀꽃 관을 걸려고 올라가다 짓궂은 실가지가 부러져 풀 화환과 네 누이는 눈물처럼 흐르는 개울 속에 떨어졌어. 입은 옷이 쫙 퍼져서 그녀는 마치 물에서 태어나 거기에 적응한 생명체가 된 듯, 인어처럼 떠 있으면서 옛 찬가 몇 구절을 불렀단다. 그러나 머지 않아 의복이 마신 물로 무거워져 고운 노래를 부르는 불쌍한 그 아일 진흙 속 죽음으로 끌고 갔단다.

(4장 7절)

무덤을 파는 인부들은(셰익스피어는 이들을 현자처럼 묘사합니다) 오필리아가 정말 실수로(미친 탓으로) 강물에 빠진 건지 아니면 스스로 뛰어들어 자살한 건지 의심합니다. 자살 여부에 따라서 오필리아가 성스러운 땅에 묻히지 못할 수도 있기 때문에 매우 중요한 부분이고 실제 관객들도 궁금해 하는 부분입니다. 오필리아는 자신의 의지로 목숨을 끊은 걸까요? 그리고 그 의지라는 것이 대체 무엇일까요? 오필리아가 물에 몸을 던지는 것은 그저 자신보다 강한 원초적인 충동에 복종한 것이 아니었을까요? 220년이 지난 후 쇼펜하우어가 『의지와 표상으로서의 세계』를 집필하기도 전에, 셰익스피어의 묘지기들은 이 같은 주제를 논합니다.

4막에서 숙부가 사주한 로젠크란츠와 길덴스턴의 살해 시도를 피하고 영국에서 귀환한 햄릿은 장례행렬을 목격합니다. 처음에 그는 그것이 누구의 장례식인지 모릅니다. 그러다 죽은 사람이 오필리아라는 사실을 깨닫는 순간, 햄릿은 무덤에 뛰어들어 그녀를 향한 사랑을 쏟아내며 자신을 여동생을 죽인 살인자라고 비난하는 레어티스와 충돌합니다. 이때 햄릿은 자신의 사랑은 오빠 천 명의 사랑보다 크다고 외칩니다. 그는 고통스러운 나머지 그 순간엔 복수도, 광인 연기도 잊습니다. 그 순간 햄릿은 절망에 빠진 연인일 뿐입니다. 하지만 이미 늦었습니다. 오필리아는 강물과 한 몸이 되었죠. 햄릿은 오필리아 대신 망자를, 그녀의 입맞춤 대신 유령의 폭로를, 오필리아의 손길 대신 광대 요릭의 앙상한 해골을, 사랑의 속삭임 대신 부조리한 존재의 고독을 선택했으니까요.

대사가 별로 없는데도 불구하고 오필리아가 셰익스피어 작품의 대표적인 여주인공이 된 것은 그녀가 아무도 자신의 말을 경청해 주지 않고, 아픔만을 주는 세상으로부터 거부당함으로써 느끼는 존재와 (연기가 아닌 실제) 광기로 인한 참을 수 없는 고독의 상징이기 때문입니다. 오필리아는 순수한 악의 결정체인 현실을 허무는 섬약함과 숭고한 열정의 시적인 상징입니다. 그래서 죽음이라는 황홀경을 위해 현재 삶을 버리려는 욕망을 가지게 됩니다. 자기 파괴적 욕망에 빠짐으로써 그녀는 모든 것을 섬멸하고 위안을 주는 강의 자궁 속으로 돌아가 그 일부가 됩니다.

엘리자베스 시달은 1862년 2월 11일 32살의 나이로 숨을 거둡니다. 같은 날 실비아 플라스(미국의 시인이자 소설가)와 아멜리아 로셀리(이탈리아 여류 시인)도 스스로 목숨을 끊습니다. 런던 의사가 서명한 사망 진단서에는 그녀의 사망원인을 사고사라고 기재했지만, 그전에 로세티는 그녀가 아편 치사량을 흡입하기 전 자신에게 남긴 이별 편지를 황급히 불태웠습니다. 자살한 사실이 알려진다면, 그녀 역시 성당 묘지에 안치되지 못할 테니까요. 그녀를 찬양하고, 괴롭히고, 구원하고, 저주하고, 사랑하고, 버렸던 로세티는 차갑게 식은 그녀의 시체를 바라보며 아무 말도 하지 못했습니다. 그로부터 십 년 후 그는 눈부시게 빛나는 시달을 모델로 그의 최고 걸작으로 꼽힐 「축복받은 베아트리체」를 완성합니다. 하지만 그것은 먼 미래일 뿐, 그 순간 엘리자베스는 그곳에 누워 있었습니다. 온기를 잃고 에메랄드빛 눈동자가 유리처럼 공허해진 채. 그녀는 아마도 생전 처음으로 평화를 찾았을 것입니다. 그녀 주위에 남아 있는 얼마 안 되는 물건과 흩어진 종이들이 로세티의 눈에는 꽃처럼 보였을 것이고 허름한 방에 흐트러진 그들의 침대는 영국 시골에 흐르는 강처럼 보였을 것입니다. 그리고 그곳에 그의 뮤즈가 입을 꾹 다물고, 생명을 잃어버린 채 누워 있습니다. 마치 오필리아처럼.

취한 배처럼 사는 기술

저는 1997년 7월 파리에서 처음 「햄릿」을 읽었습니다. 원문 없이 스콰르치나(이탈리아 극작가)가 번역한 이탈리아어 번역만 수록된 오래된 페이퍼백이었습니다. 당시 저는 열여섯 생일을 앞두고 처음으로 3주 남짓한 꽤 오랜 시간 집을 떠나 홀로 여행 중이었는데 프랑스, 오스트리아, 네덜란드, 벨기에를 돌아볼 생각으로 인터레일 티켓 한 장을 사 들고 고향 마르케를 떠났습니다.

비엔나발 파리행 열차에 몸을 싣고 가르 드 레스트(프랑스 동부 역)에 도착할 때까지 햄릿을 연달아 세 번 읽었습니다. 배낭 속에 티셔츠 스물두 벌, 팬티 서른 벌, 양말 열 켤레, 스웨터 두 벌과 여벌의 바지 한 벌을 꾸역꾸역 욱여넣는 바람에 책을 두 권 밖에 못 가지고 왔기 때문이기도 하지만, 무엇보다 인간이 그토록 심오하고 수준 높은 사상적 경지에 오를 수 있다는 사실에 눈이 번쩍 뜨이는 것 같았기 때문입니다.

그날 저는 셰익스피어야말로 그가 창조한 인물들을 통해 나의 인격을 확장해 줄 것이라는 사실을 깨달았고, 평생 그 깨달음을 부적처럼 지니고 다녔습니다. 파리행 기차에서 마법의 묘약이라도 마신 것처럼 세계에 대한 인지력과 이해력이 강화되어 저 역시 햄릿이 본 것과 같은 심연을 본 것 같은 느낌이 들었습니다. 이 자리를 빌려 고백하길 당시 뤼테스 맥주 몇 병을 들이키기는 했지만, 환각제 같은 것을 먹은 것은 절대 아니라는 사실을 밝힙니다. 파솔리니(이탈리아 영화감독)의 말처럼 평생 열다섯 살 때처럼 독서를 할 수 있는 시절은 없습니다. 성장기에 접한 작가들은 그 눈부신 광채로 독자의 영혼에 흔적을 남깁니다. 「햄릿」과 함께 내 여행 가방 속에 있던 다른 책은 아르투르 랭보의 시집이었습니다. 그 책은 당연히 불어 원문이 함께 수록된 번역본이었습니다. 여행 떠나기 며칠 전 아드리아해가 바라다보이는 산 조르조 항구에서 처음 랭보의 「취한 배」를 읽고 저는 황홀경에 빠졌습니다. 「취한 배」는 랭보가 당시 제 나이였을 때 쓴 시로, 사춘기 시절 제가 느꼈던 반항심 가득한 상실감을 놀랍도록 상세히 묘사하고 있었기 때문입니다. 당시 저 역시 랭보처럼 예인선으로부터 떨어져 나와 넓은 바다로 이어지는 강물에 몸을 맡긴 취한 배 같았습니다. 랭보의 시 중에서 핵심적인 구절을 읽고, 저는 곧바로 햄릿을 떠올렸습니다.

"사람들이 보았다고 믿는 것을 나는 때로 보았지" 엘시노어의 왕자 햄릿에게 이보다 더 알맞은 좌우명이 있을까 싶습니다. 햄릿의 특징은 '눈에 보이는 것 이면에 있는 인간의 본질을 보는 능력'입니다. 다른 이들은 본질을 봤다고 생각하지만, 실은 그렇지 않습니다. 하지만 이 모든 것이 속임수라면? 배가 술에 취하는 것이 방황의 표현일 뿐이라면? 선왕의 유령을 만났을 때, (랭보적 표현을 사용하자면) 견자(見者, 보는 자. 랭보의 「견자의 편지」에서 나오는 표현-옮긴이) 햄릿이 본 장면이 일개 환각에 지나지 않았다면? 솔직히 어떻게 햄릿은 숙부의 죄를 확신할 수 있단 말인가요. 햄릿 역시 어느 순간 이에 대해 의구심을 품습니다. 햄릿이 가진 것은 망자의 증언뿐입니다. 사실 모든 것이 그의 머릿속에서 일어난 일이라면? 그 형상이 그를 속이려는 악마였다면? 열다섯 소년 시절의 저 역시 그런 생각에 빠지곤 했습니다. 나의 신념, 상상, 꿈, 세상의 가르침이나 강요와는 너무나 다른 특이한 생각들이 환영이나 죄악은 아닐지 의구심이 들곤 했기 때문입니다. 셰익스피어는 놀라운 방식으로 햄릿을 불안으로부터 해방했고, 덕분에 저 역시 이 불안에서 벗어날 수 있게 되었습니다.

평소에 연극에 좋아하고 조예도 깊은 햄릿은 2막 3장에서 왕과 왕비 앞에서 연극을 무대에 올립니다. 이때 햄릿은 극단원들과 미리 짜고 유령에게서 들은 선왕 살해 장면을 그대로 연출합니다. 클로디우스왕의 반응을 보고 유령의 말의 진위를 가리려는 것이죠. 그렇게 덴마크 궁중에서는 「쥐덫」이라는 비극 속의 비극이 공연됩니다. 연극이 시작하기 전에 햄릿은 자신의 연극관을 말하는데, 이 대목은 마치 배우의 철학처럼 느껴집니다. 햄릿은 연극이란 '본성에 거울을 비추는 것'이라 말합니다. '미덕은 그 특징을, 경멸은 그 꼴을, 그리고 현 시절은 그 형체와 생김새를 정확하게 보여주는 것이라' 덧붙이죠.

햄릿은 연극이 인생을 실제보다 더 실제처럼 묘사할 수 있다고 했습니다. 그것은 삶의 본질은 결국 연극이기 때문입니다. 실제로 영국 글로브 극장에는 '인생은 결국 연극 무대다'라는 문장이 새겨져 있는데 연극 속에서 인간 세계의 상을 찾을 수 있다는 의미입니다. 그렇기에 연극을 보면 세상이 보이는 것입니다. 클로디우스가 연극을 보다 이성을 잃는 모습을 보며 유령의 말이 사실임을 햄릿이 확신하는 대목에서, 열다섯 살의 저는 위안을 받았습니다. 햄릿처럼 저 역시 내면의 목소리를 믿어도 될 것 같았기 때문입니다. 이제는 망자의 말을 믿고, 내가 이상한 사람이라는 생각에 절망해도 죄책감이 들지 않을 것 같았습니다. 항상 옳고 긍정적인 것만 믿으라는 사람들의 말은 틀렸습니다. 머릿속에서 악을 쓰는 유령들이 오히려 옳았던 것입니다. 이 대목에서 저는 마음을 지배하는 억압으로부터 인간을 해방하는 신비롭고, 침해할 수 없는 서사의 힘을 느꼈습니다.

그날 이후로는 저 자신이 '네모난 구멍 안 동그란 대못'처럼 느껴져도 마음이 불편하지 않았습니다. 이 표현은 최근 마리안 도너라는 저널리스트가 쓴 『자기파멸 설명서』라는 소책자에서 사용한 표현입니다. 햄릿식으로 말하자면 그녀는 이 책을 이유가 무엇이든 세상에 적응하지 못하고, 어디에도 소속감이 없고, 사랑하고 일하면서 언제나 즐겁고 생산적이기를 강요하는 사회에서 자신을 이방인이라고 느끼는 모든 이들에게 바쳤습니다. 하지만 심리학자 칼 로저스가 말했듯, 구멍이 꼭 네모난 모양이어야 하는 법이 어디에 있을까요. 어쩌면 구멍이 네모난 것이 올바른 것이 아니라 대못 모양이 동그란 것이 올바른지도 모릅니다. 햄릿은 「쥐덫」 덕분에 이러한 결론에 이르렀고, 저 역시 셰익스피어 덕분에 같은 결론에 도달했습니다.

숙부의 반응을 본 햄릿은 망설임 없이 복수에 나섭니다. 그리고 복수는 대학살로 마무리되죠. 모두가 쓰러지고 나서 햄릿도 호레이쇼의 품에서 죽음을 맞이하게 되는데 이때 한 번도 등장하지 않았던 인물이 나타납니다. 바로 노르웨이의 왕자 포틴브라스입니다. 그는 햄릿의 아버지에게 패배한 포틴브라스의 아들로, 선친의 뜻에 따라 비어 있는 덴마크의 왕위에 오릅니다. 포틴브라스는 이를테면 또 다른 햄릿입니다. 그 역시 죽은 선왕의 뜻을 따르지만, 햄릿과는 달리 자신의 운명을 개척합니다. 그것은 포틴브라스가 사랑하고 일할 줄 아는 인간이기 때문입니다.

안트베르펜으로 떠나기 전 파리에서의 마지막 날 아침에 우연히 파리 15구역 조르쥬 브라상스 공원 갤러리에서 열리는 중고 책 벼룩시장을 배회하다 저는 마법에라도 걸린 듯 그 책을 만났습니다. 그것은 20세기 프랑스 시인이자 30년에 걸쳐 셰익스피어의 작품을 번역한 이브 본느푸아의 「햄릿」 번역본이었습니다. 순간 저는 삶에 결정적인 영향을 미치는 인간관계가 그렇듯, 책 역시 우리가 선택하는 것이 아니라 책이 해주고 싶은 말이 있는 사람을 발견하는 것 같은 느낌을 받았습니다. 우리에 대해 모든 것을 알고 있는 책이, 미처 깨닫지 못한 것을 알려주기 위해 '인간의 본성을 비추는 거울'이 되어 지금 제 앞에 나타난 것입니다. 그렇게 1997년 어느 여름 아침, 조르쥬 브라상스 공원에서 저는 본느푸아가 번역한 「햄릿」과 조우했습니다. 저는 프랑스어로 번역된 이 「햄릿」을 소리 내어 읽어보았습니다.

> "죽느냐, 사느냐 그것이 문제다. 어느 것이 더 고귀한가?
> 난폭한 운명의 돌팔매와 화살을 마음으로 맞는 것인가
> 아니면 무기를 들고 높은 파도와 맞서다 끝장을 보는 것
> 인가."

여기서 본느푸아는 '고난의 바다'를 '높은 파도'라 번역했는데, 정말 탁월합니다. 저는 25년이 지난 지금까지 「햄릿」을 읽고, 분석하고, 연기하면서 이것이야말로 「햄릿」 속에 숨겨진 귀중한 교훈이라고 생각합니다. 높은 파도 앞에서 두려워하거나 불편할 필요가 전혀 없습니다. 다른 사람들과 어울리지 못해도 괜찮습니다. 고

통에 짓눌린 나머지 삶을 역겨워 해도 괜찮습니다. 그 절망을 경험해야만 진정한 삶과 죽음의 차이를 깨달을 수 있기 때문입니다. 그리고 이것이야말로 삶을 만끽하기 위해서 좇아야 할 빛나는 목표물일 수도 있습니다.

「햄릿」은 청소년뿐 아니라 나이에 상관없이 모두에게 절망이라는 소중한 기술을 가르쳐줍니다. 이것은 항상 기쁘게 사회 일원의 임무를 수행하기를 강요하는, 구성원 모두가 알맞은 모양의 부품이길 바라는 현대 사회가 배척하고, 숨기고, 없애려는 기술입니다. 절망할 줄 아는 법을 배우는 것은 깊은 불안을 소화하고, 죽음을 향한 열망을 파악하며 바다에서 닥치는 '높은 파도'를 대면할줄 알게 합니다. 햄릿은 그 분야의 대가이자, 시대를 초월한 최고의 전문가입니다. 그의 목소리를 따라 귀를 기울인다면, 인생의 거친 바다는 잠잠해질 것입니다.

까마득한 고난 앞에 단독으로 선 '나'에게
시도와 실패가 바로 우리의 무기다

삶이라는 건 때때로 너무나 가혹하게 몰아칩니다. 안 좋은 일은 한꺼번에 닥친다는 말처럼 우리가 정신 차리고 수습할 새도 없이 극단으로 밀어붙이죠. 이럴 때의 우리는 바람 앞의 갈대처럼 바깥의 작용에 수동적으로 흔들리게 됩니다. 그런데 잘 생각해야 합니다. 이때 우리가 무심코 내리게 되는 판단이 정말로 우리가 원하는 판단인지 말이죠. 순간의 판단이 모여 인생을 이룹니다. 그 인생은 다른 사람이나 모임, 단체가 아니라 바로 당신이 주인이죠. 그러니 언제나 자신의 의지를 세워야 합니다. 지금 고난이 닥친다면 바로 판단을 내리지 않아도 됩니다. 그리고 꼭 판단이 주변에서 말하는 규칙에 맞지 않아도 됩니다. 중요한 건 자신만의 결단을 내리는 것, 자기만의 방식으로 이 고난을 대하는 것입니다. 물론 그 순간은 정말 힘들 것입니다. 그래서 빨리 타협하고 끝내고 싶을 것입니다. 하지만 그걸로 끝이 나지 않습니다. 이때의 타협은 두고두고 여러분을 따라다닐 것입니다. 실패와 상관없이 자신만의 선택으로 고난을 대하는 것만이 자신의 인생을 만드는 길입니다. 스포츠 선수의 입스나 징크스 같은 사소한 불안으로 촉발된 행동이 결정적인 실력에까지 영향을 미친 것은 자신만의 선택을 내리지 않고 주변의 흐름에 흔들리게 두었기 때문입니다. 자신을 믿으세요. 지금 당신의 판단이 결국엔 가장 올바른 답입니다.

내 감정을 원하는 대로 관리하고 싶다면

사랑이 가냘프다고?

너무 거칠고 잔인하고 사나우면서도

가시처럼 찌르는 게 사랑이네

−로미오

장면 #9

사랑의 문은 누구에게나, 어디에서나 열리는 법. 하지만
이러한 특성으로 인해 파국을 맞이한 연인이 있다. 혜성
처럼 짧게 빛나고 스러진 그들의 이야기로 우리는 사랑
을 배우고 닫힌 마음을 열 것이다.

~~~~~~~~~~

새로운 하루를 맞이하거나 마무리할 때 우리는 자연스럽게 그날을
전망하거나 평가합니다. 오늘은 왠지 좋은 날이 될 거 같다든지 아
니면 억지로 치과 가는 아이처럼 한 발짝, 한 발짝 걸음을 내딛기
싫은 고역인 날이었다든지 말이죠. 지나간 오늘에 대한 평가는 저
마다 다 다르겠지만 아마도 다가올 오늘에 대한 바람은 모두가 같
을 겁니다. '어제보다 더 나은 날이 되길', '괴롭지 않게 평안한 하
루를 보낼 수 있길', '불안함이 가시고 행복함을 느낄 수 있는 날이
되길'과 같이 나쁜 게 없는 좋은 날을 원한다는 점에서요. 누구나
번뇌 없이 만족감을 주는 하루를 마다할 사람은 없을 겁니다. 그런

데 안타깝게도 이런 바람과는 다르게 '좋은 날'은 매번 생기지 않습니다. 오히려 너무 힘들어서 간절히 바라면 바랄수록 멀어지는 것 같기도 합니다. 우리는 어째서 좋은 날을 보내기 어려운 걸까요? 좋은 날을 위해서는 어떤 노력이 필요한 걸까요?

우리는 보통 좋은 날이 온다고 표현합니다. 마치 바깥에서 내부로 들어오거나 다른 곳에서 내게 다가오는 것처럼 인식하는데요. 하지만 좋은 날은 오는 게 아니라 만들어집니다. 어떤 황금 같은 기회나 운, 재화를 줘도 그걸 받는 사람의 마음이 불안하면 절대 행복할 수 없는 것처럼 행복함을 결정하는 건 바로 내 안에 있는 감정이기 때문입니다. 감정의 힘은 너무나 강력해서 어떠한 절망적인 상황에서도 포기하지 않는 힘을 주기도 하지만 반대로 평온한 상황임에도 정신을 차릴 수 없을 정도로 불안하게 만들기도 합니다. 그래서 우리는 이 감정을 다루는 법을 반드시 알아야만 합니다. 지금 나의 감정이 어떤지를 알아야 이를 다룰 수 있고 나아가 나의 현재와 미래를 이끌 수 있기 때문입니다. 그래서 오늘은 이 감정의 중요성을 알지 못하고 통째로 감정에 자신을 먹혀버린 이에 대한 이야기를 들려드릴 겁니다. 감정의 힘을 제대로 다루지 못할 때 과연 어떤 일이 벌어지는지 반면교사를 얻으러 다 같이 가시죠.

이탈리아의 베로나에는 몬터규 가문과 캐풀렛 가문이 서로 적대 관계로 지내고 있다. 두 가문 사이에서 항상 크고 작은 싸움이 일어났지만 힘 있는 가문들이라서 아무도 이를 말리지 못했다. 그러던 중 사랑의 열병에 싸인 몬터규가의 아들 로미오를 위로해 주기 위해서 그의 패거리들은 몰래 캐풀렛가 파티에 로미오를 데려가게 되는데 거기서 로미오는 캐풀렛 가문의 딸 줄리엣을 만나게 된다. 둘은 첫눈에 서로에게 반하게 되지만 가문의 불화로 인해서 비밀로 만나기로 하고 로렌스 수사의 도움으로 결혼까지 하게 된다. 한편 비밀 결혼식 날 로미오의 패거리는 줄리엣의 사촌인 티볼트와 시비가 붙게 되는데 로미오의 친구인 머큐쇼가 결투를 벌이다 큰 상처를 입게 된다. 죽어가는 머큐쇼는 두 가문에 저주를 내리며 죽고 친구의 죽음에 분노한 로미오는 티볼트에 복수한다. 또 한 번 두 가문의 대립으로 사람이 죽자 베로나의 군주는 로미오를 만토바로 추방한다. 로미오와 떨어져서 아버지가 정한 상대와 결혼하게 된 줄리엣은 자결을 결심하나 로렌스 수사가 이를 말리며 한 가지 계획을 말해준다. 그것은 줄리엣이 일정 시간 동안 가사 상태로 만드는 비약을 먹어서 죽음을 위장하는 동안 자신이 만토바에 있는 로미오를 데려올 테니 둘이 떠나라는 것이었다. 줄리엣은 이 계획을 받아들이고 비약을 먹는다. 로렌스 수사는 로미오에게 바로 편지를 보냈는데 전염병으로 인해 전달하지 못하게 되고 줄리엣이 죽었다는 소식만 들은 로미오는 독약을 사서 줄리엣이 안치된 무덤으로 향한다. 줄리엣을 보면서 슬퍼하는 로미오는 독약을 마셔서 자결하고 마침 비약의 효능이 끝나서 깨어난 줄리엣은 죽은 로미오를 보고 따라서 목숨을 끊는다. 다음 날 둘 사이에 있었던 일들이 밝혀지면서 두 가주는 그동안 불화를 반성하며 화해하게 된다.

사랑 공포증 신속 진단 키트

'얼간이 커플.' 어떤 면에서 베로나를 배경으로 펼쳐지는 비극적인 사랑 우화의 두 주인공은 이렇게 보일 수도 있습니다. 실제로 아름다운 문장에도 불구하고 이 유명한 작품을 너무 과하고 인위적이고 오글거린다고 싫어하는 사람들도 꽤 많은데, 이것은 두 십대 청소년의 감성을 지나치게 극단적으로 묘사했기 때문입니다. 수많은 언어를 구사하는 것으로 유명했던 박학다식한 17세기 정치인 새뮤얼 피프스는 그의 유명한 저서 『일기』에서 「로미오와 줄리엣」이야말로 '세상에서 가장 형편없는 연극'이라 평했습니다. 그런데 그는 여기에서 그 이유를 설명하지 않습니다. 그냥 그 작품이 싫었던 겁니다.

제대로 읽어보지도 않고 피프스처럼 「로미오와 줄리엣」을 대놓고 싫어하는 이들은 아마도 '사랑 공포증'을 앓는 이들일 것입니다. 사랑 공포증이란 사랑에 빠지는 것을 무의식적으로 두려워하는 심리를 일컫는 용어로, 「로미오와 줄리엣」은 이러한 감정을 이해하는데 좋은 참고서가 될 수 있습니다. 「로미오와 줄리엣」이 러브 스토리의 대명사와도 같은 작품이라는 사실을 부정할 이는 아무도 없습니다. 여기서 러브 스토리란 내면의 충동으로 인해 세상의 규범을 다시 만들려는 사람의 이야기를 의미합니다. 로미오와 줄리엣은 '사랑'이라는 감정이 인간을 둘러싼 잔혹하고 부조리한 현실에 맞서는 과정을 담은 이야기입니다. 인간을 둘러싼 우주와 감성이 윤리적으로 충돌했을 때 그 결과를 담은 보고서이죠. 이를 위해 셰익스피어는 정신적, 사회적으로 세상의 규범에 굴하지 않는 두 주인공을 선택했습니다. 이들이 규범에 굴하지 않는 것은 아직 성인이 아니기 때문입니다. 성인이 아니기에 세상의 규범을 따라야만 하는 어른들과 충돌합니다. 그래서 「로미오와 줄리엣」에 나오는 사랑과 현실의 충돌은 자연스레 세대 간 충돌의 형태를 띱니다. 두 주인공은 외적인 조건이나 우연히 일어나는 일련의 사건들과 관계없이 자신들의 감정을 실현하려 합니다. 이들에게 주변 상황은 하나도 중요하지 않습니다.

사랑에 대해 회의적이거나 특별한 계기로 인해 사랑에 부정적인 시기를 보내고 있을 때 「로미오와 줄리엣」을 읽으면, 자기도 모르게 두 십 대 주인공들의 사랑을 응원하기는커녕, 이들을 회의적인 시선으로 바라보고, 사춘기 아이들의 철없는 감정이 그리 오래 가지 못할 거라고 생각하게 됩니다. 심지어는 두 주인공이 그토록 어린 나이에 목숨을 잃은 것에 대해서도 그럴 만하다고 생각하는 자신을 발견하고 깜짝 놀랄 수도 있습니다. 셰익스피어의 작품에는 직접적인 교훈이 없습니다. 마찬가지로 노골적인 메시지도 가르침도 없습니다. 그것은 셰익스피어가 해석을 독자에게 맡기기 때문입니다. 버지니아 울프가 『일반적인 독자』에서 서술하듯, 관객과 독자는 언제나 토론해야 합니다. 모든 작품에는 단 하나의 교훈만 있는 것이 아니고, 이를 결정하는 것은 독자의 몫이기 때문입니다.

만난 지 몇 시간 만에 사랑에 빠져서 주변 모든 이들을 혼란에 빠뜨리며 차례로 목숨을 잃는 두 젊은이의 이야기에서 배울 만한 도덕적인 교훈은 없습니다. 대본을 읽거나 연극을 관람하면서 그들을 판단하는 것은 우리 몫입니다. 중요한 것은 베로나의 두 십 대 연인의 이야기를 읽으면서 드는 감정입니다. 지금 내가 사랑을 어떻게 생각하는지, 사랑 공포증을 앓고 있는 것은 아닌지 판단하는 척도가 되기 때문입니다. 내가 손발이 오글거리는 로맨티시즘과 차가운 냉소주의 사이에서 어느 위치에 있는지 판단할 수 있기 때문입니다.

셰익스피어의 다른 작품들과 마찬가지로 「로미오와 줄리엣」 역시 기존에 알려진 이야기를 재서술한 작품입니다. 「로미오와 줄리엣」에서 셰익스피어는 원래 서사가 가지고 있던 교훈적인 뉘앙스를 제거하고, 부족한 부분을 풍부한 디테일, 새로운 인물 해석, 놀랍도록 서정적인 언어로 채워 우리가 '사랑'이라 부르는 감정에 마법 같은 매력을 부여합니다.

셰익스피어는 젊은이들에게 감정을 절제할 줄 알아야 한다는 가르침을 주려는 교훈적인 이야기를 서양 문학에서 보이는 사랑 이야기의 원형으로 바꾸어 놓았습니다. 모든 이야기를 새롭게 창조해 내는 윌 선생님은 어느 한쪽의 편을 들지 않고, 두 청춘 남녀에게도 목소리를 낼 기회를 줍니다. 그렇게 그는 나이에 상관없이 누구든 매료되거나 혐오감을 느낄 수 없는 사랑이라는 감정에, 세상과 타협하지 않는 사랑에 목소리를 부여합니다.

셰익스피어의 「로미오와 줄리엣」의 원전은 아서 브룩의 1562년작 「로미우스와 줄리엣의 비극」으로 추정됩니다. 육각시 형식의 이 작품은 방탕한 청춘들에게 경종을 울리는 청교도적 사상을 바탕에 둬서 전반적으로 분위기가 무거운 작품이었습니다. 「로미오와 줄리엣」의 윤리적인 측면은 박학다식한 인문학자 피에르 드 로네가 아서 브룩보다 몇 년 앞서 출간한 『비극 이야기』의 세 번째이야기에서도 도드라집니다. 브룩과 로네 둘 다 이탈리아 작가 마테오 반델로의 소설을 자유롭게 각색했는데, 반델로의 작품에는 셰익스피어의 「로미오와 줄리엣」에 나오는 주요소가 모두 포함되어 있습니다. 「로미오와 줄리엣」을 포함해 셰익스피어가 로맨스작품을 쓸 때 베네토를 주로 배경으로 삼는 이유는 이탈리아 소설의 영향을 받았기 때문입니다. 원수 가문의 후손끼리 사랑에 빠지는 비극적인 사랑 이야기는 14세기에서 15세기 사이 이탈리아 전역에서 유행했습니다.

단테의 『신곡』 중 연옥 6곡에서도 불운한 '카펠레티' 가문 이야기가 나오는 것을 보면 몬터규와 캐풀렛 가문 사이의 불화는 이미 1300년대부터 유명했던 것 같습니다. 그보다 더 오래전인 그리스·로마 시대로 거슬러 올라가면 셰익스피어는 아마도 직간접적으로 오비디우스의 「변신 이야기」에 나오는 피라모스와 티스베의 영향을 받았을 것입니다. 실제로 「한여름 밤의 꿈」에서 이 작품을 패러디하는 것으로 보아 셰익스피어는 이 이야기를 잘 알고 있었다고 볼 수 있습니다. 벽을 사이에 두고 이야기를 나누던 피라모스와 티스베 역시 「로미오와 줄리엣」처럼 죽음을 맞이하기 때문에 금지된 사랑과 운명의 장난을 보여주는 끔찍한 상징이 됩니다.

셰익스피어는 이러한 작품을 자신만의 스타일로 다시 썼는데, 거짓과 폭력으로 중심을 잃은 두 가문의 운명적인 충돌이란 배경을 사용해 그 속에서 어떡하든 함께하고 싶은 상대를 만나 이성을 잃은 인간의 상태를 표현하고자 했습니다. 살다 보면 드물지만 누구나, 특정 인물에게 빠져들고, 상대방 역시 같은 모습을 보일 때가 있습니다. 그런데 문제는 말 못할 두려움에 사로잡혀, 그러한 상황을 감당하지 못하고 도망칠 수도 있다는 겁니다.

실제로 사랑에 빠지는 것은 매력적이지만 매우 두려운 일이기도 합니다. 사실 그러한 두려움이 아주 황당한 감정만은 아닙니다. 때로는 누군가에게 강하게 이끌려도 내면의 무언가가 방어막을 완전히 해제하고 마음 가는 대로 행동하는 것을 막을 때가 있는데, 그것은 사랑에 빠진다는 것이 결국은 취약해지고 상황에 대한 통제력을 잃는 것을 의미하기 때문입니다. 로미오와 줄리엣은 서로에게 푹 빠집니다. 그것은 눈부시게 아름답지만, 동시에 매우 두려운 감정이기도 합니다. 그들은 라틴어로는 푸로르furor, 그리스어로는 메니스menis라고 표현하는 격정의 상태에 빠지는데, 여기에는 사랑, 광기, 죽음이라는 세 가지 개념이 모두 포함됩니다.

누군가에게 콩깍지가 씌어서 상대방을 향한 감정이 그 무엇보다 중요하고, 어떤 어려움에도 포기할 수 없다면, 그 사람 곁에 있기 위해서 어떠한 고통도 감내할 수 있다면, 당신은 「로미오와 줄리엣」을 좋아할 것입니다. 나이와는 상관없이 그런 사랑을 하는 동안에는 누구든 로미오와 줄리엣이 되기 때문입니다.

연애운이 없거나 아직 제 짝을 만나지 못해서가 아니라, 매번 완전히 자신의 감정을 믿지 못해서 제대로 된 사랑을 해보지 못한 사람에게 「로미오와 줄리엣」은 유치하고 과장된 설탕 발림에 지나지 않을 것입니다. 당신이 그런 사람이라면, 당신 눈에 비친 로미오와 줄리엣은 인생의 쓴맛을 모르는 철딱서니 없는 애송이처럼 보일 것입니다. 약한 모습을 감추기 위해 냉소 아래 숨겨놓은 두려움이, 당신의 이러한 판단을 이끌기 때문입니다.

불신의 유예

로미오와 줄리엣을 다룬 수많은 이야기 중에서 윌 선생님의 작품이 시대를 초월하는 불멸의 사랑 이야기가 된 이유는 무엇일까요? 셰익스피어는 기존 「로미오와 줄리엣」의 서사에 어떤 변화를 주었을까요? 사실 셰익스피어의 「로미오와 줄리엣」은 기존의 이야기와 큰 차이가 없습니다. 하지만 언뜻 보면 얼마 안 되는 것처럼 느껴지는 부분이 이야기의 서사에서 결정적인 역할을 합니다.

이 부분을 살펴보면 우리는 이 희곡이 왜 보편적인 러브 스토리의 상징으로 등극했으며, 사랑 공포증에 걸린 이들의 혐오 대상이 되었는지 알 수 있습니다.

먼저 셰익스피어 작품에서 가장 눈에 띄는 점은 빠른 전개 속도입니다. 다른 작품에서 로미오와 줄리엣의 사랑은 몇 달에 걸쳐서 진행되며, 그 사이에 두 연인이 만나는 장면도 많이 등장합니다. 그에 비해 셰익스피어의 작품에서 두 주인공의 만남과 이별은 불과 며칠 만에 이루어집니다. 실제로 연극은 7월의 어느 일요일 아침부터 다음 주 목요일까지, 그러니까 채 일주일도 안 되는 기간에 벌어지는 사건을 다룹니다. 그 짧은 기간에 온갖 일이 다 일어나는 것입니다. 불과 며칠 만에 베로나시의 두 원수 가문 후예들이 사랑에 빠지고, 무려 5명의 청년(로미오, 줄리엣, 머큐쇼, 티볼트, 파리스)이 생명을 잃고, 도시의 법질서가 엉망이 됩니다.

이 부분은 매우 중요합니다. 셰익스피어의 작품에서 사건들은 눈사태처럼 비극을 향해 달려갑니다. 이러한 빠른 전개는 작품 전체를 지배하는 젊은이 특유의 '성급함'과 광기를 표현하기 위함입니다. 로미오의 첫 대사가 '시간이 이토록 이른가?Is the day so young?(시간이 아직 이른 것을 젊음young으로 표현함-옮긴이)'라는 점도 의미심장합니다. 또한 로미오와 줄리엣은 숙명적으로 성급한 기질의 소유자입니다. 둘은 시종일관 앞을 향해 달려가며, 기다릴 생각도, 이성적으로 판단할 마음도, 시간도 없습니다. 아주 짧은 닷새라는 시간적인 한계를 설정함으로써 셰익스피어는 사춘기 특유의 충동적인 면모를 그려냈습니다.

셰익스피어의 작품과 기존 작품을 구분 짓는 또 다른 요소는 언어입니다. 「로미오와 줄리엣」은 다른 사람들은 못 알아듣는 그들만의 언어로 이야기합니다. 셰익스피어는 로미오와 줄리엣이 대화를 나눌 때만 약강 5보격 운율의 소네트 형식을 사용합니다. 그것은 그들의 감정이 시로만 표현될 수 있기 때문입니다. 여기서 로미오와 줄리엣은 상징적으로나 음성학적으로나 파토스를 느낄 때 등장인물들의 심장 박동을 연상시키는 무운시無韻詩(각운脚韻이 없는 5각脚 약강격의 5행시를 말함-옮긴이)로 대화합니다. 때문에 극에 등장하는 어른들과 다른 인물들은 둘의 언어를 이해하지 못합니다.

셰익스피어의 작품이 기존의 작품들에 비해 돋보이는 점은 놀라운 어휘력을 통해 각 인물을 생생하게 묘사하고, 극적 효과를 극대화한다는 점입니다. 주인공들뿐 아니라 벤볼리오, 티볼트, 파리스 왕자, 로렌스 수사, 약장수를 위시한 몬터규가 사람들, 그리고 캐풀렛가 사람들과 같은 조연들의 대사에도 하나하나 의미가 있고 각 인물의 개성과 미묘한 성격 차이가 섬세하게 드러납니다. 이런 측면에서 특히 돋보이는 인물이 바로 줄리엣의 유모와 친구 머큐쇼입니다. 유모는 기존 작품들에서는 비중 없이 나오던 인물이지만 셰익스피어는 이를 완전히 재해석했고, 머큐쇼는 셰익스피어의 순수 창조물입니다.

셰익스피어의 문체는 인물에 놀라운 깊이를 부여했는데, 이는 원근법의 도입으로 이차원적이던 회화에 혁신적인 변화를 가져온 르네상스 회화 혁명에 필적할 만합니다. 셰익스피어의 펜을 통해 인물들은 가면을 쓴 무대 위의 배우들이 아니라, 복잡미묘한 심리를 가진 진짜 인간이 되었습니다.

기존의 작품과 셰익스피어의 작품을 구분 짓는 특징은 프롤로그에서도 잘 드러납니다. 프롤로그 자체가 대단한 차이는 아니지만, 요즘 표현으로 스포일러가 공개된다는 점이 흥미롭습니다. 실제로 맨 처음 무대에 등장하는 해설자는 관객에게 극의 (비극적인) 결말을 공개합니다.

> **해설자** ____ 이 극이 벌어지는 아름다운 베로나에 명망이 엇비슷한 두 가문이 있었는데 오래 묵은 원한으로 새 폭동을 일으켜 시민의 피로 시민의 손을 더럽히게 되었소. 이러한 두 원수의 숙명적인 몸에서 별들이 훼방을 놓은 두 연인이 태어났고, 그들은 불운하고 불쌍하게 파멸하여 부모들의 싸움을 죽음으로 묻었다오. 죽음의 표가 붙은 이 사랑의 두려운 여정과 계속되는 부모들의 격

렬한 분노를 막을 수 있는 것은 자식들의 죽음뿐.

(1막 1장)

언뜻 보면 이 부분은 셰익스피어의 실수인 것처럼 보이지만, 그렇지 않습니다. 실제로 셰익스피어 시대 관객은 물론 요즘 관객까지 로미오와 줄리엣이 죽는다는 사실을 알고 나서 오히려 더 이들 사랑에 전율하고, 흥분합니다. 그리고 마지막까지 일이 잘 풀리기를 기도하며 눈물을 흘립니다. 심지어 셰익스피어 시대에는 두 청춘 남녀가 무대에서 애처롭게 숨을 거두는 모습을 보고 절망하고 분노한 관객들이 무대를 향해 돌을 던지는 일도 종종 있었다고 합니다. 시작부터 극의 결말을 알고 있었음에도 말입니다. 대체 왜 관객들은 그리도 화를 낸 것일까요?

셰익스피어는 극의 '서스펜스'에는 조금도 관심이 없었습니다. 그보다는 시의 서정성이 가진 힘을 빌려 관객의 감동을 끌어내는 데 더 관심이 있었습니다. 이를 통해 셰익스피어는 수 세기 후, 낭만주의 시인인 새뮤얼 T. 콜리지가 『문학평전』에서 '불신의 유예suspension of disbelief(소설이나 드라마 등에서 펼쳐지는 가상의 이야기에 현실적으로 맞지 않는 지점이 있어도 문제 삼지 않고 수용하게 되는 태도-옮긴이)'라고 표현한 바를 실현했습니다.

아리스토텔레스가 『시학』에서도 언급한 바 있는 '불신의 유예'

는 스토리텔링의 핵심적인 개념입니다. 가상의 이야기가 신빙성을 가지기 위해서는 이야기의 틀 안에서 불가능하게 보이는 상황을 관객이 믿게 만들어야 합니다. 이야기 내에서는 비현실적인 요소가 있어도 받아들일 수 있다는 논리와 같은 맥락에서 때로는 이야기의 결말을 이미 알고 있어도 잊어버린 척 계속 볼 수도 있는 것입니다. 결국 중요한 것은 이야기를 제대로 서술하는 능력입니다.

셰익스피어가 노린 것도 바로 이런 효과입니다. 그는 이야기의 결말이 널리 알려졌음에도 불구하고 관객이 감동하기를 바랐습니다. 셰익스피어는 프롤로그로 관객에게 "이보시게들, 이 이야기는 끝이 안 좋으니 그렇게들 알고 있으시게. 나중에 딴말하지 말고"라고 선포하는 듯합니다. 하지만 로미오와 줄리엣의 마법 같은 만남과 순수한 사랑의 힘으로 인해 우리는 자기도 모르게 불가능을 가능하다고 믿게 되고, 자연스레 프롤로그에서 해설자가 한 말이 거짓이라고 생각하게 됩니다. 그럼으로써 결국에는 두 연인이 함께할 것이라 믿습니다. 해피엔딩이 아니면 안 될 정도로 그들의 사랑이 아름답기 때문입니다. 하지만 5막에서 우리의 믿음은 어김없이 어긋나고, 베로나시의 군주는 프롤로그와 완벽한 대칭을 이루는 대사로 극의 결말을 선포합니다.

군주 _____ 암울한 평화가 이 아침에 내렸으니 태양마저 비탄에 잠겨 얼굴을 감추었구나. 이제 공연은 끝났으니 모두 자리를 떠나자. 앞으로도 이 슬픈 일을 더 이야기할 것인데, 이 중에는 용서받는 자들도 있고 벌 받는 자들도 있으리라. 지금껏 줄리엣과 그녀의 로미오 얘기보다 더 비통한 이야기는 없었도다.

(5막 3장)

두 주인공은 이미 처음부터 자신들의 사랑에 희망이 없으며, 끝이 안 좋을 것을 압니다. 그들에게는 현실적인 제약이 많습니다. 둘은 원수 가문의 자식인 데다, 줄리엣에게는 이미 정혼자가 있기까지 합니다. 하지만 이 모든 사실을 알고 있음에도 불구하고 둘은 사랑에 빠집니다. 셰익스피어는 관객들도 주인공과 같은 상황에 놓습니다. 그는 우리도 로미오와 줄리엣처럼 비현실적인 일을 극복하고 실현할 수 있을 거라 믿을 때가 있지 않냐고 묻기 때문입니다.

바로 이 지점에서 사랑에 대한 '불신의 유예'가 시작됩니다. 이는 콜리지가 말한 '이야기적인 불신의 유예'가 아니라 '존재적인 불신의 유예'입니다. 우리는 사랑에 빠지면 외부 요인과는 상관없이 우리의 사랑 이야기가 해피엔딩으로 끝날 거라 믿습니다. 물론 모든 연인이 로미오와 줄리엣처럼 '별들의 훼방'을 받는 것은 아닙니다. 대부분 사랑 이야기는 피와 눈물로 얼룩지지 않고 현실적이고 실현 가능하며 둘이 맺어진다는 점에서 해피엔딩으로 끝난다고 볼 수 있습니다. 그러니 모든 사랑이 거짓은 아닌 것입니다. 그렇다면 왜 매번 사랑에 빠질 때마다 '불신의 유예'를 논하는 걸까요? 그것은 「로미오와 줄리엣」의 핵심이 비극적인 결과에 있는 것이 아니라 사랑의 본질, 즉 소년과 소녀가 어떻게든 함께하려고 하면서 이루려는 절대적인 사랑을 다루기 때문입니다.

다시 말하자면 셰익스피어의 「로미오와 줄리엣」은 단순히 주위의 반대를 무릅쓰고 결혼하려는 연인 이야기가 아닙니다. 알렉산드로 만조니의 『약혼자들』이 오히려 그러한 유형의 이야기에 더 가깝습니다. 셰익스피어의 「로미오와 줄리엣」은 극단적인 사랑으로 인해서 서로를 파멸로 이끌고, 감정을 불태워 재로 만드는 연인의 이야기입니다. 로미오와 줄리엣의 사랑은 너무나 뜨거워서 견딜 수가 없을 정도입니다. 숨 막힐 정도로 숭고하고, 현기증이 날 정도로 빠릅니다. 이렇듯 타협점이 없는 절대적인 사랑이 비극적인 결말을 맞는 것은 불운한 우연 때문이 아니라, 그 자체가 가진 본질 때문입니다.

(어린 시절에는 잘 모를 수 있지만) 우리는 모두 그런 사랑이 오래가지 못할 것을 알고 있습니다. 하지만 운명의 짝을 만났다는 생각이 드는 순간, 우리는 이 생각이 틀릴 수도 있다는 걸 알면서도 안

좋을 결말에 신경 쓰지 않게 됩니다. 「로미오와 줄리엣」의 프롤로그처럼 말이죠. 뻔히 알면서도 불을 향해 달려드는 나방처럼 불타는 사랑을 향해 몸을 던집니다. 그 순간만큼은 사랑이 끝난 뒤 맞이할 암울한 결말은 안중에도 없습니다. 그저 몸과 마음을 다 바쳐 사랑에 충실할 뿐입니다.

대체 왜 인간은 이렇게 행동하는 걸까요. 얼마 지나지 않아서 끝날 것을 뻔히 알면서, 그로 인해 고통받고 심각한 내상을 입을 것을 뻔히 알면서 왜 그렇게 행동하는 걸까요? 어쩌면 그에 대한 대답은 바바라 스트라이샌드가 감독·주연을 맡은 「로즈 앤 그레고리」의 대사에 있을지도 모릅니다. 살면서 누군가에게 반해서 이성을 잃는 것만큼 마음이 들뜨고 위안을 받고 행복하고 강해지는 것은 없습니다. 사랑에 빠지면 그 사람의 존재만으로도 나의 존재가 경이로워지고, 상대방 역시 나를 그렇게 생각할 것을 우리는 압니다. 그 황홀한 상태를 경험하기 위해서라면 사랑이 유한하고 일개 환영일 수도 있으며 그로 인해 심각한 결과가 초래될 수도 있다는 사실도 개의치 않게 됩니다. 로미오와 줄리엣처럼 사랑에 매료되고, 현혹되고, 기꺼이 속아 넘어가는 것이죠.

물론 사랑이라는 감정을 두려워하는 이들은 예외지만요. 이들에게는 「로미오와 줄리엣」에 나오는 절대 사랑이 철부지 얼간이들의 치기 어린 행동으로 보일 수도 있습니다. 셰익스피어의 놀라운 점은 그가 이러한 해석까지 유도하고 있다는 점입니다. 줄리엣의 사촌 로잘린은 한 번도 무대에 등장하지 않습니다. 그녀의 이름은 1막에서 로미오에 의해 몇 번 언급될 뿐이죠. 처음 로미오가 등장할 때, 그는 이미 사랑에 빠진 상태입니다. 그가 줄리엣과 만나는 것은 1막 마지막 장면이니, 그전에는 다른 여자 때문에 고독해 하고 괴로워하는 것입니다. 다른 여자를 위해 가짜 밤 속에 틀어박힌 채 햇빛을 피하고 사촌 벤볼리오와 절친 머큐쇼를 비롯한 친구들도 만나지 않고 몽상적인 사랑 시나 짓고 있는 것인데, 그 대상이 바로 로잘린입니다. 친구들은 1막 5장에서 그를 몬터규가의 파티에 데려가는 것도 다 로잘린을 잊게 하기 위해서입니다. 로미오는 마지못해, 혹은 오직 로잘린을 다시 볼지도 모른다는 가녀린 희망을 가지고 파티에 참석합니다. 그런데 바로 그곳에서 줄리엣을 만나게 됩니다. 그녀를 보는 순간 로미오는 로잘린을 까맣게 잊어버리고 첫눈에 그녀와 사랑에 빠집니다. 그 후 로미오는 다시는 그녀의 이름을 입 밖에 내지 않습니다.

사랑 공포증을 앓는 이라면 이 장면을 보고 2막 3장에서 "젊은 이의 사랑은 진실로 심장이 아니라 눈 속에 있다"라고 한 로렌스 수사의 대사를 떠올릴 수 있을 것입니다. 더 노골적으로 표현하자면, 로미오는 여느 남자와 마찬가지로 더 예쁜 여자를 보고 방금까지 미친 듯이 사랑한다고 했던 여자를 새까맣게 잊은 것입니다. 로렌스 수사는 이런 로미오를 보고 "나 원 참, 이럴 수가. 많이도 변했구나!"라고 덧붙일 정도죠.

로미오의 변심은 두 가지로 해석될 수 있는데, 셰익스피어는 그중 어느 것이 올바른 해석인지 정답을 제시하지는 않습니다. 누군가는 로미오가 운명의 짝을 만나서 로잘린을 잊은 것이라고 생각할 것이고, 다른 누군가는 사춘기 소년인 로미오가 아직은 기준이 없어서 쉽게 사랑에 빠지고 이성을 잃는 '금사빠'라고 생각할 것입니다. 후자의 사람들은 로미오가 다른 여자가 눈에 들어오면 줄리엣을 바로 잊을 거라고 생각하죠.

두 번째 해석을 기준으로 생각하면 잘 알지도 못하는 상태에서 서로를 품에 안고 영원한 사랑을 맹세하고 모두의 반대를 무릅쓰고 결혼해서 양가를 파멸로 몰았다는 사실이 어이없게 느껴질 것입니다. 과연 둘이 파국 없이 오랜 시간을 함께 보냈다면 어떻게 됐을까요? 셰익스피어 극을 기발하게 패러디한 것으로 유명한 애덤 롱, 대니얼 싱어, 제스 윈필드의 공동 집필작『셰익스피어 작품 전집』에서 로미오와 줄리엣은 사랑에 눈이 먼 꼴불견 철부지 얼간이로 묘사됩니다. 로미오와 줄리엣은 누구든 사랑하고 싶은 성급한 마음에 눈이 멀어 상대방에 대한 환상을 가지고 서로를 이상화합니다. 둘은 잘 알지도 못하는 상대를 위해 모든 불신을 유예하고 행동의 결과를 생각하지 않고 운명을 향해 돌진합니다. 사실 둘은 십 대 청소년일 뿐입니다. 그런 그들이 사랑에 대해 무엇을 알까요, 삶의 고통을 얼마나 알겠어요. 둘은 눈에 콩깍지가 씌어서 착각에 빠진 철부지일 뿐입니다. 둘은 함께 있고 싶은 집착과 성급한 마음에 수습할 수 없는 사고를 치고, 무의미한 죽음을 맞이했습니다. 물론 이것은 셰익스피어의 생각이 아닙니다. 이것은 사랑 공포증을 앓는 냉소적인 이들의 해석이지요.

7월의 눈부시게 끔찍한 닷새

「로미오와 줄리엣」은 몬터규 가문의 추종자들과 캐풀렛 가문의 추종자들이 베로나 거리에서 치고받고 싸우는 패싸움 장면으로 시작합니다. 연극이 싸움과 함께 시작하는 데는 다 이유가 있습니다. 폭력은 작품 전반을 지배하는 정서로, 실제로 이야기가 전개되는 동안 수차례 결투 장면이 등장합니다. 「로미오와 줄리엣」에서 폭력은 사랑과 죽음이 결국 멀지 않은 곳에 있음을 끊임없이 상기시킵니다. 여기에서 폭력은 극적 동기를 구성하고, 작품의 분위기를 조성하는 분노, 노여움, 충동, 청년다운 반항심을 상징합니다.

격렬한 싸움은 베로나의 군주(이 작품에서 그는 일종의 보안관이자 베로나의 도덕적 기준을 제시하는 정신적인 지주입니다)가 도착하고 겨우

진화되지만, 베로나에 감도는 긴장감은 그 어느 때보다 높아집니다. 고조된 분위기를 가라앉히기 위해서 캐퓰렛 가문의 수장인 줄리엣의 아버지는 줄리엣의 결혼을 결정하고, 이를 기념하는 가면무도회를 열기로 합니다. 줄리엣은 아직 어려서 남자를 사귀어 본 적도 없고 아직 결혼 생각도 없지만, 그녀의 부모님은 집안과 가까운 패리스를 신랑감으로 정하고 혼인 날짜까지 잡습니다.

하지만 예상치 못하게 딸이 국경을 초월하는 사랑에 빠지는 바람에 그의 모든 계획은 물거품이 될 것입니다. 1장 마지막에 로미오와 줄리엣은 가면무도회에서 만나고, 그전부터 아버지의 명을 못마땅하게 생각하던 줄리엣은 로미오를 보는 순간 아버지의 계획을 절대로 받아들이지 않기로 결심합니다. 줄리엣은 무슨 수를 써서라도 패리스 대신 로미오와 결혼하기로 마음먹습니다. 그렇게 로미오와 줄리엣은 함께 세상과 맞서기로 합니다.

이 작품에서 사랑은 두 주인공이 자신들의 신념과는 다른 사회질서에 대항하기 위해 선택하는 길입니다. 그들이 사랑의 이름으로 행하는 목표는 참을 수 없는 반항 정신에서 나온 것이기에, 잠재적으로 파멸을 내포합니다. 이것은 셰익스피어가 사랑의 힘을 위험하고 파괴적이라고 생각하기 때문입니다. 내가 좋아하고 상대방도 나를 좋아하는데도 뭔가 거리낌을 느끼고, 사랑을 완전히 받아들이지 못하고 도망쳐 나의 것이 되었을 수도 있었을 행복을 포기하는 것은 아마도 사랑이라는 감정의 이면에 감추어진 너무나도 위험하고 파괴적인 힘 때문일 것입니다. 사랑 공포증이란 어쩌면 사랑에 빠지는 순간 감내해야 할 위험을 본능적으로 감지함으로써 발생하는 것일지도 모르겠습니다.

셰익스피어의 극에는 언제나 평소에는 인간의 내면에 감춰져 있지만, 표출되면 대혼란을 일으킬 수 있는 끔찍한 초자연적인 힘이 등장합니다. 「로미오와 줄리엣」에서는 두 주인공이 만나는 순간 그러한 힘이 폭발합니다. 이 거대하고 치명적인 사랑의 힘은 사랑 공포증의 핵심입니다. 극에서는 이러한 사랑의 특성이 1막 4장 로미오의 절친 머큐쇼의 대사를 통해 나옵니다. 뛰어난 극작가인 셰익스피어는 로미오와 줄리엣의 만남 바로 전에 이 머큐쇼의 독백을 삽입했는데, 이때 그의 대사는 친구인 로미오를 향한 생생하고 경이롭고 예언적인 경고이기도 합니다. 머큐쇼는 처음에 로잘린을 향한 로미오의 집착에 가까운 감정을 놀리다 마치 카산드라가 빙의한 것처럼 무엇에 홀린 듯 사랑에 빠진 이가 열병을 앓는 것은 맵 여왕 때문이라고 말합니다. 여기서 맵 여왕은 참을 수 없는 사랑에 빠진 인간에게 영향을 미치는 것으로 알려진 켈트 설화에 나오는 요정의 여왕입니다.

로미오 ____ 간밤에 꿈을 꿨어.

머큐쇼 _____ 그야 나도 그랬지.

로미오 _____ 무슨 꿈을 꿨는데?

머큐쇼 _____ 개꿈.

로미오 _____ 때로는 맞는 꿈도 꾸는데.

머큐쇼 _____ 아, 그렇다면 맵 여왕이 나타났던 게로군. 그녀는 산파 노릇을 하는 요정인데 시의원의 집게손가락에 낀 반지의 마노석보다 크지 않을 정도의 몸집을 하고서 눈곱만한 짐승들이 이끄는 마차를 타고 잠자는 사람들의 코 위를 지나가지. (…) 이 상태로 그녀가 밤마다 질주할 때 닿는 곳이 연인들의 뇌 속이면 그들은 사랑을 꿈꾸고, 궁정인의 무릎 위를 지나면 그들은 곧 절하는 꿈을 꾸고 변호사의 손을 지나면 그들은 곧 사례금을 꿈꾸고 숙녀들의 입술 위를 지나면 그들은 곧 입맞춤을 꿈꾸는데 달콤한 과자를 너무 많이 먹어서 그 입에서 악취가 나면 성난 맵은 입 주변에 물집이 나게 한다네. 때로 정치인의 코 위를 질주하면 높은 벼슬을 얻으려고 몸을 파는 꿈을 꾸고 때로는 돼지의 꼬리를 들고 와서 잠자는 교구 목사 코끝을 간질이면 그는 또 하나의 헌금이 잔뜩 들어오는 꿈을 꾸게 되는 거지.

그녀가 군인의 목 위를 지나가면 그는 외적의 모가지를

여러 개 자르거나 돌파구나 잠복이나 스페인제 검이나 폭탄주를 꿈꾸다, 곧이어 그의 귀에 북을 둥둥 울려주면 깜짝 놀라 깨어나서 잔뜩 겁을 먹은 채 잠시 기도를 드린 다음 다시 잠에 빠진다네.

바로 이 맵 요정이 발들의 갈기를 한밤중에 엮어 놓고 요정들의 머리카락을 헝클어 놓는데 그걸 일단 풀게 되면 큰 불행이 닥치지. 바로 이 요물이 잠자는 처녀들을 짓누르고 무게를 견디는 법을 처음 가르쳐서 몸가짐이 훌륭한 여인을 만든다네. 바로 이….

로미오 ＿＿ 잠깐, 멈추게, 머큐쇼! 자네 얘기는 다 헛소리야.

(1막 4장)

이 대목에서 머큐쇼의 대사는 신탁을 받은 무녀와도 같은데, 코믹한 머큐쇼의 캐릭터와는 어울리지 않게 놀랍도록 예언적입니다. 그의 대사는 은유가 가득하고 기교적이지만, 그들을 기다리는 치명적인 운명을 정확하게 예언하고 있습니다. 사람을 미치게 만드는 맵의 이미지는 이어지는 장면, 로미오와 줄리엣의 만남에서 태어날 절대적이고 파괴적인 사랑의 전조입니다. 둘이 만나지 않았다면, 머큐쇼도 로미오도 한창 나이에 목숨을 잃지 않았을 것입니다.

마지막에 로미오는 강물처럼 쏟아지는 친구의 말을 가로막으며 다 헛소리라고 합니다. 그런 로미오에게 머큐쇼는 로미오의 말처럼 자신은 실체가 없는 꿈 이야기를 한 것뿐이라 말합니다. 자신이 이야기한 것은 한낱 무無일 뿐이라고요. 그리고 그 무는 로미오, 줄리엣, 머큐쇼를 비롯한 베로나를 통째로 집어삼키게 됩니다. 하지만 로미오는 머큐쇼의 말을 이해하지 못합니다. 운명을 알려주는 신탁을 들은 다른 모든 영웅처럼, 로미오 역시 그의 말을 제대로 이해하지 못하기 때문이죠. 아니, 이해하지 못하는 정도가 아니라 오해합니다.

친구의 말을 이해했다면 캐풀렛 가문의 파티에 참여할 때 조금 더 두려워했을 겁니다. 하지만 로미오는 줄리엣을 보자마자 첫눈에 반하고, 이후 1막 5장에서 나오는 이 극의 가장 아름답고 유명한 장면이 펼쳐지게 됩니다.

처음 줄리엣을 보고 로미오는 그때까지 자신이 믿어왔던 모든 것이 거짓은 아닌지 되묻습니다. 캐풀렛가의 소녀를 보는 순간 그때까지 보아 온 것은 거짓과 환영에 지나지 않는다고 생각하는 건 전례 없는 줄리엣의 아름다움이야말로 로미오에게 새로운 현실이기 때문입니다.

로미오 _____ 오, 그녀는 횃불에게 빛나는 법을 알려주는

여인이다! 이 세상의 것이라 하기에는 너무나 환히 빛나
구나. 지금 뺨을 어루만지는 저 손을 만질 방법을 찾아
봐야겠다. 내 심장이 사랑을 알았던가? 내 눈이여, 그 사
실을 부인하라. 이 순간 전에는 한 번도 아름다움을 보
지 못했나니.

(1막 5장)

'첫눈에 반하다'라는 표현을 이처럼 완벽하게 표현한 대사가
있을까요. 줄리엣을 보는 순간 그때까지 경험하지 못했던 지극히
숭고한 전율을 느끼며, 로미오의 눈앞에는 새로운 세상이 펼쳐집
니다. 물론 '첫눈에 반하다'라는 표현을 비웃는 이도 있을 것입니
다. 이런 이들은 사랑이란 함께 결정하고 키워나가고 온갖 어려움
을 이겨내고 함께 세월을 보내며 형성되는 감정이라고 믿습니다.
로미오처럼 상대방을 보는 순간 첫눈에 전율을 느낀 이들 사이에
는 지나치다고 할 정도로 과다한 열정이 생성될 수 있습니다. 그런
전율을 느끼는 순간 엄청난 에너지로 인해 합선이 일어나면서 주
변이 정전이라도 된 것처럼 깜깜해질 수도 있습니다. 마음속에 숨
어 있던 맵이 행동에 나서는 것은 바로 그러한 순간입니다. 우리는
'요정 여왕'의 광기에 휩쓸려, 그녀의 손에 운명의 키를 맡깁니다.
그러한 면에서 머큐쇼가 묘사하는 맵은 사랑 공포증이라는 현상

에 내포된 공포의 원형을 구현한 형상이라고 할 수 있습니다.

미칠 듯이 사랑하면 다른 사람들은 세상에서 사라지고, 내 앞에 오직 나를 매혹한 사람만 남아 지구상에 그 사람과 나밖에 없는 것 같은 느낌이 듭니다. 이러한 상태를 표현하려면 특별한 언어를 사용해야 합니다. 연인끼리만 이해할 수 있는 일종의 암호, 즉 시를 사용해야 합니다. 시대를 막론해 모든 시인이 이미 알고 있듯, 심장의 떨림은 일상적인 대화와는 다르기 때문입니다. 실제로 셰익스피어는 로미오와 줄리엣이 처음 파티에서 마주쳤을 때, 무운시의 형식으로 대화하게 합니다. 이때 셰익스피어가 사용하는 기법은 번역이 불가능합니다. 그럼으로써 셰익스피어는 둘의 대화를 함께 낭독하는 소네트처럼 들리게 만듭니다. 이 소네트가 낭독되는 순간 베로나는 완전히 사라지고, 세상에는 오직 두 주인공만 남습니다. 그곳은 사랑으로 완전히 재창조된 세상입니다. 그곳에서 맵이 주도권을 장악하고 무의 위치는 더욱 확고해집니다.

> **로미오** _____ 너무나 가치 없는 이 손으로 제가 만일 이 성정을 더럽히면, 제 입술은 곧바로 얼굴 붉힌 두 순례자처럼 부드러운 키스로 거친 접촉을 지우려는 고상한 죄를 짓겠지요.
>
> **줄리엣** _____ 순례자님, 경건함을 이렇게 공손하게 보여

주는 그 손에게 너무 가혹하십니다. 성자상에도 순례자와 손바닥과 손바닥을 마주할 수 있는 손이 있는데.

로미오 _____ 성자들에게도 순례자에게도 입술은 있지 않소?

줄리엣 _____ 예, 순례자님, 기도에 써야 하는 입술이죠.

로미오 _____ 그렇다면 사랑스러운 성녀여, 입술로 손의 일을 합시다. 기도를 허락해 주오. 믿음이 절망이 되지 않도록.

줄리엣 _____ 성자상은 기도는 허락하나 움직이진 못하죠.

로미오 _____ 그렇다면 기도하는 동안에 움직이지 말아요. 이렇게 내 죄는 그대의 입술로 씻겼소. (키스한다)

줄리엣 _____ 그렇다면 내 입술로 죄가 옮겨 왔군요.

로미오 _____ 내 입술에서 말이오? 오, 참으로 달콤한 고소로군요! 내 죄를 돌려주오. (다시 키스한다)

줄리엣 _____ 이렇게 내게 키스해 주니 황홀해서 정신을 차릴 수 없군요.

(1막 5장)

로미오와 줄리엣의 첫 만남에서 두드러지는 정서는 통제 불가능한 성급함인데, 이는 극 전체를 아우릅니다. 로미오는 줄리엣을 만나자마자 그녀의 입술을 훔치려 합니다. 욕망을 굳이 참지 않는 것은 줄리엣도 마찬가지입니다. 둘은 사랑스러운 말장난을 주고받는데, 이 대화에서 무거운 죄는 사랑스러운 연인의 속삭임에 미묘함과 아이러니를 가미하기 위한 장치에 지나지 않습니다.

순례자의 은유로 셰익스피어는 그때까지 철저하게 타인의 것이었던 두 육체가 은밀하게 접촉하는 순간 생겨나는 달콤하고 불경스러운 감정을 관객에게 전달합니다. 처음 서로의 몸이 스치는 순간, 처음 관계가 형성되는 순간, 처음 서로의 손을 어루만지는 순간은 더럽혀지지 않은 신성한 신전의 적막 속으로 첫발을 내디딜 때처럼 심장이 떨려오게 하죠.

이 서정적인 사랑의 대화만으로도 두 소년과 소녀는 거짓된 도덕관, 사회 규범, 교리로 가득한 어른들의 세계와 작별을 고합니다. 쫓기듯 한 짧은 첫 만남 뒤에 줄리엣은 "You kiss by the book"이라는 재미있는 표현을 씁니다. '교과서적인 입맞춤', '모범적인 입맞춤' 정도로 번역할 수 있겠지만, 이 표현을 글자 그대로 번역하면 '책에 쓰여 있는 것과 같은 입맞춤'이 되는데, 여기서 책은 성서를 연상시킵니다. 하지만 저는 여기에서 한발 더 나아가 '이렇게 내게 키스해 주니 황홀해서 정신을 차릴 수 없군요'라고 번역했습니다. 그래야 대사 전반에 흐르는 성스러움이 전복되는 듯한 느낌을 유지할 수 있기 때문입니다.

로미오와 줄리엣이 성적 충동을 표현할 때 종교적인 비유를 사용하는 것은 신성모독을 위해서가 아닙니다. 마찬가지로 불경한 청소년이 종교를 비웃는 행위도 아닙니다. 그보다는 신성함에 지금까지 부모님이 강요해 온 윤리 의식이나 교리와는 다른 의미를 부여하려는 심리에 가깝습니다. 서로의 눈을 마주 보고 입을 맞춘 후부터 둘은 상대방의 신이 됩니다. 둘은 자신의 신을 찬양할 제단을 만들기 위해서라면 목숨까지 희생할 각오가 되어 있습니다. 이들은 사랑이라는 신앙을 위해서 자신의 생명을 현실이라는 불로 태울 각오가 되어 있습니다.

실제로 '로미오'라는 이름의 어원은 '성스러운 도시를 향하는 순례자'입니다. 극에서도 실제로 로미오는 그런 존재입니다. 그는 줄리엣이라는 성지를 향하는 순례자입니다. 줄리엣 역시 그 후에 로미오를 '내가 숭배하는 신'이라 부릅니다.

2막 2장이 줄리엣이 발코니에서 로미오의 이름을 부르며 한숨 짓는 장면으로 시작하는 것도 의미가 있습니다. 「로미오와 줄리엣」의 가장 유명한 이 장면에서 로미오는 줄리엣을 높은 곳에 있는 여인이라 부르며 위험을 무릅쓰고 성벽을 타고 올라갑니다. 이 행위 자체가 로미오 스스로 그녀에게 부여한 신성함에 반하는 행위인데 일반적으로 승천하는 것은 인간이 아니라 신이기 때문입니다.

발코니에 서 있는 줄리엣의 모습은 플라톤-페트라르카적인 관점에서 이상적인 사랑관을 무대에 구현한 형상입니다. 로미오의 눈에 줄리엣은 모든 면에서 단테의 『신생』에 나오는 천사 같은 여인이거든요. 너무나 완벽해서 이 땅에 속하지 않는 인물이죠. 중세 기사 소설에서 신성한 여인이 순결하고 함부로 다가갈 수 없는 존재인 채로 남는 반면, 이 작품에서는 청춘의 성급함과 충동으로 인해 얼마 지나지 않아 황홀한 춤을 추며 로미오와 몸을 섞을 것입니다. 그렇게 둘은 궁정 소설에 나오는 사랑의 기준을 완전히 무너뜨립니다. 셰익스피어는 이렇게 로맨스를 비극으로 바꿔놓음으로써 절대적인 사랑이 페트라르카와 그의 계보를 잇는 시인들의 작품에서처럼 이상으로 남지 않고 현실이 되었을 때 드러나는 '경이롭지만 끔찍한 본질'을 이야기합니다. 5막 마지막 장면에서 암울한 아침이 도시에 내려앉는 장면은 실현되지 못한 사랑만이 절대적인 사랑임을 알리는 강렬한 이미지입니다. 이렇게 볼 때 「로미오와 줄리엣」은 비극적인 톤을 가미한 이상적인 궁정 사랑의 예찬이 되기도 합니다.

칼 야스퍼스는 사랑이 형성되는 과정을 일종의 기적이라고 했습니다. 타인이 자신에게 유일하고 절대적인 존재가 되는 기적인 것이죠. 야스퍼스의 사상을 정리하자면 그것은 결국 '타자의 절대화'라 할 수 있습니다. 즉, 자신의 모든 것이 되는 타인을 만나는 거죠. 그러한 대상을 위해서는 뭐든지 할 수 있는데, 그것은 자신의 존재가 그 사람과의 만남으로 인해 충족된다고 생각하기 때문입니다. 다시 말하자면 인간은 그런 상대와의 만남을 운명적인 만남이라고 생각합니다. 그런 사람을 만나면 적어도 얼마 동안은 자신이 무한한 우주에서 반짝했다 사그라지는 무의미한 불꽃이 아니라, 세상에서 둘도 없는 유일무이한 존재처럼 느끼게 됩니다.

이렇게 좋은 사랑을 사람들은 왜 두려워하는 걸까요? 앞서 말했듯이 사랑의 황홀함 속에 가장 치명적인 위험이 내포되어 있기 때문일 것입니다. 그 이유가 무엇이든(헤어지든, 돌아올 수 없는 긴 여행을 떠나든, 주변 환경으로 인해 이별했든, 아니면 그보다 더 심각한 이유로 관계를 지속하는 것이 불가능하게 됐든) 미친 듯이 사랑했던 사람이 사라지면 나의 존재 자체가 무너져 내리는 것 같을 것입니다.

그런 의미에서 「로미오와 줄리엣」에서 핵심적인 역할을 하는 인물이 바로 로렌스 수사입니다. 그는 여러 면에서 지혜로운 동화 속 '멘토'를 연상시킵니다. 이러한 캐릭터는 영웅에게 조언을 해주거나 그의 여정을 함께하면서 도움을 주기도 하고, 특별한 선물이나 마법의 능력을 주어 영웅의 성장을 완성합니다. 로렌스 수사는 단순한 사제가 아닙니다. 셰익스피어는 이 이야기를 재서술하면서 그를 현자처럼 묘사했습니다. 꽃과 식물의 비밀스러운 효력을 아는 사제-마법사-철학자로서 말이죠.

로렌스 수사의 데칼코마니 같은 인물이 줄리엣의 유모인데, 그녀는 수사보다 코믹한 캐릭터입니다. 줄리엣의 유모는 이후로도 수차례에 걸쳐 다른 작품에서 재현됐는데, 그중에서 대표적인 것으로는 마가렛 미첼의 『바람과 함께 사라지다』에 나오는 마미가 있습니다. 유모의 화법은 평민의 화법입니다. 그녀가 사용하는 언어는 때로는 음란하지만, 다른 한편으로는 다정하고 상냥하고 유쾌합니다. 그녀의 대사는 몽환적이고 서정적인 줄리엣의 대사와 기분 좋은 대비를 이룹니다.

로렌스 수사와 유모는 만난 지 몇 시간 만에 결정된 두 주인공의 결혼식에 참가하는 유일한 성인입니다. 정확히 말하자면, 이 둘의 도움이 아니었으면 로미오와 줄리엣의 혼례는 성사되지 않았을 것입니다. 로미오와 줄리엣이 아직 어린 철부지였다는 사실을 생각하면 어쩌면 둘의 결혼으로 인한 파국의 책임은 어느 정도 로렌스 수사와 유모에게도 있다고 할 수 있습니다. 계획의 큰 틀을 짠 로렌스 수사에게는 정치적인 목적도 있었습니다. 그는 로미오와 줄리엣의 결혼으로 인해 오랫동안 염원했던 두 가문의 화해가 이루어지고 베로나에 평화가 찾아오리라 믿었습니다. 하지만 신비로운 식물에 대한 그의 지식은 무용지물이 됩니다. 로렌스 수사가 저지른 가장 큰 실수는 두 주인공의 결혼이 기존 질서에 대한 반항이라는 것을 몰랐다는 점입니다. 기존 사회에서는 받아들여질 수 없기에 그에 상응하는 벌을 받게 될 것이라는 사실을 알았어야 했습니다.

실제로 로미오와 줄리엣의 결혼식이 끝나자마자 사고가 연달아 터집니다. 몬터규가와 캐풀렛가의 추종자들이 마주치면서 머큐쇼는 줄리엣의 사촌 오빠 티볼트와 시비가 붙게 되는데 그 장면을 목격한 로미오는 (티볼트 본인은 모르지만) 티볼트와 사돈 관계가 된 것을 생각해 이들을 만류합니다. 그러나 만류하는 와중에 오히려 머큐쇼가 티볼트에게 살해당하고 맙니다. 그렇게 머큐쇼는 3막 1장에서 그의 유명한 마지막 대사 "두 집안 모두 역병에나 걸려라!"를 외치고 숨을 거둡니다. 고대 신화에서도 그렇듯, 죽어가는 이의 저주는 비켜나가는 법이 없습니다. 머큐쇼의 죽음과 함께 극의 분위기가 완전히 바뀌기 시작합니다. 머큐쇼의 죽음은 이 이야기의 휴지休止, 즉 전환점입니다. 여기서부터 극은 마지막 파국을 향해 달려갑니다.

머큐쇼는 극에 등장하는 그 어떤 인물보다 언변이 화려합니다. 그의 생생하고 현란한 화법은 유모의 소박한 운문과는 비교할 수 없을 정도로 뛰어납니다. 그의 대사는 로미오와 줄리엣의 서정적이고 정중한 대화와는 다릅니다. 극적으로 머큐쇼는 로미오의 로맨틱한 화법의 대척점에 있습니다. 친구가 사랑에 빠져 이성을 잃었을 때 정신을 차리게 도와주는 것이 진정한 친구의 의무라면, 머큐쇼는 그 역할을 충실히 수행합니다. 그는 고뇌에 빠진 로미오가 정신을 차릴 수 있게 일부러 그를 놀립니다. 그런 머큐쇼가 죽자 극에서 웃음은 사라지게 되고 로미오가 사태를 진지하게 받아들이면서 모든 것이 무너져 내리기 시작합니다.

친구의 죽음으로 인해 이성을 잃은 로미오는 복수심에 티볼트를 죽이고 베로나의 군주는 그 일로 로미오를 만토바로 추방합니다. 하지만 로미오에게 추방은 곧 죽음이나 마찬가지입니다. 줄리엣이 없는 세상은 존재할 수 없으니까요. 줄리엣은 줄리엣대로 사촌 오빠의 죽음과 로미오의 추방 소식을 듣고 경악합니다. 그 와중에 줄리엣의 아버지는 이미 예정되었던 줄리엣과 패리스의 결혼을 서두릅니다. 하지만 줄리엣은 아버지의 명에 따를 수 없습니다. 이미 로미오와 몰래 혼례를 올렸거든요. 자신에게 남은 것은 오직 '죽을 권리'뿐임을 깨달은 줄리엣은 고민 끝에 자살을 생각합니다. 그리고 이를 막으려던 로렌스 수사의 조언은 오히려 이들을 파국으로 이끌게 됩니다.

극단적인 계획을 생각해 낸 로렌스 수사는 줄리엣에게 42시간 동안 죽은 것처럼 보이게 만드는 약을 마시라고 합니다. 그동안 자신은 만토바에 있는 로미오에게 전령을 보내, 그가 캐퓰렛가 묘지로 와서 줄리엣을 데리고 도망치게 하겠다는 겁니다. 줄리엣은 수사의 계획에 따라 약을 마시고 패리스와의 결혼식 날 아침, 침대에서 (외관상) 시체로 발견됩니다. 하지만 불행히도 이 계획은 실패로 돌아갑니다. 두 주인공이 '별의 훼방' 아래 태어났기 때문입니다. 로렌스 수사의 전령을 만나기도 전에 줄리엣이 죽었다는 소식부터 들은 로미오는 절망한 나머지 추방령을 무시하고 베로나로 돌아오고 그 와중에 패리스와 마주쳐 그를 살해합니다. 그리고 납골당에 싸늘한 주검이 되어 누워 있는 줄리엣을 발견한 로미오는 그녀의 곁에 누워 약장사를 통해 구한 독약을 마십니다. 로미오가 마지막 숨을 거두기 전에 줄리엣이 눈을 뜨고 자기 곁에 누워있는 로미오를 발견하게 됩니다. 줄리엣은 키스로 그의 입술에 묻은 독약이라도 마시려 하지만 죽음에 이를 수 없다는 걸 깨닫고 독약 대신 그의 칼로 자결합니다.

이때 셰익스피어는 다시 한번 로렌스 수사에게 대사를 줍니다. 그는 두 청춘의 돌이킬 수 없는 사랑이 이루어질 수 있게 도움을 준 것이 자신의 책임이라는 듯한 말투로 관객이 이미 본 자초지종을 다시 설명합니다. 하지만 군주의 말처럼 이 일의 진정한 책임은 두 가문의 수장들과 어른들에게 있습니다. 몬터규가와 캐풀렛가는 양가의 자식을 잃고 나서야 휴전을 선언합니다. 하지만 여기에 이르기까지 너무도 많은 젊은 목숨이 희생당했죠. 평화의 대가는 너무나 컸습니다. 이렇게 아둔하고 잔혹한 세상은 이야기의 결말에 이르기까지 어리석지만 너무나 눈부셨던 사랑의 여지를 남기지 않습니다. 하지만 이들의 사랑으로 인해 베로나와 세상은 변하게 됩니다.

셰익스피어는 여기에서 꿈꾸던 이상형을 만나는 순간 느끼는 황홀감만큼 위험한 것은 없다고 말하고 있습니다. 그것은 우리가 사랑하는 사람을 만나는 순간 이성을 잃기 때문입니다. 여기서 월 선생님이 말해 주지 않은 것은 모든 위험을 무릅쓰고 황홀함에 취하는 것이 얼마나 가치가 있는지입니다. 실제로 로미오도, 줄리엣도 극이 진행되는 동안 한 번도 '과연 지금 내가 하는 일이 올바른 것일까?'라는 질문을 제기하지 않습니다. 하지만 솔직히 눈부시게 끔찍한 7월의 닷새 동안 그런 질문을 할 시간이 과연 있을 리 만무하지 않았을까요?

의식을 잃은 무분별한 줄리엣

비록 나이는 어리지만 줄리엣은 셰익스피어의 다른 히로인처럼 강하고 똑똑하고 의지가 굳건하며 용감합니다. 줄리엣은 아버지의 명을 어기고 집에서 도망쳐 나와 원수 가문의 아들과 결혼을 강행합니다. 오직 로미오와 다시 만나려는 일념으로 자칫하면 정말 죽을 수도 있는데 혼수상태에 빠지는 것을 두려워하지 않죠. 여성에게 아무런 사회적인 선택권과 독립적인 결정권이 없던 시절의 이야기라는 것을 생각하면, 그녀의 강인함이 새삼 놀랍습니다. 줄리엣은 분명 대담한 여인입니다. 그러한 성격 때문에 극 중에 등장하는 기성세대는 줄리엣을 의식이 없는, 무분별한 아이로 여깁니다. 사실 어떤 면에서는 우리 눈에도 줄리엣이 그렇게 보입니다. 무분별이라는 단어를 윤리적인 의미로만 국한하지 않는다면, 줄리엣의 무분별함을 사랑 공포증과 연관을 지을 수도 있습니다.

'unconscious'라는 단어에는 실제로 두 가지 전혀 다른 의미가 있습니다. 먼저 분별력이 없고 선과 악을 구분할 줄 모르고 자신을 비롯한 타인의 위험을 고려하지 않고 생각 없이 행동에 나서는 '무분별함'이라는 뜻이 있습니다. 반면에 의식을 잃은 상태, 즉 육체는 제대로 작동하지만 외부의 반응에 응답하지 않는 '의식불명' 상태를 의미하기도 합니다. 이러한 상태를 임상적으로 UWS, 즉 무반응 각성증후군 상태Unresponsive Wakefulness State라 합니다. 극 중 줄리엣은 무분별하기도 하고 정말로 의식불명 상태에 빠지기도 합니다. 그녀가 이 두 가지 의미를 모두 구현한다는 사실에 「로미오와 줄리엣」의 핵심 메시지가 숨겨져 있으며, 이러한 줄리엣의 특성을 통해 무의식적으로 사랑에 빠지는 것을 두려워하는 이들의 심리를 파악할 수 있습니다.

17세기 라이프니츠부터 현대 심리철학자 존 설에 이르기까지 의식은 여전히 신비로운 영역으로 심리학, 신경과학에서조차 정의 내리기 힘든 개념입니다. 우리가 이미 알고 있는 동어 반복적인 정의를 사용하지 않고 의식을 정의하기란 쉽지 않습니다. 의식이란 자신의 정체성을 자각하고, 외부 세계와 상호작용하게 만드는 것이라는 설명은 결국 '의식은 의식'이라는 말밖에 되지 않기 때문입니다. 여기서 우리가 정말로 알고 싶은 것은 '뇌세포의 활동이 정체성의 자각이라는 형태로 나타나는 이유와 그 과정'입니다. 이것이 인간이 자신의 정체성을 자각하고, 이를 바탕으로 육체를 초월해서 정신세계를 외부 세계와 연결할 수 있게 만드는 힘의 정체일 것입니다.

「로미오와 줄리엣」에서 의식의 문제는 이 비극의 핵심에 있는 '왜 인간은 사랑을 빠지면 이성을 잃는가, 사랑에 빠질 때 인간에게 무슨 일이 일어나는가'라는 존재론적인 질문과 연결됩니다. 사랑 공포증에 걸린 이들에게는 줄리엣과 같은 상황에 빠지지 않고 싶은 심리가 내재되어 있기에 이 부분을 명확하게 이해하면 사랑 공포증의 중요한 특징을 이해하게 될 것입니다.

꿈을 꿀 때나 어떠한 트라우마를 겪을 때보다는 정도가 약하기는 하지만, 사랑에 빠질 때도 의식이 잠시 끊깁니다. 그 순간에는 세상에서 단절된 채 기존의 정체성을 버리고 다른 사람이 됩니다.

그렇다면 이때 우리는 어떤 사람이 되는 걸까요? 예를 들어 의식을 잃었던 42시간 동안 줄리엣에게는 무슨 일이 일어났을까요. 그 순간도 여전히 캐풀렛 가문의 여식이었을까요? 저는 '잠든 줄리엣'과 '로미오와 사랑에 빠진 줄리엣'은 동일 인물이라고 생각합니다. 하지만 로미오를 만나기 전의 줄리엣은 다른 사람입니다. 그것은 그때의 줄리엣에게는 의식 혹은 분별력이 있었기 때문입니다. 만약 로미오를 만나지 않았더라면, 그녀는 평생 그 상태로 남았을지도 모릅니다. 하지만 그녀는 1막 마지막 장에서 파티에서 만난 로미오와 사랑에 빠지는 순간 의식을 잃습니다.

극의 결말에서 줄리엣은 '육체적' 무의식 상태에 빠지는데, 이것은 1막에서 나타나는 '심리적' 무의식 상태와 연결되어 있습니다. 「로미오와 줄리엣」에서 셰익스피어는 사랑의 열병을 표현하기 위해 도덕적으로나 인지력 차원에서 자신의 의식을 완전히 초기화할 수 있는 여주인공을 선택한 것 같습니다. 그런 면에서 셰익스피어는 이 작품을 통해 사랑에 빠져 이성을 잃는 것은 우리 스스로 의식을 버리는 것이라고 말합니다. 이탈리아 철학자 시모네 레가초니가 최근 출간한 산문집에는 이런 문장이 있습니다.

"모든 사랑이 새로운 세상의 탄생이라면, 창세기부터 현세에 이르기까지 세상에는 언제나 파국의 위험이 도사리고 있었다. 매번 '사랑한다'라는 말을 할 때마다 우리는 세상의 종말을 막기 위한 엑소시즘을 행하고 있다."

이렇게 보면 사랑이란 결국 필연적인 눈부신 종말이라 표현할 수도 있을 것입니다. 인간의 의식을 잠재워 모든 것을 무로 되돌린 후에야 시행할 수 있는 경이로운 세상의 재창조입니다. 물론 이러한 설정 자체가 두렵게 느껴질 수도 있습니다. 사랑에 내포된 파국을 인지하는 순간, 본능적으로 사랑을 피하려고 안간힘을 쓸 수도 있습니다. 여기서 파국의 의미는 이중적입니다. 우선 사랑에 빠지는 순간 우리가 알던 기존의 세계가 전복되고 재정립되기 때문이고, 이렇게 재창조된 세계 역시 결국에는 종말을 맞이할 것이기 때문입니다. 그렇기에 사랑은 언젠가는 버릴 세계를 위해 기존의 세계를 버리는 것을 의미하고 무분별해져야 하는 것입니다.

처음 무대에 등장하는 순간부터 줄리엣은 분별력, 현명함과는 거리가 멉니다. 그녀는 낯선 이와 입맞춤을 주고받고, 그가 원수의 자식이라는 것을 알고 나서도 결과를 생각하지 않은 채 감정에 몸을 맡깁니다. 셰익스피어 이전에 로미오와 줄리엣의 이야기를 다룬 작가들이 두 철부지 연인의 행동에 책망하는 듯한 자세를 보이는 이유도 바로 여기에 있습니다. 하지만 셰익스피어는 이들과는 다른 서사 방식과 태도를 취합니다. 셰익스피어는 '사랑'이라는 감정이 도덕을 초월하는 개념이라는 사실을 보여주려 합니다. 그것은 사랑에 빠진 인간은 의식을 잃어버리기 때문입니다. 그 결과 통제력, 도덕적, 이성적 기준도 사라집니다. 극 중 깜깜한 밤에 줄리엣이 로미오의 곁에 있고 싶어서 의식의 지배를 받는 현실의 기준을 어기고 시간과 공간 그리고 모든 기존의 창조물들을 파괴하고 새로운 세상을 재창조하고픈 마음을 표현하는 독백이 있는데, 이 대목은 비교적 자주 인용되지는 않지만 극 중에서 가장 아름다운 부분 중 하나로 손꼽을 만합니다.

줄리엣 _____ 번개같이 발 빠른 말들이여 질주하라. 태양신의 안식처로, 파에톤 같은 마부가 서쪽으로 너희를 채찍질하면서 당장에 어두운 밤을 불러오면 좋으련만. 사랑을 무대에 올리는 밤이여, 깊은 장막을 드리워라. 훼방꾼들의 눈을 가려 소리소문없이 로미오가 내 품에 뛰어들 수 있도록! 사랑에 빠진 이는 아름다운 연인의 고운 빛만으로도 사랑의 의식을 볼 수 있다네. 사랑은 눈이 멀어 밤이 가장 어울리니. 엄숙한 밤이여, 어서 오라, 온통 검게 차려입은 수수한 부인처럼. 그래서 오점 없는 처녀, 총각 둘이서 벌이는, 져야만 이기는 시합을 나에게 가르쳐라. 네 검은 외투로 남편 없이 달아오른 내 뺨을 가려다오. 수줍은 사랑이 용감해져 참사랑이 순결을 움직였다 생각하게. 밤이여, 어서 오라. 밤중의 낮인 로미오여, 그대도 어서 오세요. 까마귀 등 위의 첫눈보다 희게 밤의 두 날개 위에 누운 채로. 순한 밤아, 검은 얼굴의 사랑을 품고 어서 와라. 로미오를 내게 주고 이 몸이 죽을 때 그이를 잘게 썰어 작은 별로 만들어라. 그러면 온 하늘은 너무나 찬란하여 세상 사람 모두가 밤을 사랑할 것이며, 현란한 태양을 숭배하지 않을 것이니.

(3장 2막)

사랑하는 이를 다시 보고픈 집착에 가까운 애끓는 마음에 줄리엣은 꿈꾸듯 로미오의 육체를 소환합니다. 그녀는 거의 무아지경의 상태에서 마법과도 같은 에로틱한 의식의 흐름을 따르는데, 이때 그녀의 정체성은 밤의 어둠 속에 허물어집니다. 줄리엣은 마음속 깊은 곳에 숨겨 놓은 로미오에 대한 감정이 '낮'에는 깨어날 수 없는 것처럼 말합니다. 즉, 의식이 있는 상태에서는 깨어날 수 없는 겁니다. 사랑은 줄리엣의 마음속에서도 꿈이 다스리는 넓은 황야에 둥지를 튼 것으로 보입니다. 이 무의식의 영역에 들어서는 순간 고대 그리스인들이 에로스를 묘사할 때 사용한 표현처럼 신비로운 기운에 모든 세포가 녹아내리게 됩니다.

그런 면에서 사랑은 우리의 인지력을 기분 좋게 축소해 이성을 잃게 만듭니다. 의식이 없는 상태에서(분별력을 잃은 상태) 인간의 개성은 되레 확장합니다. 평소보다 훨씬 충만하게 자유를 누리며 내면 깊은 곳의 욕망을 충족합니다. 그러니 사랑에 빠진다는 것은 제한적인 사회적 인격의 울타리를 허물고, 자아를 확장하는 것을 의미합니다. 그로 인해 더 자유롭고 용감해지며 강하게 해 결론적으로 더 행복해지는 것입니다. 하지만 다른 한편으로는 평소와는 다른 불안정한 자아가 된다는 의미이기도 합니다. 1막 마지막 장 파티에서 로미오를 발견하고 그와 입맞춤을 할 때 줄리엣의 심리 상태 역시 이러했을 것입니다.

사랑에 빠진 인간은 약간 취한 듯한 상태에서 외부 세계에 덜 민감하게 반응하게 되고, 현실의 아픔에 둔감해집니다. 그런 의미에서 사랑은 인간은 진정시킵니다. 결말 부분 줄리엣의 상태도 그렇습니다. 이러한 관점에서 사랑 공포증은 미지에 대한 두려움이나 무의식 상태에서 통제력을 잃을까 봐 두려워하는 것이라고도 할 수 있습니다. 사랑 공포증은 곧 공백에 대한 공포입니다.

의식 혹은 분별력이 있을 때, 인간은 세상을 인지하고 이해하며 사물에 알맞은 이름을 부여합니다. 사물에 적합한 이름을 부여하는 능력은 의식이 제대로 기능한다는 가장 뚜렷한 증거입니다. 무의식 상태에서는 사물을 올바로 명명할 수 없기 때문이죠. 2막 첫 장면에서 줄리엣의 발코니 독백 역시 사물과 이름의 관계를 다룹니다.

> **줄리엣** _____ 오, 로미오, 로미오, 왜 그대는 로미오인가요? 아버지를 부인하고 그대 이름을 거부해요. 그렇게 못한다면 애인이란 맹세만 하세요. 그럼 난 더 이상 캐풀렛이 아니에요. (…) 그대의 이름만 나의 적일 뿐이에요. 몬터규가 아니라도 그대는 그대이죠. 몬터규가 뭔데요? 손도 발도 아니고 팔이나 얼굴이나 사람 몸 가운데 어느 것도 아니에요. 오, 다른 이름을 가지세요! 이름이 별건가요? 우리가 장미라 부르는 건 다른 어떤 이름으로 불러도 같은 향기가 날 겁니다. 로미오도 마찬가지죠. 로미오라 부르지 않아도 그 귀중한 완벽함을 유지할 거예요. 로미오, 그 이름을 벗어요. 그대와 상관없는 그 이름 대신, 나를 온전히 가지세요!
>
> (2막 2장)

밤의 어둠 속에 숨어 떨리는 마음으로 줄리엣의 독백을 들은 로미오는 줄리엣도 자신과 같은 마음이라는 확신에 차 모습을 드러냅니다. 줄리엣은 어둠 속에 나타난 로미오를 바로 알아보지 못하고 그에게 누구인지 묻습니다. 언뜻 듣기에는 단순하고 순진하게 들리지만, 그녀는 자기도 모르게 로미오에게 방금 전 자기가 던진 질문, 즉 로미오라는 이름을 부정하고 그 이름을 우연히 받은 것으로 생각하고 바꿀 수 있겠냐는 질문에 대답할 기회를 준 것입니다.

> **로미오** _____ 이름으론 누구인지 그대에게 말할 수 없군요. 천상의 피조물이여, 저는 제 이름을 미워합니다. 그것이 그대의 적이기 때문이죠.
>
> (2막 2장)

두 사람의 만남은 그렇게 이루어집니다. 그것은 줄리엣은 떨리는 가슴으로 '그의 혀가 내놓은 말을 귀로 마신 것이 얼마 안 됨'에도 불구하고 로미오의 목소리를 즉시 알아들었을 뿐 아니라, 그의 목소리를 듣는 순간 그녀의 내면에 숨겨져 있던 혁명적인 반항아의 기질이 깨어나게 합니다.

개체에 부여된 이름을 바꾸라는 줄리엣의 요구에는 무의미하고 거짓된 관습에 대한 거부감을 바탕으로 한 젊은 세대의 반감이 담겨 있습니다. 하지만 그보다 근본적으로 그녀가 인식하는 현실이 순전히 우연의 산물이라는 생각도 내포되어 있습니다. 로미오가 그에게 주어진 이름과는 상관없는 독립적인 존재라면, 우리가 인식하는 다른 모든 것 역시 환영에 지나지 않음을 의미합니다. 달리 말하자면 이 경우 우리의 의식, 즉 인간이 자아와 세계를 인식하는 방식은 사물을 왜곡하는 렌즈에 지나지 않습니다. 하지만 줄리엣은 세상을 인간이 인식하고 해석하고 정의내린 바와는 상관없이 '있는 그대로' 보고 싶어 합니다.

줄리엣이 바라는 것은 극단적인 형태의 유명론(보편이나 추상적인 개념은 이름으로만 존재하고 그 실재는 있지 않다고 하는 철학 입장-옮긴이)입니다. 줄리엣은 단어, 개념, 사물 간 필연적인 관계를 부정합니다. 이름은 소리의 바람, 발성flatus vocis에 지나지 않기 때문에 다른 소리와 교체되어도 전혀 문제 될 것이 없다는 것입니다. 사랑의 충동에 사로잡힌 줄리엣은 모든 것을 새롭게 만들고자 합니다. 그녀는 모든 창조물에 새로운 이름을 지어주고 싶어 합니다. 그녀는 로미오가 로미오인 것을 받아들이지 않음으로써 현실의 질서ordo rerum와 언어의 질서ordo verborum의 배열을 수습하기 힘들 정도로 심하게 흐트러뜨립니다.

이 줄리엣의 요구에 대한 대가는 큽니다. 단어와 사물의 관계가 없어지면 인간은 어떻게 세상을 이해할 수 있을까요? 모든 언어적, 정신적 해석은 그 의미를 잃고 그 결과 현실은 모호한 느낌으로 머물게 됩니다. 줄리엣이 로미오에게 이름을 바꾸라고 요구하는 순간, 모든 존재가 흐려지는 것 같은 큰 개념적 사건이 일어난 것입니다. 사물의 이름을 없애면, 장미를 다른 이름으로 부르면, 세상의 기준점은 허물어질 것입니다. 줄리엣이 요구하는 것은 가치 파괴적인 변환입니다.

그런 의미에서 줄리엣은 루이스 캐럴의 『이상한 나라의 앨리스』에 나오는 험프티 덤프티와 비슷합니다. 험프티 덤프티도 자기 마음대로 단어를 쓰면서 세상의 기준을 엉망으로 만들거든요. 사랑에 빠진 로미오에게 이름을 버려달라고 부탁하는 그녀의 행위는 언뜻 보면 사랑스럽지만 사실 그 요구를 하는 순간 줄리엣은 혼돈과 몰이해와 광기가 지배하는 위험한 세계의 문을 연 것입니다.

베로나와 두 주인공을 감싸는 폭력의 기운 역시 줄리엣의 요구와 관련이 있습니다. 둘이 아무리 부정해도 로미오는 로미오입니다. 두 주인공이 결국 목숨을 잃은 것은 현실이라고 하는 기존 질서를 무너뜨릴 생각이 전혀 없었기 때문입니다. 줄리엣의 무분별한 행동이 극의 결말에 이르러서 무의식 상태에 빠지는 장면으로 이어지는 것이 중요한 이유는 바로 여기에 있습니다. 누군가를 사랑하는 것이 곧 의식이나 분별력을 잃는 것이라면, 의식불명 상태에 빠진 육신보다 더 완벽한 사랑의 은유가 어디에 있을까요. 수많은 전래 동화와 설화에서 왕자의 키스로 깨어나기를 기다리며 잠이 든 공주가 자주 등장하는 데는 다 이유가 있습니다. 자아를 잃은 상태로 살아가는 것보다 더 끔찍한 것은 없을 것입니다. 수많은 동화에 등장하는 잠자는 공주님들과 줄리엣이 처한 상황은 사실 무시무시합니다. 그런 의미에서 사랑 공포증은 의식을 잃는 것에 대한 공포라고 할 수 있습니다.

「로미오와 줄리엣」에서 이러한 두려움은 비극적인 형식으로 분출됩니다. 줄리엣은 왕자의 키스로 눈을 뜨지 못할 뿐 동화 속 잠자는 공주는 겉으로 보기에 죽은 것처럼 보이는 의식불명 상태의 줄리엣과 겹칩니다. 여기에서 왕자, 그러니까 로미오는 의식불명 상태의 줄리엣이 살아 있는 것을 모르고 스스로 목숨을 끊습니다. 세상에 반응할 수 없는 무의식 상태로 망자의 왕국에서 로미오를 기다리기로 결단을 내린 줄리엣의 용기는 인간이 행할 수 있는 최고의 사랑 표현이자, 최악의 분별력입니다. 스스로 자기 자신과 사회를 버릴 각오가 되어 있거나, (진짜 나이에 상관없이) 줄리엣처럼 젊고 무분별하지 않다면, 그런 감정은 상대방을 공포에 질려 도망치게 만들기 때문입니다.

공백 속의 약속

가끔 지난 연애사를 되돌아보면 멋진 사람들을 많이 만났음에도 대체 무슨 이유로 애정이 식어서 그들과의 관계를 유지하지 못했을까 가슴이 아프거나 의아한 생각이 들 때가 있습니다. 지금 생각해보면 내면의 무엇인가가 당시의 감정을 충만히 받아들이지 못하게 방해했던 것 같습니다. 「로미오와 줄리엣」을 여러 번 읽고 연구하고 연출하면서 저는 스스로를 포함한 수많은 사람이 앓는 사랑 공포증이라는 현상의 근원을 조금 더 이해하게 되었습니다. 로미오와 줄리엣은 자신뿐 아니라 주변 상황에 대한 통제력을 상실합니다. 사랑의 이러한 면모는 분명 우리를 두렵게 하죠. 사랑은 저항할 수 없고, 제어할 수도 없는 힘의 지배를 받는 세계로 이어지는 문을 활짝 열어젖히기 때문입니다.

통제력 상실에 대한 두려움. 이것이 우리로 하여금 사랑을 두렵게 만드는 첫 번째 이유입니다. 그리고 두 번째 이유는 정신적인 '침범'에 대한 두려움입니다. 작지만 완벽한 나만의 세계에 누군가 침범해 들어와 모든 것을 엉망으로 만들 거라는 두려움입니다. 로미오이기를 거부하라는 요구를 받는 로미오처럼 말입니다. 아마도 사랑 공포증은 이런 식으로 자신의 영역을 침범당하는 것에 대한 거부반응을 일으킬 것입니다.

뿐만 아니라 로미오와 줄리엣은 자신들의 운명을 상대방에게 맡깁니다. 둘 중 한 명만 없어져도 나머지는 파멸합니다. 그녀가 베로나에, 그는 만토바에 있는 걸 못 참는 것은 둘의 세상이 무너져 내리기 때문입니다. 사랑에 빠지면 인간은 그 어느 때보다 여려집니다. 타인의 몸짓 하나, 말 한마디에 구원받기도 하고 파멸하기도 합니다. 그만큼 다른 이의 행동에 크게 좌우되는 것입니다. 상대방에게 완전히 휘둘리는 것은 두렵고 끔찍한 일입니다.

지금은 「로미오와 줄리엣」이 세계적으로 유명한 비극이지만, 셰익스피어 시대에만 해도 사춘기 청소년의 사랑을 비극의 소재로 삼는 것은 상상하기 힘들었습니다. 당시 사람들의 생각이나 문학적인 기준에 비추어 볼 때 그것은 짧은 소설이나 윤리적인 메시지를 담은 시에 적합한 주제지 비극적인 희곡에 적합한 주제는 아니었습니다. 그러기에 셰익스피어의 「로미오와 줄리엣」은 문학뿐아니라 문화적으로도 혁명인 작품입니다. 셰익스피어는 비극을 특징짓는 위대한 영웅과 장엄한 경치를 무도회, 복수, 열정, 시기, 결혼과 같은 귀족의 삶을 구성하는 소소한 요소들로 대체했습니다.

많은 비평가가 셰익스피어의 이러한 변화를 유연한 시대적 배경에서 찾습니다. 원래 셰익스피어는 중세 기사 문학을 바탕으로 사랑의 비극을 쓰려 했습니다. 하지만 마침 페스트가 유행하는 바람에 연극을 왕궁 무대에서만 올릴 수밖에 없게 되자, 「로미오와 줄리엣」 같은 이야기가 더 잘 맞을 것 같아서 방향을 바꿨다고 합니다. 하지만 저는 셰익스피어가 단순히 이런 외적인 이유로 「로미오와 줄리엣」을 집필했다고 생각하지 않습니다. 이 작품의 혁신적인 면모 뒤에는 그의 철학이 담겨 있습니다. 셰익스피어가 십 대의 사랑 이야기에 영웅 서사시적인 권위를 부여한 것은 사랑의 본질적인 비극성을 표현하기 위해서였습니다.

사랑의 본질적인 비극성은 때로는 벼랑 끝에 서 있을 때처럼 우리를 떨리게 만들고, 바닥이 보이지 않는 심연 속을 바라보듯 사랑하는 사람의 눈을 바라보게 만듭니다. 로미오와 줄리엣의 약속은 바로 이런 불가해성을 바탕으로 합니다. 왜냐하면, 그들이 원하는 것처럼 사랑하려면 공백 속에서 만나야만 하기 때문입니다. 베로나의 두 소년과 소녀가 원하는 것은 연금술사들이 합충sizigia[합충(合衝, syzygy)은 세 천체가 일렬로 서는 일로 합슴과 충衝을 가리킨다. 지구, 달, 태양의 합충은 삭망朔望이라고 부름-옮긴이]이라고 부르던 것입니다. 연금술에서 합충이란 두 물질의 성분과 기질이 신비롭게 혼합하여 새로운 물질이 되는 것입니다. 하지만 이 세상에서는 그런 사랑을 통제하기 힘듭니다. 어떤 면에서 둘이 진정한 사랑을 하게 되는 것은 마지막 장에서 상대방의 시체를 발견하는 순간일 것입니다. 그것은 그 순간만큼은 둘의 사랑에 경계도 현실도 우연도 영향을 미치지 못하기 때문입니다. 그때 그들의 사랑은 절대적이고 완벽합니다. 다른 모든 연인처럼 살아서 수많은 문제를 겪다 보면 그렇게 사랑하지 못했을 것입니다.

로미오가 줄리엣의 시체를 바라보는 것처럼 누군가를 바라볼 가치가 있을까요? 셰익스피어는 이 비극을 통해 시대를 막론한 모든 사랑 공포증 환자들에게 이렇게 묻는 듯합니다. 만약 찰나의 차이로 줄리엣이 깨어나 두 주인공이 행복하게 오래오래 살았다면, 로미오는 그 후에도 같은 시선으로 줄리엣을 바라봤을까요?

사랑을 힘든 것으로만 받아들이는 '나'에게
사랑도 삶도 모든 것엔 양면이 존재한다

사랑에 '너무' 빠져버린 두 남녀의 이야기는 어떠셨나요? 연인과 함께하기 위해서 일말의 망설임조차 없이 목숨을 버리는 이들의 사랑이, 무모하고 철없는 이들의 얼간이 짓으로 바뀌어서 당황하진 않으셨나요? 로미오와 줄리엣은 확실히 사랑이란 감정을 이보다 더 잘 보여줄 수 없을 정도로 잘 표현한 명작입니다. 초연이 된 당시부터 수백 년이 흐른 지금까지 모든 작품을 통틀어 가장 뛰어난 로맨스 작품이라고 해도 과언이 아니죠. 그런데 「로미오와 줄리엣」을 작품으로만 두지 않고 현실로 가져와 보면 느낌이 확 달라집니다. 로맨스 명작에서 이성을 잃고 자기 멋대로 구는 이들의 이야기가 되거든요. 이들이 현실 속에서 존재했으면 이런 사랑을 할 수 있었을까요? 현실의 로미오와 줄리엣도 사랑으로 인해 목숨을 내놓을까요? 전 그렇지 않을 거라고 생각합니다. 작품과 달리 실제에선 사랑을 위해서 모든 걸 내팽개치려고 하면 엄격한 현실원리(프로이트가 밝힌 현실에서 살아가기 위해 욕구 충족을 미루는 심리적 기능-옮긴이)가 알람처럼 울리며 맹목적인 행동을 막아서기 때문입니다. 현실 속에서는 사랑뿐만 아니라 모든 감정이 조절됩니다. 이 세상은 우리 마음대로 움직이는 것이 아니기에 세상과 나의 접점을 잡아야만 살아갈 수 있어서입니다. 이 접점을 잡지 않고 자신이 하고 싶은 것만 추구하면 현실 속에서 살 수 없기 때문에 로미오와 줄리엣처럼 파국을 맞이하게 됩니다.

그럼 감정을 제대로 다루기 위해선 어떻게 해야 할까요? 감정을 원하는 대로 다루는 방법은 '스스로 돌아보기'입니다. 내가 지금 어떤 느낌인지, 무엇을 원하는지 스스로를 되새기며 알아차려야 하죠. 내면의 외침을 아는 게 모든 것의 시작입니다. 흔히 욕망은 충족되지 않으면 계속해서 쌓이며 더 큰 욕망이 된다고 하는데 이건 반만 알고 있는 겁니다. 이 경우는 욕망을 무시했을 때를 말하죠. 내면 알아차림으로 욕망을 자각하게 되면 욕망은 더 이상 자라지 않습니다. 그리고 내 이성이 조절하는 대로 따라와 주죠. 감정을 보다 제대로 직시할수록 유순히 말을 듣게 될 것입니다.

한번은 원하는 인생을 살고 싶다면

As You Like It

뜻대로 하세요

온 세계는 무대이고, 남녀는 모두 배우에 불과하지요,

모두 무대에서 등장했다 퇴장했다 하는 순간이 있고,

살아있는 동안 각자 맡은 역할에 따라 배역을 연기하죠.

                              -제이퀴즈

장면 #10

모든 것에 이름이 존재하듯 운명에도 목적이 있다. 삶을 사는 자란 이 목적을 찾아내는 이다. 성별을 뛰어넘어 자신의 존재를 새로 써내려간 그녀를 따라 우리 역시 자신의 손으로 삶이 태어나게 할 것이다. 이제 우리 모두 숲으로 간다.

~~~~~~~~

에릭슨이라는 한 심리학자는 한 인간이 성장하는 인식의 발달을 9단계로 나누었습니다. 인간이 단계별로 성장한다는 건 마치 연극의 막과 비슷한 것 같습니다. 이야기가 점점 전개되어 결말을 맞이하는 것처럼 그로 인해 이야기 속 인물이 성장 혹은 변형되는 게 우리의 성장부터 죽음에 이르는 모습을 연상시키기 때문입니다. 인생이란 무대에 올라가는 한 편의 연극, 우리 모두는 장면마다 다양한 역할을 연기해야 하는 배우에 불과하다는 「뜻대로 하세요」의 명대사 제이퀴즈의 말은 인간을 자조적으로 바라보는 듯 느껴지지만 좀 더 가만히 들여다보면 인생사의 희로애락을 통찰하는 듯 보이기도 합니다. 우리 모두는 하나의 막에 머무를 수 없습니다. 계속해서 다음 장면을 연기해야 하는 건 모든 인간의 숙명이기 때문이죠.

「뜻대로 하세요」의 배경이 되는 아덴 숲은 아름다운 전원으로 묘사되지만 그 속에는 혹독한 추위가 있고, 맹수가 살고 있는 현실적인 장소이기도 합니다. 등장인물들은 아덴 숲에서 다양한 경험을 통해 변화하고 성장합니다. 그리고 사랑을 찾게 되고 더 나아가 자아를 발견하게 됩니다. 결국 아덴 숲은 우리가 속한 각자의 삶의 터전과 다를 바가 없습니다. 광대 터치스톤은 유쾌하게 극의 즐거움을 주기도 하고 때로는 냉철하게 현실을 직시하게 해주는데 마지막 5막에서 시골 청년 윌리엄이 스스로를 현명하다고 생각한다 말하자 "어리석은 자는 자기가 현명하다고 생각합니다. 그러나 현명한 사람은 자신이 바보라는 것을 알죠"라고 말합니다.

결국 우리는 아이로 태어나 죽음을 향해 나아갑니다. 때로는 어리석은 자신의 모습에 한없이 작아지기도 하고 때로는 학자처럼 다 아는 척, 군인처럼 용감한 척 살아갑니다. 나이가 들어 노인이 되는 것도, 치매에 걸리는 것도, 다가오는 죽음도 우리가 막을 수는 없습니다. 이것을 깨닫고 오늘을 살아가는 것, 미래를 준비하는 것이 바로 현명한 자의 인생일 것입니다. 누구에게나 주어진 단 한 번의 인생이라는 무대, 그 무대의 주인공은 다른 사람이 아닌 바로 나 자신입니다. 주어진 막Act과 장Scene마다 마음껏 후회 없이 도전하고 사랑하며 이 순간을 살아가는 것, 바로 이 시간은 인생을 산다는 것에 대해 얘기해 보겠습니다.

프레드릭 공작은 자신의 형을 내쫓고 작위를 차지한다. 이에 노 공작은 쫓겨나 아덴의 숲에서 살게 되었는데 노 공작의 딸 로잘린드는 프레드릭의 딸 실리아의 요청으로 숲으로 가지 않고 같이 궁에서 살게 된다. 그러던 중 어느 날 로잘린드는 공작이 연 대회에서 올란도를 보게 되고 사랑에 빠지게 된다. 올란도는 형인 올리버에게 핍박받으며 지내고 있었는데 대회에서 우승한 것 때문에 집에 쫓겨나게 된다. 올란도는 하는 수 없이 아덴 숲으로 가게 되고 마침 로잘린드도 궁에서 나와 아덴의 숲으로 가게 된다. 아덴 숲에서 나무에 연서를 쓰는 올란도를 본 로잘린드는 남장을 하고 접근해서 자기에게 매일 고백하면서 연습해 보라고 한다. 로잘린드를 못 알아본 올란도는 매일 그녀에게 고백을 하면서 지내는데, 하루는 올리버가 숲에 들어왔다가 사자한테 잡아먹힐 위험에 처한 것을 보고 이를 막다가 크게 다치게 된다. 자신을 위해 목숨을 내던지는 동생을 보자

올리버는 반성하게 되고 로잘린드는 자신의 정체를 밝히고 올란도와 결혼한다. 이를 계기로 올리버도 실리아와 결혼하게 되는데 프레드릭 공작 역시 자기 잘못을 뉘우치고 노 공작을 찾으며 끝을 맺는다.

주어진 역할에서 벗어나고 싶다면

살다 보면 이런저런 이유로 현재의 삶, 매일 같이 부대끼는 사람들과 수많은 계획이 과연 정말로 중요한 것인지 의심스러울 때가 있습니다. 내 곁을 지켜주는 반려자와 나의 직업, 나를 둘러싼 친구들이 정말로 내 맘 깊은 곳에 있는 욕망을 충족해 주는지 의구심이 드는 것입니다. 이러한 질문에 대한 대답은 거의 항상 '그렇지 않다'가 차지합니다. 대부분 사람은 욕망에 부합하는 삶을 살지 못하기 때문이죠. 이런 생각이 들면, 마치 인생이라는 무대에서 연기하는 배우가 된 것 같습니다. 본인의 의사와는 상관없이 현실이라는 엄격한 감독이 배정한 배역을 연기하는 것 같거든요. 그렇게 우리는 회사원, 선생님, 기술자, 변호사, 의사, 아내, 어머니, 남편, 아버지, 남자친구, 아들, 환자, 고객, 납세자, 이용자의 역할을 연기하지만, 사실은 그 어떤 역할도 진정한 나는 아닙니다.

이 질문이 크게 느껴진다면, 사람에 따라 여행, 이사, 퇴사, 연인과의 결별처럼 기존의 삶과 단절하는 극단적인 반응을 나타낼 수 있습니다. 심지어 어떤 이는 가족과의 연을 끊기도 합니다. 이것은 너무나 오랜 기간 사회의 강요로 인해 쓰고 있던 가면을 벗어던지고 나 자신과 세상을 향해 나의 진짜 얼굴을 드러내고 싶은 욕망이 그만큼 크기 때문입니다. 하지만 외적인 변화만으로 이러한 욕구를 모두 해소할 수 없습니다. 국가나 배우자를 바꾼다고 자아를 발견하는 건 아니니까요. 이런 식으로 문제를 해결하려다, 자칫 잘못하면 또 다른 가면으로 얼굴을 가리게 됩니다. 중요한 것은 일상이 완전히 바뀌고, 정상적이고 안전한 사회 기준과 충돌할 수도 있지만 자신의 진짜 욕망이 무엇인지 이해하는 것입니다.

인간의 삶은 곧 연극이라는 은유는 셰익스피어의 모든 작품을 관통합니다. 하지만 인생이라는 연극은 그것을 진정으로 믿을 때만 제대로 돌아갑니다. 그러다 연극이 지겨워지면, 진짜 세상으로 탈출할 수 있을까요? 어떻게 해야 일상에 변화를 줄 수 있을지, 저 역시도 욕망을 충실히 따르기 위해 모든 것을 바꾸려는 시도를 여러 번 했었습니다. 시도는 때때로 성공적이었지만, 대부분은 그러지 못했습니다. 그리고 이로 인한 얻은 생생한 불만감은 아직도 제 삶의 일부가 됐죠.

셰익스피어의 작품 중에서도 유달리 동화적인 분위기와 현란한 언어가 인상적인, 사랑스러운 희극 「뜻대로 하세요」에서 셰익스피어는 성과 정체성을 바꾸고 야생의 숲으로 떠나 이미 예정되어 있던 평범한 삶을 버리는 여성의 이야기를 들려줍니다. 이야기의 주인공은 로잘린드, 그녀는 (「햄릿」과 「템페스트」처럼) 동생 프레드릭에게 영토를 빼앗긴 공작의 딸입니다. 공작은 지위를 빼앗긴 후에 궁정을 떠나 아덴 숲에서 살고 있습니다. 로잘린드는 찬탈자 프레드릭의 억압에 대항하고, 그가 부당하게 내리려는 징벌을 피하려고 개니미드라는 이름의 남자로 변장해 숲으로 도망칩니다.

사악한 숙부의 궁정에서 지내야 했던 로잘린드처럼, 우리도 사회에서 주어진 역할을 수행해야 합니다. 그 역할은 타인과의 관계를 규정하는 감정과 사회적 규범의 영향을 받습니다. 감정과 사회 규범은 인간의 공적인 정체성을 규정하는데, 이 정체성이 마음속 깊은 곳에 감추어진 내밀한 정체성과 반드시 일치하는 것은 아닙니다. 이 두 정체성, 즉 내밀한 정체성과 공적인 정체성이 독립적이라는 사실을 충분히 수용하고, 감당할 수 있으면 괜찮습니다. 하지만 (이 부분이 정말 중요합니다) 만일 이 두 정체성이 다른 정도가 아니라 양립하기 힘들 정도로 대립한다면? 셰익스피어의 목가극 (전원생활을 다룬 극을 말함-옮긴이) 「뜻대로 하세요」에서 로잘린드가 떠나는 숲속 여정은 등장인물의 희로애락 속에 이러한 질문에 대한 해답을 담은 예시입니다.

아덴 숲, 혹은 숲속의 삶

지난 수 세기 동안 「뜻대로 하세요」가 항상 인기가 많았던 것은 아닙니다. 1599년 글로브 극장에서 성공적인 초연을 마친 후, 19세기까지 「뜻대로 하세요」는 거의 잊혔던 작품이었습니다. 이 희극이 재발견된 것은 20세기 들어 캐서린 햅번, 매기 스미스, 헬렌 미렌, 패티 루폰, 바네사 레드그레이브와 같은 걸출한 여배우들이 영화와 연극에서 로잘린드 역을 맡으면서입니다. 시적이고 환상적인 이 극 역시 오롯이 여주인공의 매력을 중심으로 전개됩니다. 셰익스피어 시대만 해도 여성에게 중요한 역을 주지 않았던 사실을 감안하면, 당시 관객들은 이러한 설정을 못마땅하게 생각했을지도 모릅니다. 로잘린드는 대사도 매력적이고, 해석할 여지가 많은 흥미로운 인물입니다. 그녀는 자신을 제약하는 환경에서 도망치는 지적이고, 유쾌하고, 용감하고, 열정적인 여성입니다. 위험한 미지의 세계를 여행하면서 자아를 실현할 뿐만 아니라 주변 사람들의 운명에도 영향을 미치죠. 그녀는 스스로 운명을 개척하는 강인한 정신력의 소유자입니다. 이 극의 서사는 철저하게 로잘린드를 중심으로 전개되는데, 대본상 그녀의 대사는 200번이 넘습니다(거의 햄릿 수준입니다). 모든 등장인물이 그녀를 기준으로 정체성을 찾기 때문입니다. 반대로 마지막 독백을 제외하면 로잘린드는 대사량에 비해 독백이 별로 없습니다. 대신 그녀는 꾸준히 모든 인물과 대화를 나누면서 관객에게 그녀만의 카리스마와 공감 능력을 보여줍니다.

이 극의 남자 주인공은 올란도라는 청년입니다. 그 역시 사악한 프레드릭 공작의 궁정에서 살고 있습니다. 그는 아버지가 물려준 유산을 나누기를 거부하는 형 올리버 때문에 구차한 삶을 살고 있죠. 올리버는 아버지의 유산을 나눠주기 싫어서 올란도를 증오합니다. 올란도의 유일한 친구는 아버지의 충직한 시종, 늙은 아담 뿐입니다. 올리버는 찰스라는 씨름꾼에게 시합 중에 올란도를 죽이라 명하지만, 올란도는 오히려 대결에서 찰스를 제압합니다. 게다가 씨름 시합을 보던 로잘린드가 그에게 반하고, 올란도 역시 첫눈에 로잘린드에게 반합니다. 하지만 찰스와의 대결을 마친 후, 생명의 위협을 느낀 올란도는 형의 손길을 피해 아담과 함께 아덴 숲에 몸을 숨깁니다. 로잘린드는 로잘린드 대로 그녀의 카리스마를 두려워한 프레드릭의 위협을 피해, 사촌 동생 실리아와 함께 추방당한 아버지를 찾아 숲으로 떠납니다.

여기서 숲은 인간 세상과는 다른 신비한 힘이 다스리는 미지의 세계로, 영웅의 성장 여행이 펼쳐지는 전형적인 설화적 배경입니다. 「한여름 밤의 꿈」처럼 「뜻대로 하세요」도 궁정과 숲이 배경인 이중 액자 구도로 전개됩니다. 이 두 배경은 각기 다른 현실을 상징하지만 「한여름 밤의 꿈」의 숲이 설화에 나오는 요정과 같은 신비한 존재들로 가득한 정령의 영역이라면, 「뜻대로 하세요」의 아덴 숲은 인간의 영역입니다. 이곳에는 여러 이유로 스스로 궁정의 삶을 거부하거나, 그곳에서 쫓겨난 자들이 모여 삽니다. 「뜻대로 하세요」의 숲은 문명사회의 대안을 상징하며, 아웃사이더를 위한 피난처입니다.

아덴 숲에는 로잘린드의 아버지인 공작도 있습니다. 영토에서 쫓겨난 후 줄곧 이곳에서 생활하고 있었죠. 그의 유배 생활은 괴롭고 슬프지만은 않았습니다. 그는 자기처럼 프랑스 왕정에서 쫓겨난 훌륭한 사람들로 구성된 추종자들과 함께 평온한 나날을 지내고 있었습니다. 셰익스피어는 아덴 숲을 궁정과는 정반대의 모습으로 등장시킵니다. 이곳에서는 인간관계가 경직된 권력의 규칙을 따르지 않고 무정부적인 자발성을 바탕으로 이루어집니다. 올란도의 말처럼 아덴에는 시계가 없습니다. 이곳에서 시간은 공적인 역할이나 사회적 규정에 의해 흘러가지 않습니다. 그러기에 숲의 공동체에 속하는 이는 있는 모습 그대로 생활할 수 있습니다. 공작의 추종자 중에는 우울한 사색가 제이퀴즈도 있었는데, 셰익스피어는 제이퀴즈라는 인물을 통해 자신만의 걱정에 사로잡혀 고뇌하는 철학자의 모습을 패러디합니다. 그런 제이퀴즈의 입에서 "온 세계가 무대"로 시작하는, 이 희극에서 가장 유명한 대사가 나옵니다.

> **제이퀴즈** ____ 온 세계는 무대이고, 남녀는 모두 배우에 불과하지요. 모두 무대에서 등장했다 퇴장했다 하는 순간이 있고, 살아 있는 동안 각자 맡은 역할에 따라 배역을 연기하죠.
>
> (2막 7장)

제이퀴즈는 세상만사는 허무하며, 인간은 결국 자신의 운명을 결정하지 못한다고 말합니다. 그가 숲에서 살기로 한 것은, 어쩌면 이런 그의 생각 때문일지도 모릅니다. 「뜻대로 하세요」에서 제이퀴즈는 모두에게 놀림당하는 희화적인 인물입니다. 모두 그의 말을 놀립니다. 어찌 보면 햄릿의 코믹한 프랑스 버전 같기도 한데요, 제이퀴즈(혹은 쟈크)라는 프랑스 이름은 영어 jakes를 음성학적으로 따라 한 것으로, jakes는 엘리자베스 시대에 '멍청한 짓'을 뜻하는 비속어였습니다.

한 많고 신경질적인 제이퀴즈는 극 중반에 인간의 삶은 유아기부터 죽음에 이르기까지 7막으로 구성된다는 거창한 지론을 펼칩니다. 하지만 숙부의 궁정에서 도망쳐 나와 남장을 하고 아버지를 찾아 아덴 숲까지 온 로잘린드의 능력에 비하면 그의 말은 지나치게 그로테스크하고 문어적입니다. 하지만 아덴 숲은 제이퀴즈와 같은 인물마저 정붙이고 잘 지낼 수 있는 장소입니다. 그곳에서는 그 어떤 기행, 부조리, 심리적·인류학적 기행도 허락됩니다.

한편 궁중에서 도망쳐 주린 배를 안고 숲을 헤매던 올란도는 공작과 그의 추종자들을 만나게 됩니다. 처음에 그는 빵을 위해 그들에게 대들려 하지만 숲의 사회는 궁정과는 다르단 걸 알게 됩니다. 숲에서는 아무도 그의 물건을 훔치거나, 그를 때리지 않습니다. 오히려 대가 없이 음식을 함께 먹자고 권합니다. 셰익스피어는 아덴 숲을 통해 그리스인들의 이상향이자 지상낙원인 아르카디아를 재현하는데, 아르카디아는 인간과 자연이 조화로운 관계를 이루며 사는 세상의 원형입니다. 아덴 숲은 모순적인 문명사회에서 멀리 떨어진, 들과 숲으로 펼쳐진 독특하고 전원적인 정경의 피난처입니다. 그래서 이 작품에서 아덴 숲은 심리적으로 상징적인 장소인데, 그것은 로잘린드가 이곳에서 정의롭지 못한 삶에서 벗어나 자신의 운명을 실현하기 때문입니다. 그녀는 궁정이라는 사회가 강요했던 불공정한 제약에 굴하지 않고 정체성을 확장함으로써 운명을 실현하게 됩니다. 그런 의미에서 로잘린드는 삶이 나의 것으로 느껴지지 않는 가장 힘든 순간 우리에게 말을 걸어주는 인물이라고 할 수 있습니다. 다른 이들의 기대에 더는 얽매이지 않고, 내면의 깊은 곳에 숨은 진정한 자아를 찾는 이들에게 말을 걸어주는 이 극의 진정한 주인공인 것이죠.

현대 철학을 대표하는 헨리 데이비드 소로와 에른스트 윙거는 각자의 방식으로 「뜻대로 하세요」 속 아덴 숲의 부름에 응답했습니다. 『숲속의 생활』, 또는 『월든』은 소로가 매사추세츠주의 월든 호숫가의 숲에서 1845년부터 1847년까지 오직 자연만을 벗 삼아 홀로 보낸 2년 2개월의 생활을 기록한 작품입니다. 소로는 정식적, 물질적 은둔 생활을 통해 진정한 자아를 찾습니다. 그는 당시 거짓된 공리주의적 사회에서는 자아를 찾기가 도저히 불가능하다고 생각했습니다. 현대 문학에 큰 울림을 남긴 『월든』에서 소로는 이렇게 말합니다.

> "내가 숲으로 들어간 건 의도대로, 삶의 정수만을 직면하고 살아보고 싶어서였다. 그랬을 때 삶에서 배워야 할 것을 다 배울 수 있을지 알고 싶었고, 죽음이 닥쳤을 때 내가 헛되이 살지 않았음을 깨닫고 싶었다."

소로와는 배경도, 사상도, 표현 방식도 다르지만, 에른스트 윙거 역시 『반항아의 조약』라는 산문집에서 '숲의 통과'를 말합니다. 그는 현대인을 지속적으로 소외시키는 전체주의적인 사회에 반항하려면 숲으로 떠나라고 합니다. 『반항아의 조약』의 원제는 "Der Waldgang"인데, 이를 문자 그대로 번역하면 '숲을 지나는 자'입니다. 윙거는 여기서 문명사회와는 동떨어진 곳에서 살기를 강요받았던 추방자, 망명자, 유배자의 이야기를 다룹니다. 정작 본인은 잘 모르겠지만 1막 마지막에 남장을 한 채 궁정을 떠나 숲으로 향하는 로잘린드의 주머니 속에는 향후 서양 철학의 고전이 될 이 두 권의 책이 들어 있었던 것이 분명합니다. 말하자면 로잘린드는 윙거가 말한 눈부신 반항아입니다.

동화 속 여성 캐릭터의 부상

「뜻대로 하세요」의 구조는 도시 생활과 전원생활의 대조적인 상징성을 기반으로 합니다. 「뜻대로 하세요」의 첫 장면은 궁중인데, 여기서 각각의 주요 등장인물들이 직면한 문제들이 제시됩니다. 그런 다음 무대는 숲으로 전환되고 극의 대부분이 여기서 전개됩니다. 네 쌍의 결혼으로 모든 문제가 해결되는 것도 바로 이 숲에서입니다. 극의 마지막 장면에서야 다시 궁중으로 돌아가는데,

이것은 「한여름 밤의 꿈」과 매우 유사한 서사 구조입니다.

　인간의 모습을 변신시키는 숲의 마법적인 특징은 제일 먼저 로
잘린드에게 나타납니다. 그녀는 개니미드라는 청년으로 정체성
을 바꾸고 숲에 들어옵니다. 이때 개니미드는 로잘린드라는 자아
의 확장이라 할 수 있습니다. 로잘린드는 개니미드로 변장한 채 사
랑하는 올란도와 조우합니다. 올란도는 남장한 로잘린드를 알아
보기는커녕 그녀에게 자신이 로잘린드라는 여인에게 반했다는 사
실을 털어놓게 됩니다. 올란도는 언젠가는 로잘린드의 눈에 띄기
를 기원하며 그녀에게 바치는 연가를 지어, 나무에 걸어놓고 다닙
니다. 셰익스피어는 이 대목에서 전원시田園詩 특유의 코믹하면서
도 극적인 형식을 취하면서, 다른 한편으로는 올란도의 감정이 얼
마나 미숙하고, 어리석은지 보여줍니다. 사실 그는 스치듯 마주친,
잘 알지도 못하는 여자와 사랑에 빠진 것이니까요.

　「뜻대로 하세요」에서 가장 재미있는 부분은 개니미드로 변장
한 로잘린드가 올란도에게 여자의 환심을 사는 방법을 가르쳐주
는 대목일 것입니다. 그녀는 올란도가 자신에게 합당한 상대가 될
준비를 시킵니다. 이 장면 마지막에 개니미드인 로잘린드는 로잘
린드를 연기하면서 올란도와의 결혼 생활을 시험해 봅니다. 남자
배우가 여자 역까지 연기하던 엘리자베스 1세 시대 관객들이 여
자 역을 맡은 남자 배우가 남장 여자인 척 연기하는 장면을 보았

을 것을 생각하면, 이 장면은 코믹함의 극치를 보여준다고 할 수 있습니다.

그뿐만이 아닙니다. 개니미드로 변장한 로잘린드가 올란도에게 하는 말을 들어보면, 마치 그녀가 올란도의 내면에 잠들어 있던 여성성을 일깨워 주고 있는 것 같습니다. 여기서 셰익스피어는 이렇게 해야만 성이 다른 두 연인이 진정으로 소통하고 사랑할 수 있다고 말합니다.

올 란 도 _____ 귀여운 젊은이, 당신은 어디 사시오?

로잘린드(개니미드) _____ 누이동생인 저 양치기 처녀와 함께, 이곳 숲 변두리, 속치마 가장자리 같은 곳에 살고 있지요.

올 란 도 _____ 당신도 이곳 태생인가요?

로잘린드 _____ 글쎄요. 토끼는 태어난 곳에서 살죠. 저 역시 그와 같아요.

올 란 도 _____ 하지만 이렇게 외진 곳에서 배울 수 있는 말씨치곤 너무 고상한데.

로잘린드 _____ 흔히들 저를 보고 그런 말을 하지요. 실은 저의 숙부가 늙은 목사님인데, 그 어른한테 배웠답니다. 그 어르신은 젊은 시절을 성에서 지내셨는데, 연애를 하는 바람에 그곳에서 지나치게 오래 머무르셨답니다. 나는 그 어른이 사랑을 조심하라는 말을 수도 없이 들었습니다. 그 어른은 여성이 사랑의 원인라면서 가혹하게 비난했습니다. 어르신 말을 들으며 저는 여자가 아님을 다행이라고 여겼습니다. (…) 하지만 그분의 조언은 숲을 돌아다니면서 나무껍질에다 '로잘린드'라는 이름을 새겨서 어린나무들을 망치고, 모과나무에다 시를 걸어 놓고 가시덤불에 비가를 걸어 놓는 청년에게 유용할 거예요. 정말 하나같이 로잘린드라는 이름을 찬미하는 노래더군요. 그 연애쟁이를 만나면 사랑병에서 나을 수 있게 나라도 좋은 처방을 가르쳐 줄 생각입니다.

올 란 도 _____ 내가 바로 사랑의 열병에 걸린 그 남자요. 제발 치료법을 좀 알려주오.

로잘린드 _____ 하지만 당신에게선 숙부님이 말씀하신 증세를 전혀 볼 수 없는걸요. 그분은 사랑에 빠진 남자를 알아보는 방법을 가르쳐 주셨죠. 그런데 당신은 확실히 사랑의 동심초 바구니 속에 포로가 된 사람 같지가 않아요.

올 란 도 _____ 그 증세란 것이 대체 뭐요?

로잘린드 _____ 여윈 볼이요. 하지만 당신이 안 그렇잖아요. 다른 사람들과 이야기를 나누는 것도 싫어하는데, 당신은 안 그래요. 수염을 깎지 않는다는데, 당신은 안 그래요. 하지만 그 점을 용서해 드리죠. 당신 수염의 분량이 겨우 아이 정도밖에 안 되니까요. 양말은 흘러내리고, 모자 끈도 풀어지고, 소매 단추는 끌러져 있고, 구두 끈도 풀려 있어야 해요. 그런데 당신은 그렇지 않잖아요. 꽤나 말쑥한 모양새가 다른 누군가를 사랑하는 것보다 자신을 사랑하는 사람처럼 보이는군요. (…)

올 란 도 _____ 하지만 맹세컨대 나는 사랑에 빠졌소.

로잘린드 _____ 당신의 시가 말하는 것처럼 그렇게 사랑하는 건가요?

올 란 도 _____ 시나 이성적으로는 표현할 수 없죠.

로잘린드 _____ 사랑은 미친 짓에 불과해요. 그러니 미친 놈은 어두운 암실에서 매질을 해야 합니다. 그들이 벌을 받지 않고 치료되는 이유는 그 광기가 너무 흔해서 매질을 하는 자도 결국은 사랑의 병에 걸리기 때문이랍니다. 하지만 저는 당신의 병을 치유할 조언을 해드릴 수 있답니다. (…)

올 란 도 _____ 나는 치유되고 싶지 않아요.

로잘린드 _____ 그러면 이렇게 하죠. 저를 로잘린드라고 부르고, 날마다 오두막으로 오셔서 구애하세요. 그러면 여성을 유혹하는 가장 좋은 방법을 가르쳐 드리죠.

올 란 도 _____ 내 사랑에 맹세하고 그리하겠소! 그곳이 어디오, 잘생긴 젊은이?

로잘린드 _____ 그렇게 부르지 마세요. 로잘린드라고 부르셔야죠.

(3막 2장)

「뜻대로 하세요」의 핵심 주제는 로잘린드라는 이상형을 향한 올란도의 추상적이고 지적이며 정신적인 사랑이 피와 살로 이루어진 진짜 여인을 향한 구체적인 감정으로 바뀌는 과정입니다. 그가 이렇게 변화할 수 있었던 건 다 개니미드의 '감정 교육' 덕분입니다. 올란도는 사실 로잘린드를 제대로 알지 못하기에, 나무에 걸어 놓은 시는 우스꽝스러울 뿐이고, 그녀를 향한 갈망은 공허합니다. 그녀의 참모습을 알기 위해서는 그 역시 숲을 경험해야 합니다. 숲에서 로잘린드는 더는 공녀라는 역할을 수행하며 궁정에서 생활하던 창백한 귀족 아가씨가 아닙니다. 이를 통해 셰익스피어는 보다 충만하고 진실한 사랑을 하기 위해서는 상대방을 무조건 이상화하는 것이 다는 아니라고 말하고 있습니다. 셰익스피어가 쓴 수많은 페트라르카(르네상스 시대 이탈리아 서정시인-옮긴이)적인 소네트를 생각하면 그는 '사랑이란 누군가의 이상적인 이미지를 사랑하는 것인가 아니면 실제 대상을 사랑하는 것인가'를 두고 오랜 기간 고민했던 것 같습니다.

올란도와 로잘린드의 관계를 통해 우리는 상대방이 처음 생각했던 것처럼 완벽하지 않다는 사실을 깨닫고 이를 받아들여야만 사랑이 이루어진다는 사실을 알 수 있습니다. 모든 여자의 내면에는 남자가 모르는 면모가 숨겨져 있죠. 공적인 가면 뒤에 숨겨진 길들이지 않은 그들의 은밀한 정체성이 바로 그것이죠. 모든 로잘린드의 내면에는 개니미드가 숨겨져 있는 것입니다. 우리가 잘 아는 상대방의 자신감 넘치는 모습 이면에 숨겨진 모습을 알고, 그 사람의 흠결, 추함, 불완전함까지 받아들이고 더 나아가 이러한 모습까지 좋아하게 될 때, 사랑은 비로소 진지한 관계로 발전할 수 있는 것입니다. 개니미드를 통해 로잘린드를 만난 올란도는 바로 이런 경험을 합니다. 그는 지적이고 피상적인 사랑의 개념에서 탈피해, 로잘린드를 깊게 이해하게 됩니다.

그리스 신화에서 개니미드(가니메데)는 '인간 중에 가장 아름다운 청년'으로 묘사됩니다. 너무나 매력적인 나머지 그에게 홀딱 반한 제우스가 독수리로 변신해 그를 올림푸스로 납치해서 신들에게 포도주를 따라주는 시종으로 삼을 정도지요. 제우스와 개니미드 커플은 후에 동성애의 상징이 됩니다. 셰익스피어는 틀림없이 이 신화를 알았고 일부러 숲을 통과하면서 성이 변하는 것을 상징하기 위해 로잘린드의 남자 이름을 개니미드로 설정했을 것입니다.

실제로 인간의 공식적인 인격이 강요받는 규범 중에는 성에 따른 제약도 있습니다. 궁정에서 지낼 때 로잘린드는 (여성이 받는 모든 사회적 제약을 내포한 의미에서) 여성일 뿐이지만, 숲에서는 여성인 동시에 남성입니다. 실리아 역시 숲에 들어서는 순간 이름을 '엘리너'로 바꿉니다. 숲에서는 제한받던 기존의 자아에서 벗어나 다른 사람이 될 수 있습니다. 엘리자베스 1세 시대에 wood라는 단어는 도시 밖 숲이라는 물리적인 공간을 가리키는 명사 외에 '성난', '기괴한', '비정상적인'이라는 의미의 형용사로 사용되기도 했습니다. 이러한 맥락에서 「한여름 밤의 꿈」에서 드미트리우스가 허미아 때문에 '숲속의 숲으로 들어왔다wood within this wood'라고 말하는 대목은 지극히 철학적인 언어유희라고 할 수 있습니다.

한편 아덴 숲에는 피비라는 처녀 목동도 있습니다. 그녀는 실비어스라는 목동의 열렬한 구애를 받고 있었습니다. 로잘린드는 피비에게 실비어스의 구애를 받아들이라고 충고하지만, 그녀를 남자로 아는 피비가 오히려 로잘린드에게 반하면서, 등장인물들의 애정 관계는 한층 복잡해집니다. 기존의 사회를 떠나 자신의 꿈을 이루기 위해 '숲'으로 떠난다는 「뜻대로 하세요」의 메시지는 사실 여성이 주인공인 동화에 자주 등장하는 모티프입니다. 그림 동화집 88번째 수록된 「노래하고 춤추는 종달새」에서도 여행을 떠나는 아버지에게 말도 안 되는 선물을 요구하는 딸이 등장합니다. 이 동화에서 두 언니는 아버지에게 보석을 사달라고 하지만, 막내딸은 노래하고 춤추는 종달새를 가져다 달라고 합니다. 그 종달새의 주인은 마법에 걸려 사자로 변한 왕자인데, 결국 막내딸은 종달새를 얻기 위해서 사자와 함께 살게 됩니다. 여기에서 사자는 「뜻대로 하세요」의 숲과 같고, 노래하고 춤추는 새는 주인공이 인간 세상을 버리고 야생의 숲으로 떠나게 만드는 일탈적인 욕망을 상징합니다. 범위를 넓혀 스웨덴 라플란드에는 「거미로 변한 처녀」라는 동화가 있습니다. 이 동화에는 사랑에 빠진 한 처녀가 나오는데, 그녀는 마을 근처 얼음으로 뒤덮인 황야에서 우연히 몸뚱이가 없는 머리를 만나 사랑에 빠지게 됩니다. 그래서 전통적인 혼례를 거부하고 머리를 따라 집에서 도망쳐 바다를 헤매는데, 마지막에 처녀는 마법의 시험을 통과하지 못하고 거미가 됩니다. 여기서 바다는 셰익스피어의 숲과 같은 역할을 합니다. 또한 거미로 변해버린 불쌍한 처녀는 그녀가 문명사회를 떠나 다른 차원으로 옮겨갔음을 의미합니다.

「뜻대로 하세요」 분명 정상적인 범주에서 벗어나는 욕망을 가진 여주인공이 기존 사회에서 도망쳐 나와 원초적이고 신성한 야생의 세계로 들어가는 부류의 이야기입니다. 아리아드네에서 아탈란테, 안티고네에서 카이네우스에 이르기까지 그리스 로마 신화에 등장하는 수많은 히로인의 모험도 이런 식의 해석이 가능합니다. 이들은 모두 자신의 욕망을 이루기 위해 원래 속했던 사회에서 스스로 벗어나거나, 위험인물로 간주되어 타인이 됩니다. 로잘린드는 모든 인간의 내면에 있는 여성적 충동을 구현한 동화적, 신화적 인물입니다. 이 충동을 억누르지 못할 때 인간은 사회적 규범에서 벗어나는 비정상적인 욕망을 따라 내면의 숨겨진 자아에게 목소리를 내어주는 것입니다.

그 어떤 교사도 가르쳐 줄 수 없는 것

「뜻대로 하세요」의 서사 구조는 현대 문학에도 큰 영향을 미쳤는데, 셰릴 스트레이드의 베스트셀러 『와일드』만 봐도 알 수 있습니다. 이 소설의 여주인공은 어머니의 죽음과 마약 중독으로 인생을 포기하지만, 스물여섯 살에 4천 마일에 달하는 퍼시픽 크레스트 트레일(PCT) 도보여행을 떠나면서 진정한 자신을 발견합니다. 엘리자베스 길버트의 『먹고 기도하고 사랑하라』와 레이첼 프리드먼의 『모범생 소녀의 착한 소녀의 일탈 가이드』에서도 주인공은 자아를 발견하고 다시 태어나기 위해 일상을 버리고 미지의 세계로 떠납니다.

셰익스피어의 다른 작품처럼 「뜻대로 하세요」 역시 다른 소설들에서 소재를 가져왔는데, 이 중에서 셰익스피어가 가장 많이 참고한 작품은 동시대 작가이자 모험가이자 항해사였던 토마스 로지의 산문 로맨스 『로잘린드-유퓨즈의 주옥같은 귀문』입니다. 로지는 카나리 제도를 탐험하면서 이 이야기를 썼는데, 그 역시 1578년 영국 소설가 겸 극작가 존 릴리가 집필한 『유퓨즈: 지혜의 해부학』을 참고했습니다. 릴리는 릴리대로 16세기 영국의 대표적인 인문학자 로저 애스컴이 라틴어와 고전을 교육하기 위해 집필한 『교사론』의 영향을 받았습니다. 애스컴에서 릴리로, 릴리에서 로지로, 그리고 마지막으로 이들로부터 셰익스피어까지 이야기가 전달되는 과정을 통해서 우리는 끊임없이 외부 세계와 대화를 시도하는 로잘린드의 성장으로 들려주려 했던 교육적 가치의 정수를 알 수 있습니다.

이 이야기에서 인간에게 가장 많은 가르침을 주는 것은 숲입니다. 숲은 그곳을 통과하는 인물들에게 신비로운 지식을 습득하고 내적으로 성장할 기회를 제공합니다. 12세기 수도사 클레르보의 베르나르는 그의 유명한 서간집에서 "책보다 숲에서 더 많은 것을 배울 수 있다. 나무와 돌멩이는 그 어떤 교사도 가르쳐 줄 수 없는 것을 가르쳐준다"라고 얘기했습니다. 로잘린드는 숲의 정령들과 신비하게 연결되어 있어서 숲의 가르침을 전파하는 무녀와 같습니다. 마음속에서 아덴 숲의 목소리가 들려온다는 것은, 그러니까 내면의 욕망이 삶의 변화를 요구하는 것이 느껴진다는 것은 상징적인 의미에서 성장할 때가 왔다는 것을 의미합니다. 이럴 때는 배울 자세를 다시 갖추고 수습 기간에 들어가야 합니다. 모든 것을 기억하기 위해, 전에 배운 모든 것을 잊어야 하는 것이죠.

셰익스피어와 존 릴리의 간접적 연관성은 이 극의 스타일에도 영향을 미칩니다. 「뜻대로 하세요」는 셰익스피어의 작품 중에서도 문체가 가장 현란합니다. 인물의 대사는 수사학적이고 비유적이고 두운법과 모음만 같고 자음을 달리하는 어간의 압운의 사용이 풍부하며 문장의 구조가 복잡해 대사를 소화하기가 쉽지 않습니다. 대신 배우 입장에서는 해석의 여지가 많아서 매력적입니다. 비평가들은 이러한 스타일을 '미사여구가 많은 과식체euphuistic'라고 부르는데, 이 문체는 특히 엘리자베스 1세 시대에 널리 유행했습니다. 과식체의 어원은 존 릴리 작품의 주인공인 '유페오Eufeo'에 있는데, 이 이름은 그리스어로 '품위 있고 개성 있고 세련되게 말하는 이'를 의미하는 eu-femizo에서 나왔습니다.

영국의 과식체는 이탈리아의 '마리니즘(화려한 미사여구로 유명한 이탈리아 바로크 시인 지오반 바티스타 마리노 스타일의 문체를 뜻함-옮긴이)', 스페인의 '공고리즘(스페인의 시인 공고라 풍의 문체로 치밀하게 계산된 비유를 사용하는 난해한 표현법을 말함-옮긴이)'과 비견할 만합니다. 「뜻대로 하세요」의 문체는 풍성하고, 과장되고, 비유가 많아서 번역하기가 매우 어렵습니다. 숲을 배경으로 펼쳐지는 장면에서 과할 정도로 풍부한 표현은 반어법, 부조리, 난센스, 스쳐 지나가는 듯한 전복된 세계의 이미지로 나타납니다. 여기서 전복된 세계란 궁정이라는 수많은 제약으로 이루어진 세계의 사회 구성원으로서의 삶보다 인간의 진정한 욕망에 훨씬 잘 부응하는 세계를 의미합니다. 「뜻대로 하세요」라는 이 극의 제목 이면에는 명확한 의미가 숨어 있는데, 그것은 삶의 가장 중요한 목적은 각자의 방식으로 산다는 것이기 때문입니다. 우리는 자신에게 가장 적합한 방식으로 존재해야 합니다. 각자의 '재능', '악마', '타인과 차별화되는 개성'을 존중하는 방식으로 말이죠. 여기서 '악마'란 표현을 사용한 이유는 그리스인들이 행복을 eu-demonia, 즉 자신과 자신의 악마와의 관계를 잘 유지하는 것이라고 생각했기 때문입니다.

「뜻대로 하세요」의 구조와 주제는 「십이야」와 「베니스의 상인」과 유사한 면이 있습니다. 변수가 다양하기는 하지만, 세 작품 모두 일시적으로 남장을 하는 여자 주인공을 중심으로 이중 배경과 이중 서사가 펼쳐지다가, 해피엔딩으로 끝난다는 공통점이 있다는 점이죠. 실제로 로잘린드, 바이올라와 포샤도 비슷한 점이 많습니다. 이 세 희극은 '행복 삼부작'이라 불릴 만한데, 이 세 작품을 관통하는 주제가 인간의 행복과 그 행복을 인간의 고유한 욕망의 건강한 관계를 통해 실현하기 때문입니다.

사회는 인간의 복제 불가능한 고유의 정체성을 배려하지 않습니다. 오히려 이러한 정체성을 획일화하고, 길들이려는 성향이 있습니다. 하지만 고유의 정체성은 분명 존재하는 실체이고, 또 존재해야만 합니다. 그것이 인간의 본질이기 때문입니다. 그렇기에 상황에 따라 '숲의 통과'가 필요할 때가 있습니다. 우리는 나무에게 가르침을 받아 인간의 가장 소중한 소유물인 정체성을 빼앗기지 않기 위해, 평생 갇혀 있던 주어진 정체성을 버리고 모든 것을 새롭게 시작할 각오로 모험에 나설 필요가 있습니다. 아덴 숲으로 떠난 로잘린드처럼 말입니다.

모든 면에서 평범하지 않은 에필로그

극의 결말에 이르면 5막에 걸쳐 코믹하게 꼬였던 상황들이 모두 해결됩니다. 로잘린드와 실리아는 자신들의 정체를 밝히고, 각각 올란도, 올리버와 결혼합니다. 올리버는 4막 3장에서 자신을 사자에게서 구해준 올란도에게 감동해 동생과 화해하는데, 이들의 화해가 유산이라는 경제적인 요소가 효력을 잃는 숲에서 일어나는 일이라는 점도 흥미롭습니다. 피비와 실비어스까지 결혼하면서 아덴 숲의 마법과 로잘린드의 선한 마음씨 덕분에 모든 것은 조화를 이루게 됩니다.

관객들은 별다른 설명 없이 프레드릭이 공작자리를 버리고 숲에서 은둔하는 삶을 선택하게 되었다는 소식을 접하고, 공작은 공국을 되찾는 걸 봅니다. 이로써 내내 쫓기는 신세였던 로잘린드를 비롯한 모든 주요 인물은 도망자 신세에서 벗어납니다. 이때 이들의 쫓기는 듯한 심정은 일상에서 벗어나 일탈하는 순간 몰려드는 죄책감, 책임감과 비슷합니다. 모든 일이 해결되자, 공작은 이야기의 끝을 선언합니다.

> **공작** ____ 자자, 이제 축제를 시작하시오. 이 축제는 틀림없이 참으로 행복하게 끝날 테니.
>
> (5막 4장)

이보다 완벽한 마지막 대사가 또 있을까요. 사실 공작의 대사를 듣는 순간 모두 연극이 끝났다고 생각하겠지만, 그렇지 않습니다. 셰익스피어는 극 전개상 꼭 필요하지 않고, 당시 연극계의 정서와도 어울리지 않는 마지막 장면을 추가했습니다. 그는 이 극의 에필로그를 여성에게 맡기는데, 당시 연극계에서는 전무후무한 일이었습니다. 톡톡 뛰는 로잘린드의 독백이 노리는 효과도 바로 이 부분에 있습니다.

> **로잘린드** _____ 여인이 에필로그를 맡는 것이 격식에 맞지는 않지만, 극 초반에 남자가 맡은 프롤로그보다 못할 것은 없을 것이니 안심하십시오. (…)
> 제가 할 수 있는 것은 주문을 걸어보는 것입니다. 먼저 이 자리에 계신 숙녀분들께 주문을 걸어보죠. 오, 여인들이여, 남자에 대한 여러분의 사랑을 걸고 이 연극이 마음에 들었다면, 간청드리니 박수를 보내 주십시오. 남자들이여, 여인에 대한 여러분의 사랑을 걸고 (지금 표정들을 보니 여러분이 여성을 싫어할 일은 없겠군요) 이 연극이 처음부터 끝까지 마음에 들었다고 말해 주십시오. 오, 여인으로서 관객 여러분 중에서 수염을 멋지게 기른 분, 피부가 매끈하거나 최소한 입 냄새가 고약하지 않은 분들에게 입 맞춰 드리고 싶지만, 제안만으로 만족해 주십시오. 여러분이 박수를 보내 주신다면, 저 역시 여러분께 정중히 인사드리겠습니다.
>
> (5장 4절)

이 마지막 독백에는 로잘린드의 기지, 용기, 유려하고 어휘력이 넘치는 언변, 단호하면서 열정적이고, 상냥하면서 쉽게 다스릴 수 없고, 창의적이면서 재치 있는 성격이 모두 담겨 있습니다. 하지만 셰익스피어가 당시 관습과는 달리 여성에게 희극의 마지막 독백을 맡긴 이유는, 단지 로잘린드라는 인물이 마음껏 빛날 자리를 만들어 주기 위해서만은 아닙니다. 여기에서 윌 선생님은 로잘린드가 자신이 맡은 역할에서 벗어났을 때 얼마나 자연스럽고 자신감 넘치는지 보여주려 한 것입니다.

이것이야말로 「뜻대로 하세요」의 마지막 메시지입니다. 우리는 살면서 특정한 배역을 맡을 수는 있지만, 삶의 끝맺음 말은 우리 몫입니다. 우리에게는 아덴 숲이 있으니까요. 가진 모든 것을 잃을 위험을 무릅쓸 준비가 되었다면, 지금까지의 믿음을 버릴 준비가 되었다면, 사랑하는 이들을 떠날 각오가 되었다면, 우리는 (항상은 아니지만 대개) 변할 수 있다고 셰익스피어는 말합니다.

인생 7막을 설명하면서 제이퀴즈는 거들먹거리며 "인생은 무대"라고 선언하지만, 로잘린드는 에필로그에서 그의 말에 반론을 제기합니다. 모든 것이 연극이라면 임기응변도 가능하다는 이야기인데, 그 경우 주어진 대본을 해석하는 각자의 역할이 매우 중요해지게 됩니다. 그렇기에 운명이 우리에게 대본을 준다 해도, 불가능한 것은 아무것도 없습니다. 로잘린드는 계속해서 자신에게 주어진 역할에서 벗어납니다. 여자임에도 불구하고 당시 관례를 어기고 마지막 독백을 스스로 차지합니다.

소로는 대부분 사람이 '조용한 절망' 속에 살아간다고 했습니다. 이 말은 곧 살면서 배정받은, 탐탁지 않은 역할을 수용하는 걸 뜻합니다. 로잘린드는 그렇게 하지 않았습니다. 그녀는 올란도(혹은 그녀의 가장 진실된 욕망)를 따라 숲의 가장 깊은 곳까지 왔습니다. 그 와중에 쓰러지거나 길을 잃을 위험도 있지만, 로잘린드는 분명 '죽음이 닥쳤을 때 헛되이 살았음을 깨닫고 후회할 사람'은 아니었습니다.

셰익스피어가 수많은 작품의 행간에 숨긴 가르침 중에서 가장 빛나는 것은 "인생이라는 거대한 무대에서 운명이 준 역할은 우리의 해석에 따라 완전히 바뀔 수 있다"라는, 로잘린드에 의해 구현된 메시지일 것입니다. 이것은 모든 감독과 연출가가 첫 대본 연습에 빠지지 않고 언급하는 "시시한 배역은 없다. 시시한 배우가 있을 뿐이다"라는 스타니슬랍스키의 명언과도 일맥상통하는 부분입니다. 연극의 막이 내릴 때 우레와 같은 갈채를 받을 수 있을 정도로 자신의 역할을 최선을 다해 수행한다면, 즉 자신의 삶을 허투로 두지 않고 주도적으로 살아간다면 앞으로 만날 모든 문제를 해결할 수 있다는 걸 깨닫게 된다는 것입니다.

인생의 동력을 필요로 하는 '나'에게

내 삶은 나의 것, 나를 위해 움직여라

「뜻대로 하세요」에 등장하는 인물들은 아덴 숲에 들어오는 순간 변화를 겪습니다. 아버지의 몰락을 슬퍼하고 숙부에 대한 원한으로 가득했던 로잘린드는 현명하고 현실적인 사랑의 전령사로, 그녀에 대한 무조건적인 사랑으로 아버지를 버리고 숲으로 들어온 실리아는 새로운 사랑을 찾은 행복한 여인으로 변화합니다. 동생을 죽이려던 사악한 올리버는 진정으로 자신의 죄를 뉘우치며, 형이 자신을 죽이려 한다는 사실에 불안과 증오심에 빠져 있던 올란도도 죽음을 목전에 둔 형을 보는 순간, 따뜻한 형제애를 회복합니다. 그렇게 아덴 숲은 변화를 창조하고, 모든 것에서 선을 이룹니다. 이것은 형을 배신했던 프레드릭 공작도 마찬가지입니다. 숲으로 도망친 형에게 충성하는 귀족들과 자신을 버리고 떠난 딸 실리아에게 분노한 그는 군사를 일으켜 형과 그의 일행을 죽이려고 합니다. 하지만 숲으로 들어가기 직전 수도사를 만나 그를 통해 자신의 삶과 행동을 깊이 뉘우치고 모든 것을 이전대로 돌립니다. 전 공작도 동생의 뉘우침을 받아들이고 그를 용서합니다. 이제 숲은 연인의 사랑뿐 아니라 모두가 용서하고 화합하는 변화의 장소가 됩니다. 인간은 이렇게 변화하는 존재입니다. 제이퀴즈는 인생을 7막 짜리 연극에 비유합니다. 1막의 '아이'로 시작해, 학생, 연인, 군인, 재판관, 늙은 바보 그리고 마지막 7막은 다시 어린아이로 돌아가는 삶의 무대에 대해 이야기합니다. 그렇게 인간은 변화합니다. 세월 의 마법은 누구도 막을 수 없는 변화를 초래합니다. 작품 속의 등장 인물들처럼 늙어 가면서 더욱 사랑하고, 용서하고, 화해할 수 있다 면 얼마나 행복할까요. 그런 변화가 오늘의 우리들에게도 일어난다 면 인생은 그렇게 허망한 것만은 아닐 것입니다.「뜻대로 하세요」 는 오늘의 우리에게 많은 것을 얘기해 줍니다. 삶의 변화, 환상이 아닌 실재하는 사랑, 형제와 자매의 사랑, 용서와 화해, 그리고 선이 승리하는 세상사의 이치 등 고전적인 테마들로 가득합니다. 이 극 을 보면 우리는 선택과 깨달음을 얻게 됩니다. 무엇을 택하고 무엇 을 버릴 것인가. 어떻게 용서하고 어떻게 화해할 것인가. 어둡고 쓸 쓸한 기억을 잊을 수 있을 것인가. 그것은 결국 우리의 마음에 달린 것입니다. 그러니 '뜻대로 하세요.'

참고문헌

제1막 하는 일마다 족족 꼬인다면

H.블룸 (H.Bloom), 한여름 밤의 꿈, Burton Raffel 편집, pp. 164-167, Yale University Press, New Haven 2005

K.브릭스 (K.Briggs) 요정, 난쟁이, 정령 및 기타 마법의 존재에 관한 사전, Avagliano, Roma 2009.

K. 브릭스 (K.Briggs) 퍽의 캐릭터 분석. 셰익스피어와 그의 후계자들의 작품 속 요정 캐릭터 분석. Routledge, London 2008.

J.캠벨 (J. Campbell), 천 개의 얼굴을 가진 영웅, Lindau, Torino 2016.

L.캐롤, 이상한 나라의 앨리스 - 거울 나라의 앨리스.

A.카루소 (A.Caruso), 셰익스피어 치료법, Lithos, Roma 2016.

B.시룰닉 (B.Cyrulnik), 감각의 탄생, Hachette, Paris 1991.

B.시룰닉, E.말라구티 (B.Cyrulnik, E.Malaguti), 회복탄력성(resilence) 기르기. 삶의 긍정적인 재정비와 의미 있는 관계 설정, Erikson, Trento 2005.

E.도즈 (E.Dodds), 그리스인과 비이성, Bur, Milano 2009

G.필로라미 (G.Filoramo), 불교, Laterza, Roma-Bari 2001

P.풍케(P.Funke), 고대 아테네, Il Mulino, Bologna, 2001

N.푸시니 (N.Fusini), 사랑의 장인들: 줄리엣, 오필리아, 데스데모나 와 다른 셰익스피어의 여주인공들 Einaudi, Torino 2021.

P. 홀란드 (P.Holland), 윌리엄 셰익스피어 개론. 한여름 밤의 꿈, Oxford University Press, Oxford 1994.

C.험프리스 (C.Humhpreys), 불교 사전, Ubaldini Editore, Roma 1918

D.켈러 (D.Kehler), 한여름 밤의 꿈 분석, Routledge, London 2001 .

S. 프로이트 (S.Feud), 일상생활의 정신 병리학 , 열린 책들 2020

F.리코르디 (F.Ricordi), 존재의 철학자 셰익스피어, Mimesis, Milano-Udine 2011.

M.M.로시 (M.M.Rossi), R.Kirk 개론. 비밀의 왕국, Adelphi, Milano 1980.

N.루스 (N.Ruth), 셰익스피어의 작품에서 나타나는 우주적 변신, Routledge New York 2005.

M.템베라 (M.Tempera), 대본을 통한 한여름 밤의 꿈 분석, CLUEB, Bologna 1991.

S.P.톰슨(S.P.Thomson), 한여름 밤의 꿈 독해, Greenhaven Press, San Diego, CA 2000

W.B.예이츠(W.B. Yeats), 시집

A.L.자조 (A.L.Zazo), 숲의 긴 밤: 마법에 걸린 이의 속임수와 마법. 셰익스피어의 한여름 밤의 꿈을 중심으로,Mondadori, Milano 2012.

제2막 문득 타인이 괴물처럼 느껴진다면

B.앙칼루, C. 스튜어드,E.W.몬터 (B.Ankarloo, C.Stuard, E.W.Monter), 유럽의 마녀와 마술, Vol.4, Athlone Press, London 2002

J.R.브라운 (J.R. Brown) 셰익스피어 핸드북. 맥베스, Palgrave Macmillan, New York 2005.

J.L. 캘더우드 (J.L. Calderwood) 만약에: 맥베스와 그의 비극적인 선택, University of Massachusettes Press, Amherst 1986.

S.T. 콜리지 (S.T.Coledridge), 셰익스피어 작품 산문집 중 맥베스 강연 자료, Capricoron, New York 1959.

M.도나 (M.Donà), 헛소동. 셰익스피어의 철학, Bompiani, Milano 2016.

G.페데리치 베스코비니 (G.Federici Vescovini), 마법의 중세. 13-14세기 종교와 과학 사이 마법, UTET, Torino 2008.

N. 푸시니 (N.Fusini), 삶으로 인해 죽을 수도 있다. 셰익스피어의 열정의 희곡, Mondadori, Milano 2010.

M.가버 (M.Garber), 셰익스피어의 유령 작가: 불편한 우연의 문학 중 맥베스: 남자 메두사. Routledge, New York 2010

S. 그린블라스 (S.Greeblath), 폭군. 셰익스피어와 독재정권을 무너뜨리는 기술, Rizzoli, Milano 2018

G.S 해리스 (G.S Harris), 셰익스피어 비극 중 맥베스의 냄새, 58, pp. 465-486 2007

A.리파로티 (A.Liparoti), 미드 속 셰익스피어, https://www.illibraio.it/news/storie/shkespeare-serie-tv-mmericane-186241

A.롬바르도(A.Lombardo), 맥베스 독해,Feltrinelli, Milano 1992.

L.맥과이어, E.스미스 (L.Maguire, E.Smith), 셰익스피어에 얽힌 30가지 위대한 전설, Wyley&Sons, London 2013

R.K. 머튼 (R.K.Merton), 예언은 스스로 실현된다. 이론과 사회 구조적인 관점에서. Il Mulino, Bologna 1917.

F.리코르디 (F.Ricordi), 존재의 철학자 셰익스피어, Mimesis, Milano-Udine 2011.

S.쇼넨바움 (S.Schonenbaum), 맥베스 비평, Routledge, London 2016.

P.스탈리브라스 (P.Stallybrass), J.Russel Brown의 맥베스와 마녀 중에서 맥베스를 중심으로, Routledge & Kegan Paul, London 1982.

C.F.E 스퍼전 (C.F.E Spurgeon), 셰익스피어의 형상화 의미, Cambredge University Press, Cambridge 1935.

D.타이슨 (D.Tyson), 제임스 1세와 4세, 제임스왕의 귀신론 악령학:귀신론 악령학과 스코틀랜드에서 온 소식 원본 포함, Llewellying, Woodbury 2011

P.짐바르도(P.Zimbardo), 루시퍼 이펙트

제3막 평생 사랑하지 못할까 봐 두렵다면

아리스토텔리스, 시학

J.베리 (J Barrie) 피터 팬

H.블룸(H.Bloom), 셰익스피어의 헛소동, Chelsea House Publisher, Bloomal PA, 1988

P.보이타니 (P.Boitani), 자아를 찾는 것은 신이다, Einaudi, Torino 2014.

C, 드 보벨 (C.de Bovelles), 무에 관한 소책자, Il Melangolo, Genova 2014.

F.체르치냐니 (F.Cercignani), 셰익스피어 작품과 엘리자베스 1세 시대의 발음, Oxford University Press, Oxford 1981.

L.쿡슨 (L.Cookson), 윌리엄 셰익스피어의 '헛소동' 비평, Pearson Books, New York 1984.

N.다고스티노 (N.D'Agostino), 윌리엄 셰익스피어 개론, 헛소동, Mondadori, Milano 1990

A.B.도슨 (A.B.Dawson), '영문학 연구' 중 헛소동의 의미 (22), pp.211-222, 1982

B.데파울로 (B.DePaulo), 독신주의란 무엇이고, 왜 중요하고, 어떻게 방지할 수 있는가. Doubledoor Books, New Yo가 2011

B.에반스 (B.Evans), 셰익스피어 희극 헛소동, Clarendon Press, Oxford, 1960

S.프로이트 (S.Freud), 사랑의 심리학에 대한 기여, Bollati Boringhieri, Milano 1976.

N.푸시니 (N.Fusini), 헛소동, Feltrinelli, Milano 2002

C.G.융 (C.G.Jung), 변화의 상징, Garzanti, Milano 1990.

D.킬리 (D.Kiley), 피터 팬 신드롬: 자라지 않은 남자, Dodd, Mead&Company, New York 1983.

F.니체 (F.Nietzsche), 자라투스트라는 이렇게 말했다.

플라톤, 향연

L.E.오스본 (L.E.Osborne), '언어학 계간' 69호 중 헛소동의 극연기: 이탈리아 노벨라와 영
　　국 희극의 만남, pp.167-188, 1990(1990)

C.T 프라우티 (C.T Prouty), 헛소동의 원전, Yale University Press, New Haven 1950

J.A.로버츠 (J.A. Roberts), '르네상스지' 중 셰익스피어의 연기 전략: What the Much
　　Adomis Really About, pp.98-102, 1988

M.A.스콧 (M.A.Scott), 베네디크와 베아트리스의 원전으로 추정되는 궁정 문학 책,
　　Kessinger Publisher, Londone 2008.

A.스윈본 (A.Swinborne), 셰익스피어 시대, Harper, New York 1908

A.요맨 (A.Yeoman), 지금 혹은 네버랜드: 피터 팬과 영원한 젊음의 신화. 문화의 아이콘
　　피터 팬 심리 분석, Inner City Books, Toronto 1998.

제4막 스스로 그 무엇도 해낼 수 없다고 생각된다면

C.보들레르 (C.Baudelaire) 파리의 우울

H.베르만 (R.Berman), 헨리 5세의 20세기식 해석, Prentice-Hall Englewood Cliffs, N.J.
　　1968

H.블룸 (H.Bloom.), 셰익스피어의 악마들. 클레오파트라와 폴스타프로 부터 배울 수 있는
　　것, Rizzoli, Milano 2019.

J.L. 캘더우드 (J.L. Calderwood) 셰익스피어 헨리아드 메타드라마: 리처드 2세부터 헨리 5
　　세까지 중 헨리 5세:명령의 기술, University of California Press, Berkeley 1979

J.캠벨 (J. Campbell), 엘리자베스 1세의 정치를 반영하는 셰익스피어의 '역사극 중 헨리 왕
　　의 업적, Huntington Library, San Marino CA 1947

F.카르디니 (F.Cardini), 중세 기사도의 뿌리, La Nuova Italia, Firenze 1981.

C.콜로디 (C.Collodi), 피노키오의 모험

C.콘드렌 (C.Condren), '셰익스피어 국제 연보' 중 윌리엄 셰익스피어의 완벽한 왕자 이해
　　하기: 헨리 5세, 직업 윤리와 프랑스 죄수, pp,195-231, 2009

R.W. 에머슨 (R.W.Emerson), 자기 신뢰

A.에시리 (A.Esiri), 일상용 셰익스피어, Macmillian, London 2019

U.갈림베르티 (U.Galimberti), 심리학 사전 '자아실현', pp.170-171, Feltrinelli, Milano
　　2019

T.개리 (T.Gary), 헨리 5세 연구 논문 3편, Clarendon Press, Oxford, 1970

S. 그린블라스 (S.Greeblath), 셰익스피어의 협상: 잉글랜드 르네상스 시대 사회적 에너지
　　의 순환 중 보이지 않는 총알, University of California Press, Berkeley 198

A.H. 매슬로 (A.H.Maslow), 동기와 인격, Armando, Roma 1954.

A.H. 매슬로 (A.H.Maslow), 존재의 심리학, Astrolabio Ubandini, Roma 1962.

C.G.융 (C.G.Jung), 심리유형, 부글북스, 2019.

N.랩킨 (N.Rabkin), 셰익스피어와 의미의 문제 중 그리고/혹은: 헨리 5세에게 응답하기, University of Chicago Press, Chicao 1981

F.리코르디 (F.Ricordi), '존재의 철학자 셰익스피어, Mimesis, Milano-Udine 2011.

C.R 로저스 (C.R Rogers), 환자 중심의 치료, La Nuova Italia, Firenze 1951

G.테일러 (G.Taylor), 헨리 5세 연구 논문 3편, Clarendon Press, Oxford, 1970

J.R.R.톨킨 (J.R.R.Tolkien), 반지의 제왕

F.바라니니 (F.Varanini), '물리학 교사지' 중 교육 도구로써 문학, pp.47-48, 1, Franco Angeli, Milano 2012

제5막 이유 없는 불안이 내 마음을 지배한다면

J.B. 알트만 (J.B.Altman), '르네상스'지 18호 중 터무니없는 결론:에로스, 에네르게이아와 오셀로의 구조, pp.129-157, 1987

W.H. 오든 (W.H.Auden), 셰익스피어 강좌, Adelphi, Milano 2006

A.G. 바들레미 (A.G.Barthelemy) 셰익스피어 오셀로 평론, G.K. Hall, London 2004

E.보르냐 (E.Borgna), 고뇌의 형상, Feltrinelli, Milano 2005

A.카뮈 (A.Camus), 이방인

M.도나 (M.Donà), 헛소동, 셰익스피어의 철학, Bompiani, Milano 2016.

V.두르소 (V.D'Urso), 오셀로와 사과. 시기.질투의 심리, La Nuova Italia Scientifica, Roma 1995

N. 푸시니 (N.Fusini), 삶으로 인해 죽을 수도 있다. 셰익스피어의 열정의 희곡, Mondadori, Milano 2010.

S.그린블랫 (S.Greenblatt), 르네상스 시대 권력의 즉흥성:토마스 무어에서 윌리엄 셰익스 피어까지 , University of Chicago Press, Chicago 1980

F.그레빌 (F.Greville), J.Ress의 풀크 그레빌 선집 중 인간 수업 연구, Athon Press, London 2013

W.해즐릿 (W.Hazlitt), 셰익스피어 인물 연구, Sellerio Editore, Palermo 2016

M.하이데거 (M.Heidegger), 형이상학이란 무엇인가.

S.키에르케고르 (S.Kierkegaard), 불안의 개념

J.라플라스, J.B.폰탈리스 (J.Laplache, J.B.Pontalis), 근원적 유령, 유령의 근원, Il Mulino, Bologna 1964.

S.만펠르로티 (S.Manferlotti), 셰익스피어, Salerno Editrice, Roma 2010

L.매킨타이어 (L.McIntyre), 탈진실, The Mit Press, Cambridge, MA, 2018

C.맥긴 (C.McGinn), 철학자 셰익스피어. 셰익스피어 작품 속에 숨겨진 의미, Fazi Editore, Roma 2008

M.로젠버그 (M.Rosenberg), 오셀로의 가면: 오셀로, 이야고, 데스데모나의 정체성 찾기, University of California Press, Berkeley 1961

A.세르피에리 (A.Serpieri), 오셀로: 거부당한 에로스, Liguori Editore, Napoli 2003

S.스나이더 (S.Snyder), 오셀로: 평론, Garland, London 1988

A.토리노 (A.Torino), 본디오 발라도. 진실은 무엇인가. Bompiani, Milano 2007

B.L.워프 (B.L.Whorf), 언어, 사상과 현실, Bollati Bringhieri, Torino 1970

제6막 감당하기 힘든 일이 폭풍처럼 밀려온다면

W.H. 오든 (W.H.Auden), 바다와 거울, SE, Milano 1989

P.보이타니 (P.Boitani) 셰익스피어 복음서, Il Mulino, Bologna 2009

A.세자르 (A.Cesaire), 폭풍우, Incontri editrice, Sassuolo 2011

E. 데 마르티노 (E.De Martino), 마법의 세계, Einaudi, Torino 1948.

E.다우든 (E.Dowden), 셰익스피어의 정신과 기술에 평론, Henry S.King&Co.,London 1875

C.페처 (C.Fecher), 엘리자베스 시대의 진정한 표상, 월터 롤리의 초상, Farrar Straus & Giroux, New York 1972

P.프렌치 (P.French), 존 디의 인생: 엘리자베스 시대 마법사의 세계, Transeuropa, Ancona 1998

N. 푸시니 (G.A.Horvath), 연극, 마법과 철학: 윌리엄 셰익스피어, 존 디와 이탈리아의 유산, Taylor&Francis, London 2017

A.콘스탐 (A.Konstam), 엘리자베스 시대 해적 1560-1605, Osprey Publishing, London 2000

J.코트(J.Kott), 동시대인 셰익스피어, Feltrinelli, Milano 2015.

D.G.제임스 (D.G.James), 프로스페로의 꿈, Oxford University Press, Oxford 1967

L.맥과이어, E.스미스 (L.Maguire, E.Smith), 셰익스피어에 얽힌 30가지 전설, O barra O edizioni, Milano 2015

M. 몽테뉴 (M. de Montaigne), 식인종에 대하여, 책세상, 2020

B.모왓 (B.Mowat), '영문학 르네상스'지 11호에 수록된 프로스페로, 아그리파와 호커스 포커스, pp,281-303, 1981

F.노스트바켄 (F.Nostbakken), 템페스트 이해, Greenwood Publishing Group, Westport, CT 2004

M.누스바움 (M.Nussbaum), 분노와 용서. 정의로써 관용, Il Mulino, Bologna 2017

J.W.스테이시 (J.W.Stacy), '셰익스피어 계간지' 중 아리엘의 기원, pp.205-210, 1951년 7월호

L.스트래치 (L.Strachey), 문학 에세이, Chatto&Windus, London 1948

C.토비아스, G.졸브로드 (C.Tobias, G.Zolbrod), 셰익스피어 후기작품, Ohio University Press, Athens 1974

F.예이츠 (F.Yates), 엘리자베스 시대 오컬트 철학, Routledge and Kegan, London 1979

F.예이츠 (F.Yates), 셰익스피어 후기 작품, Routledg, London 1975

F.예이츠 (F.Yates), 조르다노 브루노와 은둔의 역사, Laterza, Bari 2010

W.B.예이츠 (W.B.Yates), 마법, Adelphi, Milano 2019

제7막 이별의 상처로 그 누구와도 만나고 싶지 않다면

W.H. 오든 (J.Adelman), 흔한 거짓말쟁이: 안토니와 클레오파트라에 관한 에세이, Yale University Press, New Haven 1973

아리스토텔레스, 니코마코스 윤리학 1권

H.블룸 (H.Bloom), 클레오파트라: 나는 불과 공기다, Seribner, New York 2017

M.T. 크레인 (M.T.Crane), '비교 드라마'지 중로마 세계, 이집트 땅: 셰익스피어의 안토니와 클레오파트라에서 아나타는 인지력 차이, 43,1호 1-17 2009

S.디츠 (S.Deats), 안톤와 클레오파트라: 신 평론서, Routledge, New York 2005

M.도란 (M.Doran), 셰익스피어의 극언어 중 안토니와 클레오파트라의 과장법, University of Birmingham Press, Birmingham 2003

P.프렌치 (E.Dowson), 존 디의 인생: 엘리자베스 시대 마법사의 세계, Transeuropa, Ancona 1998

J.플레처 (J.Fletcher), 위대한 클레오파트라: 전설 이면의 여인, Harper, New Yo가 2008

U.갈림베르티 (U.Galimberti), 현대의 전설, Feltrinelli, Milano 2009

C.카바피스(C.Kavafis), 시집, Einaudi, Torino 1998.

C.킨니 (C.Kinney),르네상스 시대 영국 여인, 규범의 균형 중 중 '여왕의 두 개의 몸과 분단된 제국: 안토니와 클레오파트라에서 나타나는 정체성 문제' University of Massachusetts Press, Armherst 1990

M.클라인 (M.Klein), 시기심과 감사하는 마음, Martinelli, Firenze 1969

F.라 시클라 (F.La Cecla), 나를 보내줘. 이별의 무지, Ponte alle Grazie, Milano 2003

L.르바인 (L.Levine), 여성의 복장을 한 남성: 반연극적 여성화 중 기묘한 육신: 안토니와 클레오파트라와 그리고 무너진 전사, 1579-1642, pp.44-72, Cambridge University Press, New York 1994

A.롬바르도 (A.Lombardo), 불과 공기, Bulzoni, Roma 1995

G.멜키오리 (G.Melchiori), '셰익스피어 작품의 기원과 구조, pp.519-534, Laterza, Milano 2010

C.마샬 (C.Marshall), 셰익스피어 계간지 44호 중 우울한 철의 사나이. 안토니와 클레오파트라의 우울한 전복, pp.385-422, 1993

F.리코르디 (F.Ricordi), 존재의 철학자 셰익스피어, Mimesis, Milano-Udine 2011

F.로즈 (M.Rose), 안토니와 클레오파트라의 20세기적 해석, Prentice-Hall, Engelwood Cliffs NJ 1977

L.위트겐스타인 (L.Wittgenstein), Tractatus Logico-Philosophicus, Einaudi, Torino 1998

제8막 삶에서 가장 어두운 터널을 지나고 있다면

C.벨시 (C.Belsey), 셰익스피어 계간지 61호 중 셰익스피어의 슬픈 겨울 이야기: 햄릿과 모닥불 옆 유령 이야기 pp.1-27, 2010

W.벤야민 (W.Benjamin), 독일 바로크 극, Einaudi, Torino 1980

E.본치넬리, G.지오렐로 (E.Boncinelli, G.Giorello), 자유로운 영혼의 우리. 햄릿이 클레오파트라를 만날 때, Longanesi, Milano 2014

Y.본느푸아 (Y.Bonnefoy), 햄릿의 망설임과 셰익스피어의 결정, Seuil, Paris 2015

U.쿠리 (U.Curi), 차라리 태어나지 않는 편이 좋았을 뻔했다. 아이스킬로스와 니체의 인간의 조건, Bolalti Boringhieri, Milano 2008

M.도나 (M.Donà), 헛소동, 셰익스피어의 철학, Bompiani, Milano 2016.

M.도너 (M.Donner), 자기 파멸 설명서. 왜 우리는 더 마시고, 피를 흘리고, 춤을 추고, 사랑해야 하는가, il Saggiatore, Milano 2020

S.프로이트 (S.Freud), 꿈의 해석

M.피치노 (M.Ficino), De vita libri tres, Edizioni Biblioteca dell'Immagine, Pordenone 1991

H.플루쉐르 (H.Fluchere), 엘리자베스 시대 극작가 셰익스피어, Gallimard, Paris 1966

N. 푸시니 (N.Fusini), 삶으로 인해 죽을 수도 있다. 셰익스피어의 열정의 희곡, Mondadori, Milano 2010.

L.헉슬리 (L.Hawksley), 리지 시달. 라파엘전파 슈퍼 모델의 비극, Carlton Publishing

Group, London 2004

J.키츠 (J.Keats), 시에 대한 서신, Feltrinelli, Milano 1992

A.킨니 (A.Kinney), 햄릿: 신비평, Routledge, New York 2002

J.코트(J.Kott), 동시대인 셰익스피어, Feltrinelli, Milano 2015.

G.멜키오리 (K.Jaspers),'셰익스피어 작품의 기원과 구조, pp.519-534, Laterza, Milano 2010

C.마샬 (E.Jones), 셰익스피어 계간지 44호 중 우울한 철의 사나이. 안토니와 클레오파트 라의 우울한 전복, pp.385-422, 1993

H.르바인 (H.Levin), 햄릿의 질문, Oxford University Press, New York 1959

G.레오파르디 (G.Leopardi), 잡기장, Mondadori, Milano 2000

S.만펠로티 (S.Manferlotti), S.De Filippis 편집 윌리엄 셰익스피어와 비극의 예감 중 파우스트, 햄릿과 지식의 비극, Loffredo editore, Napoli 2013

F.니체 (F.Nietzsche), 비극의 탄생

K.L.Peterson, D.Williams (K.L.Peterson, D.Williams), 오필리아의 내세, Palgrave Macmillan, London 2012

A.랭바우드 (A.Rimbaud), 작품, Feltrinelli, Milano 1993

D.G. 로세티 (D.G.Rossetti), 시선과 번역선, Carcanet Press Ltd, Manchester 2011

C.로저스 (C.Rogers), 사람이 되는 것에 관하여, Robinson, London 2004

C.슈미트 (C.Schmitt), 셰익스피어 계간지 44호 중 우울한 철의 사나이. 안토니와 클레오파 트라의 우울한 전복, pp.385-422, 1993

W.셰익스피어 (W.Shakespeare), 햄릿, 이브 본네푸아 번역본, Mercure de France Mayenne, Paris 1962

E.스티웰 (E.Stiwell), 여왕과 벌집, Macmillian, London 1962

A.H.쏜다이크 (A.H.Thorndike), '현대 문학 협회지' 중 햄릿과 현대 복수극의 관계, 17.2 2012

제9막 내 감정을 원하는 대로 관리하고 싶다면

L.L.브로드윈 (L.L.Brodwin), 1587-1625 엘리자베스 시대 사랑의 비극, London University Press, London 1972

L.캐롤, 이상한 나라의 앨리스 - 거울 나라의 앨리스.

S.T.콜리지 (S.T.Colerdidge), 문학 전기 16장, Editori Riuniti, Roma 1993

S.쿠트 (S.Coote), 새뮤얼 펩시: 인생, Hodder and Stoughton, London 2000

A.데 리베라 (A.De Libera), 중세 말 플라톤의 보편적 문데, La Nuova Italia, Firenze 1999

S.프로이트 (S.Freud), 문명 속의 불만

N.프라이프 (N.Frype), 억압의 시간, 구원의 시간, 셰익스피어 작품에 대한 고찰, il Mulino, Bologna 1986

N.푸시니 (N.Fusini), 사랑의 장인들: 줄리엣, 오필리아, 데스데모나 와 다른 셰익스피어의 여주인공들 Einaudi, Torino 2021

N.게차니 (N.Ghezzani), 사랑의 두려움. 감정 부진증 극복하기. Franco Angeli, Milano 2012

W.제임스 (W.James), 심리학 원칙, Società Editrice Libraria, Milano 1901

K.야스퍼스 (K.Jaspers), 세계관의 심리,Astrolabio, Roma 1950

C.S.루이스 (C.S.Lewis), 네 가지 사랑. 애정, 우정, 에로스와 자비, Jaca Book, Milano 1982

G.멜키오리 (G.Melchiori),ʻ셰익스피어 작품의 기원과 구조, pp.519-534, Laterza, Milano 2010

K.뮈르 (K.Muir), 셰익스피어 극 출처, Metuen, London 1977

E.노이만 (E.Neumann), 의식의 기원의 역사, Astrolabio, Roma 1978

G.노소프 (G.Northoff), 신경철학과 건강한 정신. 병든 뇌에서 배우기, Raffaello Cortina, Milano 2019

J.A. 포터 (J.A.Porter), 셰익스피어의 로미오와 줄리엣 평론, G.K.Hall, London 1997

S.레가초니 (S.Regazzoni), 사랑. 사랑을 표현하는 방법. Utet, Milano 2017

J.설 (J.Searle), 의식의 미스테리, Raffaello Cortina, Milano 1998

R.타보르미나 (R.Tavormina), 다뉴브 정신분석지 26호 중 왜 우리는 사랑을 두려워하는가. pp.178-183

M.템페라 (M.Tempera), 로미오와 줄리엣 원본, CLUEB, Bologna 1986

R.V. 어터백 (R.V.Utterback), 셰익스피어 계간지 24호 중 머큐쇼의 죽음, pp.105-116, 1973

S.웰스 (S.Wells), 셰익스피어서, Penguin, London 2016

G.위티어 (G.Whittier), 셰익스피어 계간지 40호 중 소네트의 몸과 소네트화 된 몸 pp.27-41, 1989

V.울프 (V.Woolf), 일반적인 독자, Street Lib, London 2015

제10막 한번은 원하는 인생을 살고 싶다면

G.발디니 (G.Baldini), 〈뜻대로 하세요〉 해설, Rizzoli, Milano 1938

J.베이트 (J.Bate), 시대의 영혼: 윌리엄 셰익스피어의 삶과 정신과 세계, Viking, London 2008

E.베리 (E.Barry), 셰익스피어 계간지 31호 중 Rosalynde and Rosalind, pp.42-52, 1980

B.J.비들, E.J.토마스 (B.J.Biddle, E.J.Thomas), 역할 이론: 개념과 연구, Weiley, New York 1966

D.보일렛, A.폰트레몰리 (D.Boillet, A.Pontremoli), 아르카디아 신화. 르네상스 예술에서 목동의 사랑, Olschki, Firenze 2007

J.캠벨 (J. Campbell), 천 개의 얼굴을 가진 영웅, Lindau, Torino 2016.

F.E.돌란 (F.E.Dolan), 셰익스피어 개론, 뜻대로 하세요, Penguin Books, New York 2000

A.파울러 (A.Fowler), 영문학사, Havard University Press, Cambridge, MA 1989

N.푸시니 (N.Fusini), 사랑의 장인들: 줄리엣, 오필리아, 데스데모나 와 다른 셰익스피어의 여주인공들 Einaudi, Torino 2021

G.갈란트 (G.Galland), 야생 속 여성, HarperCollins, New York 1980

M.가버 (M.Garber), A.R. Braunmuller의 셰익스피어에서 쉐리단까지 희극: 유럽과 영국 연극사 변화와 지속성 중 올랜도의 교육, University of Delaware Press, Newwark 1986

E.Goffmann (E.Goffmann), 형상으로서의 일상, il Mulino, Bologna 1997

J.L.Halio (J.L.Halio), 〈뜻대로 하세요〉의 21세기식 해석: 뜻대로 하세요 비평 모음집, Prentice-Hall, Englewood Cliffs, NJ 1968

F.커모드 (F.Kermode), 셰익스피어의 언어, Penguin, London 2001

T.로지 (T.Lodge), 로잘린드, Sagwan Press, London 2018

E.윙거 (E.Junger), 반항아의 조약, Adelphi, Milano 1990

R.S.미올라 (R.S.Miola), 셰익스피어 독해, Oxford University Press, Oxford 2000

L.패리슨 (L.Pareyson), 존재와 인격, Taylor Editore, Torino 1950

J.사피로, 1599 (J.Shapiro), 셰익스피어 삶 중 한 해, Faber&Faber, Penguin, London 2005

B.R.스미스 (B.R.Smith), 셰익스피어 시대 영국의 동성애: 시문화, Chicago University Press, Chicago 1994

C.스트레이드 (C.Strayed), 와일드, 나무의 철학, 2012

H.D.소로 (H.D.Thoreau), 월든

E.토마켄 (E.Tomarken), 뜻대로 하세요: 1600년부터 오늘 날 까지: 비평 모음 Routledge, New York 2002

M.L.폰 프란츠 (M.L.von Franz), 동화 속 여성 캐럭터, Bollati Boringhieri, Milano 2007

D.영 (D.Yong), 숲 속에서 중 〈뜻대로 하세요, 공평해진 지상의 피조물: 셰익스피어의 목가극 분석〉 Yale University Press, New Haven 1972

옮긴이 김지우

이탈리아에서 어린 시절을 보냈고 한국외국어대학교 이탈리아어과를 졸업했다. 동 대학교 국제지역대
학원에서 유럽연합지역학으로 석사학위를 받은 후 현재 이탈리아대사관에서 근무하고 있다. 주요 번
역 작품으로는 엘레나 페란테의 '나폴리 4부작'과 '나쁜 사랑 3부작', 『어른들의 거짓된 삶』, 『엘레나
페란테 글쓰기의 고통과 즐거움』이 있다. 그 외에도 로셀라 포스토리노의 『히틀러의 음식을 먹는 여자
들』, 2019년 이탈리아 스트레가상 수상작 산드로 베로네시의 『허밍버드』, 발렌티나 잘넬라의 『우리는
모두 그레타』, 카를로 콜로디의 『피노키오』 등이 있다.

인생의 불안을 해소하는 10번의 사적인 대화

셰익스피어 카운슬링

초판 1쇄 인쇄 2023년 6월 13일
초판 1쇄 발행 2023년 6월 20일

지은이 체사레 카타
옮긴이 김지우
펴낸이 김선식

경영총괄이사 김은영
콘텐츠사업본부장 임보윤
책임편집 강대건 **책임마케터** 배한진
콘텐츠사업8팀 김상영, 강대건, 김민경
편집관리팀 조세현, 백설희 **저작권팀** 한승빈, 이슬
마케팅본부장 권장규 **마케팅3팀** 권오권, 배한진
미디어홍보본부장 정명찬 **영상디자인파트** 송현석, 박장미, 김은지, 이소영
브랜드관리팀 안지혜, 오수미, 문윤정, 이예주 **지식교양팀** 이수인, 염아라, 김혜원, 석찬미, 백지은
크리에이티브팀 임유나, 박지수, 변승주, 김화정
뉴미디어팀 김민정, 이지은, 홍수경, 서가을
재무관리팀 하미선, 윤이경, 김재경, 안혜선, 이보람
인사총무팀 강미숙, 김혜진, 지석배, 박예찬, 황종원
제작관리팀 이소현, 최완규, 이지우, 김소영, 김진경, 양지환
물류관리팀 김형기, 김선진, 한유현, 전태환, 전태연, 양문현, 최창우
외부스태프 본문 장선혜 **표지** 스튜디오 포비

펴낸곳 다산북스 **출판등록** 2005년 12월 23일 제313-2005-00277호
주소 경기도 파주시 회동길 490 다산북스 파주사옥 3층
전화 02-704-1724 **팩스** 02-703-2219
이메일 dasanbooks@dasanbooks.com
홈페이지 www.dasan.group **블로그** blog.naver.com/dasan_books
종이 IPP **인쇄 및 제본** 한영문화사 **코팅 및 후가공** 평창피앤지

ISBN 979-11-306-4254-3 (03180)